Westfälische Auswanderer im 19. Jahrhundert Auswanderung aus dem Regierungsbezirk Münster

Norbert Henkelmann

II. Teil, von 1851 bis zum Ausklang der Auswanderungsbewegung, Ergänzungsband

(zusammengestellt von Josef Schnieder)

Impressum

Copyright:
Josef Schnieder

Herausgeber:
Eigenverlag Josef Schnieder, 48301 Nottuln

Alle Rechte an Text und Bildern vorbehalten

Vervielfältigungen aller Art, auch auszugsweise, Abdrucke oder Wiedergabe sind nur mit Einverständnis des Herausgebers gestattet.

Für den privaten Gebrauch ist die Verwendung unter Angabe der Quelle gestattet.
Für die Richtigkeit der Angaben im Buch wird keine Gewähr übernommen.

1. Auflage, Dezember 2021

Inhalt

Geleitwort	4
Gliederung	5
Abkürzungsverzeichnis	6
Auswanderungen	7
Ortsregister	174
A. Herkunftsorte der Auswanderer	174
B. Zielorte der Auswanderer	181
Konkordanz	184

Geleitwort

Norbert Henkelmann (*2.Oktober 1945,† 13. Oktober 2020) hat in den letzten Jahren Ergänzungen für das Buch "Westfälische Auswanderer im 19. Jahrhundert, II. Teil"[1] erarbeitet.

Diese Arbeit ist sicherlich nicht vollständig. Einzelne fehlende Daten sind mit [...] gekennzeichnet. Das betrifft sowohl Stellen, die nicht lesbar als auch Stellen die unvollständig sind.

Die Nummerierung beginnt mit der nächsten Nummer aus dem Buches "Westfälische Auswanderer im 19. Jahrhundert, II. Teil". Verweise auf bestimmte Nummern beziehen sich auf die Nummern dieses Buches.

Mir nicht bekannt, ob Norbert Henkelmann alle Quellen, die er für diese Arbeit als relevant gehalten hat, schon abschließend durchsucht hat. Die von mir aufbereitete Ausgabe entspricht unverändert der Hinterlassenschaft von Norbert Henkelmann.

Da das Ergebnis dieser Arbeit vielen wichtige Daten liefert, stelle ich das Ergebnis seiner Arbeit über diesen Weg der Öffentlichkeit zur Verfügung.

Dieses Buch würdigt damit die Arbeit von Norbert Henkelmann. Er war immer hilfsbereit, freundlich und hat allen geholfen, die von ihm Erkenntnisse erhofft haben.

Josef Schnieder, Nottuln 2021

---

[1] Westfälische Auswanderer im 19. Jahrhundert, Auswanderungen aus dem Regierungsbezirk Münster, II. Teil, Aschendorfverlag GmbH & Co. KG, Münster 2004, ISBN 3-402-05118-4

Gliederung

1. Auswanderer (Antragsteller)
a) Vorname, Familienname, Wohnort und Beruf
b) Geburtsdatum, Geburtsort (soweit nicht Geburts- und Wohnort übereinstimmen)
c) Angaben über die Eltern des Auswanderers

2. Mitauswandernde Angehörige und Verwandte
d) Vorname, Geburtsname, Geburtsdatum, Wohn- oder Geburtsort der Ehefrau
e) Vorname, Geburtsdatum und Geburtsort der Kinder (ggf. die Familie der Kinder)
f) Vorname, Nachname, Geburtsdatum und Geburtsort der Stiefkinder (ggf. deren Familie)
g) Vorname, Nachname, Geburtsdatum und Geburtsort der Eltern
h) Vorname, Nachname, Geburtsdatum und Geburtsort der Geschwister (ggf. deren Familie)
i) Vorname, Nachname, Geburtsdatum und Geburtsort der Enkelkinder
k) Vorname, Nachname, Geburtsdatum und Geburtsort der Schwiegereltern
l) Vorname, Nachname, Geburtsdatum und Geburtsort des Schwagers oder der Schwägerin
m) Vorname, Nachname, Geburtsdatum und Geburtsort sonstiger Verwandter
n) Vorname, Nachname, Geburtsdatum und Geburtsort der Dienstboten

3. Zeit und Ziel der Auswanderung
o) Jahr der Auswanderung
p) Auswanderungsland und -ort

4. Sonstige Anmerkungen
r) Zurückbleibende Familienmitglieder mit Angabe des Verwandtschaftsverhältnisses und des Geburtsdatums
s) Bemerkungen
t) Bemerkungen des Bearbeiters

Abkürzungsverzeichnis

Vornamen

A.	= Anna
Bern.	= Bernard
Bernh.	= Bernhard
Cath.	= Catharina
Christ.	= Christina
Elis.	= Elisabeth
Ferd.	= Ferdinand
Friedr.	= Friedrich
Gerh.	= Gerhard
Heinr.	= Heinrich
Henr.	= Henrich
Herm.	= Hermann
Joh.	= Johann
Kath.	= Katharina
M.	= Maria
Marg.	= Margaretha
Wilh.	= Wilhelm

Sonstige Abkürzungen

Fstm.	= Fürstentum
GA	= Gemeindearchiv
geb.	= geboren
Ghzgtm.	= Großherzogtum
gt.	= genannt
J.	= Jahre
Kgr.	= Königreich
Kr.	= Kreis
Ksp.	= Kirchspiel
LRA	= Landratsamt
Mon.	= Monate
Mü.	= Münster
Reg.	= Regierung
StadtA	= Stadtarchiv
[ ]	= Ergänzungen des Bearbeiters aus anderen Quellen

Auswanderungen

Reg. Mü. 1674/75? (laut Liesel Maas)

7186 a) Joseph Wilh. Anton Havestadt aus Dülmen   b) 1. 5. 1851   c) Wilh. Havestadt, Fuhrmann, u. Elis. Krüchtener, Dülmen, Stadt   o) 1888   p) Amerika

Reg. MS M 64–2, 3

7187 a) Friedr. Rudolph T ö n j e s aus Lienen, Schneider   b) 10. 9. 1828   c) Heinr. Rudolph Tönjes u. Cath. Sophie Koch   o) August 1850   p) Amerika   s) Hat sich heimlich entfernt

7188 a) Friedr. Wilh. K r i e g e aus Lienen, Ackerknecht   b) 28. 8. 1829   c) Friedr. Wilh. Kriege u. A. M. Fisbeck   o) Herbst 1849   p) Wahrscheinlich in Amerika   s) Heimlich fortgegangen

7189 a) Gerh. Wilh. P e t e r s aus Lienen, Ackerknecht   b) 29. 1. 1829   c) Herm. Heinr. Peters u. Cath. Sophie Brokmann   o) August 1850   p) Cincinnati   s) Ohne Consens

7190 a) Joh. Heinr. Bern. R i c h t e r aus Everswinkel, Färber   b) 15. 2. 1825   c) Barthold Richter u. A. Elis. Kortmann   o) 22. 4. 1850   p) Amerika   s) Ist mit einem Reisepass auf 4 Monate nach Bremen gegangen, hat etwa 1856 aus Amerika geschrieben. Hat 300 T. Kindesteil ausbezahlt bekommen und mitgenommen

7191 a) Joseph M i d d e n d o r f aus Everswinkel, Schneider   b) 14. 6. 1827   c) Joh. Georg Middendorf u. M. A. Hummelt   [o) Um 1849]   p) Amerika   s) Ohne Consens ausgewandert. Mit Hinterlassung einer Frau am 30. 6. 1850 in Cincinnati, Ohio gestorben

7192 a) Joh. Bern. H e s s m a n n g t. B u l l e n h a a r aus Ostbevern, Ackerknecht   b) 23. 5. 1827   c) Bern. Heinr. Hessmann u. M. Elis. Bullenhaar   o) 1850   s) Ohne Vermögen. Hat sich heimlich entfernt

7193 a) Joh. Bern. O s t b r o c k g t. D a l h o f f aus Milte, Ackerknecht   b) 22. 1. 1827   c) Joh. Wilh. Ostbrock u. M. Elis. Dalhoff   o) 1849   p) Amerika   s) Ohne Vermögen. Ist ohne Consens ausgewandert und soll dort [1850 oder 1851] verstorben sein

7194 a) Joh. Bern. M a s m a n n aus Füchtorf, Ackerknecht   b) 21. 2. 1827   c) Gerh. Heinr. Masmann (+) u. M. Gertrud Hagedorn   o) Februar 1849   p) Amerika – Cincinnati   s) Ohne Vermögen. Ohne Consens ausgewandert

7195 a) Christian G a u s e p o h l aus Warendorf, Metzger   b) 1. 8. 1827   c) Joh. Bern. Gausepohl u. Cath. Elis. Pumpe   [o) Um 1849]   s) Ohne Vermögen. „Ist wegen Todtschlags auf flüchtigem Fuße, entsprang aus dem hiesigen Gefängniß [in Warendorf]."

7196 a) Joh. Heinr. A l t e n a h aus Ostbevern, Ackerknecht   b) 5. 4. 1828   c) Joh. Heinr. Altenah u. A. Dorothea Alfermann   o) 1849   s) Ohne Vermögen. Hat sich heimlich entfernt. Der Aufenthalt ist unbekannt

7197 a) Joseph Adolph K o c k aus Ostbevern, Ackerknecht   b) 14. 1. 1828   c) Joh. Bern. Kock u. Gertrud Budde   o) 1849   p) Amerika   s) Ohne Vermögen. Ohne Consens ausgewandert

7198 a) Joh. Herm. K o h u e s aus Ostbevern, Schneider   b) 19. 9. 1828   c) Joh. Heinr. Kohues (+) u. M. Gertrud Tegelbrok   o) 1850   p) Amerika   s) Ohne Vermögen. Ohne Consens ausgewandert

7199 a) Benjamin B e e r aus Warendorf   b) 11. 7. 1828   c) Isaac Beer u. Sara Abraham, beide tot   [o) Um 1849]   s) „Hat sich heimlich entfernt, der Aufenthalt ist unbekannt, wahrscheinlich America."

7200 a) Joh. Heinr. P ö h l e r aus Wolbeck, Ackerknecht   b) 7. 2. 1829 Beelen   c) Bern. Heinr. Pöhler u. A. Cath. Dieckmann   o) Herbst 1850   s) Ohne Vermögen. Hat sich heimlich entfernt, Aufenthalt unbekannt

7201 a) Joh. Theodor A u s t e r m a n n aus Everswinkel, Ackerknecht   b) 25. 5. 1829   c) Joh. Bern. Austermann u. M. Chr. Lange, beide tot   o) Juni 1850   p) Amerika   s) Hat 50 T. Kindesteil empfangen

7202 a) Joh. Bern. A u s t e r m a n n aus Ostbevern, Ackerknecht   b) 20. 8. 1829   c) Bern. Heinr. Austermann u. A. M. Baumeister   o) 1850   p) Amerika   s) Ohne Vermögen. Ohne Consens ausgewandert

7203 a) Franz Joseph H ö l k e r aus Milte, Schneider b) 16. 1. 1829 c) Heinr. Hölker u. A. M. Lehmkuhle o) 1850 p) Amerika s) Ohne Vermögen. Ohne Consens ausgewandert

7204 a) Bern. Heinr. L ü t k e F ö l l e r aus Harsewinkel b) 1. 11. 1829 Altwarendorf c) Wilh. Lütke Föller u. A. Gertrud Strotbaum o) Ende 1850 oder Anfang 1851 s) Ohne Vermögen. Hat sich heimlich entfernt, Aufenthalt unbekannt

7205 a) Christoph Heinr. B r i n k m a n n aus Warendorf, Küper b) 21. 4. 1829 c) Heinr. Brinkmann (+) u. M. A. Osthoff s) Ohne Vermögen. „Ist mit bis zum 1. Juni 1850 gültigen Paß auf Wanderschaft gegangen und ist sein Aufenthalt unbekannt."

7206 a) Joh. Herm. M ö l l e r s aus Warendorf, Schuhmacher b) 16. 10. 1829 c) Fr. J. Möllers u. A. M. Vechtel o) 1849 p) Amerika s) Ohne Vermögen. Ohne Consens ausgewandert

7207 a) Ernst Heinr. R i e t b r o c k aus Lienen, Knecht b) 26. 6. 1830 c) Mutter Elis. Rietbrock. Als Vater hat sich bekannt Heinr. Strietelmeier o) Sommer 1850 p) Amerika s) Ohne Vermögen. Der Vater lebt in sehr dürftigen Verhältnissen. Ohne Consens ausgewandert

7208 a) Ernst Wilh. S c h o m b e r g aus Lienen, Knecht b) 25. 7. 1830 c) Friedr. Wilh. Schomberg, Pächter einer Kötterei, u. A. M. Timpe o) Herbst 1850 p) Amerika s) Ohne Vermögen

7209 a) Herm. Anton B r i n k m a n n aus Beelen, Ackerknecht b) 21. 5. 1830 c) Georg Brinkmann u. Chr. Wünnemann o) 1850 p) Amerika – Neu Münster s) Ohne Vermögen

7210 a) Theodor G r o w e aus Beelen, Ackerknecht b) 12. 11. 1830 c) Bern. Growe, Pferdekötter, u. A. M. Giesemann o) Herbst 1850 p) Amerika s) Ohne Vermögen s) Soll sich in der Gegend von St. Louis aufhalten

7211 a) Joh. Heinr. Ernst S c h ü t z aus Beelen b) 9. 10. 1830 c) Joh. Heinr. Schütz u. M. Dirkcordes s) Die Eltern sind im Juni 1830 aus dem Hannöverschen nach Beelen verzogen, aber schon in demselben Jahre im November nach Holland ausgewandert

7212 a) Joh. Heinr. B a u m h ö v e r aus Ostenfelde, Ackeknecht b) 26. 12. 1830 c) Bern. Baumhöver u. Eleonora Umlauf o) Herbst 1850 p) Amerika – Iowa s) Ohne Vermögen. Ohne Consens ausgewandert t) Siehe auch Nr. 4332

7213 a) Bern. Heinr. G l a n e m a n n aus Milte b) 13. 8. 1830 c) Joh. Heinr. Glanemann u. Cath. Mieke o) Herbst 1850 p) Amerika s) Ohne Vermögen. Ohne Consens ausgewandert

7214 a) Joh. Wilh. B e n t e r aus Ostbevern b) 14. 6. 1831 c) Heinr. Wilh. Benter u. A. M. Therese Stapel o) 1847 p) Amerika s) Ohne Consens

7215 a) Bern. Ferd. E l l e b r a c h t aus Altwarendorf, Ackerknecht b) 16. 12. 1831 c) Bern. Heinr. Ellebracht u. A. M. Grundkötter o) Oktober 1850 p) Amerika s) Ohne Vermögen

LRA Tecklenburg 277

7216 a) Bern. Heinr. Julius B r a c h t e s e n d e aus Bevergern b) 14/17 J. o) 1848/1854 p) Niederlande s) Die Eltern sind dürftig und leben teilweise von der Unterstützung dieses Sohnes. Kommt etwa alle 2 Jahre auf kürzere Zeit zum Besuch seiner Eltern t) Siehe Teil 1, Nr. 4075

7217 a) Joseph Gerhard H o e p e r gt. F l a s k a m p b) 31. 1. 1821 Oeding c) Johann Gerhard Hoeper, Kötter, und Johanna Gesina Flaskamp, p) Amerika

7218 a) Franz Henrich H o e p e r, b) 23. 6. 1831 Oeding, o) 1862 p) Brasilien

7219 a) Gerhard Henrich H o e p e r b) 13. 2. 1820 Oeding c) Bernard Henrich Adolph Hoeper, Lehrer, und Anna Catharina Niessing, Weber o) 1862 p) Brasilien s) mit der ganzen Familie

7220 a) Joseph Hubert »Gerhard« H o e p e r b) 29. 1. 1899 o) 15. 4. 1925 p) Brasilien

StadtA Ahaus, ...

7221 a) Gerh. Joh. T e l m e r aus Alstätte, Brook Nr. 76d b) 1815 Delden (Niederlande) d) Adelheid Wösting 9. 3. 1812 p) Amerika

7222 a) Theodor D o r e n b u s c h aus Alstätte, Brook Nr. 76 b) 6. 2. 1827 Enschede p) Amerika

7223 a) Christ. T e r m a t h e aus Alstätte, Brink Nr. 59 b) 15. 4. 1842 p) Amerika

7224 a) M. A. Adelheid R e n s i n g gt. B r i n k aus Alstätte, Brink Nr. 56 b) 21. 5. 1871 p) Amerika

7225 a) Joh. E f k e m a n n aus Alstätte, Schmäinghook N.r 2, Knecht b) 1820 Wessum o) April 1848 p) Amerika

7226 a) A. Cath. H o l l e k a m p aus Alstätte, Schwiepinghook Nr. 99c b) 1819 Ahaus p) September 1848 p) Amerika
7227 a) Joh. Gerh. L ü b b e r aus Alstätte, Brook Nr. 74 b) 1837 Enschede o) 1848 p) Amerika
7228 a) Theodor Herm. W e r n e r y aus Alstätte, Dorf Nr. 15 b) 3. 8. 1831 o) 12. 5. 1849 p) Holland
7229 a) Joh. Heinr. B e s s l i n g aus Alstätte, Besslinghook-Gerwinghook Nr. 21 b) 31. 8. 1796 o) 11. 10. 1850 p) Amerika
7230 a) Joh. Bern. T e n h ü n d f e l d aus Alstätte, Besslinghook-Gerwinghook Nr. 24 b) 1. 11. 1823 o) 19. 10. 1850 p) Amerika s) Mit Konsens
7231 a) Gerh. Heinr. B r ö c k e r s aus Alstätte, Brook Nr. 73 b) 18. 4. 1831 o) 1851 p) Holland s) Mit Konsens
7232 a) Bern. K e r n e b e c k aus Alstätte, Schmäinghook Nr. 18 b) 1832 o) 1851 p) Amerika s) Über Holland
7233 a) Herm. W e s s e l s aus Alstätte, Schwiepinghook Nr. 115 b) 22. 12. 1813 o) März 1851 p) Amerika
7234 a) Gerh. Heinr. W e l p aus Alstätte, Schwiepinghook Nr. 115b b) 28. 3. 1831 o) 10. 3. 1851 p) Amerika
7235 a) Bernardina B o m k a m p aus Alstätte, Brink Nr. 52b b) 7. 3. 1826 o) 15. 3. 1851 p) Amerika s) Ohne Konsens
7236 a) Heinr. C h r i s t a n t aus Alstätte, Brink Nr. 52b b) 28. 5. 1859 o) 15. 3. 1851 p) Amerika s) Ohne Konsens
7237 a) Joh. H............. F e l d h a u s aus Alstätte, Schwiepinghook Nr. 121 o) 29. 2. 1852 p) Amerika
7238 a) Cath. L e f e r i n g aus Alstätte, Brook Nr. 73 d b) 20. 7. 1822 o) 1854 p) Amerika s) Von Holland aus
7239 a) Adelheid K e r n e b e c k aus Alstätte, Schmäinghook Nr. 18 b) 2. 2. 1824 Wessum o) 1854 p) Amerika s) Über Holland
7240 a) Joh. K e r n e b e c k aus Alstätte, Schmäinghook Nr. 18 b) 11. 6. 1836 o) 1854 p) Amerika s) Über Holland
7241 a) Joseph S e g b e r s aus Alstätte, Schwiepinghook Nr. 121 b) .... 13.? 31.? 5. 1836 o) 7. 4. 1854 p) Amerika
7242 a) Joh. Gerh. O r t h a u s sive B o m k a m p aus Alstätte, Brook Nr. 75 b) .... 1824 o) 20. 9. 1854 p) Amerika
7243 a) Johanna K l ü m p e r aus Alstätte, Brook Nr. 76d b) 1837 Enschede o) 20. 9. 1854 p) Amerika
7244 a) Joh. Heinr. R ö t g e r aus Alstätte, Besslinghook-Gerwinghook Nr. 28 b) 31. 1. 1826 o) 1855 p) Holland – Delden
7245 a) A. B o o m k a m p aus Alstätte, Brook Nr. 72 b) 12. 9. 1837 o) 1855 p) Holland s) Mit Konsens
7246 a) Gerh. Heinr. L e e n e r s aus Alstätte, Dorf Nr. 31a b) 4. 1. 1830 o) 18. 5. 1856 p) Holland – Amsterdam
7247 a) Anton v a n d e r F e l d e n aus Alstätte, Schwiepinghook Nr. 98c b) 4. 7. 18............. Bislich o) 28. 10. 1856 p) Amerika s) Heimlich ausgewandert
7248 a) Joh. Heinr. D r o p p aus Alstätte, Dorf Nr. 29 b) 24. 6. 1828 o) 25. 3. 1857 p) Holland s) Mit Konsens
7249 a) Bern. Herm. K e r n e b e c k aus Alstätte, Schmäinghook Nr. 18 b) 1795 Wessum d) Johanna B o c k h o l t 1794 Wessum o) 15. 6. 1858 p) Amerika s) Mit Konsens t) ? .... Siehe auch Nr. 603
7250 a) Joh. Heinr. K i e p e aus Alstätte, Brook Nr. 84 b) 20. 5. 1836 h) Herm. Kiepe 26. 6. 1841 o) 1859 p) Amerika s) Heimlich ausgewandert
7251 a) Joh. Herm. K l ü m p e r aus Alstätte, Brook Nr. 76 b) 4. 2. 1825 Enschede o) 1859 p) Amerika
7252 a) Joh. Herm. R e n s i n g aus Alstätte, Besslinghook-Gerwinghook Nr. 28 b) 2. 11. 1834 o) 1859 p) Amerika
7253 a) Joh. Bern. S t r e f e l t aus Alstätte, Schwiepinghook Nr. 99 b) 24. 2. 1811 o) 24. 3. 1859 p) Amerika s) Heimlich ausgewandert
7254 a) M. Cath. L a n s i n g aus Alstätte, Schmäinghook Nr. 18 b) 22. 9. 1821 o) 24. 3. 1859 p) Amerika
7255 a) Joh. Herm. L a n s i n g aus aus Alstätte, Schmäinghook Nr. 18 b) 30. 8. 1832 o) 24. 3. 1859 p) Amerika

7256 a) Elis. L ü b b e r s Witwe L e f e r i n g aus Alstätte, Brook Nr. 73d b) 24. 12. 1799 o) 28. 4. 1859 p) Amerika
7257 a) Joh. Heinr. L e f e r i n g aus Epe b) 2. 12. 1838 o) 28. 4. 1859 p) Amerika
7258 a) Wilh. L e f e r i n g aus Alstätte, Brook Nr. 75 b) 2. 6. 1839 Hörsteloe o) 28. 4. 1859 p) Amerika
7259 a) Theodor Herm. W e s s e n d o r f aus Alstätte, Schwiepinghook Nr. 108 b) 14. 5. 1832 o) 5. 12. 1859 p) Amerika
7260 a) M. Elis. V e n n e w a l d aus Alstätte, Dorf Nr. 77 b) 3. 11. 1831 o) 1860 p) Amerika
7261 a) Joh. Heinr. R e n d e r aus Alstätte, Dorf Nr. 38 b) 23. 1. 1835 o) 14. 2. 1860 p) Amerika
7262 a) Bern. Heinr. W e l p aus Alstätte, Schwiepinghook Nr. 115b b) 16. 10. 1788 o) 22. 3. 1860 p) Amerika
7263 a) M. Cath. S t r e f e l t aus Alstätte, Schwiepinghook Nr. 112 b) 12. 2. 1825 o) 10. 5. 1860 p) Amerika
7264 a) Joh. Herm. N a b e r s aus Alstätte, Schwiepinghook Nr. 112 b) 8. 8. 1832 o) 10. 5. 1860 p) Amerika
7265 a) Joh. Herm. W e s s e n d o r f aus Alstätte, Schwiepinghook Nr. 108 b) 26. 8. 1834 o) 26. 3. 1862 p) Amerika
7266 a) Herm. W e i t k a m p aus Alstätte, Schwiepinghook Nr. 104 b) 20. 1. 1841 o) 1866 p) Amerika s) Heimlich ausgewandert
7267 a) Joh. Heinr. R e n d e r aus Alstätte, Dorf Nr. 45 b) 27. 12. 1837 o) 1. 10. 1866 p) Amerika s) Ohne Konsens ausgewandert. Am 24. 7. 1873 zurückgekehrt
7268 a) Joh. Heinr R o l f e r aus Alstätte, Dorf Nr. 37 b) 28. 7. 1834 o) 1867 p) Amerika
7269 a) Bernh. Heinr. B o m k a m p aus Alstätte, Dorf Nr. 72 b) 24. 2. 1812 d) M. Cath. D u v e n g o o r 7. 8. 1815 o) 12. 4. 1867 p) Holland s) Mit Konsens
7270 a) Bernh. K r ö s m a n n aus Alstätte, Dorf Nr. 48 b) 17. 12. 1833 d) M. N i e n h a u s 18. 6. 1839 e) Heinr. 16. 12. 1861, Engelbert 1. 6. 1863, Herm. 20. 9. 1865 o) 14. 5. 1867 p) Amerika s) Mit Konsens
7271 a) Joh. Bern. N a b e r s aus Alstätte, Besslinghook-Gerwinghook Nr. 24 b) 24. 9. 1808 o) 1. 6. 1867 p) Amerika s) Mit Konsens
7272 a) Joh. N i e n h u e s aus Alstätte, Schmäinghook Nr. 17 b) 5. 12. 1828 d) Johanna B e n g f o r t 8. 1. 18............ e) Gertrud 12. 8. 1866 o) 1. 8. 1867 p) Amerika
7273 a) Gertrud V a n n k e r aus Alstätte, Brook Nr. 73b b) 28. 8. 1838 o) 3. 8. 1867 p) Amerika
7274 a) Cath. B o m k a m p aus Alstätte, Schwiepinghook Nr. 113f b) 3. 7. 1841 o) 4. 8. 1867 p) Amerika
7275 a) Joh. Herm. B u s s aus Alstätte, Schwiepinghook Nr. 91 b) 29. 12. 1840 o) 6. 11. 1867 p) Amerika
7276 a) Gerh. K ü p e r s aus Alstätte, Brook Nr. 84 b) 15. 4. 1837 o) 1868 p) Amerika s) Heimlich ausgewandert
7277 a) Marg. T e r b r a c k aus Alstätte, Brook Nr. 81 b) 23. 2. 1841 o) 1868 p) Amerika
7278 a) Bern. C h r i s t a n t aus Alstätte, Brink Nr. 52b b) 5. 2. 1851 o) 14. 4. 1868 p) Amerika s) Ohne Konsens
7279 a) Heinr. B u s s aus Alstätte, Schwiepinghook Nr. 91 b) 30. 12. 1844 o) Juli 1868 p) Amerika s) Heimlich ausgewandert
7280 a) Heinr. N i e n h u e s aus Alstätte, Schwiepinghook Nr. 118 b) 18. 5. 1851 o) 24. 7. 1868 p) Amerika
7281 a) Bern. G o l l e n b e r g aus Alstätte, Brook Nr. 80a b) 3. 2. 1815 o) 9. 9. 1868 p) Amerika
7282 a) Heinr. O r t h a u s aus Alstätte, Brink Nr. 44 b) 2. 3. 1845 o) 31. 12. 1868 p) Amerika s) Ohne Konsens
7283 a) Joseph W i e l e n s aus Alstätte, Dorf Nr. 33 b) 4. 1. 1843 o) 20. 2. 1869 p) Holland – Amsterdam
7284 a) Joh. Rötger B e s s l e r aus Alstätte, Besslinghook-Gerwinghook Nr. 23 b) 30. 6. 1799 e) Johanna 12. 1. 1832, Joh. Herm. 26. 11. 1835, Gerh. 21. 10. 1844 o) 28. 3. 1871 p) Amerika s) Ohne Konsens
7285 a) Joh. Heinr. G e r v e r aus Alstätte, Besslinghook-Gerwinghook Nr. 23b b) 2. 8. 1824 o) 26. 4. 1871 p) Amerika s) Mit Konsens
7286 a) Heinr. G e r d i n g aus Alstätte, Brook Nr. 76d b) 16. 2. 1847 o) 8. 5. 1871 p) Amerika
7287 a) Herm. T e r h a a r aus Alstätte, Besslinghook-Gerwinghook Nr. 24 b) 20. 1. 1840 o) 12. 5. 1871 p) Holland
7288 a) Joh. B o o m k a m p aus Alstätte, Brook Nr. 72 b) 28. 2. 1846 o) 1873 p) Holland s) Mit Konsens
7289 a) Gertrud v a n M a s t aus Alstätte, Schwiepinghook Nr. 90 b) 18. 8. 1845 o) 1873 p) Amerika
7290 a) Anton R o l f e s aus Alstätte, Brook Nr. 80 b) 26. 10. 1845 o) 1874 p) Amerika
7291 a) Maria G e h l i n g Ehefrau Rolfes aus Alstätte, Brook Nr. 80 b) 23. 8. 1842 e) Bern. 28. 4. 1873, M. Elis. 13. 9. 1874 o) 1875 p) Amerika

7292 a) Herm. R e i n e r s aus Alstätte, Dorf Nr. 27 b) 12. 7. 1848 o) 1875 p) Holland s) Ohne Konsens ausgewandert
7293 a) Engelbert R e n d e r aus Alstätte, Dorf Nr. 54 b) 16. 1. 1844 o) 11. 10. 1875 p) Holland
7294 a) Henrica G e h l i n g aus Alstätte, Brook Nr. 69c b) 22. 1. 1857 o) 1875 p) Amerika s) Mit Konsens
7295 a) Joh. H e y n c k aus Alstätte, Brink Nr. 43 b) 14. 2. 1858 o) 1878 p) Amerika s) Ohne Konsens
7296 a) Bernardina S t r e f e l t aus Alstätte, Schwiepinghook Nr. 93 b) 8. 4. 1845 o) 1879 p) Amerika s) Heimlich ausgewandert
7297 a) Bern. G r a v e m a n n aus Alstätte, Brook Nr. 81 b) 10. 5. 1858 o) 1. 10. 1880 p) Amerika
7298 a) Herm. F r a n k e aus Alstätte, Schwiepinghook Nr. 102 b) 27. 4. 1848 o) 1881 p) Amerika s) Heimlich ausgewandert
7299 a) Anton N a b e r s aus Alstätte, Schwiepinghook Nr. 119a b) 29. 11. [.................. 10.?] 1855 o) Mai 1881 p) Amerika s) Heimlich ausgewandert t) Siehe auch GA Schöppingen, C 975
7300 a) Heinr. W e s s e n d o r f aus Alstätte, Besslinghook-Gerwinghook Nr. 30b b) 30. 11. 1849 o) Mai 1881 p) Amerika
7301 a) M. Elis. R e n d e r aus Alstätte, Dorf Nr. 45 b) 30. 11. 1839 o) 29. 10. 1881 p) Holland s) Verheiratet sich dort
7302 a) Heinr. T e n h a g e n aus Alstätte, Schwiepinghook Nr. 113 b) 29. 11. 1851 o) 26. 10. 1883 p) Holland
7303 a) Josephina F l o r a c k aus Alstätte, Dorf Nr. 73 b) 23. 2. 1865 o) 1885 p) Holland – Amsterdam
7304 a) Gertrud T e n h ü n d f e l d aus Alstätte, Besslinghook-Gerwinghook Nr. 24 b) 23. 5. 1860 o) 1885 p) Amerika
7305 a) M. G r a v e m a n n aus Alstätte, Schmäinghook Nr. 18,III o) 19. 7. 1885 p) Amerika s) Ohne Konsens
7306 a) Gesina T e n h ü n d f e l d aus Alstätte, Besslinghook-Gerwinghook Nr. 24a b) 23. 5. 1860 o) 1886 p) Amerika
7307 a) Gerh. N i e n h a u s aus Alstätte, Schmäinghook Nr. 1 b) 10. 1. 1864 o) 1886 p) Amerika
7308 a) Gertrud B e s s l i n g aus Alstätte, Besslinghook-Gerwinghook Nr. 32 b) 22. 8. 1859 o) 18. 5. 1886 p) Amerika
7309 a) Joseph T e n h a g e n aus Alstätte, Schwiepinghook Nr. 113 b) 27. 12. 1863 o) 18. 10. 1886 p) Amerika
7310 a) Johanna Gertrud K o t t m a n n Witwe Joh. Theodor G e h r i n g aus Alstätte, Brink Nr. 55 b) [15. 5.] 1830 Vreden [c) Johan Henr. Kottmann, Zeller, u. Adelheid (Aleid) Boing, Vreden Ksp., Große Mast] e) Heinr. 4. 6. 1866, Bern. 19. 12. 1869, Joh. Herm. 9. 5. 1871 o) 17. 10. 1888 p) Amerika s) Ohne Konsens
7311 a) Heinr. V a n n k e r aus Alstätte, Brook Nr. 73b b) 6. 2. 1840 o) 1890 p) Holland s) Ohne Konsens

StadtA Ahaus, Bestand Wüllen, Meldebücher

7312 a) Herm. Wilh. H o f f s t ä d t e aus Wüllen, Dorf Nr. 23½ b) 4. 1. 1849 Wüllen o) 15. 8. 1868 p) Amerika
7313 a) Hendrik S t e f f e n s aus Wüllen, Dorf Nr. 30 b) 18. 5. 1869 Hengelo o) 26. 7. 1892 p) Amerika
7314 a) Heinr. R e c k e r s aus Wüllen, Dorf Nr. 54 b) 11. 8. 1847 Wüllen c) Herm. Reckers u. M. Löderbusch p) Amerika t) Mit seinem Bruder Bernard 1874 ausgewandert? Siehe Nr. 5077
7315 a) Franz D ö n n e b r i n k aus Wüllen, Dorf Nr. 89 b) 10. 1. 1905 Wüllen c) August Dönnebrink u. Caroline Stein o) 26. 2. 1927 p) Amerika
7316 a) Herm. M e n k e r aus Wüllen, Barle Nr. 17 b) 23. 1. 1860 Barle c) Herm. Menker u. Gertrud Wildenhues h) Heinr. Joseph Menker 16. 11. 1849 Barle o) 20. 9. 1892 p) Amerika
7317 a) M. Cath. (*Margret*) S c h a b b i n g aus Wüllen, Ortwick Nr. 16, Magd bei Zeller Buckhorn b) 28. 2. 1858 Ortwick c) Theodor Schabbing u. Johanna Wessler, Wüllen, Ortwick Nr. 12½ o) 6. 6. 1881 p) Amerika
7318 a) Joh. Wilh. W a l f o r t aus Wüllen, Ortwick Nr. 16, Knecht bei Zeller Buckhorn b) 9. 12. 1853 Vreden [c) Joh. Henr. Walfort, Wöhner, u. Euphemia M. Wesseler, Vreden Ksp., Ellewick] o) 6. 6. 1881 p) Amerika
7319 a) Elis. E l p e r s aus Wüllen, Ortwick Nr. 21½ b) 24. 8. 1833 Ortwick c) Joh. Gerh. Elpers u. Adelheid Wippenfeld] h) Heinr. Elpers 15. 12. 1844 Ortwick o) 2. 4. 1863 p) Amerika

7320 a) A. Christ. Cath. V o s s aus Wüllen, Quantwick Nr. 2a (Zeller Siekmanns Leibzucht) b) 19. 1. 1846 Quantwick   c) Gerh. Heinr. Voss u. M. Johanna Kluthe   h) Caroline Voss 10. 10. 1856 Quantwick   p) Amerika

7321 a) Joh. R o u w e l e r aus Wüllen, Quantwick Nr. 4   b) 12. 10. 1841 Delden   d) M. B o o m 6. 10. 1836 Delden   e) Gesina 22. 1. 1863 Delden, Bern. 8. 5. 1865 Delden, Gertrud 1. 7. 1867 Delden, Johanna 5. 10. 1869 Delden, M. 27. 4. 1876 Alstätte   o) 29. 4. 1889   p) Ohio   s) Die Familie war am 1. 5. 1879 von Alstätte zugezogen

7322 a) Heinr. B ü n i n g aus Wüllen, Quantwick Nr. 7   b) 30. 7. 1848 Quantwick   c) Joh. Heinr. Büning u. Christ. Wensker   o) 1. 5. 1877   p) Amerika

7323 a) Bern. B ü n i n g aus Wüllen, Quantwick Nr. 7   b) 4. 1. 1847 Quantwick   c) Joh. Heinr. Büning u. Christ. Wensker   o) 27. 4. 1881   p) Amerika

7324 a) Gerh. H e s s l i n g aus Wüllen, Quantwick Nr. 8   b) 3. 1. 1834 Weseke   o) 20. 9. 1876   p) Amerika

7325 a) Cath. F e l d k a m p aus Wüllen, Quantwick Nr. 11c (Schulze Schweings Leibzucht) b) 10. 5. 1854 Schöppingen   o) .... ?

7326 a) Heinr. S y n c k aus Wüllen, Quantwick Nr. 12   b) 9. 6. 1850 Quantwick   c) Bern. Synck u. Johanna Kortböyer   o) 14. 5. 1876   p) Amerika

7327 a) Joh. Gerh. S y n c k aus Wüllen, Quantwick Nr. 12   b) 7. 5. 1853 Quantwick   c) Bern. Synck u. Johanna Kortböyer   o) 26. 5. 1876   p) Amerika

7328 a) M. Johanna S y n c k aus Wüllen, Quantwick Nr. 12   b) 8. 3. 1856 Quantwick   c) Bern. Synck u. Johanna Kortböyer   h) Elis. A. Synck 19. 2. 1859 Quantwick, Marg. Synck 3. 8. 1864 Quantwick   o) 5. 5. 1883   p) Ohio

7329 a) Joseph S y n c k aus Wüllen, Quantwick Nr. 12   b) 2. 6. 1867 Quantwick   c) Bern. Synck u. Johanna Kortböyer   o) 26. 8. 1887   p) Amerika

7330 a) Bern. S y n c k aus Wüllen, Quantwick Nr. 12   b) 11. 7. 1821 Quantwick   d) Johanna Kortböyer 7. 5. 1826 Sabstätte, 2. Ehefrau   e) Bern. Joh. 22. 10. 1861 Quantwick   o) 14. 5. 1888   p) Cleveland

7331 a) Christ. R i c k e r s aus Wüllen, Quantwick Nr. 21a (Werlemanns Leibzucht) b) 20. 4. 1858 Quantwick   o) 11. 2. 1884   p) Amerika

7332 a) Bern. R a v e r s aus Wüllen, Sabstätte Nr. 1b (Zeller Brinkhues-Werschmanns Leibzucht) b) 26. 12. 1834 Wüllen   d) Gertrud U p p e n k a m p 24. 12. 1840 Wessum   e) Joh. Bern. 11. 2. 1870, Johanna Gertrud 23. 11. 1872, Bern. Herm. 11. 5. 1875, alle in Sabstätte geboren   o) 5. 7. 1882   p) Amerika

7333 a) Joseph L e v e l i n g aus Wüllen, Sabstätte Nr. 9   b) 25. 3. 1862 Sabstätte   c) Theodor Leveling   o) 24. 1. 1881

7334 a) Joseph G e r i c k aus Wüllen, Sabstätte Nr. 11   b) 29. 5. 1847 Sabstätte   c) Joseph Gerick u. Elis. Gering   p) Bosnien

7335 a) Joseph B ü s c h e r f e l d aus Wüllen, Sabstätte Nr. 13   b) 13. 7. 1867 Sabstätte   c) Gerh. Büscherfeld u. Gertrud Bomberg (3. Ehefrau)   o) 25. 5. 1891   p) Amerika

7336 a) Herm. B e n n e k e r aus Wüllen, Sabstätte Nr. 19   b) 20. 11. 1881   c) Joseph Benneker u. A. Hackfort   o) 31. 10. 1898   p) Amerika

7337 a) Joseph B e n n e k e r aus Wüllen, Sabstätte Nr. 19   b) 27. 6. 1879 Sabstätte   c) Joseph Benneker u. A. Hackfort   o) 21. 2. 1902   p) Amerika

StadtA Borken, Bestand Gemen, A 462

7338 a) Bern. B e s s e l i n g aus Weseke   b) 31 J.   o) 1856

7339 a) Gerh. Heinr. B e v e r i n g [................ Revering?] aus Weseke   o) 1856

7340 a) Bernh. B ö g e r [Boink gt. Böger] aus Weseke   d) A. [Theodora] S c h o o f s [Eltern: Anton Schooff u. Henriette Nienhaus]   e) Bern., Joh., Heinr., Dina, M. Cath.   h) Heinr. Böger   o) 1862   p) [Brasilien]   s) Ohne Konsens ausgewandert   t) Siehe auch Nr. 5527

7341 a) Bern. Heinr. B ö s i n g aus Weseke   e) Anton 14 J., Heinr. 9 J., Bernh. 4 J.   o) 1854   p) Nordamerika   s) Sechs Personen wandern aus

7342 a) Franz B o o m s aus Weseke   b) 1. 4. 1849   o) 1869

7343 a) Joh. Herm. B r i n k h a u s aus Weseke, Ackerer   b) 12. 10. 1852   o) 1877   p) Niederlande

7344 a) Julius B r o c k h o f f aus Weseke   o) 1851   p) Amerika   s) .... ? Zwei Personen wandern aus

7345 a) Heinr. Joseph B r o c k h o f f aus Weseke   o) 1851   p) Amerika   s) Zwei Personen wandern aus

7346 a) Franz Joseph B ü n i n g aus Weseke   b) 20. 4. 1848   o) 1860   p) Niederlande

7347 a) Bernh. D a v i d aus Weseke b) [12. 11. 1854] p) Brasilien t) Mit der Mutter. Siehe StadtA Borken, Bestand Gemen, A 468
7348 a) .... ? Herm. Joseph D r o c h t e r t aus Weseke, Joh. Herm. [................ Joh. Bern.?] Drochtert 18 J., Kind: Joh.? o) 1854 p) Nordamerika s) Vier Personen wandern aus
7349 a) Heinr. D u n k e r aus Weseke b) 29 J. o) 1854
7350 a) Joh. Joseph H e m i n g aus Weseke, Weber b) 1. 4. 1831 d) Elis. W e n i n g 25. 11. 1823 e) Heinr. o) 1858
7351 a) Bern. Heinr. K e m p e r aus Weseke d) G................ H ü l s k a m p o) 1861 p) Nordamerika s) Drei Personen wandern aus
7352 a) Heinr. K r e u l i c h aus Weseke, Weber b) 2. 9. 1834 o) 1854
7353 a) M. A. L e c h t e n b e r g aus Weseke o) 1856
7354 a) Gertrud L e n s i n g aus Weseke o) 1856
7355 a) Wilh. O l d e n k o t t aus Weseke o) 1851 s) Zwei Personen wandern aus
7356 a) Friedr. Wilh. O l d e n k o t t aus Weseke o) 1854
7357 a) Cath. S c h e p e r s aus Weseke o) 1861
7358 a) Joh. Joseph S c h m e i n g aus Weseke e) Heinr. Joseph 5 J., Anton 3 J. [29. 10. 1856] o) 1858 s) Vier Personen wandern aus t) Siehe auch Nr. 5531
7359 a) J.............. G.............. S c h w e r i n g aus Weseke b) 21. 9. 1836 o) 1860
7360 a) Elis. S c h m e i n g Witwe S i b b i n g aus Weseke b) 26. 4. 1829 e) Kath. Elis. 29. 12. 1852, Johanna M. 27. 12. 1854 o) 1857
7361 a) Bern. T e n b u ß aus Weseke b) 29 J. o) 1854
7362 a) Heinr. T ö n s e n aus Weseke o) 1854
7363 a) V e n v e r t l o h e aus Weseke, Ehefrau o) 1855 s) Vier Personen wandern aus
7364 a) Heinr. W e l l m a n n aus Weseke e) Heinr. Wilh. 2 J. o) 1862 p) Brasilien
7365 a) Heinr. W e n n i n g k a m p aus Weseke o) 1858

StadtA Borken, Bestand Gemen, A 463

7366 a) Joh. B e c k e r aus ....?Weseke, Ackerknecht o) 1877 p) Niederlande
7367 a) Joh. B e c k m a n n aus ....?Weseke b) 16. 11. 1827 o) 1848 p) Amerika
7368 a) Joh. Herm. B e i e r i n g aus ....?Weseke, Weber b) 25. 2. 1787 d) M. S c h m e i n g 4. 2. 1791 e) Gerh. Heinr. 25. 2. 1807 [.......... 1817?], M. Christ. Franziska 19. 8. 1819, Heinr. Wilh. Anton 5. 8. 1822, M. A. Christ. 11. 12. 1824, Gertrud 9. 12. 1826, Elis. 7. 12. 1829, Joh. Bern. 6. 1. 1832, Lisette 13. 7. 1834 o) 1844 p) Amerika s) Erklärung: Will hier bleiben
7369 a) Joseph B e s s l i n g gt. E c k e n s t a d t aus ....?Weseke b) 10. 11. 1823 o) 1844 p) Amerika
7370 a) Joseph B ö i n g aus ....?Weseke d) M. Cath. F i s c h e d i e k o) 1846 p) Amerika
7371 a) Joh. Heinr. B o n e aus Velen, Ackersmann o) 1843 p) Amerika
7372 a) Joh. B ü n i n g aus Gemenwirthe, Pächter o) 1880 p) Amerika
7373 a) Ludwig C a p p e r t aus ....?Weseke b) 3. 10. 1815 d) A. Cath. Elis. H e i d e m a n n 8. 8. 1817 e) Cath. Elis. 9. 4. 1842, Joh. Bern. Ludwig 14. 10. 1843 o) 1844 p) Amerika t) .... Akte Seite 151, Seite 269: Gibt Absicht auf
7374 a) Joh. Bern. D r o s t e aus ....?Weseke, Ackersmann b) 26. 9. 1829 o) 1880 p) Amerika
7375 a) Elis. D a l b r a m aus ....?Weseke b) 1. 10. 1826 o) 1847 p) Amerika t) ....? in Akte A 458
7376 a) Joh. Bernh. F o r k aus ....?Weseke d) Sophie J ä k l e e) Bernh. Adolf 23. 6. 1863 o) 1891 p) Württemberg
7377 a) Bern. Heinr. G a l m a n n aus ....?Weseke, Schmied b) 12. 11. 1783 e) Gerh. 15. 2. 1819, Bern. Heinr. Melchior 5. 1. 1824, M. Gertrud 30. 10. 1827, M. Josephina 7. 11. 1829, Bern. 9. 3. 1832, Joseph 9. 7. 1834 o) 1844 p) Amerika
7378 a) Heinr. H a r k aus ....?Weseke, Weber b) 10. 11. 1822 o) 1844 p) Amerika
7379 a) Friedr. Wilh. H e i n r i c h s aus ....?Weseke b) 4. 4. 1853 o) 1900 p) Hamburg
7380 a) Joh. Herm. Joseph H ö y n g aus Gemenwirthe, Ackersmann o) 1866 p) Amerika
7381 a) Theodor H ö i n g aus Weseke, Weber b) 22. 10. 1817 p) Amerika

7382 a) Marianne K l o s t e r m a n n aus Nordvelen b) 1. 2. 1796 e) Marianne 12. 11. 1820, M. Cath. 30. 5. 1824, Bern. Heinr. 23. 3. 1827, Heinr. Wilh. 15. 8. 1830 o) 1846 p) Amerika
7383 a) Joh. Anton L a n g e l a aus Gemen, Schmied b) 2. 5. 1833 o) 1864 p) Niederlande
7384 a) Auguste L i p s c h aus ....?Weseke, Dienstmädchen b) 27. 6. 1869 o) 1907 p) Amerika
7385 a) Sophia L ö w e n s t e i n aus ....?Weseke b) 22. 7. 1867 h) Beate L ö w e n s t e i n   p) Amerika
7386 a) Otto M e y e r aus ....?Weseke, Eisenbahnarbeiter b) 25. 8. 1846 o) 1879 p) Ostindien
7387 a) Bern. Heinr. R e n n e r t aus Ramsdorf, Weber o) 1844 p) Amerika
7388 a) Leo S c h i l y aus ....?Weseke, Ingenieur o) Vor 1900 p) Niederlande
7389 a) Julie S c h i l y - K o p p e r s aus ....?Weseke b) 10. 2. 1855 p) Niederlande
7390 a) Joseph S c h w e e r s gt. P a s s m a n n aus Gemenwirthe, Ackerer b) 7. 5. 1863 o) 1881 p) Amerika
7391 a) Herm. S t o r m aus Gemenwirthe, Ackerer b) 25. 3. 1882 o) 1899 p) Niederlande
7392 a) Josef T r a h aus Borken, Gemen, Klempner o) 1892 p) Amerika
7393 a) Joh. Heinr. W e d d e l i n g gt. H o l t k a m p aus ....?Gemen o) 1850 p) Niederlande
7394 a) M. A. W e d d i n g aus Gemen b) 24. 10. 1850 o) 1851 p) Amerika
7395 a) Heinr. Herm. W e l m e r i n g gt. V ö l k e r aus Marbeck, Ackerknecht b) 13. 9. 1820 o) 1847 p) Amerika
7396 a) Joh. Heinr. W e h n i n g aus ....?, Maurer o) 1860 p) Amerika

StadtA Borken, Bestand Gemen, A 468

7397 a) Heinr. B o h l e aus Weseke b) 11. 6. 1827 o) 1862 p) Brasilien s) Drei Personen wandern aus
7398 a) Wilh. Anton B o l w e r k aus Weseke b) 7. 7. 1863 o) 1904 p) Holland s) Vier Personen wandern aus
7399 a) Joh. B o n e k a m p [.............. ? Boomkamp, Müllerlehrling, A 462] aus Weseke b) 6. 5. 1865 o) 1882 p) Amerika
7400 a) Marianne B o n h o f f Witwe D a v i d aus Weseke b) 15. 12. 1814 o) 1862 p) Brasilien t) Mit dem Sohn Bernard. Siehe StadtA Borken, Bestand Gemen, A 462
7401 a) A. Gesina B o o m s aus Weseke b) 18. 5. 1840 o) 1870 p) Amerika
7402 a) M. Christ. B o o m s aus Weseke b) 6. 8. 18............. o) 1870 p) Amerika
7403 a) Joseph Bern. B o o m s aus Weseke, Leibzüchter b) 6. 6. 1834 o) 1871 p) Amerika s) Fünf Personen wandern aus
7404 a) Anton Gerh. B r a n d e r h o r s t aus Weseke b) 20. 12. 1864 o) 1892 p) Holland [.............. aus Holland? (A 463)]
7405 a) .... Witwe B r ö m m e l i n g aus Weseke b) 4. 7. 1805 o) 1870
7406 a) Franz Anton E n g e r i n g aus Weseke, Schuster b) 31. 3. 1858 o) 1871 t) An anderer Stelle ist der Beruf Ackerer und das Auswanderungsjahr 1873, in Akte A 462 ist es 1874
7407 a) Bernd E p p i n g aus Weseke, Leibzüchter b) 11. 3. 1826 o) 1870 p) Amerika s) Sechs Personen wandern aus
7408 a) Bern. E s s i n g aus Weseke, Holzschneider b) 13. 1. 1846 o) 1890 p) Holland
7409 a) Joh. Gerh. E s s i n g aus Weseke, Holzschneider b) 12. 12. 1840 o) 1890 p) Holland
7410 a) Adelheid F i n k e aus Weseke b) 18. 4. 1832 o) 1864 p) Amerika s) Fünf Personen wandern aus
7411 a) Joh. Bern. Heinr. F u n k e aus Weseke b) 21. 9. 1816 [......... 1826?, A 462] o) 1862 p) Amerika
7412 a) Paul Josef H a c k e l aus Weseke, Buchhalter b) 17. 10. 1888 o) 1913 s) .... aus Tschechei?
7413 a) Gerh. H a d d e r aus Weseke, Schüler b) 23. 8. 1871 o) 1888 p) Holland
7414 a) Christine H a s e l h o f f gt. G e s i n g aus Weseke b) 14. 3. 1838 o) 1870
7415 a) Heinr. H e l l m a n n aus Weseke b) 6. 3. 1829 [................. 6. 9. 1829 Ramsdorf   c) Heinrich Hellmann und Elisabeth ....] o) 1862 p) Brasilien s) Drei Personen wandern aus
7416 a) Joh. H e u t m a n n aus Weseke, Tagelöhner b) 17. 5. 1804 o) 1864 p) Amerika s) Zwei Personen wandern aus
7417 a) August [.............. Gerh. Heinr.?, Ackerer, A 462] H ö i n g aus Weseke, Schüler b) 30. 12. 1868 o) 1887 p) Holland
7418 a) Kathrina Elis. J ä g e r i n g aus Weseke b) 5. 8. 1855 o) 1890 p) Holland
7419 a) Bern. Heinr. J a n s e n aus Weseke o) 1870

7420 a) Hendricus K l e i n   M e n s i n k aus Weseke b) 13. 6. 1862 o) Vor 1899 p) Holland
7421 a) Bern. Herm. K l ö c k e r aus Weseke, stud. b) 17. 2. 1852 [............ 1854?, A 462] o) 1877 p) Amerika
7422 a) Joh. Heinr. K r e u e l [............ Kreulich?] aus Weseke b) 12. 3. 1797 o) 1862 p) Amerika s) Acht Personen wandern aus
7423 a) Joh. Herm. L e c h t e n b e r g aus Weseke b) 13. 9. 1841 o) 1869 [............ 1867 USA, A 462]
7424 a) Bern. Heinr. L e i t i n g aus Weseke b) 13. 9. 1844 o) 1868 s) Ohne Konsens ausgewandert
7425 a) Bern. Heinr. L e i t i n g aus Weseke, Ackerer b) 19. 11. 1836 g) Joh. L e i t i n g, 14. 6. 1807, Tagelöhner, u. .... 1. 4. 1801 o) 1869 p) Amerika
7426 a) Elis. P o t t g i e ß e r aus Weseke b) 15. 5. 1898 o) 1921 p) Amerika
7427 a) A. Adelheid R a v e aus Weseke b) 1. 4. 1801 o) 1869 p) Amerika
7428 a) Ferd. R e i m e r i n g aus Weseke b) 14. 5. 1814 o) 1862 p) Brasilien s) Drei Personen wandern aus
7429 a) Helene R ö s i n g aus Weseke b) 24. 8. 1825 o) 1862 p) Amerika
7430 a) M. Christ. S c h m i d t aus Weseke b) 12. 12. 1828 o) 1862 p) Brasilien
7431 a) Heinr. S c h w e r i n g aus Weseke, Ackerer b) 21. 9. 1836 o) 1866 p) Holland
7432 a) Herm. Josef S i e m e n aus Weseke, Leibzüchter b) 15. 5. 1835 o) 1870 p) Amerika s) Vier Personen wandern aus
7433 a) Joh. Bern. T e n b u s c h aus Weseke, Weber b) 26. 1. 1838 o) 1870 p) Amerika s) Drei Personen wandern aus
7434 a) Johanna Elis. t e n   B r a a k aus Weseke b) 2. 8. 1869 o) 1904 s) .... von Holland
7435 a) Joh. Bern. W e n n i e r aus Weseke b) 5. 3. 1824 [............. 1842?] o) 1868
7436 a) Louise W o e s t e aus Weseke b) 18. 4. 1844 o) 1864 p) Amerika
7437 a) Franz Anton W o e s t e aus Weseke b) 23. 4. 1849 o) 1864 p) Amerika
7438 a) Johanna W u l l e n w e b e r aus Weseke b) 19. 12. 1795 o) 1862 p) Amerika

Familienarchiv Burhoff, Hattingen

7439 a) Bern. B u r h o f f aus Borken, Grütlohn b) 10. 5. 1818 p) Amerika s) Auswanderung von Rotterdam am 14. 4. 1849, Ankunft in New York am 6. 5. 1849, Einbürgerung in Cincinnati, Hamilton County am 9. 10. 1854. Gestorben am 3. 11. 1864
7440 a) Joseph B u r h o f f aus Borken, Grütlohn b) 22. 3. 1831 p) Cincinnati, Ohio s) Gestorben am 24. 9. 1877
7441 a) Elis. B u r h o f f aus Borken, Grütlohn b) 7. 8. 1838 o) 1861 s) Nonne im Orden der Franziskanerinnen, Mutterhaus Cincinnati, Ohio

StadtA Coesfeld, XV/5.1

7442 a) Amalia B e c k e r aus Coesfeld, Stadt Nr. 7 b) 3. 1. 1822 o) 1846 p) Amerika
7443 a) Joseph B e c k e r aus Coesfeld, Stadt Nr. 7 b) 3. 11. 1823 o) 3. 7. 1846 p) Amerika
7444 a) *Carl* Friedr. Franz B e c k e r aus Coesfeld, Stadt Nr. 5 b) 16. 12. 1824 o) 12. 4. 1848 p) Amerika s) Siehe auch StadtA Coesfeld, XV/5.2
7445 a) Joseph H ö i n g aus Coesfeld, Stadt Nr. 20 o) 18. 4. 1846 p) Amerika
7446 a) Joseph Anton H ö i n g aus Coesfeld b) 5. 4. 1817 Velen p) Amerika
7447 a) Bern. K r a m e r aus Coesfeld, Gesell b) 19. 10. 1819 o) 25. 8. 1847 p) Amerika
7448 a) Ludwig Wilh. M ö l l e r s aus Coesfeld, Stadt Nr. 50 b) 18. 4. 1821 o) 28. 9. 1848 p) Amerika
7449 a) Alexandrina R e e r s aus Coesfeld b) 3. 10. 1821 Borghorst p) Amerika
7450 a) Gertrud R e e r s aus Coesfeld, Magd b) Borghorst p) Amerika
7451 a) Gertrud T h i e m a n n aus Coesfeld, Stadt, Küchenmädchen b) 15. 1. 1831 o) 1. 8. 1848 p) Amerika
7452 a) Louise T h i e m a n n aus Coesfeld, Stadt, Köchin b) 29. 8. 1818 o) 1. 8. 1848 p) Amerika
7453 a) Ferd. Z u m b u s c h aus Coesfeld, Stadt Nr. 49, Uhrmacher b) 15. 9. 1812 d) Elis. B ö c k e n f o r d e e) A., A. Marie Josephine, Joseph Ferd., Marie o) 28. 9. 1848 p) Amerika

StadtA Coesfeld, XV/10.2

7454 a) *Heinr.* Anton H i n r i c h e r gt. E i l e r s aus Coesfeld Ksp., Harle Nr. 28   b) 21. 3. 1838   o) 10. 7. 1872   p) Amerika

7455 a) Marg. E m m e r i c h aus Coesfeld Ksp., Harle ., Nr. 31a   b) 16. 9. 1835   o) [1845?]   p) Amerika   s) Siehe auch Bd. 1., Nr. 1613

7456 a) Gertrud .... ?G e r s t n e r aus Coesfeld Ksp., Harle Nr. 18, Magd bei Mehring   b) 29. 7. 1844 Coesfeld Ksp., Stockum   o) 6. 6. 1855   p) Amerika

7457 a) .... Bernh.? H i l l e b r a n d aus Coesfeld Ksp., Harle Nr. 32, Knecht   b) 22. 4. 1844 Coesfeld Ksp., Harle   o) 17. 4. 1861   p) Amerika

7458 a) Carl R e i s m a n n aus Coesfeld Ksp. ,, Harle Nr. 47   b) 11. 11. 1840   o) 23. 2. 1872   p) Amerika

7459 a) Franz ....?Heinr. R e i s m a n n aus Coesfeld Ksp., Harle Nr. 47   b) 13. 8. 1846   p) Amerika

StadtA Coesfeld, XV/10.4

7460 a) A. Caroline Bertha J e l l i c h aus Coesfeld Ksp., Harle Nr. 13   b) 10. 6. 1861   o) 22. 4. 1885   p) Amerika   s) .... ?Siehe auch Nr. 2394

7461 a) Herm. Anton R i c k e r aus Coesfeld, Ackerer   b) 11. 6. 1839 Lette   d) A. M. Cath. M a a s   e) Heinr. Joseph, Herm.   o) 16. 3. 1883   p) Amerika

7462 a) Joh. Theodor S c h n i p p e l aus Coesfeld, Ackerer   b) 14. 4. 1805   o) 6. 5. 1886   p) Amsterdam

7463 a) Joseph Gerh. S i c k i n g aus Coesfeld, Ackerer   b) 3. 5. 1849   d) A. K o n e r t   e) Bern. August, Bern. Joh. Joseph, Heinr. Gottfried, Joseph Johannes   m) Heinr. Konert   o) August 1883   p) Amerika

StadtA Coesfeld, XV/10.6

7464 a) Joh. Heinr. H e u m a n n aus Coesfeld Ksp., Stockum Nr. 22   b) 14. 12. 1834   o) 13. 9. 1865   p) Amerika

7465 a) Bernh. Heinr. L e m b e c k aus Coesfeld Ksp. , Stockum Nr. 42   b) 18. 4. 1831   o) 4. 7. 1869   p) Amerika

7466 a) A. Gertrud R e i s m a n n aus Coesfeld Ksp., Stockum Nr. 65   b) 13. 6. 1849   o) 9. 7. 1873   p) Amerika

7467 a) A. M. S t e e n k a m p aus Coesfeld Ksp., Stockum Nr. 69   b) 24. 5. 1833   o) 26. 8. 1868   p) Amerika

7468 a) Heinr. S t e e n k a m p aus Coesfeld Ksp., Stockum   o) 29. 8. 1856   p) Amerika

7469 a) Gertrud T e r w e y g t. M ö l l e r s aus Coesfeld Ksp., ...?Stockum Nr. 62   b) 23. ....3.? 5.? 1832   o) 26. 8. 1849   p) Amerika   s) Siehe auch StadtA Coesfeld, XV/10.10

7470 a) Herm. V o s s k ü h l e r aus Coesfeld Ksp., Stockum Nr. 40a   b) 27. 5. 1806   d) Elis. Welchert   o) 11. 9. 1856   p) Amerika

7471 a) Bern. W e d e w e r aus Coesfeld Ksp., Stockum Nr. 74   b) 13. 3. 1843   o) 15. 4. 1868   p) Amerika   s) Heimlich ausgewandert

7472 a) A. Marie Bertha W e d e w e r aus Coesfeld Ksp., Stockum Nr. 74   b) 7. 12. 1846   o) 7. 6. 1871   p) Amerika

7473 a) Gerd Heinr. W e d e w e r aus Coesfeld Ksp., Stockum Nr. 74   b) 12. 8. 1837   o) 7. 7. 1873   p) Amerika

7474 a) Friedr. [Clemens] W e d e w e r aus Coesfeld Ksp., Harle Nr. 9   b) 21. 9. 1888   [c) Heinr. Wedewer, Kötter, u. A. Reismann]   o) 25. 6. 1889   p) Amerika   s) Siehe auch StadtA Coesfeld, XV/10.4

StadtA Coesfeld, XV/10.7

7475 a) Wilh. Bern. H ö l k e r aus Coesfeld Ksp., Stockum Nr. 11   o) 16. 2. 1879   p) Amerika

StadtA Coesfeld, XV/10.8

7476 a) A. M. Elis. S u e c k aus Coesfeld Ksp., Stockum Nr. 19a   b) 7. 10. 1862   o) 13. 4. 1885   p) Amerika

StadtA Coesfeld, XV/10.10

7477 a) A. Cath. H a n n ö v e r aus Coesfeld Ksp., Gaupel Nr. 19   b) 7. 10. 1823   o) Vermutlich 29. 8. 1856   p) Amerika   s) Mit Geschwistern

7478 a) A. M. Cath. E. H a n n ö v e r aus Coesfeld Ksp., Gaupel Nr. 19   b) 12. 5. 1828   o) 29. 8. 1856   p) Amerika

7479 a) Gerh. Heinr. [Gerh. Henr.] Hannöver aus Coesfeld Ksp., Gaupel Nr. 19 b) 11. 9. 1825 [c) Joan Henr. (Joann Henr., Joh. Henr.) Hannöver, Kötter, u. A. Maria Elisabeth (A. Elis.) Roters] o) 29. 8. 1856 p) Amerika s) Mit Geschwistern

7480 a) A. Elis. H e m s i n g Witwe T e r w e y gt. M ö l l e r s aus Coesfeld Ksp., ...?Gaupel Nr. 62 b) 17. 3. 1794 o) 20. 9. 1849 p) Amerika

7481 a) *Joh.* Bernh. Heinrich [Joann Bernard Henrich] W o l t e r s aus Coesfeld Ksp., Gaupel Nr. 5 b) 15. 1. 1831 o) 6. 6. 1863 p) Brasilien

7482 a) Herm. W o l t e r s [Herm. Henr. Schwering gt. Wolters] aus Coesfeld Ksp., Gaupel Nr. 5 b) 20. 1. 1838 o) 6. 6. 1863 p) Brasilien s) Heimlich ausgewandert

7483 a) *Bern.* Joh. Heinr. W o l t e r s [Joh. Bern. Henr. Wolters gt. Schwering] aus Coesfeld Ksp., Gaupel Nr. 5 b) 25. 11. 1832

7484 a) Gerh. Heinr. W o l t e r aus Coesfeld Ksp., Gaupel Nr. 12

StadtA Coesfeld, XV/10.11

7485 a) A. Marg. E. H e u e r aus Coesfeld Ksp., Gaupel Nr. 74 b) 9. 3. 1827 Osterwick [c) Joan Bern. Heuer, Taglöhner, und Cath. *Elis.* Richter] p) Amerika

StadtA Coesfeld, XV/10.12

7486 a) A. [M. A. B r i n k m a n n] aus Coesfeld Ksp., Gaupel Nr. 120 b) 21. 4. 1865 o) 22. 5. 1879 p) Amerika

StadtA Coesfeld, XV/10.13

7487 a) M. Elis. D ö h l i n g aus Coesfeld Ksp., Flamschen Nr. 46, Magd b) 10. 1. 1822 o) 25. 8. 1845 o) 25. 8. 1845 p) Amerika

7488 a) Gertrud S i e t m a n n aus Coesfeld Ksp. , Flamschen Nr. 13a, Magd b) 10. 2. 1828 o) 9. 9. 1846 p) Amerika

StadtA Coesfeld, XV/10.14

7489 a) Joh. Gerh. K o c k aus Coesfeld Ksp., Flamschen Nr. 6a b) 25. 9. 1809 p) Amerika

7490 a) Gerh. Heinr. P e y r i c k aus Coesfeld Ksp., Flamschen Nr. 46 b) 21. 3. 1818 o) 1842 p) Amerika s) Siehe auch StadtA Coesfeld, XV/10.13 u. XV/10.15

7491 a) Elis. S t e e n k a m p aus Coesfeld Ksp. , Flamschen Nr. 32 b) 28. 10. 1824 o) 1856 p) Amerika

7492 a) Heinr. S t e e n k a m p aus Coesfeld Ksp., Flamschen Nr. 30 o) 25. 8. 1849 p) Amerika

7493 a) Joh. Heinr. S t e e n k a m p aus Coesfeld Ksp. , Flamschen Nr. 32 b) 9. 11. 1827 o) 20. 9. 1849 p) Amerika

StadtA Coesfeld, XV/10.15

7494 a) A. Marg. Elis. L a m m e r d i n g aus Coesfeld Ksp., Flamschen Nr. 30a b) 28. 11. 1852 e) .... undehelicher Sohn 13. 12. 1874 o) 19. 8. 1875 p) Amerika

Wochenblatt Coesfeld Nr. 42, 1847, S. 343

7495 a) .... H ü l s k a m p aus Coesfeld, Instrumentenmacher o) 18. 10. 1847 p) Amerika

J. H. Heilbrink, Vanderblijpark, Südafrika

7496 a) Ferd. Leopold Joseph W e d d e w e r aus Coesfeld b) ~ 5. 9. 1783 Coesfeld, St. Lamberti c) Joan Henrich Weddewer u. M. Elis. Francisca Abbenhues p) Holland – Amsterdam s) Er heiratete am 20. 2. 1814 in Amsterdam Maria Timmer, ~ 29. 3. 1789 in Amsterdam, + 18. 5. 1830 ebd., Tochter von Jan Timmer u. Beatrix Koster. Er starb am 25. 3. 1835 in Amsterdam

Ohne Quellenangabe

7497 a) Anette (?) D i e c k s Witwe K ü p e r gt. B a u m e i s t e r, aus Coesfeld Ksp., Gaupel Nr. 88 b) 8. 6. 1783

7498 a) Anton B r ö c k e r h o f f aus Coesfeld, Stadt, Schosser b) 31. 1. 1800 d) Elis. K u n d m a n n (?) e) ... , Clara, Henr. Joh.

7499 a) A. M. Cath. L e e s t i n g aus Coesfeld Ksp., Stockum Nr. 20 o) 24. 8. 1868 p) Amerika

7500 a) *Joseph* Anton M e n s m a n n aus Coesfeld b) ~ 9. 2. 1801 Coesfeld, St. Jacobi c) Joan *Melchior* Adolph Mensman (Mensmann) u. Cath. Elis. (Anna Margaretha) Stücker (Stüker, Stückers) o) 1835 p) Nordamerika – New Orleans

7501 a) Joh. *Bern.* W e g s aus Coesfeld b) 12. 10. 1823 Coesfeld c) Gerh. Henr. Jägers gen. Wegs, Kötter, und M. Cath. Rüping, Coesfeld, Flamschen) d) Gertrud B o h r 4. 6. 1833 Osterwick e) A. M. Cath. Elis. (*Lizzi*) 6. 9. 1865 Coesfeld o) Um 1866 p) Nordamerika s) Sie heirateten am 19. 7. 1864 in Coesfeld, St. Jacobi. Er starb am 29. 7. 1902 Mount Sterling (USA), sie am 31. 12. 1892 ebd.

Dorsten: siehe auch Vestische Zeitschrift, Bd. 49

StadtA Dorsten, B 3812

7502 a) Paul R e i s c h e l aus Dorsten b) 27. 4. 1863 Dorsten p) Niederland s) Entlassungsurkunde vom 28. 1. 1880

7503 a) Wolff M e y e r aus Dorsten, Kaufmann b) 6. 2. 1826 Dorsten d) Eva E i s e n d r a t h 29. 3. 1833 e) Goldine 8. 10. 1860, Adelheid 9. 2. 1863, Benjamin 4. 8. 1867, Nathan 19. 8. 1869, Rosali 19. 2. 1872, Selma 14. 7. 1874, Julchen 19. 3. 1880 p) Nordamerika s) Entlassungsurkunde vom 8. 4. 1880

7504 a) Bern. G l a s m e i e r aus Dorsten b) 12. 8. 1863 Dorsten p) Amerika s) Entlassungsurkunde vom 8. 4. 1880

7505 a) Ignatz A h m a n n aus Dorsten b) 12. 10. 1865 Dorsten p) Nordamerika s) Entlassungsurkunde vom 8. 4. 1880

7506 a) Friedr. Waldemar K ü h t z aus Dorsten, Büchsenmacher b) 6. 10. 1852 Königstedt p) Niederland s) Entlassungsurkunde vom 19. 5. 1880

7507 a) Carl D ö i n g aus Dorsten b) 13. 6. 1863 Dorsten p) Amerika s) Entlassungsurkunde vom 7. 6. 1880

7508 a) Stephan S t e w i n g aus Dorsten b) 7. 10. 1863 Dorsten p) Amerika s) Entlassungsurkunde vom 16. 9. 1880

7509 a) Adolph A u l l aus Dorsten, Kaufmann b) 30. 1. 1849 Steinfeld d) Cath. D i n s i n g 14. 12. 1844 Mülheim an der Ruhr e) Adolph 10. 12. 1878 Essen, Frida 6. 6. 1880 Essen p) Amerika – New York s) Entlassungsurkunde der Regierung in Speyer vom 3. 3. 1881

7510 a)Bern. Franz A b e l aus Dorsten, Lohgerber b) 27. 2. 1851 Borken d) A. M. Henrica K a t k ä m p e r 4. 3. 1851 Dorsten e) Gertrud Henriette Anna 24. 7. 1876 Dorsten p) Nordamerika s) Entlassungsurkunde vom 6. 4. 1881

7511 a) Franz Adolph D ö i n g aus Dorsten, Schuster u. Händler b) 29. 9. 1832 Dorsten d) Josephine W i e c k i n g 11. 5. 1826 Dorsten e) Anton 12. 11. 1861, Sophie 22. 2. 1865, Josephine 3. 7. 1867, Franz 3. 10. .... 1868? 1869?, alle in Dorsten geboren p) Nordamerika s) Entlassungsurkunde vom 3. 5. 1881

7512 a) Joseph D i e p k e n aus Dorsten, Schuhmacher b) 26. 9. 1821 Dorsten d) Anna F r a g e m a n n 16. 10. 1838 Raesfeld e) Johanna Cath. Josephine 2. 9. 1868 Dorsten p) Nordamerika s) Entlassungsurkunde vom 28. 1. 1882

7513 a) Friedr. Wilh. S p e i e r aus Dorsten, Schlossergeselle b) 2. 3. 1865 Dorsten p) Nordamerika s) Entlassungsurkunde vom 28. 1. 1882

7514 a) Anton Theodor W i e c k i n g aus Dorsten b) 11. 4. 1866 Dorsten p) Nordamerika s) Entlassungsurkunde vom 13. 3. 1882

7515 a) Gerh. Bern. S p e i e r aus Dorsten, Anstreicher b) 21. 4. 1862 Dorsten p) Nordamerika s) Entlassungsurkunde vom 24. 3. 1882

7516 a) Lucia D u p o n t geb. W e r m l i n g h o f aus Dorsten b) 1839 Dorsten o) 1882 p) Nordamerika s) Ohne Konsens

7517 a) Alexander Wilh. Heinr. G a r n j o s t aus Dorsten b) 23. 12. 1865 Dorsten p) Nordamerika s) Entlassungsurkunde der Regierung in Minden vom 11. 7. 1882

7518 a) Joh. O s t r o p aus Dorsten, Schiffbauer b) Dorsten d) A. L ü b b e r s, Hebamme f) Lucia D u p o n t o) 1883 p) Nordamerika – Quincy s) Ohne Konsens

7519 a) Samuel R o s e n h e i m aus Dorsten, Handelsmann b) 5. 12. 1829 Raesfeld p) Nordamerika s) Entlassungsurkunde vom 8. 8. 1883

7520 a) Joseph G l a s m e i e r aus Dorsten, Anstreicher b) 28. 2. 1862 Dorsten o) 1883 p) Nordamerika s) Ohne Konsens

7521 a) Joseph A b e l aus Dorsten, Maurer b) 15. 2. 1861 Dorsten o) 1883 p) Nordamerika s) Ohne Konsens

7522 a) Peter M. A v e r k a m p aus Dorsten, Schulkind b) 31. 5. 1875 Dorsten o) 1883 p) Holland

7523 a) Joseph K o t t e n d o r f aus Dorsten, Schreiber b) 20. 1. 1866 Dorsten o) 20. 4. 1884 p) Nordamerika s) Ohne Konsens

7524 a) Theodor G l o s e m e i e r aus Dorsten, Schreiber b) 25. 4. 1862 Dorsten o) 20. 4. 1884 p) Nordamerika s) Ohne Konsens

7525 a) *Adolf* Joseph D ö i n g aus Dorsten, Kaufmann b) 12. 9. 1860 Dorsten p) Nordamerika s) Entlassungsurkunde vom 4. 6. 1884

7526 a) Heinr. *Franz* Christoph H o m a n n aus Dorsten b) 25. 4. 1858 Dorsten p) Niederland s) Entlassungsurkunde vom 4. 6. 1884

7527 a) Wilh. B e l l e n d o r f aus Dorsten, Brauer b) 26. 2. 1861 Dorsten o) 26. 6. 1884 p) Nordamerika s) Ohne Konsens

7528 a) Heinr. F i t t i n g aus Dorsten, Schreiber b) 13. 7. 1867 Dorsten o) 26. 6. 1884 p) Nordamerika s) Ohne Konsens

7529 a) A. F i t t i n g aus Dorsten, Magd b) 14. 8. 1864 Dorsten o) 21. 8. 1884 p) Nordamerika s) Ohne Konsens

7530 a) *Adolf* Urban Joseph Ludwig Maria R o l s h o v e n aus Dorsten b) 24. 2. 1868 Gemünd p) Holland s) Entlassungsurkunde vom 7. 1. 1885

7531 a) Heinr. K r a n e f e l d aus Dorsten, Kassengehülfe b) 31. 10. 1858 Buer o) 17. 2. 1885 p) Amerika s) Hat sich heimlich entfernt

7532 a) Joh. Joseph S c h ü r m a n n aus Dorsten, Holzarbeiter b) 26. 9. 1856 Dorsten o) 9. 10. 1884 p) Amerika s) Hat sich heimlich entfernt

7533 a) Cornelia I s s e l b o r g geb. B a r e n d u n g aus Dorsten, Witwe b) 7. 9. 1823 Bocholt o) 22. 4. 1886 p) Nordamerika s) Ohne Konsens

7534 a) Joh. Bern. Friedr. S c h u l t aus Dorsten, Seemann b) 31. 1. 1857 Gahlen p) Niederland s) Entlassungsurkunde vom 21. 7. 1887

7535 a) Joh. Bern. Anton B l e s k a aus Dorsten, Schneidergeselle b) 13. 8. 1861 Münster p) Nordamerika s) Mit Reisepass, gültig bis 25. 9. 1888. – Eintrag durchgestrichen

7536 a) Joh. Joseph L u c h m a n n aus Dorsten, Briefträger b) 19. 11. 1862 Dorsten p) Holland s) Entlassungsurkunde vom 21. 7. 1887

7537 a) Crispin Z i t z e n aus Dorsten, Rentner b) Straelen p) Italien

7538 a) Anton S c h w a n e aus Dorsten, Commis b) 13. 10. 1864 Dorsten o) Januar 1887 p) Nordamerika s) Ohne Konsens

7539 a) Joh. S p e i e r aus Dorsten, Anstreicher b) 17. 7. 1873 Dorsten p) Nordamerika s) Entlassungsurkunde vom 2. 8. 1889

7540 a) August B e l l e n d o r f aus Dorsten, Metzger b) 1868 Dorsten o) 1889 p) Nordamerika s) Ohne Konsens

7541 a) Franciska C a l s i n g aus Dorsten o) 1889 p) Nordamerika s) Ohne Konsens

7542 a) Joseph R ü p i n g aus Dorsten b) 28. 5. 1874 Dorsten p) Nordamerika s) Entlassungsurkunde vom 30. 5. 1890

7543 a) Xaver F i t t i n g aus Dorsten, Taglöhner b) 21. 2. 1827 Dorsten o) 1893 p) Nordamerika s) Mit Reisepass, gültig auf zwei Jahre

7544 a) Elis. F i t t i n g aus Dorsten, Küchenmädchen b) 30. 1. 1870 Dorsten o) 15. 4. 1893 p) Nordamerika s) Ohne Konsens

7545 a) Franziska F i t t i n g aus Dorsten, Näherin b) 12. 1. 1873 Dorsten b) 15. 4. 1893 p) Nordamerika s) Ohne Konsens

7546 a) Gertrud Dora F i t t i n g aus Dorsten, Lehrmädchen b) 13. 5. 1879 Dorsten o) 15. 4. 1893 p) Nordamerika s) Ohne Konsens

StadtA Dorsten, D 1257

7547 a) Joh. D i c k h o f f aus Holsterhausen b) 27 Jahre p) Nordamerika s) Mit Reisepass vom 1. 3. 1844, gültig auf zwei Jahre

7548 a) Ortwin F i n k e aus Altschermbeck, Wannmacher b) 22. 3. 1823 Altschermbeck d) Elis. ....F o n d e r m a n n / K o n d e r m a n n 6. 4. 1831 e) Joh. 3. 5. 1853 p) Nordamerika – Wisconsin s) 2000 Taler Vermögen. Entlassungsurkunde vom 8. 4. 1858

7549 a) Bernh. G r ü t e r i n g aus Altschermbeck, Ackerknecht b) 25. 7. 1822 Altschermbeck p) Nordamerika s) 400 Taler Vermögen. Entlassungsurkunde vom 26. 4. 1858

7550 a) Joh. S c h o l t h o l t aus Altschermbeck, Zeller b) 24. 11. 1814 Altschermbeck d) Franziska S p i e k e r m a n n 3. 4. 1820 e) Dina 26. 1. 1847, Joseph 30. 12. 1849, Wilh. 10. 4. 1852, Elis. Josepha 13. 2. 1854, M. Elis. Caroline Franziska 14. 9. 1856, Joh. Bernh. Ferd. 12. 2. 1858 g) Mutter Dina K r e s k e n p) Nordamerika – Wiskonsin s) 6000 Taler Vermögen. Entlassungsurkunde vom 22. 7. 1858

7551 a) Joh. R u y k e n aus Altschermbeck, Kötter b) 11. 12. 1806 Altschermbeck d) A. M. B u r h a n n e s 1813 e) Christ. 26. 1. 1847 m) Pflegesohn Henr. Bern. Burhannes 23. 8. 1851 p) Nordamerika – Wisconsin s) 2000 Taler Vermögen. Auswanderungsgesuch vom 6. 7. 1858

7552 a) Johan Albert E l v e r m a n n gt. K e r k m a n n aus Lembeck, Ackersmann b) 25. 12. 1830 Lembeck p) Amerika s) Auswanderungsgesuch vom 22. 3. 1859

7553 a) Henr. H e m k e r aus Rhade, Arbeiter b) 17. 10. 1839 Rhade p) Niederlande s) Auswanderungsgesuch vom 29. 12. 1860

7554 a) Herm. A l b e r t aus Rhade, Tischler b) 13. 2. 1830 Marbeck d) Cath. Elis. K n i e f 1. 3. 1836 d) Joh. Herm. 3. 7. 1863, Bernh. Heinr. 23. 6. 1865, M. Elis. 29. 6. 1868 p) Entlassungsurkunde vom 15. 8. 1868

7555 a) Franzisca G r o ß e G e l l e r m a n n aus Hervest b) 30. 3. 1852 Hervest h) Joh. Friederich Große Gellermann 6. 7. 1855 p) Vereinigte Staaten – Chicago s) Auswanderungsgesuch vom 20. 9. 1869. Siehe auch Nr. 1452

7556 a) Joh. Heinr. W a l l e n k a m p aus Rhade, Arbeiter b) 1. 10. 1812 Rhade d) Elis. W u l w e b e r 22. 1. 1813 e) Gertrud 6. 5. 1840, Josephine 1. 3. 1842, A. M. 28. 3. 1846, M. Cath. 12. 11. 1848, Joh. 16. 8. 1851, Johannes 11. 7. 1855 p) Nordamerika s) Entlassungsurkunde vom 30. 8. 1872

StadtA Dülmen, Stadt (................welche Akten?)

7557 a) Ludwig Anton Herm. B e r t e l s b e c k, Sattlergeselle aus Dülmen b) Dülmen c) Anton Bertelsbeck, herzoglicher Bäcker, u. Josephina Werner o) 22. 6. 1883 p) Amerika – Pennsylvanien

7558 a) Bern. B e u t i n g aus Dülmen, Holzschuhmacher b) 2. 4. 1861 Wessum o) 1. 9. 1888 p) Amerika

7559 a) Anton K e l l e r aus Dülmen, Bäcker b) 30. 9. 1805 Münster d) Ehefrau o) 1853 p) Amerika

7560 a) Friedr. Anton Hubert K e l l e r aus Dülmen b) 31. 10. 1842 c) Anton Keller, Gastwirt, u. Gertrud Bunsmann o) 1853 p) Amerika s) Mit der ganzen Familie ausgewandert

7561 a) Bern. Joseph K r a c h t aus Dülmen, Taglöhner b) 11. 11. 1858 c) Theodor Kracht, Fabrikarbeiter, u. Gertrud Frye o) 1880 p) Nordamerika

7562 a) Theodor Heinr. L e c h l e r aus Dülmen, Fabrikarbeiter b) 12. 2. 1854 c) Theodor Lechler, Fabrikarbeiter, u. A. M. Rentemeister o) 12. 8. 1880 p) Amerika

7563 a) Joh. Nepomuk S c h i f f e r aus Dülmen b) .... 18. 8. 1861 c) Joseph Schiffer, Kaufmann, u. Theodora Uhlenbrock o) .... ? 13. 5. 1861 p) Belgien s) Mit Pass. Wanderte über Antwerpen nach Amerika aus, um sich dem Wehrdienst zu entziehen

7564 a) Adolph *Joseph* W e w e r s aus Dülmen, Fabrikarbeiter b) 30. 8. 1850 c) Adolph Wewers, Schuster, u. Gertrud Hilgenberg d) A. Brüning 28. 5. 1858 o) 6. 4. 1881 p) Amerika – Indiana

StadtA Dülmen, Kirchspiel (.............. welche Akten?)

7565 a) A h r e n s aus Dülmen Ksp. o) 7. .... 1880 p) Amerika

7566 a) Franz A u t e r m a n n aus Rödder, Ackersmann b) 33 J. c) Bern. Henr. Autermann u. A. Marg. Burcks o) 25. 3. 1856 p) Amerika – New York

7567 a) Elis. R i e t h m a n n Witwe Heinr. Baumeister aus Leuste c) Herm. Rietmann u. A. Gertrud Fliß e) Bern. 10. 2. 1862, Anton 1. 5. 1864, Joseph 17. 11. 1866 o) 30. 4. 1881 p) Amerika s) 1800 Mark Vermögen

7568 a) Mauritz B ö c k m a n n aus Hausdülmen, Weber b) 4. 3. 1845 c) Bern. Henr. Böckmann, Weber, u. Elis. Bruns o) 26. 1. 1875 p) Nordamerika

7569 a) Franz B r a m b r i n k aus Börnste, Ackerknecht b) 14. 12. 1843 c) Bern. Brambrink, Ackersmann, u. Elis. Winkelmann o) 22. 4. 1880 p) Nordamerika – Duelm s) 400 Mark Vermögen

7570 a) Joh. *Joseph* D a v i d aus Dülmen Ksp., Ackerknecht b) 8. 3. 1845 Haltern o) 29. 2. 1882 p) Minnesota s) 2100 Mark Vermögen

7571 a) Joh. Heinr. E d e l b r o c k gt. K o r t g ö d d e aus Mitwick, Colon b) 23. 4. 1823 c) Gerh. Henr. Edelbrock, Ackersmann, u. Elis. Hülsmann, Dülmen Ksp., Dernekamp d) Gertrud K l e i m a n n 14. 8. 1827 e) Gertrud 17. 5. 1853, M. A. Elis. 14. 9. 1856, Heinr. 6. 2. 1860, August 5. 10. 1861, Theodor 31. 3. 1863, Joseph 25. 2. 1865, A. Elis. 15. 8. 1867, M. Antonia 24. 10. 1869, Antonia Theresia 21. 7. 1874 o) 20. 7. 1880 p) Nordamerika s) 45000 Mark Vermögen

7572 a) Heinr. E i c k h o l t aus Weddern, Buchdrucker b) 8. 7. 1861 Angelmodde o) 1880 p) Nordamerika s) Ohne Konsens ausgewandert

7573 a) Joseph E l s b e c k e r gt. H a r t m a n n aus Welte b) 24. 10. 1863 c) Heinr. Elsbecker gt. Hartmann, Ackersmann, u. M. A. Hartmann o) 15. 3. 1892 p) Amerika s) .... Mit dem Schiff Trave

7574 a) August B o n t r u p aus Welte b) 15. 11. 1859 c) Bern. Bontrup, Ackersmann, u. Elis. Austrup o) 15. 3. 1892 p) Amerika s) .... Mit dem Schiff Trave

7575 a) Heinr. E p k e aus Merfeld b) 12. 8. 1866 c) Franz Espeter gt. Epke, Ackersmann, u. Therese Epke o) 20. 5. 1893 p) Nordamerika s) .... Mit dem Schiff Ems

7576 a) Heinr. E s p e t e r gt. H e s s e l i n g aus Merfeld o) 1887 p) Amerika

7577 a) Joh. Friedr. Heinr. F r a c k e aus Weddern, Ackerer b) 17. 2. 1841 c) Bern. Henr. Fracke, Colon, u. A. M. Lohmann o) 26. 7. 1880 p) Nordamerika s) 1200 Mark Vermögen

7578 a) Franz G ö l l m a n n aus Daldrup b) 6. 3. 1852 c) Heinr. Göllmann, Ackersmann, u. Elis. Praves o) 4. 6. 1887 p) New York s) .... Mit dem Schiff Fulda

7579 a) Theodor H a l f m a n n aus Dernekamp, Ackerer b) 21. 10. 1852 c) Theodor Halfmann, Ackersmann, u. A. M. Bettmann o) 3. 8. 1880 p) Nordamerika s) 270 Mark Vermögen

7580 a) Melchior Anton H a r t m a n n aus Rödder, Ackersmann b) 14. 11. 1816 c) Gerh. Henr. Hartmann, Ackersmann, u. A. M. Cath. Schulte Empting o) 1. 3. 1857 p) New York

7581 a) Theodor H a r t m a n n aus Rödder, Ackersmann b) 23. 3. 1818 c) Gerh. Henr. Hartmann, Ackersmann, u. A. M. Cath. Schulte Empting o) 25. 3. 1856 p) Amerika

7582 a) Ferd. H e r b e r gt. F e h m e r aus Welte, Kötter b) 17. 12. 1848 c) Bern. Henr. Herber gt. Fehmer, Ackersmann, u. Gertrud Möllers d) Cath. W e n t i g m a n n gt. S t r i e t h o l t 25. 4. 1854 Dülmen (Eltern: Franz Anton Wentigmann gt. Strietholt, Ackersmann, u. M. A. Strietholt) e) Joh. Bern., Ferd. Anton, Wilhelmina h) Elis. Herber gt. Fehmer 2. 2. 1854 o) 16. 10. 1884 p) Texas

7583 a) Bern. Heinr. H e r i c k s aus Weddern, Taglöhner b) 13. 9. 1827 Darup d) Francisca F e h m e r 11. 6. 1830 Darup e) Joh. B. Heinr. 28. 12. 1859 Dülmen Ksp., A. Elis. Francisca 20. 1. 1861 Dülmen Ksp. o) 23. 4. 1861 p) Amerika s) B. H. Hericks verkaufte seinen Kotten an Trippelvoet und nahm 400 Taler mit, der zurückbleibende Vater erhielt 250 Taler

7584 a) Heinr. Joseph H o m a n n aus Weddern, Ackersmann b) 15. 5. 1832 c) Gerh. Henr. Homann u. Gertrud Korthoff o) 1856 p) Amerika

7585 a) Adolph *Anton* H ü l s b u s c h aus Dernekamp, Taglöhner, Weber b) 19. 9. 1821 c) Adolph Hülsbusch, Zimmermann, u. Cath. Elis. Hülshegge e) Anton 27. 9. 1853, Wilh. 8. 3. 1856, A. Theresia 23. 5. 1858 o) 1868 p) Amerika s) Anton Hülsbusch war mit A. Cath. Bertelsbeck verheiratet

7586 a) Clemens August H ü n c k gt. D i e k ä m p e r aus Merfeld, Ackersmann b) 30. 9. 1846 c) Wilh. Hünck gt. Diekämper, Ackersmann, u. M. Theresia Middeler o) 1874 p) Nordamerika

7587 a) Anton Kersting aus Dülmen Ksp., Pächter b) 24. 3. 1830 Senden d) Elis. Püning 2. 3. 1838 Weddern e) Elis. 9. 8. 1876 Dülmen f) Adolph Eickholt 20. 8. 1860 Angelmodde o) 18. 3. 1881 p) Amerika – Indiana

7588 a) Theodor Kipp aus Merfeld, Müllerknecht b) 1. 8. 1853 c) Albert Kipp, Müller, u. Elis. Brockmann o) 1872 p) Nordamerika s) 100 Mark Vermögen

7589 a) Heinr. Küdde aus Welte, Weber b) 2. 8. 1829 c) Gerh. Henr. Küdde, Schneider, u. Elis. Müllenbäumer d) Theresia Althaus 27. 8. 1838 Dülmen (Eltern: Bern. Herm. Althues, Weber, u. A. Gertrud Müllenbäuer) e) Theresia Küdde gt. Althaus 26. 10. 1859, A. 15. 3. 1864, Gertrud 25. 8. 1872 o) 12. 8. 1880 p) Nordamerika

7590 a) Küdde aus Dülmen o) 1887 p) Nordamerika s) Wollte sich der Wehrpflicht entziehen

7591 a) Bern. Heinr. Lindau aus Daldrup, Ackerer b) 18. 11. 1854 c) Herm. Autermann gt. Lindau, Ackersmann, u. M. A. Lindau o) 29. 4. 1881 p) Nordamerika

7592 a) Joh. Gerh. Riethmann aus Leuste, Weberknecht b) 6. 4. 1824 c) Herm. Riethmann, Weber, u. Gertrud Flis o) 29. 3. 1853 p) Amerika

7593 a) Gertrud Schmiemann aus Empte, Dienstmagd b) 10. 4. 1851 c) Wilh. Schmiemann, Zimmermann, u. Gertrud Fehoff o) 31. 10. 1870 p) Amerika

7594 a) Herm. Wesselmann aus Börnste, Ackerknecht b) 8. 2. 1845 c) Herm. Wesselmann, Ackersmann, u. Gertrud Spüntrup, Dülmen Ksp., Dernekamp o) 17. 4. 1880 p) Amerika s) 400 Mark Vermögen

7595 a) Franz Anton Wünnemann aus Daldrup b) 13. 4. 1855 c) Heinr. Wünnemann, Ackersmann, u. Elis. Dartmann o) 29. 2. 1888 p) Nordamerika s) .... Mit dem Schiff Aller

PfarrA Dülmen, St. Viktor, Kirchenbuch ....

7596 a) Bern. Heinr. Mevenkamp aus Dernekamp, Oekonom b) 12. 4. 1856 c) Joh. Bern. Mevenkamp, Weber, u. A. M. Wilmer, Dülmen Ksp., Börnste o) 1881 p) Nordamerika

StadtA Dülmen, Amt Rorup, A 610

7597 a) Joh. Theodor Reicks aus Darup b) 28. 1. 1836 Limbergen c) Joh. Bern. Reicks u. Elis. Eggenkemper o) Juni 1857 p) Amerika s) Ohne Erlaubnis ausgewandert

7598 a) Heinr. Anton Bankemper aus Darup, Ackerknecht b) 21. 3. 1848 Beerlage c) Joseph Bankemper, Kötter, u. Bernardina Wigand o) 19. 8. 1868 p) Amerika s) Ohne Erlaubnis ausgewandert

7599 a) Joh. Heinr. Steenkamp aus Lette b) 17. 8. 1837 Coesfeld c) Heinr. Steenkamp u. A. Cath. Gehling, beide tot o) Juli 1858 p) Amerika – Quintii (Staat Illinois) s) Ohne Erlaubnis ausgewandert

7600 a) Heinr. Schlagheck aus Darup b) 7. 12. 1840 Darup c) Joh. Bern. Schlagheck u. A. Cath. Kühlkamp o) Dezember 1860 p) Nordamerika – Burleton s) Ohne Erlaubnis ausgewandert

7601 a) Franz Tastove aus Lette b) 15. 2. 1842 Lette c) Gerh. Heinr. Tastove, Kötter, u. Elis. Hessel (+) o) November 1864 p) Amerika – Indiana s) Ohne Erlaubnis ausgewandert

7602 a) Joh. Bern. August Bankemper aus Darup b) 3. 6. 1845 Beerlage Ksp. Billerbeck c) Joseph Bankemper, Kötter, un Bernardine Wigand o) 19. 6. 1865 p) Amerika s) Ohne Erlaubnis ausgewandert

7603 a) Joh. Herm. Kerkhoff aus Lette, Ackerer b) 12. 1. 1846 Lette c) Heinr. Kerkhoff, Taglöhner, u. A. M. Homann o) 1. 9. 1867 p) Amerika s) Ohne Erlaubnis ausgewandert

7604 a) Joh. Friedr. Heemann aus Rorup, Weber b) 2. 3. 1859 Rorup c) Joh. Heinr. Heemann, Taglöhner, u. M. Cath. Bertling, beide tot o) 15. 7. 1880 p) Amerika s) Heimlich ausgewandert

7605 a) Joh. *Bern.* Eining aus Münster Amt Mauritz, Ackerknecht b) 30. 4. 1860 Lette c) Bern. Heinr. Eining u. A. M. Bohr, beide tot o) 1. 11. 1881 p) Amerika p) Heimlich ausgewandert

7606 a) Joh. *Bernd* Heinr. Wenker aus Hüllen (Amt Schalke), Arbeiter b) 21. 8. 1861 Lette c) Bern. Wenker u. A. M. Reckers o) Sommer 1881 p) Amerika s) Heimlich entwichen. Die Eltern „sind von Hüllen Amt Schalke mit Paß d. d. Bochum 12/2 81 nach America ausgewandert"

7607 a) Heinr. Hobbold aus Gelsenkirchen b) 7. 9. 1862 Lette c) Heinr. Hobbold u. Ludwine Fehmer o) 1880 p) Amerika s) Ohne Legitimation ausgewandert. Die Eltern „sind 1880 von Gelsenkirchen Neustraße N⁰ 487 nach America ausgewandert"

7608 a) Alphons Mevenkamp aus Luxemburg b) 22. 12. 1862 Rorup c) Heinr. Mevenkamp, Kötter, u. Gertrud Reicks (+) o) 1881 p) Luxemburg s) Ohne Legitimation ausgewandert

7609 a) Wilh. W e n k e r aus Hüllen (Amt Schalke, Kr. Bochum), Bergmann b) 18. 10. 1863 Lette c) Bernd Wenker, Taglöhner, u. A. Elis. Reckers p) Amerika s) „Die Eltern sind von Hüllen mit Pass d. d. Bochum 12 Febr 1881 nach America ausgewandert und im Anschlusse daran ist der Militairpflichtige heimlich entwichen"

7610 a) *Bern.* August W i e s k u s aus Lette (Kr. Coesfeld), Schneider b) 9. 9. 1864 Lette c) Heinr. Wieskus, Leibzüchter u. A. M. Thiehof o) Ostern 1883 p) Australien – Melbourne s) Ohne Legitimation ausgewandert

7611 a) Bern. Heinr. E b b e r s aus Hüllen (Amt Braubauerschaft bei Schalke), Bergmann b) 3. 3. 1867 Lette c) Anton Ebbers u. A. M. Reckers p) Amerika s) „Seit 12 Januar 1881 mit Paß mit seinen Eltern von Hüllen nach America abgereist"

7612 a) Clemens W i e s k u s aus Coesfeld Stadt, Schlosserlehrling b) 7. 5. 1878 Lette (Kr. Coesfeld) c) Heinr. Wieskus, Taglöhner, u. M. A. Thiehof o) 30. 9. 1884 p) Amerika s) Ohne Legitimation ausgewandert

7613 a) August B ö r s t e aus Darup b) 2. 5. 1878 Darup c) Gerh. Börste, Lehrer, u. Elis. Stenkamp o) 30. 9. 1884 p) Amerika s) Ohne Legitimation ausgewandert

7614 a) *Adolph* Heinr. F e h m e r aus Darup, Bäcker b) 9. 4. 1883 Darup c) Adolph Fehmer (+) u. Gertrud Schmiemann o) 20. 4. 1903 p) Nordamerika s) Er wanderte mit seiner Mutter und Geschwistern mit Pass aus

Familienarchiv Tenhündfeld, Epe

7615 a) Heinrich T e n h ü n d f e l d aus Alstätte, Schreiner b) 29. 3. 1845 Alstätte c) Theodor Tenhündfeld und Johanna Termäße o) Mai 1866 p) USA – Cincinnati s) Ohne Konsens ausgewandert

7616 a) Gesina T e n h ü n d f e l d aus Alstätte b) 23. 5. 1860 c) Theodor Tenhündfeld und Johanna Termäße o) 17. 6. 1885 p) USA – Cincinnati s) Sie wanderte zusammen mit ihrem Bräutigam Gerhard Johannes G r o b b i n k (* 28. 6. 1855 Buurse (Niederlande), Eisenbahner) aus, den sie am 31. 5. 1887 in Cincinnati heiratete. Sie starb in Cincinnati am 27. 2. 1930, ihr Mann am 4. 1. 1940. Sie hatten elf Kinder

Familienarchiv Verst, Epe

7617 a) Henr. V e r s t aus Epe b) 19. 7. 1836 Epe c) Bern. Herm. Verst und M. Adelheid Knief o) Um 1860 p) USA – Floyd Knobs, Indiana s) Ohne Konsens ausgewandert

7618 a) Herm. V e r s t aus Epe b) 14. 4. 1839 Epe c) Bern. Herm. Verst und M. Adelheid Knief o) Um 1860 p) USA – Louisville s) Ohne Konsens ausgewandert, Farmer

Heinr. Kemper: Die Eper Bauerschaften und ihre Höfe. – Gronau-Epe 1990

7619 a) Christoph H ö l s c h e r p) San Francisco s) Kehrte nach Epe zurück und gründete die Brauerei am Berge

Willi Schultewolter: Kommunales und kirchliches Leben in vergangener Zeit. – Gronau-Epe 1992. – (Epe in der Vergangenheit ; Bd. 2)

7620 a) Anna Maria S c h m i t z aus Epe, Witwe, Hebamme o) 1860 p) Amerika

StadtA Gelsenkirchen, Buer XVI/4/5

7621 a) Joh. G e i l h o r n aus Buer, Bergmann d) Frau e) Sechs Kinder o) 1. 11. 1886 p) Amerika s) Sind vor Eingang der beantragten Entlassungsurkunde ausgewandert

7622 a) Franz Heinr. W ö l k e r aus Buer

7623 a) Joh. L o c h t h o v e aus Buer, Ackerknecht o) 1887 p) Nordamerika s) Entlassungsurkunde vom 2. 2. 1887

7624 a) Peter B e c k e r aus Buer, Bergmann d) Frau e) Drei Kinder o) März 1887 p) Amerika

7625 a) Michael ....? Q ? u e l l a aus Buer, Bergmann d) Frau e) Zehn Kinder

7626 a) Wilh. S a n d k a m p aus Buer, Bergmann p) Kanada s) Konsens am 22. 5. 1888 dem Landrat remittiert. Sandkamp hat verzichtet

7627 a) Peter B e c k e r aus Buer, Erle, Bergmann d) Frau e) Ein Kind o) 6. 3. 1889 p) Amerika

7628 a) Wilh. S a l f e w s k i aus Buer, Erle Nr. 61/5, Bergmann   o) 1. 10. 1889   p) Amerika   s) Ist nicht ausgewandert. Die Entlassungsurkunde vom 5. 9. 1889 ist dem Landrat zurückgereicht

7629 a) Wilh. S c h a a f aus Erle, Bergmann   d) Frau   e) Drei Kinder   o) November 1889   p) Nordamerika   s) Auswanderungskonsens vom 5. 11. 1889

7630 a) Franz B l a s c h k e aus Buer Nr. 114/3   d) Frau   e) Zwei Söhne u. Stiefsohn Herm. Samland   o) 20. 12. 1889   p) Südamerika   s) Auswanderungskonsens vom 19. 12. 1889

7631 a) Herm. K r a u s e aus Holthausen Nr. 12, Bergmann   o) 3. 3. 1890   p) Holland   s) Ist nicht ausgewandert. Die Entlassungsurkunde vom Februar 1890 ist dem Landrat zurückgereicht

7632 a) Joh. Theodor S t r a l m a n n , Studiosus   o) 1890   p) Holland – Steyl   s) Der Konsens ist am 17. 11. 1890 durch das Kaiserliche Deutsche Konstulat zu Amsterdam behändigt worden

7633 a) Joh. Wilh. .... ?G ? H ? o s m a n n aus Echeresse, Ackerer   o) 25. 1. 1891   p) Holland – Steyl   p) Entlassungsurkunde vom 7. 1. 1891

StadtA Greven, A 1518

7634 a) S. K e m p e r aus Westerode   b) 30 J.   o) 1888

7635 a) R. W i e l e r s aus Greven   b) 25 J.   o) 1888

7636 a) Bernh. T h i e m a n n aus Aldrup   e) Bernh. 26 J., A. 22 J., Gerh. 18J., Franz 16 J., Josefine 10 J.   o) 1888

7637 a) Karl B o d e aus Greven   b) 35 J.   o) 1889

7638 a) Wilh. W i e l e r aus Ksp. Greven   b) 28 J.   h) Gertrud Wieler 19 J.   o) 1889

7639 a) Franz E s s e r aus Greven   b) 20 J.   o) 1890

7640 a) M. S c h l ü t e r aus Greven   b) 20 J.   o) 1890

7641 a) Anna .... Witwe G e i s e n k ö t t e r aus Greven   b) 50 J.   e) Heinr. 15 J.   o) 1891

7642 a) Bernh. W e s s e l aus Ksp. Greven   b) 28 J.   o) 1893

7643 a) Edmund S c h u m a c h e r aus Gimbte   b) 43 J.   o) 1893   p) Cincinnati

7644 a) Bernh. B ü c k e r aus Greven   b) 15 J.   o) 1893   p) Richmond, Virginia

7645 a) August G r o ß e   S o n d r u p aus Greven   b) 28 J.   o) 1893

StadtA Greven, A 1582

7646 a) Henr. R o t h l a n d (Rautland, Reutland) aus Schmedehausen, Pferdekötter   b) 19. 11. 1818 Greven   h) A. M. Angela 9. 2. 1821, Lotte 6. 1. 1824, M. A. 16. 2. 1827   p) Amerika   s) Am 20. 7. 1842 Antrag auf Erteilung des erforderlichen Konsenses. Sie wollen zum Oheim reisen

7647 a) B. Henr. V o g e l   gt.   B r ü n i n g aus Greven   b) ... 12. 1820   t) Entlassungsantrag vom 21. 3. 1851

7648 a) Joh. Wilh. B ö w i n g   gt.   F e d d e r m a n n aus Greven, Unteroffizier   b) 12. 11. 1825   t) Entlassungsantrag vom 27. 3. 1852

7649 a) Gustav T e r f l o t h aus Greven, Kaufmann   b) 14. 12. 1834 Greven   c) Ludwig Terfloth, Kaufmann   o) 1848   p) Amerika   t) Der Vater beantragt am 4. 8. 1853 einen Auswanderungskonsens für seinen Sohn. Dieser „betreibt seit vier Jahren namentlich in Louisville im Staate Kentuky ein en gros Geschäft für eigene Rechnung mit Taback und mehrere andere Gegenstände"

7650 a) Anton Lambert Gerh. B e c k e r aus Dubuque   b) 15. 9. 1835 Greven   o) 1855   t) Er hat ein Tabakgeschäft. Am 19. 6. 1857 nachträglicher Antrag auf Erteilung des erforderlichen Konsenses

7651 a) Wilh. G r e i l i n g aus Greven, Arbeiter   o) 12. 9. 1857   p) Amerika

7652 a) Ludwig Bern. Herm. T e r f l o t h aus Greven   b) 8. 3. 1837 Greven   t) Auswanderungsgesuch vom 25. 10. 1859 nach Louisville, Kentucky, um seinem Bruder zu helfen, das Geschäft zu etablieren. Am 11. 3. 1862 Aushändigung der Entlassungsurkunde zur Auswanderung nach Saramang auf Java, Ostindien

7653 a) Felix B e c k e r aus Greven, Kaufmann   b) 8. 10. 1832 Greven   d) M. K e r s t i e n s 23. 5. 1838   e) M. Emma Elis. 22. 5. 1859   p) Niederlande   t) Auswanderungsgesuch vom 15. 2. 1860

7654 a) A. Lidwina W e m h o f f aus Bockholt   b) Ca. 29 J.   o) 22. 4. 1865   p) New York   s) Über Bremen

7655 a) A. M. B i e t e n k ö t t e r aus Greven   b) Ca. 24 J.   o) 22. 4. 1865   p) New York   s) Über Bremen

7656 a) Anton E l s h o f f aus Hembergen, Schmied   b) 31 J.   o) 22. 4. 1865   p) New York   s) Über Bremen

7657 a) Heinr. E l s h o f f aus Greven   b) 27 J.   o) 22. 4. 1865   p) New York   s) Über Bremen

7658 a) Bernh. W i e t h ö l t e r aus Greven, Schmied   b) Ca. 27 J.   o) 1865

7659 a) Joh. Bern. B e c k e r aus Westerode, Bäcker- u. Brauergeselle   b) 11. 3. 1841   t) Am 15. 3. 1866 Gesuch auf Erteilung einer Entlassungsurkunde

7660 a) Joh. Theodor J ü r k e n b e c k aus Greven, Ackerknecht b) 1. 6. 1835 Greven t) Am 28. 3. 1866 Gesuch auf Erteilung einer Entlassungsurkunde

7661 a) Bern. H u c k e n b e c k aus Greven, Arbeiter b) 24. 10. 1838 Greven t) Am 29. 10. 1866 Gesuch auf Erteilung einer Entlassungsurkunde

7662 a) Hugo August Arnold Bern. P r ö b s t i n g aus Greven, Handlungslehrling b) 15. 9. 1858 Greven p) Holland t) Entlassungsurkunde vom 6. 7. 1866

7663 a) Arnold Ernst Gustav S c h r ü n d e r aus Greven b) 26. 6. 1852 Greven c) B. Schründer, Kaufmann p) Holland t) Am 8. 2. 1867 Gesuch des Vaters auf Erteilung einer Entlassungsurkunde

7664 a) Felix S c h u m a c h e r aus Gimbte b) 4. 1. 1847 s) Am 14. 7. 1873 Verurteilung wegen unerlaubter Auswanderung

7665 a) Herm. G r a w i n k e l aus Soest b) 18. 11. 1847 s) Am 14. 7. 1873 Verurteilung wegen unerlaubter Auswanderung

7666 a) Joseph R e h o r s t gt. W e m h o v e aus Greven b) 1. 4. 1850 s) Am 14. 7. 1873 Verurteilung wegen unerlaubter Auswanderung

7667 a) Louis B r o c k ö t t e r aus Greven, Lehrer b) 1848 p) New York s) Über Bremen t) Mitteilung des Agenten Laporte in Münster vom 8. 3. 1881 über den Reisevertrag

7668 a) Ignaz B i e d e r l a c k aus Greven b) 21. 5. 1861 p) Belgien t) Mitteilung des Ministère de la Justice in Brüssel vom 23. 2. 1882

7669 a) Bernh. H e i t m a n n aus Greven b) 1. 6. 1858 p) Holland t) Auswanderungsantrag vom 14. 5. 1882

7670 a) Herm. B u ß m a n n gt. U n t i e d t aus Greven b) 14. 3. 1860 o) Um 1882

7671 a) Herm. B r u n s m a n n aus Gimbte b) 2. 3. 1863 o) Um 1882

7672 a) A. W a l t e r s k ö t t e r aus Westerode b) 25. 4. 1857 Greven p) Amerika t) Am 14. 7. 1886 Antrag auf Ausstellung eines Passes. Sie will mit einer befreundeten Familie reisen, um sich in „Cincineiti" niederzulassen und sich dort später zu verehelichen

7673 a) Ernst B e c k e r aus Greven b) 23 J. t) Mitteilung des Norddeutschen Lloyd vom 24. 9. 1895 über den Schiffskontrakt

7674 a) Lisette B r i n c k m a n n aus Greven b) 23 J. p) Amerika t) Mitteilung des Norddeutschen Lloyd vom 27. 8. 1896 über den Schiffskontrakt

StadtA Greven, A 1583

7675 a) Joseph M i l l e r b e r n d aus Greven o) 1898

7676 a) Franziska Z i m m e r m a n n aus Greven b) 21 J. o) 1906

7677 a) Richard S e n k e n aus Greven b) 27 J. o) 1909 p) New York

7678 a) Witwe Z i m m e r m a n n aus Greven e) Drei Kinder von 18, 17 u. 10 J. o) 1910

StadtA Gronau, A 325

7679 a) Andreas B e v e r s aus Gronau, Weber o) 20. 10. 1845 p) Holland s) Will sich verheiraten

7680 a) Joh. Herm. B e v e r s aus Ksp. Epe, Weber p) Holland s) Entlassungsurkunde vom 6. 3. 1848

7681 a) Herm. D ö r n i n g aus Ksp. Epe p) Amerika s) Vermögen 60 Taler. Entlassungsurkunde vom 29. 9. 1848

7682 a) Gerh. Heinr. F r i e l e r aus Epe, Uppermark, Weber p) Amerika s) Vermögen 50 Taler. Entlassungsurkunde vom 6. 8. 1851

7683 a) Theodor Gerh. H o m a n n aus Epe, Uppermark, Weber p) Amerika s) Vermögen 50 Taler. Entlassungsurkunde vom 6. 8. 1851

7684 a) L ü t k e n h u e s o) 1850

7685 a) Arnold R a d i n g aus Gronau, Weber p) Hannover s) Vermögen 100 T. Entlassungsurkunde vom 22. 4. 1847

7686 a) Lambert S a n d e r s aus Epe, Weber p) Holland s) Vermögen 50 T. Entlassungsurkunde vom 9. 11. 1846

7687 a) Bern. S t e i n a c k e r aus Gronau, Schuster p) Holland – Amsterdam s) Entlassungsurkunde vom 20. 12. 1845

7688 a) Adolph S t e n v e r s aus Gronau, Weber p) Holland s) Entlassungsurkunde vom Juli 1850

7689 a) Bernd Wilh. A s s i n g aus Ksp. Epe b) 16. 6. 1860 Epe [c) Joh. Herm. Assing u. A. M. Terdenge] p) Brasilien s) Wandert mit den Eltern ohne Konsens aus t) Ankunft in Rio de Janeiro am 1. 10. 1862

7690 a) Joh. Gerh. Heinr. B e i k e r s aus Ksp. Epe b) 24. 1. 1851 Epe p) Amerika s) Am 25. 3. 1874 Aushändigung der Entlassungsurkunde vom 29. 1. 1874

7691 a) Gerh. Lambert B l ö m e r s aus Ksp. Epe b) 20. 10. 1856 Epe o) 1862 p) Brasilien s) Wandert mit den Eltern ohne Konsens aus

7692 a) Gerh. Heinr. B l ö m e r s aus Ksp. Epe b) 27. 8. 1860 p) Brasilien s) Wandert mit den Eltern ohne Konsens aus

7693 a) Antonius B o h n e n aus Epe, Dorf b) 3. 11. 1858 Epe p) Brasilien s) Wandert mit den Eltern aus, mit Konsens vom 27. 10. 1860, ausgehändigt am 9. 11. 1860

7694 a) Engelbert B o i n g aus Epe, Dorf b) 19. 3. 1854 Epe p) Amerika s) Wandert mit den Eltern aus, mit Konsens vom 5. 10. 1865, ausgehändigt am 10. 10. 1865

7695 a) Heinr. B o i n g aus Ksp. Epe b) 10. 5. 1858 o) 1862 p) Brasilien s) Wandert mit den Eltern ohne Konsens aus

7696 a) Joh. Bernd B o i n g aus Gronau b) 21. 5. 1856 Gronau o) 1862 p) Brasilien s) Wandert mit den Eltern ohne Konsens aus

7697 a) Engelbert D o e t l i n g aus Epe, Dorf b) 29. 6. 1854 Epe p) Brasilien s) Entlassungsurkunde vom 12. 5. 1858. Die ganze Familie wandert vor der Aushändigung aus

7698 [a) ………… E l l e r i n g aus Epe, Dorf d) Ehefrau] e) Gerh. Heinr. Friedr. 9. 2. 1856 Epe, Bernh. Joh. 24. 9. 1857 Epe s) Am ………… 5. 8.? 1868 Aushändigung der Entlassungsurkunde vom ………… 24. 9.? 1868

7699 [a) ………… E l s h o f f aus Gronau d) Ehefrau] e) Franz Herm. 8. 3. 1858 Gronau, Gerh. Herm. Joseph 4. 6. 1859 Gronau o) 1864 p) Amerika s) Ohne Konsens ausgewandert

7700 a) Gerh. Herm. ………… G e i ß ? aus Ksp. Epe b) 20. 3. 1856 p) Holland s) Deserteur

7701 [a) ………… G e r v e n s aus Gronau d) Ehefrau] e) Gerh. Heinr. 28. 12. 1857 Gronau, Gerh. 2. 11. 1860 Gronau o) ………… 4. 11.? 12.? 1875 p) Holland s) Entlassungsurkunde vom 2. 11. 1875

7702 a) Joh. Gerh. Heinr. K l i e w i n g aus Ksp. Epe b) 7. 1. 1855 Epe p) Amerika s) Wandert mit den Eltern aus. Entlassungsurkunde vom 30. 7. 1856

7703 a) Joh. Gerh. Herm. K ü p e r s aus Ksp. Epe b) 29. 5. 1861 p) Amerika s) Wandert mit den Eltern aus, mit Entlassungsurkunde vom 15. 4. 1867, ausgehändigt am 27. 4. 1867

7704 [a) ………… L i n d e b a u m aus Gronau d) Ehefrau] e) Bernh. Joh. 16. 11. 1855 Gronau, Bernh. August 9. 2. 1858 Gronau p) Holland s) Am 15. 8. 1872 Aushändigung der Entlassungsurkunde vom 15. 6. 1872

7705 a) Herm. Bernd M e n s i n g aus Ksp. Epe b) 18. 2. 1861 Epe p) Holland s) Mit den Eltern ohne Konsens ausgewandert

7706 a) Gerh. Franz Anton N ö t t e b r o c k aus Epe, Dorf b) 15. 1. 1857 Epe p) Holland s) Am 30. 3. 1874 Aushändigung der Entlassungsurkunde vom 12. 1. 1874

7707 a) Herm. Heinr. P r e i s t e r aus Ksp. Epe b) ………… ? 21. 12. 1855 Epe o) 1864 p) Amerika s) Ohne Konsens ausgewandert. Ein Jahr nach der Auswanderung ver………[storben ?]

7708 a) Gerh. Heinr. P r e i s t e r gt. L e n f e r s aus Ksp. Epe b) ………… ? 21. 12. 1855 p) Amerika s) Am 26. 6. 1873 Aushändigung der Entlassungsurkunde vom 8. 5. 1873

7709 [a) ………… S c h ö p p i n g aus Ksp. Epe d) Ehefrau] e) Gerh. Wilh. 4. 2. 1856 Epe, Joh. 20. 4. 1858 Epe o) 1862 p) Brasilien s) Ohne Konsens ausgewandert

7710 a) ………… S c h u l t e t e n B e r g e aus Ksp. Epe b) 30. 4. 1851 t) Eintrag durchgestrichen

7711 a) Theodor Herm. S t e n v e r s aus Gronau b) 4. 7. 1861 Gronau p) Holland s) Wandert mit den Eltern ohne Konsens aus

7712 [a) ………… S t e n v e r s aus Gronau d) Ehefrau] e) Arnold Gerh. 2. 10. 1856 Gronau, Gerh. ………… 10. 1. 1860 Gronau o) 30. 9. 1869 p) Amerika s) Entlassungsurkunde vom 24. 7. 1868

7713 a) Gerh. Bernh. T e n v e n n e aus Ksp. Epe b) 10. 11. 1857 p) Brasilien s) Wandert mit den Eltern aus, mit Entlassungsurkunde vom 16. 5. 1861, ausgehändigt am 3. 7. 1861

7714 a) Herm. T e r h a a r aus Ksp. Epe b) 16. 2. 1858 p) Amerika Am 29. 9. 1871 Aushändigung der Entlassungsurkunde vom 28. 8. 1871

7715 a) Bernd Theodor ter Horst aus Gronau   b) 5. 12. 1857   p) Holland   s) Am 28. 12. 1873 Aushändigung der Entlassungsurkunde vom 10. 12. 1873
7716 a) Anton Wilh. Hugo Vahle aus Gronau   b) 26. 4. 1854   p) Holland   s) Am 6. 11. 1871 Aushändigung der Entlassungsurkunde vom 11. 7. 1871
7717 a) Joh. Herm. Voss aus Gronau   b) 20. 7. 1860 Gronau   p) Holland   s) Entlassungsurkunde vom 18. 10. .... 1860?
7718 a) Andreas Wenning aus Ksp. Epe   b) 18. 5. 1857 Epe   o) 1868   p) Amerika   s) Wandert mit den Eltern ohne Konsens aus   t) Siehe auch Nr. 5268

StadtA Harsewinkel, A 421

7719 a) Elis. Richter aus Sendenhorst   b) 10. 12. 1830 Harsewinkel   o) 1855   p) Amerika
7720 a) Elis. Beckmann aus Freckenhorst   b) 11. 6. 1829 Harsewinkel   o) 1856   p) Amerika
7721 a) Adolph Düpmann aus Marienfeld, Neubauer   b) 8. 9. 1802   e) Joh. Bern. 4. 11. 1837   o) 1860   p) Amerika
7722 a) Joh. Henr. Böse gt. Menke aus Greffen, Ackerer   o) 1868   p) Amerika   t) .... ? = Nr. 4535

StadtA Harsewinkel, A 1142

7723 a) Heinr. Brockbrötger aus Harsewinkel, Knecht   b) 1808/09   o) 1832   p) Bentheim
7724 a) H. Schloff aus Harsewinkel, Knecht   b) 1810/11   o) 1832
7725 a) Wilh. Windau aus Harsewinkel, Knecht   b) 1810/11   o) 1832
7726 a) Wilh. Anton Schubart aus Marienfeld, Knecht   b) 1810   o) 1833
7727 a) Franz Arnold Deiters aus Harsewinkel, Knecht   b) 2. 9. 1816   o) 1838   p) Hannover
7728 a) Joseph Liermann aus Marienfeld, Knecht   b) 6. 1. 1817   o) 1838   p) Amerika
7729 a) Joseph Brand aus Greffen, Schneider   b) 4. 10. 1819   o) 1843
7730 a) Theodor Anton Christian Teeke aus Harsewinkel   b) 23. 1. 1822   o) 1843
7731 a) Joh. Bern. Niebur aus Harsewinkel, Knecht   b) 2. 1. 1816   o) 1841   p) Holland
7732 a) Joh. Bern. Erdhütter aus Greffen   o) 1849
7733 a) Joh. Heinr. Haverkamp aus Kr. Münster   b) 21. 7. 1828 Greffen   o) 1849   p) Nordamerika
7734 a) Joh. Bern. Nünningmöller aus Harsewinkel   b) 26. 3. 1836   o) 1859
7735 a) Joh. Herm. Herbrügger aus Harsewinkel   b) 27. 3. 1842   p) Amerika   s) 1865: vor längeren Jahren ausgewandert
7736 a) Christoph Wilhalm aus Harsewinkel   b) 22. 6. 1851   o) 1885
7737 a) Ernst Georg M. Vilain aus Marienfeld   b) 25. 1. 1862   o) 1885
7738 a) Chrisoph Ernstnathe aus Marienfeld   b) 5. 1. 1865   o) 1889   p) Amerika

GA Heek, C 36

7739 a) Herm. *August* Schwietering aus Nienborg   b) 1. 5. 1870 Nienborg   c) Bern. Schwietering, Taglöhner, und A. Adelheid Kokamp   o) 1892   p) Amerika   t) Am 22. 12. 1892 Überfahrt mit dem Schiff Hermann des Norddeutschen Lloyd von Bremen aus

GA Heek, C 38

7740 a) Joh. van Ackeren aus Heek, Ammert, Landwirt   b) 12. 3. 1830 Miehr bei Kleve   d) A. van Ackeren 17. 9. 1839   e) Paul 12. 7. 1866, Fritz 13. 12. 1867, M. 7. 5. 1872, Dorothea 8. 11. 1877, Gerh. 8. 4. 1881   o) 1882   p) Amerika   s) Entlassungsurkunde vom 25. 10. 1882
7741 a) Joseph Benker gt. Heskemann aus Heek, Ahle Nr. 2, Ackerer, Zeller   b) 21. 12. 1835   e) Sophie 29. 9. 1867, Bern. 7. 8. 1872   o) 1887   p) Nordamerika   s) Entlassungsurkunde vom 16. 7. 1887. Die Ehefrau Elis. Kestermann ist tot. Siehe auch GA Heek, C 3408
7742 a) Bern. Böhmer aus Heek, Wext Nr. 39, Ackerer   b) 27. 4. .... 1840? 1841? Heek   d) Lisette Beermann 1861   o) 1881   p) Nordamerika   s) Beide Eheleute sind unmittelbar nach der Hochzeit abgereist. Am „28. 9. über Bremen nach Baltimore gefahren"

7743 a) Bern. B o r g e r t aus Heek, Leibzüchter b) 26. 11. 1815 Heek e) B. .... [H. od. J.] o) 1880 p) Amerika s) Entlassungsurkunde vom 29. 7. 1880

7744 a) Otto Joseph B r i n k m a n n aus Nienborg Nr. 161, Kellner b) 30. 12. 1858 Nienborg c) Bern. Brinkmann, Kaufmann, und M. Elis. (*Louise*) Uppenkamp o) 1876 p) Holland – Haarlem s) Entlassungsurkunde vom 20. 6. 1876 t) Er ließ sich am 6. 10. 1877 in Haarlem nieder. 1886 heiratete er in Ahaus Johanna Cath. B e r n s m a n n und starb am 9. 1. 1918 in Haarlem

7745 a) Heinr. Anton B r i n k m a n n aus Nienborg, Kellner b) 21. 12. 1860 Nienborg c) Bern. Brinkmann, Kaufmann, und Louise Uppenkamp o) 1878 p) Holland – Haarlem s) Entlassungsurkunde vom 6. 2. 1878 t) Er kam am 19. 2. 1878 in Haarlem an und starb dort am 16. 10. 1887. Siehe auch GA Heek, C 3237

7746 a) Bern. B r i n k m a n n aus Nienborg, Kellner b) 15. 4. 1866 Nienborg c) Bern. Brinkmann, Kaufmann, und M. Elis. (*Louise*) Uppenkamp o) 1883 p) Holland – Haarlem s) Entlassungsurkunde vom 7. 6. 1883 t) Er heiratete 1898 Theresia Reigers und starb am 30. 4. 1916 in Heemstede bei Amsterdam

7747 a) Wilh. Carl B r o c k h a g e n aus Nienborg, Weber b) 25. 1. 1862 Nienborg c) Carl Brockhagen, Fabrikarbeiter, und M. A. Mensing o) 1879 p) Amerika s) Entlassungsurkunde vom 17. 4. 1879

7748 a) Henr. Joseph B r o c k h a g e n aus Nienborg, Weber b) 22. 2. 1865 Nienborg c) Carl Brockhagen, Fabrikarbeiter, und M. A. Mensing o) 1881 p) Amerika s) Entlassungsurkunde vom 16. 9. 1881

7749 a) Joh. B r o c k h a g e n aus Nienborg, Holzschusterlehrling b) 2. 5. 1867 Nienborg c) Carl Brockhagen, Fabrikarbeiter, und M. A. Mensing o) 1882 p) Amerika – New York s) Entlassungsurkunde vom 23. 8. 1882

7750 a) Herm. B ü s c h e r aus Heek, Tischler b) 10. 10. 1850 Heek o) 1877 p) Amerika s) Entlassungsurkunde vom 17. 12. 1876

7751 a) Heinr. B ü s c h e r aus Heek, Tischler b) 25. 7. 1847 o) 1879 p) Amerika

7752 a) Franz D e i t m e r s aus Heek, Hausierer b) 3. 5. 1858 Heek o) 1876 p) Holland s) Entlassungsurkunde vom 21. 4. 1876

7753 a) Bern. Herm. D e i t m e r s aus Heek, Dorf, Kaufmann b) 15. 3. 1865 Heek c) Heinr. Adam Deitmers und Wilhelmina Cath. Lenfers o) 1881 p) Holland s) Entlassungsurkunde vom 1. 6. 1881

7754 a) Bern. F l ü c k aus Heek, Dorf, Müller b) 14. 4. 1861 Heek o) 1883 p) Amerika s) Ohne Konsens ausgewandert

7755 a) Hubert F l ü c k aus Heek, Dorf, Müller b) 3. 1. 1859 Heek o) 1883 p) Nordamerika s) Ohne Konsens ausgewandert

7756 a) Franz Arnold G e l k i n g aus Heek, Averbeck Nr. 23 b) 19. 11. 1850 Heek o) 1883 p) Nordamerika – Minnesota s) Entlassungsurkunde vom 16. 2. 1883

7757 a) Theodor H a r i n g aus Heek, Metzger b) 26. 10. 1852 Heek o) 1878 s) Entlassungsurkunde vom 11. 3. 1878

7758 a) Herm. H e l m e r t aus Heek, Ahle o) 1889 p) Amerika t) Fährt mit dem Schiff Main am 1. 5. 1889 von Bremen nach Amerika

7759 a) Joseph K e r k h o f f aus Nienborg, Schreiner b) 12. 3. 1862 Nienborg [c) Bern. Kerkhoff, Drechsler, und Cath. Leppen] o) 1883 s) Ohne Konsens ausgewandert

7760 a) Theodor K ü h l k a m p aus Heek, Dorf Nr. 120, Ackerer b) 24. 3. 1865 Heek c) Joha. Kühlkamp und Franziska Terwolbeck o) 1882 p) Holland s) Entlassungsurkunde vom 1. 9. 1882. Nimmt etwa 150 Mark mit t) Siehe auch GA Heek, C 3402

7761 a) Herm. L e w e l i n g aus Heek, Ackerer b) 5. 10. 1845 Heek o) 1877 p) Amerika s) Entlassungsurkunde vom 19. 6. 1877

7762 a) Heinr. Herm. L i e s e n aus Heek, Averbeck Nr. 14, Ackerer b) 20. 4. 1861 Heek c) Bern. Heinr. Liesen und M. Cath. Schwietert o) 1882 p) Amerika s) Entlassungsurkunde vom 4. 6. 1882. Ist ohne Entlassungsurkunde ausgewandert t) Siehe auch GA Heek, C 3378

7763 a) Wilh. Theodor L u d o r f f aus Nienborg, Brauer b) 4. 6. 1857 Nienborg [c) Albert Ludorff, Amtmann, und Franziska Nacke] o) 1877 p) Amerika

7764 a) Franz M e n s i n g aus Nienborg, Weber b) 18. 10. 1867 Nienborg [c) Wilh. Mensing, Maurer, und A. Elis. Böhmer] o) 1883 p) Nordamerika – New York s) Entlassungsurkunde vom 24. 11. 1883

7765 a) Bern. M i d d e l h o f f aus Heek, Schmied b) 23. 6. 1851 Heek o) 1877 p) Amerika s) Entlassungsurkunde vom 7. 12. 1876

7766 a) Herm. N a c k e aus Nienborg, Ackerer b) 27. 3. 1860 Nienborg c) Gerh. Heinr. Nack, Weber und Ackersmann, und M. Adelheid Möllering o) 1880 p) Amerika s) Entlassungsurkunde vom 26. 1. 1880 t) Siehe auch GA Heek, C 3237

7767 a) Joh. Herm. N a c k e aus Heek, Zimmermann b) 9. 3. 1845 Heek o) 1877 p) Amerika s) Entlassungsurkunde vom 19. 5. 1877

7768 a) Joh. Bern. Anton R u l l e aus Heek, Ackerer b) 3. 5. 1854 Heek o) 1883 p) Nordamerika – Minnesota s) Entlassungsurkunde vom 16. 2. 1883

7769 a) Herm. Heinr. S c h l i c h t m a n n   gt.   S u c k aus Heek, Ackerer b) 29. 9. 1842 o) 1880 p) Amerika s) Entlassungsurkunde vom 17. 6. 1880

7770 a) Bern. Theodor S c h l i c h t m a n n   gt.   S u c k aus Heek, Averbeck Nr. 3, Ackerer c) Theodor Bern. Schlichtmann gt. Suck und A. M. Cath. Oldemölle o) 1882 p) Amerika – Minnesota s) Entlassungsurkunde vom 21. 12. 1882. Er ist Bruder von Franziska Schlichtmann, die schon 1867 ausgewandert ist, und soll seiner Schwester nach dem Tode ihres Mannes bei der Bewirtschaftung ihrer Ländereien helfen t) Siehe auch GA Heek, C 3402

7771 a) Joh. Heinr. S c h w i e t e r t aus Heek, Ackerer b) 17. 1. 1861 Heek o) 1883 p) Amerika s) Ohne Konsens ausgewandert

7772 a) Theodor Carl T e l k e r s aus Nienborg, Kaufmann b) 3. 4. 1861 Nienborg c) Carl Telkers, Fabrikant, und Agnes Frehrmann o) 1878 p) Holland – Woerden t) Siehe auch GA Heek, C 40

7773 a) Heinr. Joh. T i l l m a n n aus Nienborg, Weber b) 12. 12. 1849 Nienborg o) Joan Hermann Tillmann, Weber, und Gertrud Loesbrock o) 1880 p) Amerika s) Entlassungsurkunde vom 17. 1. 1880

7774 a) Heinr. Wilh. U p p e n k a m p aus Nienborg, Kaufmann b) 27. 5. 1863 Nienborg c) Bern. Uppenkamp, Fabrikant, und Ludowika Rosery o) 1880 p) Holland s) Entlassungsurkunde vom 17. 1. 1880 t) Siehe auch GA Heek, C 3237

GA Heek, C 40

7775 a) Friedr. Wilh. A m s h o f f aus Heek, Ahle, Knecht b) 31. 3. 1838 Heek o) 1864 p) Amerika s) Entlassungsurkunde vom 4. 8. 1864. Beabsichtigte, am Dienstag, den 9. 8. 1864 auszuwandern

7776 a) Joh. Bern. A m s h o f f aus Heek, Schmied b) 22. 7. 1845 Heek o) 1865 p) Amerika s) Entlassungsurkunde vom 22. 9. 1865

7777 a) Herm. A s b r o c k aus Heek, Ackersmann b) 2. 3. 1840 Heek o) 1871 p) Amerika s) Entlassungsurkunde vom 12. 4. 1871

7778 a) Joh. Heinr. B a l k e r aus Heek, Ackerknecht b) 24. 12. 1821 Epe o) 1853 p) Amerika s) Entlassungsurkunde vom 22. 8. 1853

7779 a) Bernh. B e c k h e l l i n g aus Nienborg, Weber b) 25. 12. 1820 Nienborg [c) Bern. Beckhelling u. Christ. Kemper] o) 1851 p) Amerika s) Entlassungsurkunde vom 14. 4. 1851. „Der Schwiegervater Nacke hat die beiden Kinder des Beckhelling bei sich behalten". Er war verheiratet gewesen mit A. Elis. Cath. Nacke, * 9. 5. 1824 Nienborg, + 15. 2. 1851 ebd.

7780 a) Joh. Gerh. B e c k h e l l i n g aus Wext Nr. 7 (Pegel), Knecht b) 3. 3. 1846 o) 1866 p) Amerika s) Entlassungsurkunde vom 3. 3. 1866

7781 a) Herm. B o c k h o l t aus Heek, Weber b) 20. 11. 1846 Heek d) Franziska S c h l i c h t m a n n   gt.   S u c k o) 1867 p) Nordamerika – Minnesota s) Entlassungsurkunde vom 5. 1. 1867 t) Herm. Bockholt starb 1882 (C 38)

7782 a) Joseph Franz Ludwig B ö c k e r s aus Heek, Dorf Nr. 81, Händler b) 19. 8. 1854 c) Franz Joseph Böckers und G. Henrika Wissing o) 1873 p) Holland s) Angeblich nach Haaksbergen ausgewandert. „War vor der Loosungszeit mit Consens nach Holland ausgewandert" (C 3377)

7783 a) Clemens Theodor B ö h m e r aus Nienborg Nr. 103, Tischler b) 8. 1. 1845 Nienborg c) Joh. Theodor Böhmer, Weber, und Elisabeth Lenfers o) 1865 p) Amerika s) Entlassungsurkunde vom 24. 6. 1865

7784 a) Bern. Heinr. Herm. B ö m e r aus Heek, Taglöhner b) 3. 3. 1839 o) 1866 p) Amerika

a) Gerh. B ö m e r aus Heek, Knecht b) 26. 10. 1839 o) 1866 p) Amerika s) Entlassungsurkunde vom 28. 4. 1866

7785 a) Bern. B o r g e r s aus Nienborg, Zimmermann b) 1. 6. 1843 Nienborg c) Herm. Borgers, Zimmermann, und Elis. Depenbrock o) 1868 p) Holland

7786 a) Bernh. B o r g e r s aus Nienborg, Knecht b) 18. 6. 1857 o) 1870 p) Amerika s) Entlassungsurkunde vom 8. 2. 1870

7787 a) Joseph Bernh. B o r g e r s aus Nienborg, Weber   b) 16. 5. 1843 Nienborg   c) Engelbert Borgers, Eiersammler, und M. A. Kuhlmann   o) 1863   p) Nordamerika   s) Entlassungsurkunde vom 7. 4. 1863

7788 a) Joseph Gerh. B o r g e r s aus Heek, Knecht   b) 16. 11. 1816   o) 1854   p) Amerika   s) Entlassungsurkunde vom 7. 9. 1854

7789 a) Wilh. Joh. B o r g e r s aus Nienborg, Taglöhner   b) 21. 6. 1846 Nienborg   c) Arnold Heinr. Borgers, Weber, und Cath. Elis. Arens   o) 1865   s) Entlassungsurkunde vom 13. 3. 1865

7790 a) Heinr. B o r g e r t aus Heek, Ackerknecht   b) 1. 3. 1819 Heek   o) 1853   p) Amerika   s) Entlassungsurkunde vom 22. 8. 1853

7791 a) B r e d s t e g g e aus Heek, Weber   o) 1853

7792 a) Joh. B r e e m h a u e r aus Heek Nr. 75, Geselle   b) Heek   o) 1845   p) Holland

7793 a) Albert B r i n k m a n n aus Nienborg, Händler   b) [21. 3. 1855 Hoorn (Niederlande)   c) Bern. Brinkmann u. Louise Uppenkamp]   o) 1872   p) Holland   t) Er heiratete in Medemblik (Niederlande) am 11. 10. 1882 Clara Cath. Helena Hermes, die aus Neuenkirchen stammte. Er starb am 1. 11. 1903 in Sassenhem (Niederlande)

7794 a) Bern. B r o c k h a u s   g t.   H e l l e k e m p e r aus Heek, Ackerer   b) 1854   o) 1873   s) Entlassungsurkunde vom 26. 7. 1873

7795 a) Bern. B r ö c k e r aus Heek, Knecht   b) 20. 2. 1850   o) 1870   p) Amerika   s) Entlassungsurkunde vom 15. 2. 1870

7796 a) Heinr. Bern. B r ö c k e r aus Heek, Ackersmann   b) 18. 11. 1852   o) 1871   s) Entlassungsurkunde vom 15. 4. 1871

7797 a) Bern. Heinr. B r ü n i n g aus Heek, Wichum Nr. 1, Knecht   b) 28. 4. 1834   c) Bern. Herm. Brüning und Adelheid Wessling   o) 1857   p) Amerika   s) Entlassungsurkunde vom 13. 1. 1857   t) Siehe auch GA Heek, C 1180

7798 a) Theodor B u s c h e aus Heek, Ackerknecht   b) 24. 5. 1819   o) 1853   s) Entlassungsurkunde vom 3. 9. 1853

7799 a) Bern. B u s s w e l l e r aus Heek, Arbeiter   b) 27. 8. 1845   o) 1865   p) Amerika

7800 a) Adelheid D e i t m e r s aus Heek   b) 8. 8. 1856   o) 1874   s) Entlassungsurkunde vom 19. 10. 1874

7801 a) Witwe Joh. D e p e n b r o c k aus Wessum   b) 5. 8. 1807 Nienborg   o) 1864   p) Amerika   s) Entlassungsurkunde vom 11. 3. 1864   t) .... Wahrscheinlich Adelheid Tenbreul, Witwe des Maurers Gerh. Depenbrock aus Nienborg Nr. 47, geb. 1807 in Wessum. Der Sohn Friedrich, * 20. 7. 1850, empfing in Nienborg am 26. 3. 1864 die erste heilige Kommunion und reiste dann nach Amerika ab (PfA Nienborg, Kirchenbuch Nr. 5, S. 150a)

7802 a) Joh. Theodor D o d t aus Heek, Arbeiter   b) 5. 2. 1845 Heek   o) 1865   p) Amerika   s) Entlassungsurkunde vom 7. 9. 1865

7803 a) Bern. D o d t aus Heek, Knecht   b) 28. 10. 1850 Heek   o) 1870   p) Amerika   s) Entlassungsurkunde vom 8. 2. 1870

7804 a) Joseph Theodor E p p i n g aus Heek, Weber   b) 8. 11. 1775   o) 1854   p) Amerika   s) Entlassungsurkunde vom 4. 8. 1854. Die ganze Familie wandert aus

7805 a) Joseph E p p i n g aus Heek, Weber   b) 27. 3. 1840   o) 1859   s) Entlassungsurkunde vom 22. 12. 1859

7806 a) Theodor E p p i n g aus Heek, Glaser   b) 10. 7. 1847 Heek   o) 1867   s) Entlassungsurkunde vom 29. 12. 1866

7807 a) Bern. Heinr. G a u s l i n g aus Heek, Ackerknecht   b) 10. 7. 1825 Heek   o) 1853   p) Amerika   s) Entlassungsurkunde vom 21. 10. 1853

7808 a) Bern. H a g e t aus Heek, Ackerknecht   b) 31. 3. 1828   o) 1859   s) Entlassungsurkunde vom 7. 3. 1859

7809 a) Franziska [R e n s i n g] Witwe [Anton] H e y a r t aus Nienborg, Taglöhnerin   b) ....25. 8. 1819 [13. 6. 1815] Nienborg   [c) Anton Rensing und A. Elis. Brunshove]   e) Herm. 6. 10. 1856   o) 1864   p) Amerika   s) Entlassungsurkunde vom 16. 3. 1864   t) Siehe auch GA Heek, C 3374

7810 a) Joseph H e y a r d aus Nienborg, Weber   b) 27. 2. 1846 Nienborg   [c) Franz Heyard, Wollspinner, und Christina Hilbers]   o) 1864   p) Amerika   s) Entlassungsurkunde vom 5. 4. 1864

7811 a) Gebrüder H e y a r t aus Nienborg, Taglöhner   h) Georg H e y a r t 16. 8. 1841 Nienborg, Sohn von Joseph Heyart, Faßbinder, u. Gertrud Reckers]   o) 1865   s) Entlassungsurkunde vom 3. 3. 1865

7812 a) Herm. H a y a r t aus Nienborg b) 6. 8. 1852 Nienborg c) Franz Heyart, Fabrikarbeiter, und M. Cath. Hilbers o) Nach 1868, vermutlich 1872 p) Amerika s) Ohne Konsens ausgewandert

7813 a) Gerh. Heinr. H e l l i n g g t. R u h k a m p aus Heek, Ackerknecht b) 13. 11. 1839 Nienborg c) Heinr. Helling gt. Ruhkamp, Ackersmann, und M. Elis. Kallenbeck o) 1867

7814 a) Bern. Heinr. H e u e r aus Heek, Taglöhner b) 27. 8. 1846 o) 1866 p) Amerika

7815 a) H e y n g aus Heek Nr. 81a, Taglöhner b) 21. 1. 1824 Heek o) 1862 p) Holland s) Entlassungsurkunde vom 3. 4. 1862. Die ganze Familie wandert aus

7816 a) Bern. Heinr. H e y i n g aus Heek, Ahle Nr. 66, Ackererknecht b) 17. 12. 1861 Wessum o) 1883 p) Amerika s) Ohne Konsens ausgewandert

7817 a) Elis. H e y n g aus Heek, Ahle, Magd b) 13. 3. 1831 Heek o) 1862 p) Amerika s) Entlassungsurkunde vom 20. 2. 1862

7818 a) Joh. Bern. Heinr. H ö r s t aus Heek, Ackerknecht b) 27. 3. 1845 Heek o) 1865 p) Amerika s) Entlassungsurkunde vom 25. 9. 1865

7819 a) Joh. Arnold Joseph H ö t i n g aus Heek, Taglöhner b) 8. 2. 1832 o) 1856 p) Amerika s) Der Onkel Lurick nimmt die Entlassungsurkunde vom 10. 10. 1856 entgegen. Vermögen 150 Taler

7820 a) Joh. Herm. H o l t k a m p aus Nienborg, Kallenbeck Nr. 2, Ackersmann b) 6. 6. 1833 [c) Gerh. Heinr. Holtkamp, Ackersmann, und M. Adelheid Schulte Willmert] o) 1865 p) Amerika s) Entlassungsurkunde vom 28. 6. 1865

7821 a) Bern. K a l l e n b e c k aus Nienborg, Ackersmann b) 23. 4. 1843 [c) Gerh. Heinr. Kallenbeck und Gertrud Benkhoff] o) 1870 p) Amerika s) Entlassungsurkunde vom 27. 5. 1870

7822 a) Joh. Gerh. K ö s t e r s aus Nienborg, Hauptstraße Nr. 41 (21), Weber b) 21. 1. 1829 Nienborg [Adam Kösters, Faßbinder, und M. Elis. Lammers] o) 1849 p) Holland / Amerika s) Entlassungsurkunde vom 17. 12. 1849 t) Siehe auch GA Heek, C 1180

7823 a) Joh. K ü h l k a m p aus Heek, Wext Nr. 9 (Bernsmann), Knecht o) 1866 p) Amerika s) Entlassungsurkunde vom 23. 3. 1866

7824 a) Witwe L a m m e r s aus Heek Nr. 52 b) 16. 1. 1797 Heek e) Joh. Georg Arnold 30. 4. 1833 o) 1854 p) Amerika s) Entlassungsurkunde vom 12. 5. 1854 t) Siehe auch GA Heek, C 1180, Eltern von Joh. Georg Arnold: Joh. Heinr. Lammer, Weber, und G............. Schabbing

7825 a) Bern. Heinr. L a m m e r s aus Nienborg, Taglöhner b) 5. 9. 1835 Nienborg [c) Herm. Anton Lammers, Schneider, und M. Gertrud Möllmath] o) 1865 s) Entlassungsurkunde vom 28. 2. 1865

7826 a) Franz Joseph L a m m e r s aus Nienborg, Holzschuhmacher b) 20. 7. 1832 Nienborg [c) Bern. Herm. Lammers, Wollspinner, und A. Elis. Lammers] o) 1852 p) Amerika t) Siehe auch GA Heek, C 1180

7827 a) Gerh. L a m m e r s aus Nienborg, Weber b) 13. 3. 1842 Nienborg o) 1863 p) Nordamerika s) Entlassungsurkunde vom 8. 6. 1863

7828 a) Gerh. Joseph L a m m e r s aus Nienborg, Knecht b) 20. 4. 1836 [c) Franz Lammers, Tuchmacher, und M. Adelheid Leveling] o) 1863 p) Nordamerika s) Ohne Konsens ausgewandert

7829 a) Herm. Joseph L a m m e r s aus Nienborg, Weber, Musikant b) 17. 2. 1824 Nienborg [c) Herm. Lammers, Wollspinner, u. A. Elis. Lammers] d) M. Cath. P i e g e l [4. 1. 1819 Nienborg, Tochter von Anton Heinr. Piegel u. Cath. Adelheid Lammers] e) Herm. Joseph 31. 8. 1848, Joh. Joseph 10. 2. 1850, Bern. Franz 6. 11. 1851 o) 1852 p) Amerika s) Entlassungsurkunde vom 25. 6. 1852. Die Eheleute heirateten am 3. 11. 1847

7830 a) Herm. Joseph L a m m e r s aus Nienborg, Kaufmann b) 15. 6. 1847 Nienborg [c) Joseph Lammers, Tuchfabrikant, und M. A. Rohling] o) 1865 p) Holland s) Entlassungsurkunde vom 6. 1. 1865

7831 a) Joh. Wilh. L a m m e r s aus Nienborg b) 27. 5. 1852 Nienborg [c) Herm. Lammers, Gastwirt, und Cath. Zeppenfeld] o) Nach 1868, vor 1876, vermutlich 1872 p) Amerika

7832 a) Hubert L i n n e m a n n aus Heek, Ackerknecht b) 13. 11. 1848 Heek o) 1867 s) Entlassungsurkunde vom 2. 3. 1867

7833 a) Albert L u d o r f f aus Heek, Brauer b) 27. 1. 1854 [Nienborg c) Albert Ludorf, Amtmann, u. Francisca Nacke] o) 1873 s) Entlassungsurkunde vom 18. 1. 1873

7834 a) Herm. L ü t k e n h u e s aus Heek, Stellmacher b) 8. 7. 1846 Heek o) 1866 p) Amerika s) Entlassungsurkunde vom 2. 5. 1866

7835 a) Henr. M e n s i n g aus Nienborg Nr. 48, Arbeiter b) 27. 8. 1847 Nienborg c) Joseph Mensing, Maurer, und M. A. Bröker o) 1866 p) Amerika s) Entlassungsurkunde vom 20. 3. 1866

7836 a) Herm. M e r s aus Heek, [Wext Nr. 11], Holzschuhmacher b) [5. 5. 1834 Heek, Wext c) Joseph Mers, Kötter, u. Adelheid Bömer] o) 1854 p) Amerika s) Entlassungsurkunde vom 22. 8. 1854

7837 a) Herm. Heinr. M e r s aus Heek, [Wext Nr. 11] b) 1. 8. 1831 [Heek, Wext c) Joseph Mers, Kötter, u. Adelheid Bömer] o) 1852 p) Amerika s) Entlassungsurkunde vom 5. 7. 1852

7838 a) Joseph M o r i a n aus Nienborg, Taglöhner, Brenner b) 8. 12. 1815 Nienborg d) Christ. V i e f h u e s e) Bern. Anton 16. 8. 1863, Franz Joseph 16. 8. 1863 o) 1864 p) Nordamerika s) Entlassungsurkunde vom 11. 3. 1864 t) Siehe auch GA Heek, C 3239

7839 a) Joh. Heinr. N i e h o f f aus Heek, Knecht b) 17. 12. 1833 Heek o) 1863 p) Nordamerika s) Kehrte 1864 wieder zurück und wohnte in Heek Nr. 26

7840 a) Kristofer P e g e l aus Nienborg, Taglöhner b) 13. 2. 1846 Nienborg [c) Engelbert Pegel, Seilspinner, und M. Cath. Voss] o) 1865 s) Entlassungsurkunde vom 3. 3. 1865

7841 a) Ignatz R e n s i n g aus Nienborg, Weber b) 30. 7. 1844 Nienborg c) Joh. Rensing, Schmied und M. Cath. Nacke o) 1863 p) Nordamerika s) Entlassungsurkunde vom 7. 6. 1863

7842 a) Joh. R e n s i n g aus Nienborg Nr. 127, Schmied b) 15. 11. 1818 Nienborg c) Anton Rensing und A. Elis. Brunshove d) M. Cath. N a c k e d) Bern. Anton 17. 11. 1856 o) 1867 p) Nordamerika s) Entlassungsurkunde vom 19. 3. 1867 t) Siehe auch GA Heek, C 3374

7843 a) H............. H............... R o t t e r d a m aus Heek (Uppenkamp), Knecht b) 29. 3. 1829 Heek o) 1866 p) Amerika s) Entlassungsurkunde vom 24. 3. 1866

7844 a) Bern. R o t e r s aus Heek Nr. 94, Kramer b) 7. 6. 1824 Heek o) 1862 p) Brasilien s) Mit Familie ausgewandert t) Siehe auch GA Heek, C 3376 und C 3. „Entlassungsurkunde ist unterm 26. 3. 1862 No. 258 nachgesucht, Datum der Ausfertigung ist hier nicht bekannt" (C 3376)

7845 a) Witwe R u l l e r aus Heek, Weber b) 22. 9. 1800 o) 1854 p) Amerika s) Entlassungsurkunde vom 27. 7. 1854. Wandert mit Familie aus

7846 a) Bern. S c h ä g e r s aus Heek, Zimmermann b) 26. 11. 1835 Heek o) 1866 p) Amerika s) Entlassungsurkunde vom 23. 3. 1866

7847 a) Georg S c h a t e n aus Heek, Ackerknecht b) 4. 8. 1819 Heek o) 1853 s) Entlassungsurkunde vom 26. 8. 1853. Wandert mit Familie aus

7848 a) Bern. S c h e n i n g m a n n aus Heek, Taglöhner b) 3. 7. 1816 o) 1854 p) Amerika s) Entlassungsurkunde vom 15. 9. 1854. Wandert mit Familie aus

7849 a) Bern. Joseph S c h i l l i n g aus Nienborg, Weber b) 29. 8. 1848 Nienborg c) Herm. Schilling, Wollspinner und Gertrud Woltering o) 1867

7850 a) Joh. Wilh. S c h i l l i n g aus Nienborg, Taglöhner b) 11. 5. 1845 Nienborg c) Herm. Schilling, Wollspinner, und M. Gertrud Woltering o) 1864 p) Nordamerika s) Entlassungsurkunde vom 11. 3. 1864

7851 a) Gerh. S c h u l z (Schulze) aus Heek [Nr. 94?], Taglöhner b) 19. 5. 1824 Heek o) 1862 p) Brasilien s) Wandert mit Frau und zwei Kindern aus

7852 a) Bern. S c h w i e t e r i n g aus Nienborg, Taglöhner b) 4. 12. 1836 Nienborg c) Joseph Schwietering, Wollspinner, und Cath. Lammers o) 1865 t) Im Kirchenbuch unter den Vornamen Theodor Hermann eingetragen

7853 a) Joh. Heinr. S c h w i e t e r i n g aus Nienborg Nr. 77a, Taglöhner b) 20. 12. 1809 Nienborg c) Joan Henr. Schwietering u. M. Elis. Depenbrock d) Gertrud W o l t e r i n g [6. 6. 1810 Nienborg, Tochter von Joseph Woltering u. A. Marg. Hörst] o) 1864 p) Nordamerika s) Entlassungsurkunde vom 15. 3. 1864. Mit Familie ausgewandert

7854 a) Joseph S c h w i e t e r i n g aus Nienborg Nr. 149a, Taglöhner b) 26. 4. 1840 Nienborg c) Arnold Schwietering, Wollspinner, und Cath. Schilling o) 1865 s) Entlassungsurkunde vom 28. 2. 1865

7855 a) Theodor S c h w i e t e r i n g aus Nienborg, Hauptstraße Nr. 14 (90), Weber b) 4. 12. 1836 Nienborg c) Joseph Schwietering, Wollspinner, und M. Cath. Lammers o) 1866 p) Amerika s) Entlassungsurkunde vom 24. 2. 1866

7856 a) Herm. S c h w i e t e r (Schwietert) aus Heek, Ahle Nr. 42, Knecht b) 29. 7. 1834 Heek o) 1862 p) Nordamerika s) Entlassungsurkunde vom 28. 4. 1862

7857 a) Witwe S t a n g e aus Heek, Krämerin b) 15. 9. 1815 Vreden o) 1869 p) Amerika s) Entlassungsurkunde vom 4. 10. 1869 s) Siehe auch Nr. 1330

7858 a) Joseph S t i e v e r m a n n aus Nienborg, Händler b) 29. 12. 1855 Nienborg c) Joseph Stievermann, Pergamentfabrikant, und Cath. Bohne o) 1872 p) Amerika s) Ohne Konsens ausgewandert

7859 a) Theodor Joseph T e l k e r s aus Nienborg   b) 12. 3. 1847 Nienborg   c) Franz Carl Telkers, Tuchfabrikant, und Agnes Freermann   o) 1864   p) Amerika   t) Er kehrte zurück, war Gastwirt in Nienborg Nr. 34 und starb hier am 1. 3. 1905

7860 a) Gerh. Heinr. V o g e l s a n g aus Nienborg, Ackersmann   b) 5. 12. 1830   o) 1865   p) Amerika   s) Entlassungsurkunde vom 28. 7. 1865

7861 a) Bern. Joseph V o s s aus Nienborg, Niestadt Nr. 1 (46), Weber   b) 26. 6. 1829 Nienborg   c) Herm. Voss, Wollspinner, und M. Elis. Lösing   h) Gertrud 5. 10. 1831, Joh. 7. 5. 1834   o) 1850   p) Amerika   s) Ohne Konsens ausgewandert. Eltern und einige Geschwister sind schon 1844 ausgewandert   t) Siehe auch GA Heek, C 1180

7862 a) Arnold W i n k e l b a c h aus Nienborg Nr. 138 (140), Schmied   b) 19. 1. 1829 Nienborg   c) Arnold Winkelbach, Schneider, und M. Elis. Schwietering   o) 1857   [p) Amerika – New York]   s) Entlassungsurkunde vom 14. 3. 1857   t) Die Halbgeschwister Joseph Franz Kestermann und Bertha Kestermann wanderten um 1865 nach New York aus

7863 a) Joh. Bern. W i s c h e m a n n aus Heek, Knecht   b) 13. 8. 1830 Heek   c) Joh. Bern. Wischemann, Zeller, und Cath. Weilinghoff   o) 1856   s) Entlassungsurkunde vom 16. 10. 1856   t) Siehe auch GA Heek, C 11

7864 a) [Bern. Joh.] G r o ß e W i s s i n g aus Heek, Wext [Nr. 22], Zeller   [c) Joh. Heinr. Große Wissing]   o) 1853   p) Amerika   s) Entlassungsurkunde vom 7. 10. 1853. Wandert mit der Familie aus. Abreise am 10. 10. 1853

7865 a) Joh. Gerh. W o l s k e m a n n aus Heek, Ackersmann   b) 26. 1. 1834 Heek   o) 1864   p) Nordamerika   s) Aushändigung der Entlassungsurkunde am 16. 1. 1864

7866 a) Joseph W ü b b e l s aus Nienborg, Holzschuhmacher   b) 14. 8. 1846   c) Franz Wübbels, Weber, und M. A. Prinz   o) 1866   p) Amerika   s) Entlassungsurkunde vom 11. 1. 1866

7867 a) [Gertrud D e i t m e r] Witwe [Joseph] Z u m p o h l [Zumpoll] aus Nienborg Nr. 131, Taglöhnerin   b) 12. 9. 1810 Ochtrup   o) 1867   p) Nordamerika   s) Entlassungsurkunde vom 9. 4. 1867

7868 a) [Cath. K e i s e r] Witwe [Adam] Z u m p o h l [Zumpoll] aus Nienborg, Taglöhnerin   b) 5. 10. 1815 Ochtrup   o) 1864   p) Nordamerika   s) Wandert mit Familie aus

7869 a) Joseph Z u m p o h l aus Nienborg, Weber   b) 4. 1. 1838 Nienborg   c) Joseph Zumpohl, Wollspinner, und Gertrud Gichtbrok   o) 1864   p) Amerika   s) Name durchgestrichen mit der Notiz „Abgewiesen"

GA Heek, C 51

7870 a) Heinr. A l t h o f f aus Heek, Ahle Nr. 1   b) 8. 4. 1842 Heek   o) 1881   p) USA – Cincinnati   s) Über Bremen. Datum des Dokuments: 7. 10. 1881. Reisezweck: Besuch von Verwandten

7871 a) Joseph H a g e m a n n aus Heek, Wichum Nr. 2, Ackerergehilfe   o) 1892   p) Amerika   s) Reist mit Pass

7872 a) Joh. Herm. L ü t k e W i s s i n g aus Heek, Wext Nr. 23, Zimmergeselle   o) 1892   p) Amerika   s) Reist mit Pass, zwei Jahre gültig   t) Er reiste erst nach San Francisco zu seinem Onkel, der schon 1848 ausgewandert war, dann nach Cincinnati, Ohio, und kehrte nach drei Jahren wieder zurück

7873 a) Joh. v a n W ü l l e n aus Heek, Schmiedegeselle   b) 22. 12. 1866 Heek   o) 1893   p) Amerika

7874 a) Bern. V o h r m a n n aus Heek, Wichum Nr. 8, Müllergeselle   o) 1892   p) Nordamerika   s) Gesuch um einen zwei Jahre gültigen Reisepass

7875 a) Bern. W e n n i n g aus Heek, Wichum Nr. 2, Ackergehilfe   o) 1892   p) Amerika   s) Gesuch betr. Erteilung eines zwei Jahre gültigen Reisepasses

7876 a) Elis. W e n n i n g aus Heek, Wichum Nr. 2   b) 14. 1. 1856 Heek   o) 1882   p) Nordamerika – Minnesota   s) Reisepass vom 9. 3. 1882. Fahrt über Bremen, Reisezweck: Besuch von Verwandten

7877 a) Herm. W e r m e r t aus Heek, Wext, Ackergehilfe   b) 3. 12. 1867 Heek   o) 1891   p) Amerika   s) Gesuch betr. Erteilung eines Reisepasses   t) Er heiratete am 19. 4. 1899 in St. Sebastian, Ohio, Rosa Severt, * 1. 3. 1879, + 3. 4. 1933. Er starb am 7. 11. 1933. Sie hatten zwei Jungen und ein Mädchen

7878 a) Gerh. W o l t e r s aus Heek, Wext, Ackergehilfe   b) 31. 3. 1869 [Heek, Wext   c) Bern. Herm. Wolters, Ackersmann, u. Elis. Brüggemann]   o) 1891   p) Amerika   s) Gesuch betreffs Erteilung eines Reisepasses

GA Heek, C 1153

7879 a) Ike Anton D o n s e l m a n n   b) 5. 11. 1849   o) Vor 1869   s) Die ganze Familie ist ohne Konsens ausgewandert

GA Heek, C 1180

7880 a) Everhard Bern. H e s k e m a n n aus Heek b) 16. 4. 1837 c) Bern. Heskemann und A. M. Rabbe o) 1846 s) Entlassungsurkunde vom 5. 8. 1846

7881 a) Joh. Bern. H e s k e m a n n aus Heek b) 16. 2. 1835 o) Vor 1858 p) Amerika s) Heimlich ausgewandert

7882 a) Bern. Heinr. H o l t k a m p aus Heek b) 3. 8. 1827 o) Vor 1848 p) Amerika s) Mit Entlassungsurkunde ausgewandert

7883 a) Joh. Heinr. K e r k h o f f aus Heek, Weber b) 22. 9. 1827 c) Heinr. Kerkhoff und M. [................] o) Vor 1848 p) Amerika s) Mit der Familie verzogen

7884 a) Joh. Bern. M e r s aus Heek b) 19. 1. 1834 c) Joseph Mers und Ad............ Beumann o) Vor 1855 p) Amerika s) Mit Entlassungsurkunde ausgewandert

7885 a) Joh. Bern. Henr. M i d d e l h o f f aus Heek b) 13. 9. 1827 o) Vor 1848 p) Amerika

7886 a) W o r t m a n n aus Heek, Averbeck c) Anton Wortmann und A. M. Wensing [?] o) Vor 1850 p) Amerika s) Ein Bruder ist heimlich nach Amerika gezogen

GA Heek, C 3365

7887 a) Franz August Ludwig L a m m e r s aus Nienborg, Hauptstraße Nr. (59) b) 30. 11. 1874 Nienborg [c) August Lammers, Tuchfabrikant, und Ludowika Empting gt. Langenhorst] o) 1890 p) Holland s) Entlassungsurkunde vom 30. 7. 1890

GA Heek, C 3367

7888 a) Gerh. Heinr. S c h o p p e n aus Altenessen, Bergmann b) 29. 12. 1867 Heek c) Friedr. Wilh. Schoppen und Karoline Sophia Schlüter o) 1889 p) Amerika s) Ohne Konsens ausgewandert

GA Heek, C 3368

7889 a) Joh. R i b b e r s aus Heek, Müller b) 4. 6. 1868 Horstmar c) Heinr. Ribbers und A. Stratmann o) 1889 p) Amerika s) Im September 1889 ohne Konsens ausgewandert. Wohnsitz der Eltern Borghorst resp. Leer

GA Heek, C 3370

7890 a) Louise U p p e n k a m p Witwe B r i n k m a n n aus Nienborg b) 24. 6. 1830 [Nienborg c) Franz Uppenkamp, Tuchfabrikant, u. Wilhelmina Wessendorf] e) Franz Joseph 14. 9. 1871 Nienborg o) 1880 p) Holland – Haarlem s) Ohne Entlassungsurkunde ausgewandert t) Sie starb am 18. 7. 1911 in Haarlem. Franz. Joseph Brinkmann heiratete 1902 Josephine Maria Kievits. Er führte das Café am Großen Markt. Er starb am 15. 4. 1931 in Haarlem. Es wanderte auch seine Schwester Agnes aus, * 24. 4. 1874 Nienborg, + 25. 1. 1940 Haarlem, ∞ Heinr. Stanislaus Lamp

7891 a) Paul Georg U p p e n k a m p aus Nienborg b) 7. 10. 1871 Nienborg c) Bern. Uppenkamp, Fabrikant, und Ludowika Rosery o) 1888 p) Holland s) Entlassungsurkunde vom 4. 4. 1888

GA Heek, C 3377

7892 a) Herm. Heinr. B r i n k aus Heek b) 10. 12. 1860 c) Joseph Brink und Franziska Albers o) Vor 1880 p) Holland

7893 a) Joseph Franz Carl K ü h l k a m p aus Heek, Anstreicher b) 26. 7. 1860 o) 1881 p) Amerika s) Ohne Konsens ausgewandert

7894 a) Herm. P o h l m a n n aus Heek, Dorf Nr. 88, Zimmerer b) 4. 3. 1860 c) Heinr. Pohlmann und Franziska Blömer o) 1881 p) Amerika s) Ohne Konsens ausgewandert

GA Heek, C 3378

7895 a) Joh. Heinr. S c h w i e t e r t aus Heek, Ahle Nr. 42, Ackerer b) 17. 1. 1861 c) Herm. Heinr. Schwietert und A. M. Cath. Weilinghoff o) 1883 s) Ohne Konsens ausgewandert

GA Heek, C 3401

7896 a) Herm. Heinr. D i r k s i n g aus Heek   d) A. Cath. Hassing   e) Gerh. Heinr. 25. 6. 1863 Heek   o) Um 1868   p) Brasilien

GA Heek, C 3402

7897 a) Joh. Gerh. A m s h o f f   b) 18. 12. 1865   c) Bern. Heinr. Amshoff und M. Gertrud Wesseling   o) Vor 1885   p) Wahrscheinlich Amerika   s) Ohne Konsens ausgewandert

GA Heek, C 3406

7898 a) Gerh. Adolph D e i t m e r s aus Heek Nr. 99, Hausierer   c) Adam Deitmers und Cath. Lenfers   o) 1874   s) Entlassungsurkunde vom 19. 10. 1874

GA Heek, C 3409

7899 a) Adam Adolph D e i t m e r s aus Heek   b) 5. 10. 1873   c) Franz Deitmers und Maria Franziska Epping   o) 1889   p) Holland   s) Entlassungsurkunde vom 12. 10. 1889. Findet bei Verwandten Aufnahme und Beschäftigung

GA Heek, Zu- und Abgangsregister

7900 a) Anton W i s s i n g aus Heek, Wichum (Theodor von Heyden), Knecht   b) 1800   o) 1830   p) Holland
7901 a) Bern. P r o b s t aus Heek Nr. 98, Taglöhner   b) 1805 Heek   o) 1831   p) Holland
7902 a) Friedr............. R i c h t e r s aus Heek, Ahle (Haus Horst), Knecht   b) 1812 Schöppingen   o) 1831   p) Holland – Enschede
7903 a) Herm. F l e i g e aus Heek, Taglöhner   o) 1842   p) Amerika   s) Zwei steuerpflichtige Personen
7904 a) Herm. P r o b s t aus Heek, Taglöhner   b) Heek   o) 1842   p) Amerika   s) Zwei steuerpflichtige Personen wandern aus
7905 a) N a b e r, Taglöhner   b) Heek   o) 1844   p) Holland
7906 a) Heinr. W i l l e n h u e s aus Bentfeld, Knecht   b) Schöppingen   o) 1844   p) Holland
7907 a) Bern. B e n k h o f f aus Nienborg, Weber   o) 1845   p) Amerika
7908 a) Joh. B r e e m h a u e r aus Heek Nr. 75, Geselle   b) Heek   o) 1845   p) Holland
7909 a) Bern. N a b e r aus Heek Nr. 137, Knecht   b) Heek   o) 1845   p) Holland
7910 a) Joh. Heinr. L a m m e r s aus Heek, Weber   b) 18. 1. 1815   o) 1854   p) Amerika   s) Entlassungsurkunde vom 10. 7. 1854. Wandert mit der Familie aus
7911 a) A. F r i e l e r aus Heek, Ahle Nr. 38 (Telgmann), Magd   o) 1857   p) Amerika
7912 a) Bern. H ö r s t aus Heek, Wext, Knecht   o) 1857   p) Amerika
7913 a) Gerh. P e g e l aus Nienborg, Weber   o) 1857   p) Holland
7914 a) Christ. S a a l e aus Nienborg Nr. 109 (Stevermann), Magd   o) 1857   p) Amerika
7915 a) B e u n e r aus Nienborg Nr. 173, Magd   o) 1859   p) Holland
7916 a) B o i n g aus Heek, Ahle Nr. 10, Knecht   o) 1859   p) Holland
7917 a) H a v e r k a t e aus Heek, Wext Nr. 2, Weber   o) 1859   p) Holland
7918 a) K o g g s t e i n aus Nienborg Nr. 4, Weber   o) 1859   p) Holland
7919 a) M. (E.) K u s e aus Heek, Ahle Nr. 40, Magd   o) 1859   p) Holland
7920 a) Herm. L o s i n g aus Nienborg Nr. 45, Geselle   b) [8. 5. 1843 Nienborg   c) Herm. Lösing, Schuhmacher, u. Adelheid Lammers]   o) 1859   p) Holland   s) [Er kehrte nach Nienborg zurück, heiratete hier am 6. 2. 1877 M. Cath. Feldkamp und starb hier am 19. 1. 1885]
7921 a) A. O l l i c h e r aus Heek, Averbeck Nr. 14, Hirtin   o) 1859   p) Holland
7922 a) R e i s m a n n aus Heek, Wichum Nr. 8b, Weber   o) 1859   p) Holland
7923 a) J............... S a c h s aus Nienborg Nr. 9, Magd   o) 1859   p) Holland
7924 a) S c h ü c k e r aus Heek, Ahle Nr. 41, Knecht   o) 1859   p) Holland
7925 a) A. S i c k m a n n aus Heek Nr. 116, Weberin   o) 1859   p) Holland
7926 a) T.............. S m i t aus Heek Nr. 13, Weber   o) 1859   p) Holland
7927 a) D e i t m e r s aus Heek Nr. 29, Hausierer   o) 1860   p) Holland

7928 a) Joseph K ö t t e aus Nienborg Nr. 114, Geselle [Drechsler]   b) [16. 10. 1838 Nienborg   c) Engelbert Kötte, Holzschuhmacher, u. M. Löbbers]   o) 1860   p) Holland – Oldenzaal   t) Er heiratete am 9. 7. 1863 in Oldenzaal Johanna Theodora van Zutphen, mit der er acht Kinder hatte. Er starb hier am 19. 1. 1885
7929 a) J................ S c h ü c k e r aus Heek, Ahle Nr. 21, Knecht   o) 1861   p) Holland
7930 a) Elis. K o t t e [Kötte] aus Nienborg Nr. 113, Magd   b) [31. 8. 1829 Nienborg   c) Engelbert Kötte u. M. Löbbers]   o) 1862   p) Holland   t) Sie heiratete am 9. 7. 1862 in Nienborg Peter Gerh. Wilh. van Zutphen aus Oldenzaal
7931 a) J................ O e l s b e r g aus Nienborg Nr. 166 (Gottschalk), Magd   o) 1862   p) Holland
7932 a) Gerh. S c h l ü t e r aus Heek Nr. 29, Färbergeselle   o) 1862   p) Holland
7933 a) V o r t k a m p aus Heek, Wichum Nr. 1 (Hörst), Magd   o) 1862   p) Brasilien
7934 a) Gesina W ü l f e r i n g aus Heek, Ahle Nr. 66 (Haus Horst), Magd   o) 1862   p) Holland   s) Reist zur Familie
7935 a) Friedr. D e i t m e r s aus Heek Nr. 29, Handelsmann   o) 1863   p) Holland
7936 a) A................ S c h a t e n aus Heek Nr. 87, Geselle   o) 1863   p) Holland – Oldenzaal
7937 a) B................ S c h w i e t e r s aus Heek, Ahle Nr. 42, Magd   o) 1863   p) Amerika
7938 a) L ü t k e W i s s i n g aus Heek, Wext Nr. 23, Magd   o) 1863   p) Amerika
7939 a) A. B o r g e r s aus Nienborg Nr. 33, Magd   o) 1864   p) Amerika
7940 a) B r o c k h a u s aus Heek, Wichum Nr. 19, Knecht   o) 1864   p) Amerika
7941 a) J e s s i n g aus Nienborg Nr. 80, Näherin   o) 1864   p) Amerika
7942 a) B r u n s aus Nienborg, Magd   o) 1865   p) Amerika
7943 a) G e r w i n g aus Heek, Ahle Nr. 4, Magd   o) 1865   p) Amerika
7944 a) L a m m e r s aus Nienborg Nr. 85 (Nacke), Magd   o) 1865   p) Amerika
7945 a) R o t e r s aus Heek, Ahle Nr. 43 (Duesmann), Magd   o) 1865   p) Holland
7946 a) G................ S p ö l k e r aus Heek, Ahle Nr. 30 (Brüning), Knecht   o) 1865   p) Amerika
7947 a) Wilh. W a s s l e r aus Heek, Ahle Nr. 66 (Martels), Knecht   o) 1865   p) Amerika
7948 a) W e n n i n g aus Heek, Wichum Nr. 14, Magd   o) 1865   p) Holland
7949 a) A................ G r e w i n g aus Heek, Ahle Nr. 14, Taglöhner   o) 1866   p) Amerika   s) Zwei Personen wandern aus
7950 a) H e s k e m a n n aus Heek, Ahle Nr. 46 (Leveling), Magd   o) 1866   p) Amerika
7951 a) A. N i e h u e s aus Heek, Ahle (Feldkamp), Magd   o) 1866   p) Amerika
7952 a) R o t t m a n n aus Heek, Ahle Nr. 28, Knecht   o) 1866   p) Amerika
7953 a) S c h ü t t e aus Nienborg Nr. 164   o) 1866   p) Amerika
7954 a) Joh. S u c k aus Heek Nr. 3 (Suck), Knecht   o) 1866   p) Amerika
7955 a) Heinr. W e n n i n g aus Heek, Wichum Nr. 2, Knecht   o) 1867   p) Amerika
7956 a) A. P l i e t k e r aus Heek, Wichum Nr. 17 (Wessling), Magd   o) 1867   p) Amerika
7957 a) S a a l m a n n aus Heek Nr. 86, Schneider   o) 1867   p) Amerika
7958 a) Th................ S c h ü t t e aus Nienborg Nr. 109, Magd   o) 1867   p) Amerika
7959 a) A. T i l l m a n n aus Heek, Wext Nr. 6 (Tillmann), Magd   o) 1867   p) Amerika
7960 a) Heinr. H o l l e k a m p aus Heek, Ahle Nr. 4 (van Halle), Knecht   o) 1868   p) Amerika
7961 a) A. S c h a b b i n g aus Heek, Ahle Nr. 3a, Magd   o) 1868   p) Amerika
7962 a) S u c k aus Heek, Averbeck Nr. 3, Magd   o) 1869   p) Amerika
7963 a) Z u m p o h l aus Nienborg, Arbeiter   o) 1871   p) Amerika
7964 a) Gerh. B r ü n n i n g aus Nienborg Nr. 120 (Halsmann), Lehrling   o) 1870   p) Amerika
7965 a) S c h a t e n aus Nienborg Nr. 149, Arbeiter   o) 1870   p) Amerika
7966 a) Elis. V e r s t e g g e aus Heek, Wext Nr. 7, Magd   o) 1871   p) Amerika
7967 a) Elis. H o l t k a m p aus Heek, Ahle Nr. 9, Magd   o) 1872   p) Amerika
7968 a) L a m m e r s aus Heek Nr. 72, Magd   o) 1872   p) Amerika
7969 a) Bern. F r i e l e r aus Heek, Wext (Bernsmann), Knecht   o) 1873   p) Amerika
7970 a) S c h ä g e r s aus Heek, Ahle Nr. 51, Arbeiter   o) 1873   p) Amerika
7971 a) W o l t e r s aus Heek, Wext Nr. 13, Zeller   o) 1873   p) Amerika
7972 a) A............. G e r i n k aus Heek, Ahle Nr. 46 (Leveling), Arbeiter   o) 1876   p) Amerika
7973 a) Heinr. L a m m e r s aus Nienborg Nr. 9, Weber   b) Nienborg   o) 1876   p) Amerika
7974 a) Anton O s k a m p aus Heek Nr. 91 (Böckers), Geselle   o) 1876   p) Holland

GA Heek, An- und Abmelderegister

7975 a) Bern. B r ö c k e r s aus Heek, Ahle Nr. 14, Knecht o) 1882 p) Holland
7976 a) Joh. S c h u m a c h e r aus Heek, Averbeck Nr. 21, Knecht o) 1882 p) Amerika
7977 a) Carolina H ö r s t aus Heek, Ahle Nr. 66, Magd b) 23. 10. 1864 Gemen o) 1884 p) Amerika
7978 a) Adelheid M e n s i n g aus Heek, Wext Nr. 5, Magd b) 1854 Holland o) 1884 p) Holland
7979 a) Witwe N i e h u e s aus Heek b) 1853 o) 1884 p) Amerika
7980 a) M. R i e k s f e l d aus Heek, Ahle (Schulze Anthorn), Magd b) 1865 Alstätte o) 1884 p) Amerika
7981 a) Wilh. L e n f e r s aus Heek, Weber b) 25. 12. 1873 Heek o) 1896 p) Holland – Harvelo
7982 a) David T e r w o l b e c k aus Heek, Schmiedegeselle b) 2. 3. 1877 Heek o) 1896 p) Holland – Haaksbergen

Familienarchiv Nacke

7983 a) M. Cath. L a m m e r s aus Nienborg Nr. 75 b) 14. 10. 1731 Nienborg c) Jan Luer Lammers und Judith Nienhaus o) Vor 1782 p) Holland – Haarlem s) Sie starb am 17. 1. 1782 in Haarlem. Sie war mit Weiland Hendrik Guebel (+ 13. 5. 1787 Bolland) verheiratet. Keine Kinder
7984 a) Joseph N a c k e aus Nienborg Nr. 139 b) 20. 2. 1872 Nienborg c) Theodor Nacke und M. A. Borgers o) April 1892 p) Amerika

Mitteilungen von Nachkommen

7985 a) Wilh. Henr. L ö s b r o c k aus Nienborg b) 1. 8. 1816 Nienborg c) Gerh. Henr. Lösbrock und A. Gertrud Törner o) 1828/29 p) Holland – Oldenzaal s) Die Eltern heirateten am 1. 6. 1813 in Epe. Er heiratete 1851 in Oldenzaal eine von dort stammende Frau
7986 a) Bertha K e s t e r m a n n aus Nienborg b) 8. 11. 1843 Nienborg c) Anton Kestermann und M. Elis. Schwietering o) Um 1865 p) USA – New York s) Sie heiratete um 1880 in Brooklyn Herm. Schütte. Sie starb dort ca. 1884
7987 a) Joseph Franz K e s t e r m a n n aus Nienborg, Schneider b) 8. 11. 1838 Nienborg c) Anton Kestermann und M. Elis. Schwietering o) Um 1865 p) USA – New York s) Er heiratete 1869 in New York M. Cath. W o l t e r i n g (* 25. 7. 1850 Nienborg), die 1857 mit ihren Eltern und Geschwistern in die USA ausgewandert war. Franz Kestermann starb in New York am 20. 12. 1885, seine Frau ebd. am 30. 11. 1888

B. C. Sliggers: Honderd jaar Brinkmann : de geschiedenis van de Haarlemse huiskamer. – Haarlem 1982

7988 a) Francisca B r i n k m a n n aus Nienborg b) 6. 12. 1856 Hoorn (Niederlande) c) Bern. Brinkmann, Kaufmann, u. Louise Uppenkamp h) Clara B r i n k m a n n 12. 8. 1862 Nienborg o) 1879 p) Holland – Haarlem

Ohne Quellenangabe

7989 a) Theodor S c h i l l i n g aus Nienborg o) 1840

PfarrA Holtwick, Kirchenbuch Nr. 6

7990 a) M. *Francisca* R u c k gt. P ö p p i n g aus Höven Ksp. Osterwick b) 29. 2. 1844 Holtwick e) M. Franziska 6. 11. 1874 Osterwick (unehelich) o) Nach 1874 p) Amerika – San Francisco
7991 a) Elis. *Eleonora* R u c k gt. P ö p p i n g aus Höven Ksp. Osterwick b) 1. 9. 1846 Holtwick o) Nach 1874 p) Amerika – San Francisco
7992 a) M. A. (*Josephine*) R u c k gt. P ö p p i n g aus Höven Ksp. Osterwick b) 25. 3. 1849 Holtwick o) Nach 1874 p) Amerika – San Francisco

PfarrA Holtwick, Kirchenbuch Nr. 8

7993 a) Bern. Henr. *Wilh.* E i s i n g aus Holtwick b) 26. 5. 1829 c) Joan Bern. Eising, Kaufmann, Schenkwirt, und M. Gertrud Schürmann o) Nach 1853, vor 1857 p) Nordamerika

7994 a) ....

7995 a) Joseph P r e c k e l o) Vor 1862 p) Amerika

PfarrA Holtwick, Kirchenbuch Nr. 11

7996 a) Joan Bern. K l ü m p e r aus Holtwick b) 1. 11. 1828 c) Joan Henr. Klümper, Weber, Taglöhner, und A. Cath. *Elis.* Sager p) Amerika

7997 a) Louise T h i e r .... aus Stadtlohn? c) Heinr. Thier, Schneider, und Cath. Töpper o) Vor 1880 p) England

7998 a) Theresia N e r g e n a u aus Holtwick b) 15. 5. 1852 c) Bern. Henr. Nergenau, Pächter d) Heinr. Wilh. [Henr. Wilh.] H e m i n g um 1840 [13. 4. 1840 (Eltern: Henr. Heming, Leibzüchter, u. Elis. Bogenstall)] Stadtlohn o) Nach 1872, vor 1886 p) Amerika

7999 a) Cath. H o n e r m a n n [aus Legden, Magd b) 29. 9. 1841 .... Legden?] c) Caspar Honermann und A. Cath. Hohling, Holtwick d) Brüggemann [o) 30. 3. 1867] p) Amerika – Cashton, Wisconsin

GA Hopsten

8000 a) Joh. Herm. Joseph A c h t e r n k a m p (Agternkamp) aus Halverde, Knecht b) 21. 8. 1837 Halverde o) 27. 3. 1868 p) Amerika s) Reist mit Pass

8001 a) M. Luise A h a u s aus Halverde b) 15. 11. 1830 Halverde o) 13. 7. 1848 p) Amerika s) Ohne Konsens ausgewandert

8002 a) Herm. Heinr. A h a u s aus Halverde Nr. 26, Colon b) 23. 2. 1802 Halverde d) M. Elis. U p h u s 2. 6. 1797 Hopsten e) Marianne 10. 10. 1827, Angenesia 14. 8. 1832, M. Elis. Francisca 7. 12. 1835, M. Lucia 29. 9. 1838, alle in Halverde geboren o) 26. 2. 1849

8003 a) Joh. Heinr. A h a u s aus Halverde b) 14. 9. 1809 Halverde o) 3. 4. 1853 p) Amerika s) Ohne Konsens ausgewandert

8004 a) Lucia A h a u s aus Halverde, Magd o) 29. 9. 1872 Halverde p) Amerika

8005 a) Joh. Herm. Anton B a n g e aus Halverde, Schustergeselle b) 31. 3. 1828 Halverde o) 12. 9. 1849 p) Amerika

8006 a) Joseph Joh. Heinr. B a n g e aus Hopsten b) 13. 9. 1821 Halverde o) 12. 4. 1850 p) Amerika s) Ohne Konsens ausgewandert

8007 a) Gerh. Heinr. B a n g e aus Riesenbeck b) 26. 10. 1825 Halverde o) September 1853 p) Amerika s) Ohne Pass und Konsens ausgewandert

8008 a) Joh. Bernh. B a n g e aus Recke, Knecht b) 15. 11. 1835 Halverde o) Ende April 1857 p) Amerika s) Ohne Konsens ausgewandert

8009 a) M. Agnesia B a n g e aus Halverde, Magd b) 4. 6. 1831 Halverde o) 1. 4. 1858 p) Amerika

8010 a) Joh. Wilh. B e c k m a n n aus Halverde b) 5. 2. 1862 Halverde o) Juli 1881 p) Amerika s) Heimlich ausgewandert

8011 a) M. A. B o r g e r t aus Halverde b) 9. 1. 1847 o) 26. 7. 1868 p) Amerika

8012 a) M. Angelina B r ü g g e m a n n aus Voltlage b) 2. 8. 1836 Halverde o) 13. 8. 1864 p) Amerika s) Heimlich ausgewandert

8013 a) Gerh. *Heinr.* B r ü g g e m a n n aus Halverde, Knecht b) 27. 9. 1841 Halverde o) 15. 4. 1870 p) Amerika s) Reist mit Pass

8014 a) Herm. Heinr. B r ü g g e m e i e r aus Halverde, Arbeiter b) 16. 7. 1840 Halverde o) 3. 4. 1866 p) Amerika s) Reist mit Pass

8015 a) Agnes B u d d e l m e y e r aus Halverde, Näherin b) 6. 12. 1841 Hopsten o) 14. 11. 1866 p) Amerika s) Reist ohne Pass

8016 a) Franz Heinr. B u d d e l m e y e r aus Halverde, Heuermann u. Taglöhner b) 11. 5. 1836 Hopsten d) Cath. Engel Lucia H e i m b r o c k 1. 1. 1839 Halverde e) Joseph Heinr. 5. 4. 1869 Halverde o) 15. 7. 1869 p) Amerika s) Reisen mit Pass

8017 a) Eugen B ü c k e r aus Halverde b) 1. 11. 1829 Halverde o) 13. 3. 1854 p) Amerika s) Heimlich ausgewandert

8018 a) Wilh. D i e t r i c h s aus Siegen b) 19. 1. 1839 Halverde o) 1848 p) Amerika s) 1840 nach Siegen verzogen. Mit der Mutter mit Reisepass ausgewandert

8019 a) Gerh. Heinr. D ü s i n g aus Halverde, Schneidergeselle b) 22. 7. 1839 Halverde o) 17. 3. 1866 p) Amerika s) Reist mit Pass

8020 a) M. Agnes F e l d m a n n aus Halverde b) 12. 10. 1828 Hopsten o) Oktober 1847 p) Amerika s) Ohne Konsens ausgewandert

8021 a) Gerh. Herm. F e l d m a n n aus Halverde b) 7. 9. 1833 Hopsten o) 6. 9. 1848 p) Amerika s) Heimlich ausgewandert

8022 a) Gerh. Heinr. F e l d m a n n aus Halverde, Heuerling u. Taglöhner b) 16. 2. 1797 Wietmarschen d) A. Adelheid L a m b e r s 4. 6. 1803 Hopsten e) Heinr. Arnold 20. 11. 1840 Hopsten o) 12. 9. 1849 p) Amerika s) Heimlich ausgewandert

8023 a) Bernh. Emanuel G a r m a n n aus Halverde b) 25. 12. 1858 Halverde o) 2. 6. 1882 p) Amerika s) Entlassungsurkunde vom 23. 5. 1882

8024 a) Joh. Herm. G e e r d e s aus Dedemsvaart (Amt Zwolle) b) 19. 6. 1804 d) M. Theresia S c h u l t e aus Recke b) 7. 4. 1813 e) Herm. Henrikus 15. 5. 1835, A. M. 7. 5. 1837, Johannes Hermannus 16. 5. 1839, Antonius Hendrikus 5. 10. 1841, alle in Dedemsvaart geboren s) Die Erteilung einer Auswanderungsurkunde wurde am 30. 3. 1863 von der königlichen Regierung abgewiesen, da Geerdes seit 1828 ohne Pass und Konsens abwesend sei und nicht mehr als preußischer Untertan betrachtet werden könne

8025 a) Joh. Herm. G ö c k e aus Halverde b) 7. 3. 1840 Halverde o) 17. 10. 1867 p) Amerika s) Reist mit Pass

8026 a) Theresia G ö c k e aus Halverde, Magd b) 29. 9. 1860 Halverde o) 29. 6. 1882 p) Amerika

8027 a) Heinr. August G o e k e aus Schapen, Ackerknecht b) 10. 7. 1840 Halverde o) 1. 4. 1859 p) Amerika s) Ohne Konsens ausgewandert

8028 a) Joh. Gerh. G o e k e aus Worpswede, Ackerknecht b) 8. 10. 1842 Halverde o) 10. 4. 1861 p) Amerika s) Ohne Konsens ausgewandert

8029 a) Theresia Clara Greve aus Schapen b) 6. 9. 1829 Halverde o) 19. 7. 1848 p) Amerika s) Ohne Konsens ausgewandert

8030 a) Herm. Heinr. G r e v e aus Halverde b) 15. 7. 1834 Halverde o) 19. 7. 1854 p) Amerika s) Ohne Pass und Konsens ausgewandert

8031 a) Bern. Heinr. G r o t e aus Riesenbeck b) 13. 9. 1820 Halverde o) 26. 2. 1849 p) Amerika s) Ohne Konsens ausgewandert

8032 a) Louise G r o t e aus Halverde b) 24. 7. 1830 Halverde h) Bernardina G r o t e 2. 3. 1833 Halverde, Bern. August G r o t e 26. 12. 1836 Halverde o) 13. 3. 1854 p) Amerika s) Ohne Pass und Konsens ausgewandert

8033 a) Gerh. Joseph H a r b e r s aus Plantlünne b) 23. 9. 1828 Halverde o) 6. 9. 1848 p) Amerika s) Ohne Konsens ausgewandert

8034 a) Herm. Heinr. H a s s i n g aus Halverde b) 25. 10. 1823 Halverde o) 26. 2. 1849 p) Amerika s) Ohne Konsens ausgewandert

8035 a) Joh. Heinr. Joseph H a s s i n g aus Halverde b) 3. 11. 1825 Halverde o) 29. 9. 1855 p) Holland – Dedemsfahrt s) Hat dort 1856 geheiratet

8036 a) Marianne H e e g e r aus Halverde b) 20. 9. 1825 Halverde o) 26. 2. 1849 p) Amerika s) Ohne Konsens ausgewandert

8037 a) A. Marg. A h a u s Witwe Joh. Heinr. H e e g e r aus Halverde b) 22. 8. 1798 Halverde o) 27. 8. 1850 p) Amerika s) Ohne Konsens ausgewandert

8038 a) Joh. Bernh. Heinr. H e e g e r aus Halverde b) 26. 10. 1830 Hopsten o) 26. 4. 1854 p) Amerika s) Ohne Konsens ausgewandert

8039 a) Herm. Dominicus H e e g e r aus Halverde, Schmied b) 4. 11. 1828 Hopsten d) M. A. G r o l l e 17. 5. 1823 Riesenbeck e) Anton Herm. 13. 6. 1854 Halverde o) 26. 9. 1854 p) Amerika s) Ohne Pass und Konsens ausgewandert

8040 a) Joh. Heinr. Franz H e g g e aus Halverde b) 28. 8. 1816 Halverde o) 21. 2. 1851 p) Holland

8041 a) Bendedict Herm. H e g g e aus Ibbenbüren b) 1. 11. 1840 Halverde o) 30. 8. 1865 p) Amerika s) Ohne Konsens ausgewandert

8042 a) Herm. Joseph H e g g e aus Recke b) 12. 9. 1844 Halverde o) 30. 8. 1865 p) Amerika s) Ohne Konsens ausgewandert

8043 a) Gerh. Heinr. H e g g e aus Halverde, Heuermann u. Taglöhner b) 24. 3. 1838 Halverde d) A. Cath. Theresia H e e g e 26. 7. 1835 Halverde e) Clemens Bernh. 14. 1. 1870 Halverde, Johannes Herm. 15. 1. 1876 Halverde, M. Theresia Gertrud 11. 1. 1878 Halverde o) Sommer 1882 p) Amerika s) Heimlich ausgewandert. Siehe auch Nr. 6697

8044 a) A. M. H e i m b r o c k aus Halverde, Magd b) 14. 7. 1825 Halverde h) Joh. Gerh. Heimbrock 10. [............ 20.?] 7. 1828 Halverde o) 26. 2. 1849 p) Amerika s) Siehe auch Bd. 1, Nr. 5748

8045 a) Bernh. Heinr. H e i m b r o c k aus Halverde b) 10. 7. 1845 Halverde o) 7. 6. 1866 p) Amerika s) Ohne Pass und Konsens ausgewandert

8046 a) Josephina H e i m b r o c k aus Halverde b) 23. 8. 1841 Halverde o) 11. 7. 1869 p) Amerika

8047 a) Bernh. *Ignatz* [Thale gt.] H e i t k ö n i g aus Halverde, Karussellbesitzer b) 10. 6. 1840 Halverde d) A. M. [A. M. Longine] K r e i m e r 13. 10. 1850 Halverde e) M. Veronika 28. 12. 1875 Recke, Ignatz Eugen 26. 8. 1877 Recke, M. Josepha 27. 3. 1879 Halverde, Joseph Theodor 16. 3. 1881 Halverde p) Holland s) Ohne Abmeldung, Konsens und Pass verzogen

8048 a) Herm. Heinr. H e s s e l b r o c k aus Halverde, Heuerling u. Taglöhner b) 4. 3. 1796 Merzen e) Bern. Heinr. 4. 10. 1831 Halverde o) 5. 11. 1847 p) Amerika s) Ohne Konsens ausgewandert

8049 a) Herm. Heinr. H e s s e l b r o c k aus Altenrheine b) 16. 9. 1822 Halverde c) Herm. Heinr. Hesselbrock u. M. Cath. Verlage o) 26. 2. 1849 p) Amerika s) Ohne Konsens ausgewandert

8050 a) M. Cath. V e r l a g e Ehefrau Herm. Heinr. Hesselbrock aus Halverde b) 19. 11. 1798 Merzen e) Theresia 16. 7. 1834 Halverde o) 27. 5. [............ 8.?] 1850 p) Amerika s) Ohne Konsens ausgewandert

8051 a) Anton Herm. H o l l e aus Halverde b) 13. 6. 1854 Halverde c) Joh. Dominicus Holle u. M. A. Grolle o) 1855 p) Amerika

8052 a) Theresia J a n s e n [A. M. Theresia Janzen] aus Halverde b) 1822 [18. 6. 1821] Recke [c) Gerh. Jacob Janzen, Arbeiter u. Heuermann, u. A. Marg. Thalen, Recke, Sunderbauerschaft] o) 1. 4. 1854 p) Amerika

8053 a) Joh. Gerh. Benedict L a a g e aus Schapen b) 23. 6. 1840 Hopsten o) 8. 4. 1865 p) Amerika s) Heimlich ausgewandert

8054 a) M. Theresia Ludwina L a a g e aus Halverde b) 3. 8. 1842 Halverde o) 17. 4. 1866 p) Amerika s) Mit Reisepass zum Bruder

8055 a) M. Elis. Bernhardina L a g e aus Halverde, Magd b) 8. 11. 1846 Halverde o) 17. 4. 1866 p) Amerika s) Reist mit Pass

8056 a) Joseph Bernh. L ü t k e m e y e r aus Halverde b) 26. 4. 1842 Halverde c) Vater: Christian Anton Lütkemeyer, Schullehrer o) 1855 p) Holland s) Am 31. 3. 1865 aus dem Militärdienst entlassen und gleich verzogen

8057 a) Joseph Eugidius M e r s c h aus Halverde b) 4. 6. 1853 Halverde o) 1. 7. 1879 p) Amerika s) Entlassungsurkunde vom 26. 6. 1879

8058 a) A. M. M e r s c h aus Halverde b) 25. 3. 1830 Halverde h) Angela Veronika M e r s c h 10. 4. 1833 Halverde o) 26. 2. 1849 p) Amerika s) Ohne Konsens ausgewandert

8059 a) Andreas Clemens P o s t aus Halverde b) 8. 5. 1851 Halverde o) 1. 4. 1873 p) Amerika

8060 a) Heinr. Benedict R o b b e aus Halverde b) 25. 6. 1843 Halverde o) 18. 4. 1869 p) Nordamerika c) Mit Entlassungsurkunde ausgewandert

8061 a) Joh. Herm. Heinr. R o b b e aus Halverde b) 22. 7. 1829 Halverde h) Joh. Heinr. Joseph R o b b e 13. 2. 1831 Halverde o) 12. 4. 1848 p) Amerika s) Heimlich ausgewandert .... ? = I, Nr. 5131

8062 a) Gerh. R o h l m a n n aus Halverde b) 28. 8. 1823 Halverde o) 15. 4. 1856 p) Amerika s) Reist mit Pass

8063 a) Ferd. R u w e aus Halverde b) 1822 Halverde o) 1. 4. 1848 p) Vermutlich Amerika

8064 a) Joh. Bernd S c h l i c k m e r t e n s aus Halverde b) 13. 1. 1814 Suttrup d) M. Elis. Theresia A h a u s 5. 10. 1823 Halverde e) M. A. 26. 7. 1848 Halverde o) 26. 2. 1849 p) Amerika s) Heimlich ausgewandert

8065 a) Joh. Bernh. S c h m i d t aus Halverde b) 8. 3. 1820 Berge, Amt Fürstenau o) 16. 6. 1848 p) Amerika s) Heimlich ausgewandert

8066 a) Anton Joseph S c h m i d t aus Halverde, Heuermann u. Schuster b) 20. 4. 1798 Berge, Amt Fürstenau d) A. M. S c h m i d t [geb. ....] 30. 8. 1822 Halverde e) M. Cath. Theresia 24. 11. 1827 Halverde, Louise 17. 3. 1830 Halverde o) 30. 8. 1849 p) Amerika s) Ohne Konsens

8067 a) A. M. S e n t k e r aus Halverde b) 6. 8. 1821 Halverde o) 26. 2. 1849 p) Amerika s) Heimlich ausgewandert

8068 a) M. Theresia S e n t k e r aus Halverde b) 6. 7. 1833 Halverde o) 1851 p) Amerika s) Heimlich ausgewandert

8069 a) Joh. Heinr. Joseph S e n t k e r aus Halverde b) 12. 6. 1830 Halverde o) April 1855 p) Amerika s) Ohne Konsens ausgewandert

8070 a) Bernh. Heinr. S e n t k e r (Säntker) aus Beesten, Knecht b) 30. 5. 1840 Halverde o) 12. 9. 1857 p) Amerika s) Ohne Konsens ausgewandert

8071 a) Josephina S t e i n aus Halverde, Magd b) 1844 Freren o) 30. 9. 1867 p) Amerika s) Heimlich ausgewandert

8072 a) Joh. Gerh. Joseph S t r a t e n aus Halverde b) 11. 7. 1820 Halverde p) Amerika

8073 a) Joh. Bern. S t r a t e n aus Mettingen b) 21. 10. 1835 Halverde o) 12. oder 13. 8. 1857 p) Amerika s) Ohne Pass und Konsens ausgewandert

8074 a) A. M. S t r a t e n aus Halverde, Dienstmagd b) 14. 10. 1835 Halverde o) 12. 8. 1860 p) Amerika s) Reist mit Pass

8075 a) Joh. Joseph Straten aus Halverde b) 26. 11. 1841 Halverde o) 29. 9. 1860 p) Amerika s) Heimlich ohne Pass ausgewandert

8076 a) Marianne S t r a t e n aus Riesenbeck b) 7. 8. 1836 Halverde o) 28. 9. 1864 p) Amerika

8077 a) M. Adelheid S t r a t e n aus Halverde b) 8. 8. 1848 Halverde o) 1868 p) Amerika

8078 a) Joh. Heinr. S t r a t e n aus Halverde, Ackerknecht b) 15. 7. 1838 Halverde o) 27. 3. 1868 p) Amerika s) Reist mit Pass

8079 a) Herm. Heinr. Joseph T e b b e aus Halverde b) 24. 9. 1825 Halverde o) 13. 7. 1848 p) Amerika s) Ohne Konsens ausgewandert

8080 a) Georg Franz T e b b e aus Halverde b) 15. 7. (............... 10. 6.?) 1828 Halverde o) 26. 1. 1863 p) Dedemsfahrt s) Mit Entlassungsurkunde zu seinem Bruder ausgewandert

8081 a) Gerh. Georg T e e k e n aus Halverde b) 27. 3. 1806 Hopsten d) M. Elis. R o h l m a n n 10. 2. 1802 Halverde e) Gerh. Georg Heinr. 9. 11. 1839, A. M. Theresia 26. 9. 1841, Joh. Bern. 6. 8. 1844, alle in Halverde geboren o) 8. 9. 1848 p) Amerika s) Heimlich ausgewandert

8082 a) Bernh. Gerh. Heinr. T e e p e aus Halverde, Ackerer b) 1. 10. 1849 Halverde o) 6. 5. 1869 p) Amerika s) Ohne Pass u. Konsens

8083 a) Herm. Heinr. T h e i s s e n aus Halverde b) 2. 10. 1855 Halverde o) 1872 p) Holland

8084 a) Gerh. August T h e i s s e n aus Halverde b) 15. 5. 1858 Halverde o) 1872 p) Niederlande

8085 a) Herm. Franz T h e i s s e n aus Halverde b) 1. 8. 1867 Halverde o) 13. 11. 1882 p) Niederlande s) Mit Konsens ausgewandert

8086 a) Franz T ö n j e s aus Halverde, Knecht b) 1. 4. 1828 Hopsten o) 16. 3. 1849 p) Amerika s) Mit Konsens ausgewandert

8087 a) Heinr. T ö n s aus Halverde, Knecht b) 30. 8. 1824 Hopsten o) 1. 4. 1851 p) Amerika s) Heimlich ausgewandert

8088 a) M. Theresia V e r l a g e aus Halverde b) 2. 2. 1826 Halverde o) 28. 4. 1847 p) Amerika s) Ohne Konsens ausgewandert

8089 a) Joh. Wilh. W a r p e n b e r g aus Halverde, Heuermann u. Taglöhner b) 12. 10. 1820 Emsdetten d) M. A. O t t e 14. 9. 1807 Hopsten e) M. Elis. 2. 8. 1849 Hopsten, M. A. 17. 10. 1851 Hopsten o) 29. 9. 1859 p) Amerika s) Mit Entlassungsurkunde ausgewandert. Die Familie war am 15. 11. 1858 von Hopsten zugezogen

8090 a) Bernh. Heinr. W e n t k e r aus Riesenbeck b) 25. 2. 1825 Halverde o) 27. 8. 1850 p) Amerika s) Ohne Konsens ausgewandert

8091 a) Herm. Heinr. W e n t k e r aus Halverde b) 5. 6. 1830 Halverde o) 27. 2. 1862 p) Niederlande – Gramsbergen, Amt Hardenberg s) Mit Konsens

8092 a) Bernh. Heinr. W e s s e l [.................. Bessel?] aus Halverde, Heuerling u. Taglöhner b) 3. 2. 1812 Halverde d) A. M. Adelheid M e r s c h 21. 12. 1816 Halverde e) Veronika 25. 1. 1841 Halverde o) 26. 2. 1849 p) Amerika s) Ohne Konsens ausgewandert

8093 a) Joseph W e s s e l m a n n aus Halverde, Schneider u. Taglöhner b) 1812 Ibbenbüren o) 26. 2. 1849 p) Amerika s) Ohne Konsens ausgewandert

8094 a) M. A. W i c h m a n n aus Halverde b) 27. 4. 1849 Halverde o) 20. 8. 1871 p) Amerika

8095 a) M. Veronika W o l f aus Riesenbeck b) 15. 9. 1841 Halverde o) 13. 8. 1865 p) Amerika

8096 a) Joh. Herm. Joseph W o l f [............ Wulf?] aus Halverde b) 15. 12. 1843 Halverde o) 17. 10. 1867 p) Amerika s) Reist mit Pass

8097 a) Joseph W o l f aus Halverde b) 15. 12. 1843 Halverde o) 17. 10. .... 1869/70?

GA Hopsten

8098 a) Anton A d i c k aus Hopsten b) 1829 Hopsten o) 1. 4. 1848

8099 a) Joh. Gerh. A d i e k aus Hopsten b) 17. 3. 1801 Hopsten p) Holland

8100 a) Theresia A h a u s aus Hopsten o) 1867 p) Amerika

8101 a) Gerh. Joseph A h r e n s m e y e r aus Hopsten b) 19. 12. 1811 Hopsten p) Amerika

8102 a) Louise A t t e r m e y e r aus Schapen, Magd b) 30. 11. 1866 Hopsten p) Amerika

8103 a) Gerh. Diederich B ä u m e r aus Hopsten b) 5. 12. 1803 o) 1835 p) Amerika

8104 a) Cath. B ä u m e r aus Hopsten, Magd b) 6. 5. 1829 o) 2. 4. 1853

8105 a) Louise B e c k e r o) 1867 p) Nordamerika s) Heimlich ausgewandert

8106 a) Joseph Victor B e c k m a n n aus Hopsten b) 17. 5. 1816 Hopsten o) 7. 11. 1833 s) Mit Konsens

8107 a) Gerh. Georg B e c k m a n n aus Hopsten, Handelsmann b) 12. 4. 1820 Hopsten o) 27. 5. 1838 p) Holstein

8108 a) Paul August B e r g h a u s aus Hopsten b) 3. 8. 1842 Hopsten o) Frühjahr 1863 p) Amerika s) Heimlich ausgewandert

8109 a) Joseph B e r g h a u s (Berghues) aus Hopsten b) 28. 10. 1866 g) Bernh. Joseph Berghues u. M. Agatha Eining o) 1867 p) Amerika s) Heimlich ausgewandert

8110 a) Theodor B e r g h a u s aus Hopsten b) 20. 12. 1809 Hopsten o) 24. 4. 1884 p) Amerika

8111 a) Joseph Franz B e r k e m e y e r aus Hopsten b) 14. 5. 1857 Hopsten o) 1872 p) Holland

8112 a) Aloys Joseph B e r k e m e y e r aus Hopsten, Kaufmann b) 22. 6. 1859 Hopsten o) 1874 p) Holland s) Entlassungsurkunde vom 29. 1. 1874

8113 a) Gerh. Heinr. Jacob B e r k e m e y e r aus Hopsten b) 18. 4. 1866 Hopsten p) Holland s) Entlassungsurkunde vom 2. 12. 1881

8114 a) Bernh. Joseph B e r l a g e aus Hopsten, Knecht b) 4. 10. 1843 Hopsten o) 12. 3. 1864 p) Amerika

8115 a) Antonius B i e s j o t aus Hopsten b) 10. 9. 1872 Leyden d) Wilhelmine Henrike W i t h a k e 3. 2. 1870 Leyden e) Heinr. Antonius 18. 1. 1895 Hopsten, Heinr. Joseph 16. 3. 1896 Hopsten, M. Carolina 6. 4. 1897 Hopsten o) 26. 10. 1898 p) Holland – Busjan s) Am 10. 5. 1899 nach Hopsten zurückgekehrt und am 3. 3. 1901 nach Udem (Niederlande) ausgewandert

8116 a) Joh. Hubert B o c k h o l t aus Hopsten, Müllerknecht b) 6. 3. 1855 Albersloh o) 2. 7. 1881 p) Amerika – Ohio

8117 a) Clemens B ö v e r aus Hopsten b) 1836 Mettingen, Malerlehrling bei Lucas Terheyden p) Amerika

8118 a) Herm. Bernh. B ö w e r aus Hopsten, Kötter b) 25. 11. 1838 d) Kath. W i l m e r 10. 11. 1843 Hopsten e) Herm. Theodor Heinr. 11. 7. 1869, A. M. 18. 2. 1872, Joh. Bernh. 3. 10. 1874, M. Sophia 18. 12. 1876, Herm. Joseph 29. 5. 1880, alle in Hopsten geboren o) 17. 7. 1882 p) Amerika s) Ohne Konsens

8119 a) Kath. B r i n k h u s Witwe Gerh. B ü c h t e r aus Hopsten b) 17. 6. 1790 Hopsten e) Bernd 22. 12. 1822 Hopsten, Marianne 1825 Hopsten, Therese 1832 Hopsten p) Amerika

8120 a) Joh. Herm. B r o c k m ö l l e r aus Hopsten b) 6. 5. 1824 o) 28. 8. 1841 p) Schleswig-Holstein – Arnis s) 1865 von Arnis nach Schwerin in Mecklenburg ausgewandert

8121 a) Carl B r o c k m ö l l e r aus Hopsten b) 31. 12. 1839 o) 8. 5. 1866 p) Nordamerika

8122 a) Joh. Georg B r ü g g e aus Hopsten, Uhrmacher b) 19. 2. 1874 Hopsten c) Georg Brügge u. Elis. Lüttmann o) November 1892 p) Amerika s) Heimlich ausgewandert. Am 11. 9. 1900 zurück zu den Eltern

8123 a) Joh. Herm. Henr. B r ü g g e m a n n aus Hopsten b) 6. 1. 1805 Hopsten o) 3. 7. 1831

8124 a) Gerh. Clemens B r ü g g e m a n n aus Hopsten   b) 26. 4. 1850 Hopsten   o) 12. 4. 1867   p) Nordamerika
8125 a) Joan Hendrik B r ü g g e m e y e r aus Hopsten, Handelsmann   b) 6. 2. 2805 Hopsten   o) 3. 7. 1831   p) Ungarn
8126 a) Diederich B r u n s aus Hopsten, Taglöhner   b) 1782 Hopsten   d) A. Cath. V o l k 1782 Freren   o) Anfang 1829   p) Holland   s) Bruns arbeitet in Holland als Branntweinbrenner. Die Frau ist am 16. 4. 1829 ihrem Manne freiwillig gefolgt
8127 a) Heinr. B r u n s aus Hopsten, Taglöhner   b) 16. 10. 1814 Schapen   d) Marianna U p h u s 6. 11. 1816 Hopsten   e) Agnes Therese 1. 10. 1840 Hopsten, Heinr. Gerh. 19. 8. 1844 Hopsten   o) 1. 4. 1848   p) Amerika
8128 a) Stephan Franz B r u n s aus Hopsten   b) 30. 5. 1866 Hopsten   o) 30. 4. 1884   p) Holland
8129 a) Herm. B r u n s aus Hopsten   b) 27. 3. 1866 Hopsten   c) Georg Lucas Bruns u. Josephine Kohl   o) 15. 9. 1894   p) Amerika
8130 a) Bern. Moritz B r u n s w i c k aus Schapen, Knecht   p) Amerika
8131 a) Friederich B u c k s a t aus Hopsten, Gehilfe in der Landwirtschaft   b) 18. 10. 1905 Hopsten   o) November 1927   p) Amerika
8132 a) Joh. Heinr. B u d d e aus Hopsten, Arbeiter   b) 16. 4. 1866   o) November 1886   p) Amerika   s) Heimlich entwichen
8133 a) Gerh. Herm. B u d d e aus Hopsten, Arbeiter   b) 4. 8. 1867   o) Juli 1887   p) Amerika   s) Heimlich ausgewandert
8134 a) Georg B ü c h t e r aus Hopsten, Heuermann   b) 12. 12. 1792 Hörstel   d) A. M. U n g r u h 3. 6. 1786 Hörstel   e) Marianne 25. 11. 1822 Hopsten   p) Amerika
8135 a) Elis. B ü k e r aus Hopsten   b) 1804 Hopsten   p) Dänemark
8136 a) Joseph August B ü l t e aus Hopsten   b) 13. 12. 1837 Hopsten   o) 2. 12. 1866   p) Nordamerika
8137 a) [................] V o s h a k e Witwe D e p p e n aus Hopsten   b) 10. 3. 1806 Hopsten   e) Theresia 1. 6. 1847 Hopsten   o) 24. 7. 1864   p) Amerika
8138 a) Herm. Joseph D e p p e n aus Hopsten, Knecht   b) 14. 12. 1868   o) 1. 2. 1888   p) Amerika
8139 a) M. Engela D e t e r m a n n aus Hopsten   b) 6. 7. 1812 Hopsten   h) M. Theresia Determann 29. 8. 1825 Hopsten   o) 1852   p) Amerika
8140 a) Joh. Herm. D i r k s aus Hopsten   b) 25. 4. 1813 Hopsten   p) Amerika   s) Heimlich ausgewandert
8141 a) Lukas Florenz D o n n e r b e r g aus Hopsten   b) 13. 9. 1828   o) 21. 4. 1848   p) Holland
8142 a) August D r o s t e aus Hopsten   b) 28. 3. 1846 Hopsten   o) 17. 4. 1880   p) Amerika
8143 a) A. E s c h aus Hopsten   b) 4. 3. 1878 Hopsten   o) 14. 8. 1898   p) Amerika
8144 a) Joseph Adolph Felix E v e r s aus Hopsten, Handlungsgehilfe   b) 7. 2. 1864   c) Heinr. Evers, Branntweinbrenner, u. Franziska Niemeyer   o) 1. 9. 1880   p) Holland   s) Am 7. 1. 1885 renaturalisiert
8145 a) M. Elis. E v e r s aus Hopsten   b) 20. 10. 1868 Hopsten   o) 8. 10. 1884   p) Holland
8146 a) A. M. F i s s e aus Hopsten   b) 1761 Hopsten   p) Amerika   s) Heimlich ausgewandert
8147 a) Bern. Heinr. F r e k e r s aus Hopsten   o) 1845   p) Angeblich Amerika   s) Heimlich ausgewandert
8148 a) M. Elis. F r e k e r s aus Hopsten, Magd   b) 23. 12. 1828 Hopsten   p) Amerika
8149 a) Herm. Heinr. F r e k e r s aus Hopsten   b) 19. 10. 1821 Hopsten   o) 9. 2. 1860   p) Holland – Delft
8150 a) M. Aloisia F r e k e r s aus Hopsten   b) 10. 1. 1832 Hopsten   o) November 1854   p) Amerika
8151 a) Lina G i n s b e r g aus Hopsten, Magd   b) 10. 7. 1857   o) 18. 4. 1880   p) Amerika
8152 a) Friederich G l a s m e y e r aus Hopsten   b) 4. 1. 1831   o) 1858   p) Amerika
8153 a) Bern. G r e i l i n g aus Hopsten, Müllerknecht   b) 17. 4. 1803 Altenberge   o) 28. 4. 1868   p) Amerika
8154 a) Joh. Heinr. G r e i v e aus Hopsten   b) 4. 8. 1874 Hopsten   p) Amerika
8155 a) Gerh. G r e w e aus Hopsten   b) 20. 6. 1800 Hopsten   d) A. M. Theresia V e e r k a m p 14. 6. 1799 Hopsten   i) M. Theresia G r e w e 24. 12. 1851 Hopsten   o) 3. 9. 1860   p) Amerika
8156 a) Herm. G r e ß aus Hopsten, Zimmermannslehrling   b) 1835 Hopsten   o) 1. 5. 1883   p) Amerika
8157 a) Heinr. H a r t k e n aus Hopsten   b) 1834 Hopsten   o) 1860   p) Amerika
8158 a) Joseph H a r t m a n n aus Hopsten, Knecht   b) 12. 10. 1857 Hopsten   o) 1893   p) Bosnien
8159 a) Joh. Gerh. H e e m b r o c k aus Hopsten   b) 13. 4. 1813 Hopsten   p) Amerika
8160 a) Gerh. H e e m b r o c k aus Hopsten   b) 1811 Hopsten   o) 1854   p) Amerika   s) Im Frühjahr 1856 gestorben [.................. Identisch mit dem vorigen?]

8161 a) Theodor Herm. H e e m b r o c k aus Hopsten, Kötter b) 7. 6. 1829 Hopsten d) M. A. W o l f 7. 12. 1833 Hopsten e) Agnes 6. 12. 1854, M. Theresia 11. 11. 1855, M. Elis. 23. 12. 1857, Gerh. Franz 22. 3. 1860, Theresia M. 30. 12. 1861, M. A. 9. 9. 1864, Herm. Heinr. 21. 8. 1867, alle in Hopsten geboren o) 29. 7. 1868 p) Nordamerika s) Entlassungsurkunde vom 16. 7. 1868

8162 a) Joh. Franz H e e m b r o c k aus Hopsten, Schmiedelehrling b) 8. 11. 1868 Hopsten o) 1. 10. 1885 p) Amerika

8163 a) Joseph H e l m i g aus Hopsten, Knecht b) 20. 7. 1829 Hopsten p) Amerika

8164 a) Max H e l m i n g aus Hopsten, Schneidergeselle b) 1835 Hopsten o) Um 1860 p) Amerika

8165 a) Witwe H e r m e s aus Hopsten b) 30. 9. 1785 Thuine p) Amerika

8166 a) Theresia H e s p e l i n g aus Hopsten b) 13. 1. 1822 Hopsten p) Amerika

8167 a) Joh. Gerh. (Georg) H ö r s t e n aus Hopsten b) 14. 12. 1834 Hopsten d) Elis. S c h o o 23. 8. 1832 Hopsten o) 13. 9. 1860 p) Amerika s) Entlassungsurkunde vom 16. 8. 1860

8168 a) Theresia H ö s s t e n aus Hopsten b) 1814 Hopsten p) Zwolle

8169 a) Friederich Wilh. H o h m e i e r aus Hopsten, Uhrmacher b) 17. 5. 1801 Hopsten d) M. S p e l l e r 10. 6. 1810 Hopsten e) Joh. Friederich 4. 2. 1840 Hopsten, A. M. 19. 7. 1845 Hopsten, Louise Therese 30. 8. 1846 Hopsten o) 22. 4. 1858 p) Nordamerika – Boston

8170 a) Herm. Heinr. Bern. H o l l e gt. K a m p aus Hopsten b) 4. 2. 1829 Hopsten o) 31. 8. 1865 p) Nordamerika

8171 a) Benedictus H o l t e l aus Hopsten, Kaufmann b) 25. 3. 1838 Hopsten o) 11. 1. 1853 p) Holland – Almelo

8172 a) Heinr. H o l t k a m p aus Hopsten, Schmied o) Um 1860 p) Amerika s) .... = Nr. 6956?

8173 a) M. A. H ü h l m e y e r aus Hopsten b) 1811 Freren ....? e) Lisette 20. 7. 1842 Hopsten o) 15. 4. 1849 p) Amerika

8174 a) Joh. Lukas H ü l s k r a m e r aus Hopsten b) 20. 8. 1806 Hopsten p) Holland – Tilburg

8175 a) Heinr. J o h a n n e m a n n aus Hopsten b) Um 1829 Hopsten o) 1852 p) Amerika c) Heimlich fortgegangen. Ist in Amerika verheiratet

8176 a) Gerh. Heinr. J o h a n n i n g aus Hopsten b) 16. 11. 1848 Hopsten o) 19. 4. 1870 p) Amerika s) Am 14. 9. 1873 wieder zurückgekommen

8177 a) Joh. Lucas K a y s e r aus Hopsten b) 13. 3. 1795 Hopsten s) Mit Konsens ausgewandert

8178 a) Gerh. Heinr. K l e i n b e r g aus Hopsten b) 1819 Hopsten p) Amerika s) Heimlich ausgewandert

8179 a) Theodor Julius K ö n i g aus Hopsten b) 17. 11. 1858 Hopsten o) 1874 p) Holland

8180 a) August Heinr. [Herm. August] K o n e r m a n n aus Hopsten b) 21. 10. 1874 Recke [c) Joh. Heinr. Konermann, Eigenwohner, u. M. Agnes Sunder Witwe Bern. Heinr. Haermeier, Recke, Sunderbauerschaft] o) 6. 5. 1898 p) Oldenzaal

8181 a) Theodor K r a m e r aus Hopsten d) A. M. B e n s m a n n e) Georg 20. 1. 1859 Hopsten, Herm. Joseph 22. 8. 1863 Hopsten o) 29. 9. 1866 p) Nordamerika s) Ohne Konsens ausgewandert

8182 a) Joh. Heinr. K r a m e r aus Hopsten b) 15. 11. 1865 Hopsten o) 7. 4. 1880 p) Amerika s) Über Schwerin ohne Konsens ausgewandert

8183 a) Gerh. Heinr. K r e i m e r aus Hopsten b) 5. 3. 1836 Hopsten o) 16. 5. 1868 p) Nordamerika

8184 a) Joh. Heinr. August K u r k aus Hopsten b) 24. 7. 1869 Hopsten p) Amerika s) Heimlich ausgewandert

8185 a) Joh. Gerh. L ü c k e n gt. S c h w e r d t (................. ? Schröder gt. Schwerdt) aus Hopsten, Ktterssohn b) 24. 10. 1821 Hopsten p) Amerika s) Heimlich ausgewandert

8186 a) Theodor Hubert L u s t e r aus Hopsten b) 2. 2. 1833 Hopsten o) 1870 p) Ungarn – Zengg

8187 a) M. Agnes L a g e aus Hopsten b) 4. 8. 1829 Hopsten p) Amerika s) Heimlich ausgewandert

8188 a) Joh. Heinr. L a m b e r s aus Emsdetten b) 27. 8. 1840 Hopsten c) Albert Lambers u. Helena Angela Franze h) Bern. Albert Lambers 2. 7. 1843 Hopsten o) 26. oder 27. 9. 1860 p) Amerika s) Heimlich ausgewandert

8189 a) Joseph Heinr. L o h m a n n aus Hopsten b) 31. 12. 1867 Hopsten, unehelich c) Mutter: Luise Lohmann verehelichte Wolter zu Emsdetten p) Amerika s) Heimlich ausgewandert

8190 a) Joh. Diederich L ü b b e r m a n n aus Hopsten, Schneider b) 15. 10. 1788 Saerbeck d) Elis. U p h u e s 16. 9. 1790 Hopsten e) Franzisca 3. 3. 1812 Hopsten mit ihrem Sohn Heinr. Clemens 1846, Joh. Theodor 21. 5. 1828 Hopsten p) Amerika s) Heimlich ausgewandert

8191 a) Gustav Heinr. L ü t t m a n n aus Hopsten, Ackerknecht b) 21. 7. 1864 Hopsten   c) Joh. Heinr. Lüttmann u. M. A. Berghus o) Juli 1883 p) Amerika s) Heimlich entwichen

8192 a) Adam Wilh. M a u r e r aus Hopsten, Arbeiter b) 1. 10. 1847 Hopsten o) Juni oder Juli 1870 p) Nordamerika

8193 a) Anton Victor M ö l l e r aus Hopsten b) 21. 3. 1809 Hopsten p) Hat sich in Holland etabliert

8194 a) Heinr. Joseph M ö l l e r aus Hopsten b) 26. 10. 1809 Hopsten s) Erhielt am 17. 8. 1828 die Entlassungsurkunde

8195 a) Richard Arnold M ü l l e r aus Hopsten b) 31. 5. 1843 Schapen o) 1877 p) Niederlande

8196 a) Joseph N i e l a n d aus Hopsten b) 21. 6. 1865 Hopsten o) 1881 p) Holland

8197 a) Joan Anton N o y e aus Hopsten b) 16. 5. 1806 Hopsten p) Holland s) Heimlich ausgewandert

8198 a) Herm. O v e r f e l d t, Rektoratschüler o) September 1878 p) Amerika – Vicksburg

8199 a) Joseph Ö t t k e r aus Hopsten, Neubauer b) 6. 3. 1787 o) Herbst 1854 p) Amerika s) Ohne Konsens

8200 a) Gerard P e t e r s aus Hopsten b) 15. 9. 1786 Hopsten s) Hat sich heimlich entfernt

8201 a) Anton Joseph P e t e r s aus Hörstel, Steinhauer b) 17. 9. 1861 Hopsten c) Joseph Peters u. Cath. Niehues o) 1882 p) Amerika s) Heimlich ausgewandert

8202 a) Bern. Henr. P l a y m a n n [............... ? Plagemann?] aus Hopsten b) 20. 6. 1810 Hopsten p) Holland s) Heimlich gegangen

8203 a) Joh. Heinr. P o g g e m a n n aus Hopsten b) 31. 3. 1826 Hopsten o) 29. 12. 1852 p) Zwolle

8204 a) Georg P o g g e m a n n aus Hopsten, Knecht b) 9. 3. 1844, unehelich c) Mutter: Theresia Poggemann o) 1. 3. 1864 p) Amerika

8205 a) Joh. Herm. P o g g e m a n n gt. K e v e aus Hopsten b) 28. 8. 1862 Freren p) Holland s) Auswanderungskonsens vom 14. 12. 1878

8206 a) Bernh. Joseph P o s t aus Hopsten, Arbeiter b) 12. 4. 1827 Riesenbeck o) 19. 12. 1856 p) Holland s) Heimlich ausgewandert

8207 a) Joh. Herm. P o s t aus Greven, Knecht b) 21. 3. 1841 Hopsten c) Joh. Post, A. M. .... Kölker? Hölker? o) März 1860 p) Amerika s) Heimlich ausgewandert

8208 a) Joh. Franz R e m m e r aus Hopsten, Ackerer b) 29. 11. 1861 Hopsten c) Joseph Remmer, Colon, u. Johanna Gress o) März oder April 1882 p) Amerika s) Heimlich ausgewandert

8209 a) Joseph Victor R e m m e r aus Hopsten b) 11. 7. 1866 Hopsten c) Joseph Remmer, Colon, u. Johanna Gress p) Holland s) Entlassungsurkunde vom 22. 3. 1883

8210 a) Gerh. Theodor R e m k e aus Hopsten b) 16. 9. 1802 Hopsten o) Juli 1828 s) Mit Konsens

8211 a) Louise R e m p k e aus Hopsten, Magd b) 11. 5. 1829 Hopsten o) 26. 9. 1854 p) Amerika

8212 a) Heinr. R i c h t e r aus Hopsten b) 13. 3. 1827 Hopsten p) Amerika s) Heimlich ausgewandert

8213 a) Heinr. R ö t t e r i n g aus Hopsten, Schneidergeselle b) 1837 Thuine o) 4. 5. 1858 p) Amerika s) Heimlich ausgewandert

8214 a) Heinr. R o h l m a n n aus Hopsten, Heuermann b) 22. 4. 1809 Hopsten d) Marianne R i e t s c h i l l i n g 3. 5. 1809 e) Heinr. 31. 8. 1834 Hopsten, 10. 12. 1847 Hopsten o) 1852 p) Amerika

8215 a) Heinr. [Herm. Henr.] R u w e aus Hopsten b) 7. 9. 1858 Recke [c) Gerh. Henr. Ruwe, Arbeiter, u. M. Elis. Theresia Kümper, Recke, Sunderbauerschaft] o) 8. 9. 1881 p) Amerika

8216 a) August Joseph S a s s e aus Hopsten, Knecht b) 20. 7. 1842 Hopsten c) Herm. Sasse, Taglöhner, u. M. Theresia Lambers o) April 1864 p) Amerika

8217 a) Laurenz Joseph S c h a d e aus Hopsten, Kötter b) 10. 8. 1828 Hopsten d) M. Agnes T ä l k e r 7. 9. 1835 Hopsten e) Gerh. Heinr. 27. 11. 1859, Joseph Peter 19. 10. 1861, M. Agnes 4. 10. 1864, Ferd. August 29. 10. 1867, Herm. Georg 15. 4. 1871, alle in Hopsten geboren o) 5. 8. 1875 p) Nordamerika s) Entlassungsurkunde vom 16. 6. 1875

8218 a) Joseph S c h i e m a n n aus Hopsten b) 23. 11. 1807 p) Amerika s) Heimlich ausgewandert

8219 a) Franz S c h i e m a n n aus Hopsten, Schneider b) 9. 6. 1816 Hopsten d) M. Clara O t t e 12. 10. 1815 Hopsten e) Bern. 24. 1. 1845 Hopsten, Franz Heinr. 2. 3. 1848 Hopsten, Wilhelmina 12. 1. 1850 Hopsten o) 28. 8. 1850 p) Amerika

8220 a) Gerh. Theodor S c h l ü t e r (Slüter) aus Hopsten b) 16. 9. 1802 Hopsten o) Juli 1828

8221 a) Heinr. S c h l ü t e r aus Hopsten p) Amerika s) 1870 gestorben

8222 a) Markus Heinr. S c h l ü t e r aus Hopsten b) 29. 4. 1858 Hopsten o) 1883 p) Nordamerika

8223 a) Victor Franz S c h l ü t e r aus Recke, Schmied b) 11. 9. 1863 Hopsten c) Heinr. Schlüter u. Theresia Teepe o) April 1883 p) Heimlich entwichen

8224 a) Lucas S c h l ü t e r aus Hopsten, Zimmerergeselle b) 29. 8. 1860 Hopsten o) 24. 4. 1884 p) Amerika

8225 a) Theodor Gerh. S c h n e l l e n b e r g aus Hopsten b) 22. 6. 1802 Hopsten h) Gerh. Georg 25. 4. 1805 Hopsten, Marianne 1808 Hopsten, Theodor Joseph 13. 10. 1811 Hopsten p) Holland

8226 a) Joseph S c h n e l l e n b e r g aus Hopsten, Taglöhner b) 11. 12. 1811 Hopsten d) Marianne B e c k m a n n 5. 9. 1801 Hopsten d) Marianne 5. 8. 1838 Hopsten, Lucia ... 5. 1842 Hopsten, Heinr. Joseph 26. 6. 1846 Hopsten p) Amerika

8227 a) Joh. Theodor S c h n e l l e n b e r g aus Hopsten, Schuster b) 22. 6. 1800 o) 1856 p) Amerika

8228 a) Franz S c h n e l l e n b e r g aus Hopsten b) 1. 11. 1837 p) Holland s) Heimlich gegangen

8229 a) Joh. Lucas S c h ö p p i n g aus Hopsten b) 26. 7. 1814 d) Angela L ö c h t e 25. 12. 1824 Hopsten d) Gustav Theodor Heinr. 1. 12. 1857 Hopsten o) 14. 9. 1860 p) Nordamerika s) Entlassungsurkunde vom 12. 9. 1860

8230 a) Joh. Heinr. S c h ö p p i n g aus Hopsten, Schmied b) 22. 9. 1845 Hopsten c) Bern. Schöpping u. M. Theresia Steinlage o) Juni 1866 p) Amerika

8231 a) Gerh. Bern. S c h o o aus Hopsten b) 26. 9. 1837 Hopsten o) 29. 9. 1864 p) Nordamerika

8232 a) Joh. Bern. S c h r ä d e r aus Hopsten b) 18. 9. 1803 Hopsten p) Holland s) Soll in Holland verheiratet sein

8233 a) Joseph S c h r ö d e r aus Hopsten b) Recke p) Amerika s) Heimlich ausgewandert

8234 a) Heinrich S c h r ö d e r aus Hopsten, Taglöhner b) 5. 5. 1792 Neuenkirchen d) Kath. B r ü g g e m e y e r 4. 7. 1798 Hopsten e) Kath. Agnes 6. 5. 1833 Hopsten p) Amerika

8235 a) Elis. S c h r ö d e r aus Hopsten b) 1829 Hopsten p) Amerika

8236 a) Gustav S c h r ö d e r aus Hopsten, Handelsmann b) 21. 2. 1869 o) 2. 7. 1897 p) Orsey

8237 a) M. A. S c h ü t t e aus Hopsten b) 1828 Hopsten o) 25. 3. 1853 p) Amerika

8238 a) Victor S c h ü t t e o) 1870 p) Amerika

8239 a) Joh. Bern. S c h u l t e aus Hopsten b) 7. 12. 1821 Hopsten c) Vater: Colon Schulte zu Breischen o) 6. 7. 1850 p) Holland – Zwolle

8240 a) Joh. Herm. S c h u l t e aus Hopsten b) 20. 9. 1870 Hopsten o) 3. 3. 1894 p) Nordamerika – Virginia

8241 a) Joh. Heinr. S c h w e i g m a n n aus Hopsten, Handelsmann b) 4. 4. 1844 Recke [c) Gerd Henr. Schweigmannm, Kaufmann, u. A. M. Lucia Vorberg, Recke, Sunderbauerschaft] d) Emilie M ü l l e r 14. 10. 1847 Hopsten e) Christian 7. 10. 1881 Hopsten, M. A. Paula 14. 2. 1884 Hopsten o) 1859 p) Holland s) Wieder eingebürgert. Am 30. 12. 1885 erneut nach Leeuwarden (Niederlande) ausgewandert

8242 a) Clemens August S c h w e i g m a n n aus Hopsten b) 28. 3. 1849 Recke [c) Gerd Henr. Schweigmannm, Kaufmann, u. A. M. Lucia Vorberg, Recke, Sunderbauerschaft] o) 1863 p) Holland

8243 a) August Clemens S c h w e i g m a n n aus Hopsten b) 1. 5. 1851 Recke [c) Gerd Henr. Schweigmannm, Kaufmann, u. A. M. Lucia Vorberg, Recke, Sunderbauerschaft] o) 1865 p) Holland

8244 a) Georg Joseph Innozenz S c h w e i g m a n n aus Hopsten b) 13. 9. 1862 Recke [?] c) Gerh. Heinr. Schweigmann, Kaufmann, u. Lucia Vorberg o) 11. 9. 1873 p) Mit dem Vater ausgewandert

8245 a) M. S c h w e i g m a n n aus Hopsten b) 14. 5. 1842 Recke [?] o) 1877 p) Oesterreich-Ungarn

8246 a) Karl Joseph S c h w e i g m a n n aus Hopsten b) 4. 11. 1867 Hopsten c) Gerh. Joseph Schweigmann u. Johanna Lammers o) 23. 8. 1886 p) Amerika

8247 a) M. Franziska S c h w e i g m a n n aus Hopsten b) 26. 2. 1882 Hopsten c) August Schweigmann u. Theresia Hörsten p) Holland s) Am 3. 12. 1912 nach Decnium verheiratet

8248 a) Ernst S i e r i n g aus Hopsten, stud. med. b) 12. 1. 1864 Hopsten o) 9. 3. 1893 p) Amerika s) Gegen den Willen des Vaters, Dr. med. Siering, ausgewandert

8249 a) Carl Joseph Aloys S i e r i n g aus Hopsten b) 29. 12. 1880 Hopsten c) Aloys Siering u. Elis. Brons o) 12. 3. 1905 p) Brasilien

8250 a) Joseph S t e g e m a n n aus Hopsten, Knecht b) 11. 11. 1852 Halverde o) 1. 4. 1880 p) Holland

8251 a) Herm. S t e u t e r aus Hopsten o) Um 1860 p) Amerika

8252 a) Lucas S t r o t m a n n aus Hopsten o) 1867 p) Nordamerika

8253 a) Georg Heinr. S t ü m p e l aus Hopsten b) 5. 12. 1832 Hopsten p) Amerika s) Desertiert

8254 a) Joh. Bern. T ä l k e r aus Hopsten b) 23. 10. 1798 Hopsten s) Hat am 6. 10. 1832 den Auswanderungskonsens erhalten

8255 a) Joh. Heinr. T e e p e aus Hopsten, Zimmermannssohn b) 4. 8. 1840 Hopsten o) 25. 2. 1857 p) Delft

8256 a) Herm. Laurenz T e e p e aus Hopsten b) 4. 9. 1849 Hopsten o) 1865 p) Niederlande
8257 a) Joh. Gerh. Heinr. T e e p e , Handlungsgehilfe b) 3. 1. 1869 Hopsten c) Georg Teepe u. Sophia Frekers p) Holland s) Entlassungsschein vom 25. 7. 1885
8258 a) Laurenz Anton T e e p e aus Hopsten b) 6. 6. 1890 Hopsten o) 12. 10. 1905 p) Den Haag s) 1967 in Den Haag gestorben
8259 a) Georg Joseph T e i p e aus Hopsten b) 3. 10. 1796 Hopsten p) Groningen s) Vom Militär entlassen
8260 a) Johan T e r h e y d e n aus Hopsten b) 1772 Hopsten s) Hat sich heimlich ins Ausland entfernt
8261 a) Jürgen Lucas T e r h e y d e n aus Hopsten, Knecht b) 19. 2. 1805 Hopsten o) 1827
8262 a) Theresia T e r h e y d e n aus Hopsten, Magd b) 1823 Hopsten p) Amerika
8263 a) Herm. Heinr. T e r h e y d e n aus Hopsten, Kaufmann b) 25. 10. 1837 Hopsten o) 7. 3. 1853 p) Holland – Delft
8264 a) Theodor Lucas M. T e r h e y d e n aus Hopsten, Handlungsgehilfe b) 22. 3. 1865 Hopsten c) Lucas Terheiden u. Elis. Schulte Hörstel o) 10. 6. 1880 p) Holland
8265 a) Franz Joseph T e r h e y d e n aus Hopsten, Maler b) 1. 10. 1867 Hopsten o) 1893 p) USA – Chicago
8266 a) Joh. Victor T h e i l e aus Steinfurt, Ackerknecht b) 12. 4. 1838 Hopsten c) Joseph Theile u. Elis. Kamphues o) April 1860 p) Amerika s) Heimlich ausgewandert
8267 a) Andreas Heinr. T i e m a n n aus Hopsten, Taglöhner b) 21. 12. 1784 Hagen (Hannover) d) M. Kath. R o h l m a n n 1783 Hopsten e) Georg Joseph 2. 7. 1812 Hopsten, Julius Joh. Carl 13. 2. 1822, Lambert Anton 17. 1. 1824 Hopsten o) 19. 9. 1838 p) Amerika
8268 a) Richard T i e m a n n aus Hopsten, Ladengehilfe b) 16. 3. 1879 Utrecht o) 9. 12. 1897 p) Utrecht
8269 a) Heinr. T i e t m e y e r aus Hopsten, Sohn eines Handelsmannes b) 13. 2. 1841 Hopsten o) 24. 2. 1857 p) Zwolle
8270 a) Gerard Hendrik T i m m e r w i l k e aus Hopsten, Arbeiter b) 28. 11. 1806 Vechtel d) Adelheid T h a l e ... 7. 1798 Halverde e) M. Theresia 2. 2. 1830 Hopsten f) Bernh. Heinr. A h r e n s 1. 9. 1824 Hopsten, Joh. Joseph 4. 10. 1826, Elis. 1831 [.............. ??, siehe e)] Hopsten o) 6. 6. 1834
8271 a) Friederich Wilh. T r a u f e l d aus Hopsten b) 5. 4. 1839 Hopsten o) 1842 s) Hat sich unerlaubt entfernt, ist bettelarm
8272 a) Louise U p h a u s aus Hopsten b) 4. 2. 1865 Hopsten p) Amerika
8273 a) Gerh. Lucas U p h u e s aus Hopsten b) 31. 6. 1803 p) Holland s) Ist in Holland verheiratet
8274 a) Herm. U p h u e s aus Hopsten b) ca. 1820 Hopsten p) Holland
8275 a) Bernh. Heinr. U p m a n n aus Hopsten, Kötterssohn b) 1835 Hopsten p) Amerika
8276 a) Antonia V e e r k a m p aus Hopsten b) 10. 4. 1809 Hopsten p) Holland s) Ist in Holland verheiratet
8277 a) Theresia V e e r k a m p aus Hopsten b) 23. 6. 1813 Hopsten p) Amsterdam
8278 a) Joseph Ludwig V e e r k a m p aus Hopsten b) 11. 12. 1813 Hopsten o) 1829 p) Amsterdam
8279 a) Herm. V e e r k a m p aus Hopsten b) 11. 12. 1813 Hopsten o) 17. 7. 1829 p) Amsterdam
8280 a) Gustav V e e r k a m p aus Hopsten, Handelsmann b) 30. 9. 1811 Hopsten o) 30. 5. 1839 p) Holland
8281 a) Matthias V e e r k a m p aus Hopsten, Kaufmann b) 10. 9. 1825 Hopsten o) 25. 9. 1850 p) Amsterdam
8282 a) Leopold V e e r k a m p aus Hopsten b) 8. 3. 1820 Hopsten o) 1854 p) Australien
8283 a) Joh. Bern. V e e r k a m p aus Hopsten b) 16. 4. 1846 Hopsten p) Holland
8284 a) Theresia V i s s e aus Hopsten b) 1818 Hopsten p) Amerika
8285 a) Rosa V i s s e o) 1867 p) Nordamerika
8286 a) Bernh. Heinr. V i s s e aus Hopsten, Zimmermann b) 7. 10. 1847 Hopsten c) Bern. Joseph Visse u. Elis. Börgers o) .... ?? 15. 7. 1847 p) Amerika
8287 a) Heinr. V o r n d i e c k aus Hopsten, Schneider b) 14. 9. 1847 Hopsten d) Sophia D r o s t e 9. 6. 1837 Hopsten e) Sophia 11. 2. 1876 Essen o) 28. 10. 1880 p) Amerika
8288 a) Joh. Heinr. V o r b r i n k aus Hopsten b) 25. 8. 1801 Hopsten p) Holland
8289 a) Gerh. Joseph V o r b r i n c k aus Hopsten b) 12. 2. 1839 Hopsten o) 12. 4. 1866 p) Nordamerika
8290 a) Gerh. Heinr. V o r b r i n k aus Hopsten, Knecht b) 30. 3. 1846 Hopsten c) Gerh. Vorbrinck u. M. Cath. Löchte o) 1866 p) Amerika
8291 a) Joseph V o s s h a k e o) 1860 p) Amerika s) Er war am 12. 7. 1857 in Hopsten in die Jünglingskongregation eingetreten
8292 a) Franz August V o s s h a k e aus Hopsten b) 5. 4. 1844 Hopsten o) 11. 7. 1870 p) Nordamerika
8293 a) Gerh. Heinr. V o s s h a k e aus Hopsten b) 16. 12. 1850 Hopsten o) 22. 8. 1880 p) Amerika

8294 a) M. Elis. Wellermann aus Hopsten b) 23. 7. 1874 Hopsten c) Joseph Wellermann u. Cath. Tiemann o) 1. 8. 1888 p) Amerika
8295 a) Heinr. Wellkamp aus Hopsten o) Um 1880 p) Amerika s) Heimlich ausgewandert
8296 a) Heinr. Wellkamp aus Hopsten b) 7. 6. 1861 Hopsten o) 3. 10. 1883 p) Amerika
8297 a) Bern. Gerh. Wellkamp aus Hopsten, Arbeiter b) 12. 6. 1865 Hopsten c) Joh. Gerh. Wellkamp u. M. Rosa Kollenberg o) Juli 1884 p) Amerika s) Heimlich ausgewandert
8298 a) Clemens Welp aus Hopsten o) Um 1880 p) Amerika s) Heimlich ausgewandert
8299 a) Elis. Wentker aus Hopsten, Magd b) 7. 1. 1826 Neuenkirchen p) Amerika
8300 a) Joseph Wentker aus Hopsten, Schustergeselle o) 6. 9. 1857 p) Amerika
8301 a) Gerh. Joseph Wermeling aus Hopsten b) 5. 6. 1832 Hopsten o) 29. 1. 1861 p) Nordamerika
8302 a) Joh. Heinr. Wermeling aus Hopsten b) 16. 7. 1858 Hopsten c) Joh. Gerh. Wermeling u. Elise Woltering o) 28. 4. 1883 p) Nordamerika
8303 a) Clemens Wessels aus Hopsten, Zimmerergeselle o) Frühjahr 1850 p) Amerika s) Heimlich ausgewandert
8304 a) M. A. Westen aus Hopsten b) 1802 Hopsten o) August 1837 p) Amerika
8305 a) Franz Heinr. Westen aus Hopsten b) 2. 4. 1821 Hopsten o) 18. 10. 1848 p) Amerika s) Heimlich ausgewandert
8306 a) Herm. Wibbeling aus Hopsten b) 1842 Hopsten p) Amerika
8307 a) Elis. Berghaus Witwe Heinr. Wiek aus Hopsten, Taglöhnerin b) 11. 12. 1848 Hopsten e) M. Elis. 16. 2. 1874, Bern. Henr. 15. 12. 1875, Sophie M. 25. 2. 1878, A. Agnes 8. 11. 1882, alle in Hopsten geboren o) 25. 4. 1884 p) Ohne Konsens ausgewandert
8308 a) Joh. Joseph Wiesmann aus Hopsten, Ackerer b) 3. 4. 1827 Hopsten o) 9. 2. 1857 p) Delft
8309 a) Joh. Gerh. Wiesmann aus Hopsten b) 30. 8. 1833 Hopsten d) Louise Rass 27. 5. 1828 Hopsten f) Louise Weffeler 17. 3. 1856 Hopsten o) 28. 1. 1861 p) Nordamerika
8310 a) Georg Herm. Wilmer aus Hopsten b) 7. 4. 1815 Hopsten p) Frankreich – Beerleedudt (Barleduc)
8311 a) Elis. Wilmer aus Hopsten b) 25. 7. 1830 o) 26. 9. 1855 p) Amerika
8312 a) Victor Wilmerding aus Hopsten b) 1829 Hopsten h) Herm. Wilmerding 1831 Hopsten o) Herbst 1850 p) Amerika s) Heimlich ausgewandert. Victor Wilmerding ist 1852 in Amerika gestorben.
8313 a) Heinr. Joseph Withake aus Hopsten b) 27. 11. 1842 Hopsten o) 12. 7. 1858 p) Holland – s'Hage
8314 a) Gerh. Joseph Withake aus Hopsten b) 22. 12. 1844 Hopsten o) 1860 p) Holland
8315 a) Friederich Witte aus Hopsten b) 12. 7. 1901 Westerkappeln o) 1927 p) Kanada
8316 a) Georg Hendrik Wolf aus Hopsten b) 11. 11. 1800 Hopsten o) Vor 1820 p) Holland
8317 a) Gerh. Joseph Wolf aus Hopsten b) 1. 9. 1802 Hopsten o) Um 1820 p) Holland s) Ist in Holland verheiratet
8318 a) Heinr. Wolf aus Hopsten, Taglöhner b) 1811 Hopsten p) Holland
8319 a) Franz Wolf aus Hopsten, Holzschuhmacher b) 2. 9. 1808 o) 29. 7. 1868 p) Nordamerika
8320 a) Gerh. Wolters aus Hopsten, Knecht b) ... 9. 1812 p) Amerika
8321 a) Cath. Hölting Witwe Wüste aus Hopsten, Taglöhnerin b) 1795 Hopsten e) Marianne ... 5. 1822 Hopsten, Gerh. Henr. 11. 12. 1824 Hopsten p) Holland – Almelo
8322 a) Egbert Joseph Zurlinden aus Hopsten b) 11. 5. 1827 p) Holland
8323 a) Joseph Zurlinden aus Hopsten b) Ca. 1830 Hopsten p) Amerika s) Heimlich ausgewandert
8324 a) Gerh. Franz Zurlinden aus Köln b) Ca. 1833 Hopsten p) Amerika

Schale : ein Dorf stellt sich vor. – Hopsten 1991. – S. 253–274

8325 a) A. M. Lucia Determann Witwe Joh. Heinr. Ahaus aus Schale b) 26. 6. 1824 e) Herm. Heinr. 22. 9. 1847, M. A. Lucia 17. 7. 1853 o) 8. 3. 1872 p) Nordamerika s) 300 Taler Vermögen
8326 a) Joh. Heinr. Ahrens aus Schale, Heuermann b) 3. 9. 1836 d) A. Cath. Elfring 15. 9. 1836 e) A. Marg. Cath. Elise 4. 12. 1864, Joh. Heinr. 20. 9. 1868 o) 13. 3. 1871 p) Amerika
8327 a) August Altemöller aus Schale b) 19. 8. 1861 o) 4. 9. 1881 p) Amerika s) Heimlich ausgewandert
8328 a) August Altemöller aus Schale, Knecht o) 10. 9. 1882 p) Amerika

8329 a) Gerh. Heinr. A t h m e r aus Schale b) 27. 12. 1821 o) 13. 3. 1848 p) Amerika s) Ohne Konsens ausgewandert
8330 a) Cath. B a l l m a n n aus Schale, Magd b) 15. 12. 1844 o) 1869 p) Amerika
8331 a) J. Wilh. B a l l m a n n aus Schale b) 3. 5. 1820 d) A. M. Helena B r ö m m e l k a m p 15. 12. 1818 e) A. Cath. 15. 12. 1844, Gesina Friederike 14. 3. 1848, Joh. Heinr. 24. 3. 1851, Joh. Wilh. 23. 2. 1857, Friederich Wilh. 17. 10. 1859, M. Caroline Sophia 12. 7. 1864 o) 3. 4. 1870 p) Amerika s) 1000 Taler Vermögen
8332 a) Joh. Heinr. Conrad B a u m a n n aus Schale b) 30. 6. 1815 o) 1. 4. 1850 p) Amerika s) Heimlich ausgewandert
8333 a) Lambert Carl Gerh. Heinr. B a u m a n n aus Schale b) 30. 9. 1819 o) 12. 3. 1852 p) Amerika
8334 a) Lambert Heinr. Carl B a u m a n n aus Schale b) 14. 10. 1840 o) 29. 3. 1853 p) Amerika s) Ist mit seiner Mutter heimlich ausgewandert
8335 a) Joh. Bernh. B e r g h a u s aus Schale, Heuermann u. Taglöhner b) 8. 7. 1813 o) 13. 3. 1854 p) Amerika s) Heimlich ausgewandert
8336 a) A. M. Elis. S c h o p p e Ehefrau Joh. Bernh. B e r g h a u s aus Schale b) 14. 10. 1817 e) A. Elis. 3. 12. 1842, Kuhhirtin, A. M. Elis. 8. 9. 1846, Bernh. Heinr. 17. 1. 1849 o) 24. 9. 1855 p) Amerika s) Heimlich ausgewandert
8337 a) Cath. Adelheid B e r k e m e i e r aus Schale b) 22. 6. 1848 o) 23. 3. 1865 p) Amerika s) Reist mit Pass
8338 a) Cath. Friederike B e r k e m e i e r aus Schale b) 18. 10. 1846 o) 27. 3. 1879 p) Amerika
8339 a) Christ. B i e r b a u m aus Schale, Magd b) 18. 10. 1825 o) 29. 7. 1867 p) Amerika s) Ohne Konsens ausgewandert
8340 a) Joh. Herm. B o s s e aus Schale Nr. 20, Kolon b) 17. 4. 1814 o) 27. 3. 1868 p) Amerika s) Reist mit Pass. Die Frau ist mit vier Kindern am 1. 5. 1868 nach Riesenbeck gezogen
8341 a) Mathias Heinr. B r a n d e n b u r g aus Schale Nr. 47, Schuster u. Colon b) 5. 4. 1827 o) 29. 7. 1867 p) Amerika s) Reist mit Pass
8342 a) A. M. B r i n k aus Schale b) 25. 10. 1819 o) 13. 9. 1850 p) Amerika s) Ohne Konsens ausgewandert
8343 a) Bernh. Franz B r i n k aus Fürstenau b) 24. 9. 1828 Schale o) September 1851 p) Amerika s) Heimlich ausgewandert
8344 a) Bernh. Heinr. B r i n k aus Hollenstede b) 2. 10. 1833 Schale o) 29. 1. 1852 p) Amerika s) Heimlich ausgewandert
8345 a) Herm. Heinr. B r i n k aus Schale b) 8. 10. 1826 o) 6. 9. 1852 p) Amerika s) Ohne Konsens ausgewandert
8346 a) A. M. S c h o n h o f f Witwe B r i n k aus Schale, Heuermannswitwe b) 13. 12. 1795 o) 16. 9. 1854 p) Amerika s) Ohne Konsens ausgewandert
8347 a) Marg. Adelheid B r i n k aus Schale, Taglöhnerin b) 4. 5. 1822 e) Uneheliche Tochter o) 19. 9. 1856 p) Amerika s) Heimlich ausgewandert
8348 a) Bernh. Heinr. B r i n k e r aus Schale, Schneidergeselle b) 11. 9. 1832 o) 29. 3. 1853 p) Amerika s) Ohne Konsens ausgewandert
8349 a) Joh. Gerh. B r ö k e r aus Schale Nr. 51, Kötter b) 22. 12. 1813 e) Bernh. Heinr. August 8. 12. 1846, Franz Friederich Wilh. 11. 7. 1849, A. Friederike 2. 9. 1852, Bernh. Heinr. 29. 8. 1855 o) 29. 4. 1861 p) Amerika s) 1800 Taler Vermögen
8350 a) Lambert Heinr. B r ö m m e l k a m p (52) Schale, Knecht b) 16. 3. 1834 o) 24. 9. 1852 p) Amerika s) Heimlich ausgewandert
8351 a) A. Adelheid B r ö m m e l k a m p aus Schale, Magd b) 16. 10. 1834 o) 29. 9. 1853 p) Amerika
8352 a) Joh. Heinr. B r ö m m e l k a m p aus Schale, Heuermann b) 23. 1. 1824 d) Lisette Schoppe 14. 6. 1826 o) 12. 5. 1854 p) Amerika s) Heimlich ausgewandert
8353 a) A. Helena B r ö m m e l k a m p aus Settrup b) 4. 1. 1828 Schale o) 11. 9. 1854 p) Amerika s) Ohne Konsens ausgewandert
8354 a) A. M. B r ö m m e l k a m p aus Schale b) 1. 4. 1829 o) 1854 p) Elkgrove s) Sie heiratet Lambert Heinr. Finke
8355 a) A. M. Bernhardine B r ö m m e l k a m p aus Schale, Kuhhirtin b) 16. 8. 1840 o) 12. 9. 1857 p) Amerika
8356 a) A. Cath. Elis. B r ö m m e l k a m p aus Schale, Kuhhirtin b) 4. 9. 1843 o) 12. 9. 1857 p) Amerika

8357 a) Cath. B r ö m m e l k a m p aus Schale   b) 30. 3. 1839   o) 30. 7. 1860   p) Amerika   s) Heimlich ausgewandert

8358 a) A. Cath. B r ö m m e l k a m p aus Schale   b) 17. 9. 1839   o) 30. 7. 1860   p) Nordamerika   s) Reist mit Pass. Nimmt 80 Taler mit

8359 a) A. M. Bernhardina B r ö m m e l k a m p aus Schale   b) 15. 6. 1845   o) 7. 6. 1868   p) Amerika   s) Reist mit Pass

8360 a) Gesina M. Caroline B ü n k e r aus Freren   b) 12. 4. 1830 Schale   o) 12. 9. 1851   p) Amerika   s) Ohne Konsens ausgewandert

8361 a) Joh. Heinr. C l a u s aus Schale   b) 7. 2. 1834   o) 13. 3. 1854   p) Amerika   s) Heimlich ausgewandert

8362 a) Christine C l i n g e aus Schale   b) 10. 1. 1818   o) 28. 4. 1848   p) Amerika   s) Ohne Konsens ausgewandert

8363 a) Heinr. Friederich C l i n g e aus Schale   b) 30. 8. 1843   o) 29. 5. 1853   p) Amerika   s) Heimlich mit drei Personen ausgewandert

8364 a) Gerh. Heinr. C l i n g e aus Schale   b) 24. 6. 1834   o) 11. 9. 1854   p) Amerika   s) Heimlich ausgewandert

8365 a) Friederich Wilh. Theodor C l i n g e aus Schale, Ackerknecht   b) 25. 11. 1841   o) 14. 5. 1861   p) Amerika   s) Ohne Konsens ausgewandert

8366 a) Gesina Adelheid W i e m e r s l a g e Witwe C l i n g e aus Schale Nr. 59, Taglöhnerin   b) 10. 2. 1806   o) 12. 7. 1865   p) Amerika   s) Heimlich ausgewandert

8367 a) Bernh. Heinr. D e t e r s aus Schale   b) 7. 2. 1830   o) 29. 3. 1851   p) Amerika   s) Heimlich ausgewandert

8368 a) Joh. Heinr. D e t e r s aus Schale   b) 26. 1. 1843   o) 11. 5. 1861   p) Amerika   s) Heimlich ausgewandert

8369 a) Lambert Heinr. D e t e r s aus Schale   b) 11. 8. 1846   o) 29. 4. 1864   p) Amerika   s) Heimlich ausgewandert

8370 a) Joh. Heinr. D e t e r s aus Schale, Ackerer   b) 1. 1. 1822   d) A. Bernhardine M e i n e r s 26. 6. 1824   e) Joh. Gerh. Heinr. 6. 12. 1853, Joh. Friederich 17. 9. 1855, Joh. Bern. Heinr. 16. 2. 1858, Caroline Adelheid 5. 4. 1863   o) 30. 6. 1864   p) Nordamerika   s) Nehmen 600 Taler Vermögen mit

8371 a) Gerh. Heinr. D e t e r s aus Schale   b) 20. 8. 1840   o) 22. 9. 1864   p) Amerika   s) Heimlich ausgewandert

8372 a) M. Cath. Adelheid M e i n e r s Witwe Joh. Bernh. D e t e r s aus Schale, Colona   b) 3. 2. 1816   e) Cath. Friederike 24. 12. 1854   o) 30. 5. 1866   p) Amerika   s) Nehmen 600 Taler mit

8373 a) Eberhard Heinr. D o h e aus Schale   b) 1. 1. 1826   d) Fenne Adelheid F r e y e gt. K l a a s 16. 2. 1830   e) A. Christine Friederike 20. 11. 1857, Joh. Heinr. 11. 4. 1861 (∞ Lisette Mäß), Herm. Bernh. 23. 12. 1865   o) 28. 4. 1870   p) Amerika – Addison   s) 200 Taler Vermögen

8374 a) Marg. Adelheid D r e s s e l h a u s aus Schale   b) 26. 11. 1831   o) 12. 4. 1850   p) Amerika   s) Ohne Konsens ausgewandert

8375 a) Gerh. Lambert D r e s s e l h a u s aus Schale   b) 16. 5. 1834   o) 29. 3. 1851   p) Amerika   s) Ohne Konsens ausgewandert

8376 a) Joh. Gerh. D r e s s e l h a u s aus Schale   b) 18. 9. 1793   o) 28. 8. 1855   p) Amerika   s) Heimlich ausgewandert

8377 a) Joh. Friederich D r e s s e l h a u s aus Schale, Heuermann u. Taglöhner   b) 27. 12. 1838   d) A. Elsabein G i e s k e 16. 1. 1842   e) A. Regina Friederike 9. 1. 1864, A. Bernhardina 21. 12. 1865   o) 30. 5. 1866   p) Amerika   s) 300 Taler Vermögen

8378 a) Friederich August Heinr. D r e s s e l h a u s aus Schale Nr. 5, Colonssohn   b) 29. 6. 1841   o) März 1869   p) Amerika   s) Heimlich ausgewandert

8379 a) A. Grete D ü m m e r aus Schale   b) 16. 11. 1838   o) 25. 9. 1857   p) Amerika   s) Reist mit Pass

8380 a) Joh. Bernh. D ü m m e r aus Schale   b) 20. 11. 1832   d) A. Cath. K l e i n s c h m i d t 12. 6. 1833   e) A. Carolina 27. 8. 1862, Cath. Friederike 25. 10. 1865, A. Bernhardine 8. 5. 1870, Joh. Bernh. Heinr. 14. 8. 1874   o) 26. 4. 1876   p) Nordamerika

8381 a) Herm. Eberhard Heinr. E i c k e l m a n n aus Schale, Ackerknecht   b) 14. 7. 1843   o) Juni 1865   p) Amerika   s) Hat sich heimlich entfernt

8382 a) Joh. Heinr. E i c k e l m a n n aus Schale, Heuermann u. Taglöhner   b) 28. 7. 1838   d) A. M. Helena N i e m e y e r 24. 6. 1828   e) Bernh. Heinr. 30. 9. 1866 (∞ Emilie Freitag), Joh. Friederich 24. 2. 1868, M. Caroline 8. 6. 1870   o) 13. 3. 1877   p) Amerika   p) Ohne Konsens ausgewandert

8383 a) Bernh. E i k e l m a n n aus Schale b) 15. 7. 1846 o) 1889 p) Addison s) Er heiratet Adelheid Brand aus Vechtel

8384 a) Lambert Heinr. E l f r i n g aus Schale, Knecht b) 11. 10. 1823 o) 1. 5. 1851

8385 a) Herm. Bernh. E l f r i n g aus Schale b) 2. 1. 1834 o) 11. 9. 1854 p) Amerika s) Ohne Konsens ausgewandert

8386 a) Cath. Adelheid E l f r i n g aus Schale b) 28. 6. 1841 o) 29. 4. 1864 p) Amerika s) Reist mit Pass

8387 a) A. Adelheid E l f r i n g aus Schale, Magd b) 27. 7. 1847 o) 3. 10. 1865 p) Amerika s) Reist mit Pass

8388 a) A. M. E l f r i n g aus Schale b) 25. 5. 1839 e) Joh. Heinr. 3. 4. 1867, unehelich o) 6. 1. 1868 p) Amerika s) Heimlich ausgewandert

8389 a) Joh. *Bernh.* E l f r i n g oder Mühren aus Schale b) 29. 8. 1833 o) 7. [..............1.?] 4. 1869 p) Amerika – Elkgrove, Illinois s) 200 Taler Vermögen. Er heiratet Kath. Agnes Köbbemann

8390 a) Friederich Wilh. E l f r i n g aus Holland b) 18. 9. 1849 Schale o) Juni 1871 p) Amerika s) Heimlich ausgewandert

8391 a) Joh. Gerh. E l f r i n g aus Schale, Heuermann u. Taglöhner b) 20. 9. 1819 d) A. Cath. T a s c h e 12. 10. 1818 e) Gerh. Lambert Heinr. 17. 10. 1845, Joh. Gerh. Heinr. 1. 7. 1852, M. Friederike 20. 11. 1855, Joh. Gerh. Carl Friederich 12. 6. 1858 o) 22. 7. 1871 p) Amerika s) 500 Taler Vermögen

8392 a) Cath. M. Louise E l f r i n g aus Schale b) 12. 2. 1863 o) 1882 p) Amerika

8393 a) Joh. Heinr. E l f r i n g aus Schale b) 28. 10. 1824 d) M. K r ü g e r 17. 12. 1830 e) Joh. Bernh. Heinr. 18. 12. 1866, Joh. Heinr. 4. 10. 1868, M. Caroline 20. 7. 1875, A. Bernhardina 17. 12. 1877 (∞ Adolph Runge in Elkgrove, Illinois) o) 8. 3. 1883 p) Nordamerika s) Joh. Heinr. Elfring heiratete in 2. Ehe in Amerika A. M. Finke

8394 a) Bernh. Heinr. E l f r i n g aus Schale b) 7. 4. 1865 o) 13. 4. 1895 p) Nordamerika – Colorado s) Reist mit Pass

8395 a) Joh. Heinr. E s c h aus Schale b) 11. 6. 1819 o) 14. 3. 1849 p) Amerika s) Heimlich ausgewandert

8396 a) Adelheid B o n n e k e Witwe E s c h aus Schale b) 10. 9. 1790 e) A. Cath. 17. 6. 1825, Gerh. Lambert, seine Ehefrau M. Elis. S e l m e i e r 3. 9. 1826 u. Sohn Bern. Heinr. Julius 29. 6. 1852, Bernh. Heinr. 13. 7. 1829 o) 28. 8. 1852 p) Amerika s) Heimlich ausgewandert

8397 a) A. Elsabein E s c h aus Schale b) 20. 11. 1835 (∞ Rohde) h) Elsabein Esch 11. 9. 1837, Magd o) 12. 9. 1857 p) Amerika – Leyden, Illinois

8398 a) Joh. Heinr. E s c h aus Schale, Wagenmacher b) 11. 7. 1845 o) 11. 7. 1865 s) Hat sich heimlich entfernt

8399 a) Joh. Gerh. E s c h aus Schale, Heuermann u. Taglöhner b) 27. 8. 1818 d) A. Adelheid L a n d w e r 28. 9. 1815 e) Joh. Gerh. 17. 8. 1843, A. Adelheid 30. 8. 1846 o) 4. 6. 1870 p) Amerika s) 500 Taler Vermögen

8400 a) Joh. Heinr. E s c h aus Schale b) 28. 8. 1858 o) Frühjahr 1881 p) Amerika

8401 a) Herm. Heinr. v o r d e m F a n g e aus Schale, Schneider b) 1. 12. 1822 d) Marg. M. F i n k e, verwitwete Spiegeler, 18. 10. 1816 e) Joh. Heinr. 17. 11. 1848, Herm. Heinr. 9. 10. 1851 f) M. Marg. Adelheid S p i e g e l e r 25. 7. 1844 o) 11. 9. 1854 p) Amerika s) Heimlich ausgewandert

8402 a) Bernh. Heinr. F e l d k a m p aus Schale, Heuermann u. Taglöhner b) 17. 1. 1821 d) A. M. Helena E l f r i n g 12. 1. 1814 e) A. Cath. 26. 9. 1840, A. M. Helena 10. 12. 1841, Joh. Heinr. 27. 7. 1845, Friedr. Wilh. 9. 8. 1848, A. Adelheid 2. 10. 1850, Cath. Elis. 15. 8. 1853, A. M. 15. 8. 1853 o) 11. 7. 1854 p) Amerika

8403 a) Wilhelmine Lisette F e l d k a m p aus Ibbenbüren b) 21. 10. 1832 Schale o) 28. 2. 1855 p) Amerika

8404 a) Gerh. Wilh. F e l d k a m p aus Schale, Heuermann u. Taglöhner b) 18. 1. 1829 d) A. Marg. Adelheid B r ö k e r 3. 12. 1835 e) Joh. Heinr. 27. 8. 1856, Joh. Gerh. 25. 10. 1860 o) 29. 4. 1861 p) Amerika s) 300 Taler Vermögen

8405 a) A. Elsabein T o p p Witwe Joh. Heinr. F e l d k a m p aus Schale, Heuermannswitwe b) 16. 8. 1797 e) Gerh. Lambert 14. 8. 1838, A. M. Cath. 13. 8. 1842 o) 14. 6. 1865 p) Nordamerika s) 260 Taler Vermögen

8406 a) A. Cath. Elis. F e l d k a m p aus Schale b) 11. 12. 1827 e) Johanna Lisette 15. 5. 1867, unehelich o) 24. 4. 1868 p) Amerika s) Reisen mit Pass

8407 a) A. Elis. R e h o r s t Witwe Feldkamp aus Schale b) 11. 12. 1805 o) 27. 4. 1868 p) Amerika s) Reist mit Pass

8408 a) Herm. F e l d k a m p aus Schale, Heuermann   b) 7. 10. 1838   d) Adelheid W i l d e m a n n 25. 11. 1845   e) A. Bernhardina 22. 8. 1870, Joh. Gerh. Heinr. 21. 9. 1872   o) 1873   p) Amerika

8409 a) Bernh. Heinr. F e l d k a m p aus Schale b) 8. 10. 1841   o) 17. 4. 1882   p) Amerika   s) Ohne Konsens ausgewandert

8410 a) Herm. Heinr. F i n k e aus Schale, Heuermann u. Taglöhner   b) 17. 6. 1804   d) Cath. L a n d w e r 6. 8. 1800   e) Fenne M. 2. 11. 1829, Joh. Heinr. 10. 10. 1836 (∞ A. Adelheid Dresselmann), Bernh. Heinr. 2. 2. 1839, Herm. Heinr. 16. 3. 1841, Joh. Gerh. 4. 2. 1843 (∞ Caroline Nagel, * 12. 9. 1844 Ensgedie (Niederlande), im September 1858 in Addison eingewandert), Lambert Heinr. 22. 10. 1845   o) 13. 4. 1848   p) Amerika   s) Ohne Konsens ausgewandert

8411 a) Joh. Lambert F i n k e aus Schale   b) 12. 9. 1821   o) 12. 4. 1850   p) Amerika   s) Heimlich ausgewandert

8412 a) Gerh. Heinr. F i n k e aus Schale b) 30. 1. 1828   o) 12. 4. 1850   p) Amerika

8413 a) A. F i n k e aus Schale, Magd   b) 30. 6. 1832   o) 29. 3. 1853   p) Amerika   s) Heimlich ausgewandert

8414 a) M. F i n k e aus Schale b) 10. 12. 1827   o) 7. 10. 1853   p) Amerika   s) Ohne Konsens ausgewandert

8415 a) M. F i n k e geb. S t ü v e aus Schale, Heuermanns- u. Taglöhnerswitwe   b) 8. 8. 1790   e) Lambert Heinr. 20. 10. 1833, Knecht (∞ A. M. Brömmelkamp)   o) 11. 9. 1854   p) Amerika – Elkgrove

8416 a) Heinr. F i n k e aus Schale, Knecht   b) 5. 11. 1839   o) 2. 4. 1861   p) Amerika   s) Heimlich ausgewandert

8417 a) A. Cath. F i n k e aus Schale, Magd   b) 5. 10. 1841   o) 15. 6. 1870   p) Amerika

8418 a) A. Cath. Elsabein F i n k e aus Schale   b) 19. 10. 1855   o) 29. 9. 1871   p) Amerika

8419 a) Cath. Adelheid F r a n t z e n aus Schale, Magd   b) 4. 7. 1830   h) Fenne Adelheid Frantzen   o) 26. 2. 1852   p) Amerika   s) Heimlich ausgewandert

8420 a) Joh. Gerh. F r a n t z e n aus Schale, Heuermann u. Taglöhner   b) 12. 8. 1805   d) A. Cath. H a r t b e c k e 10. 11. 1806   e) Bernh. Heinr. 20. 12. 1837, Gesina Friederike 30. 12. 1844   o) 29. 3. 1853   p) Amerika   s) Ohne Konsens ausgewandert. Siehe auch Nr. 6144

8421 a) Joh. Gerh. Heinr. F r e i e aus Schale, Taglöhner   b) 6. 6. 1814   o) 28. 6. 1856   p) Amerika   s) Ohne Konsens ausgewandert

8422 a) Gerh. Heinr. F r e i e aus Schale   b) 11. 11. 1839   d) A. Adelheid L a n d m e i e r 16. 9. 1839   e) Herm. Heinr. 29. 11. 1860, Joh. Bernh. Heinr. 11. 7. 1863, A. Adelheid 25. 11. 1865, A. M. Elis. 16. 4. 1867, M. Bernhardina 22. 8. 1870, Gerh. Heinr. 11. 1. 1874, Friederich Wilh. 14. 4. 1875   o) 26. 4. 1876   p) Nordamerika

8423 a) Friederich Joh. F r e y e aus Schale, Heuerling u. Taglöhner   b) 1. 8. 1804   d) A. Helena B r ö m m e l k a m p 4. 7. 1816   e) A. Adelheid 2. 8. 1840, A. Cath. 27. 8. 1842, Joh. Friederich Anton 13. 8. 1845, Bernh. Heinr. 21. 11. 1849   o) 26. 2. 1852   p) Amerika   s) Ohne Konsens ausgewandert

8424 a) Johanna Christ. Elsabein B a u m a n n Witwe F r e y e aus Schale, Taglöhnerin   b) 25. 7. 1813   e) Lambert Carl Heinr. 14. 10. 1840, unehelich, Heinr. Friederich 30. 8. 1843, unehelich   o) 29. 3. 1853   p) Amerika   s) Ohne Konsens ausgewandert

8425 a) Joh. Bernh. Heinr. F r e y e aus Schale   b) 2. 6. 1833   o) 28. 4. 1855   p) Amerika

8426 a) Gerh. Joh. F r e y e aus Schale   b) 17. 10. 1835   d) Louise M. S c h u l t e 21. 1. 1844   e) A. Cath. Caroline 1. 5. 1871, M. Bernhardine Elise 11. 8. 1873, Joh. Lambert Heinr. 17. 2. 1875   o) 24. 5. 1875   p) Amerika   s) Siehe auch Nr. 6698

8427 a) Friederike Wilhelmine F r e y e aus Schale   b) 23. 3. 1843   o) 29. 4. 1864   p) Amerika

8428 a) Cath. Wilhelmine G e r l e m a n n aus Schale, Magd   b) ... 4. 1821   o) 10. 7. 1853   p) Amerika   s) Ohne Konsens ausgewandert

8429 a) Joh. Gerh. Heinr. G e r l i c h aus Settrup   b) 6. 10. 1842 Schale   o) 12. 6. 1863   p) Amerika   s) Ohne Konsens ausgewandert

8430 a) Cath. Adelheid G e r l i n g aus Schale, Magd   b) 20. 10. 1824   o) 29. 3. 1851   p) Amerika   s) Ohne Konsens ausgewandert

8431 a) Joh. Gerh. G e r l i n g aus Schale   b) 14. 11. 1826   o) 29. 3. 1851   p) Amerika   s) Ohne Konsens ausgewandert

8432 a) A. Cath. G e r l i n g aus Schale   b) 10. 1. 1823 [.................. 1833?]   o) 28. 8. 1855   p) Amerika   s) Ohne Konsens ausgewandert

8433 a) Fenne Adelheid G e r l i n g aus Schale   b) 13. 11. 1829   o) 28. 6. 1856   p) Amerika   s) Ohne Konsens ausgewandert

8434 a) Cath. Gesina G e r l i n g aus Fürstenau b) 10. 12. 1821 Schale o) 5. 7. 1856 p) Amerika s) Ohne Konsens ausgewandert

8435 a) A. Cath. Adelheid G e r l i n g aus Schale b) 22. 1. 1846 o) 29. 4. 1864 p) Amerika s) Ohne Konsens ausgewandert

8436 a) Joh. Herm. G e r l i n g aus Schale b) 12. 6. 1857 h) Joh. Heinr. Gerling 14. 11. 1859 o) 1881 p) Amerika s) Heimlich ausgewandert

8437 a) A. Cath. Elis. G i e s k e aus Schale b) 1. 10. 1820 o) 13. 3. 1848 p) Amerika s) Heimlich ausgewandert

8438 a) Bernh. Heinr. G i e s k e aus Schale b) 18. 9. 1825 o) 1. 4. 1852

8439 a) Bernh. Heinr. G i e s k e aus Schale b) 18. 5. 1825 d) Alette Henrike W i e m e r s l a g e 23. 11. 1831 e) Gerh. Heinr. 11. 10. 1852 o) 29. 3. 1853 p) Amerika s) Ohne Konsens ausgewandert.

8440 a) Herm. Heinr. G i e s k e aus Schale b) 27. 12. 1823 o) 31. 3. 1854 p) Amerika s) Heimlich ausgewandert

8441 a) A. Cath. G i e s k e aus Schale b) 9. 7. 1828 o) 28. 4. 1855 p) Amerika s) Heimlich ausgewandert

8442 a) Fenne Maria G i e s k e aus Schale b) 7. 8. 1831 o) 28. 4. 1855 p) Amerika s) Heimlich ausgewandert

8443 a) Lambert Heinr. G i e s k e aus Schale b) 1. 12. 1833 o) 28. 4. 1855 p) Amerika s) Heimlich ausgewandert

8444 a) A. Gertrud G r o v e Witwe G i e s k e aus Schale b) 22. 6. 1791 e) Joh. Herm. Heinr. 10. 6. 1836 o) 31. 7. 1857 p) Amerika s) Heimlich ausgewandert

8445 a) A. M. G i e s k e aus Schale, Dienstmagd b) 5. 10. 1828 o) 28. 3. 1859 p) Amerika s) Reist mit Pass

8446 a) M. G i e s k e aus Schale, Magd b) 5. 10. 1830 o) 29. 4. 1859 p) Amerika s) Heimlich ausgewandert

8447 a) Joh. Gerh. G ö d d e c k e aus Schale b) 23. 8. 1831 o) 5. 7. 1856 p) Amerika s) Wandert heimlich mit seinen beiden Brüdern aus; am 11. 11. 1856 in Addison zugezogen. Siehe auch Nr. 4789 u. 4790

8448 a) Fenne Adelheid G r ö n n i n g aus Lingen b) 25. 12. 1828 Schale o) März 1852 p) Amerika s) Ohne Konsens ausgewandert

8449 a) Friederica Lisette G r o t h m a n n aus Schale b) 26. 6. 1829 o) 26. 2. 1852 p) Amerika s) Ohne Konsens ausgewandert

8450 a) Franz Friederich Adolph G r o t h m a n n aus Schale b) 26. 10. 1831 o) Ende März 1861 p) Amerika – Addison, Stadt Chicago

8451 a) Franz Heinr. Lambert G r o t h m a n n aus Schale, Ackerknecht b) 15. 11. 1836 o) 13. 4. 1865 p) Amerika s) 90 Taler Vermögen

8452 a) Friederich August G r o t h m a n n aus Schale b) 2. 4. 1839 o) 14. 5. 1867 p) Amerika s) Reist mit Pass

8453 a) Marg. Fenne Adelheid L i n d e n Witwe G r o t h m a n n aus Schale b) 3. 6. 1843 e) Bernh. Friederich August 2. 1. 1867 o) 14. 5. 1867 p) Amerika s) Ohne Konsens ausgewandert

8454 a) Joh. Gerh. H a a r aus Schale b) 7. 3. 1823 o) 12. 4. 1850 p) Amerika s) Ohne Konsens ausgewandert

8455 a) A. Elis. H a a r aus Schale b) 1. 7. 1825 o) 12. 4. 1850 p) Amerika s) Ohne Konsens ausgewandert

8456 a) A. Adelheid H a a r aus Schale b) 13. 4. 1831 o) 26. 2. 1852 p) Amerika s) Ohne Konsens ausgewandert

8457 a) Joh. Carl H a g e n aus Schale, Taglöhner b) 16. 10. 1796 o) 14. 4. 1864 p) Amerika s) Reist mit Pass

8458 a) Friederike Helena H a g e n aus Settrup b) 3. 11. 1834 o) 11. 5. 1857 p) Amerika s) Ohne Konsens ausgewandert

8459 a) Herm. Heinr. H a r t b e c k e aus Schale b) 28. 6. 1813 d) Fenne Adelheid H a a r 10. 8. 1815 e) A. Adelheid 11. 11. 1841, A. Friederike 11. 11. 1842, Bernh. Heinr. 17. 8. 1847, Cath. Bernhardina 19. 2. 1850, A. Lisette 13. 11. 1851, Herm. Friederich 30. 8. 1856 o) 29. 4. 1861 p) Amerika s) 750 Taler Vermögen

8460 a) Wilh. H a r t k e aus Schale, Spinnradmacher b) 26. 2. 1847 o) 4. 12. 1870 p) Amerika

8461 a) Friederich H e r m e l i n g aus Schale, Schneidergeselle b) 18. 8. 1827 Cappeln p) Amerika s) Am 11. 9. 1854 in Schale zugezogen; meldete sich ab am 29. 6. 1857

8462 a) Joh. Bernh. Wilh. H e s s e l b r o c k aus Schale b) 13. 5. 1831 o) 12. 9. 1864 p) Amerika s) Reist mit Pass

8463 a) Gerh. Heinr. H e s s e l b r o c k aus Schale, Heuermann u. Taglöhner b) 12. 6. 1802 d) A. Grete B r i n k 10. 1. 1795 o) 12. 9. 1865 p) Amerika

8464 a) Joh. Gerh. H i n k e n aus Schale, Heuerling u. Taglöhner b) 23. 10. 1810 d) Engel B r ü g g e m a n n 15. 1. 1811 o) 26. 2. 1849 p) Amerika s) Ohne Konsens ausgewandert

8465 a) Caroline H ö f e n e r aus Schale b) 21. 11. 1840 o) 8. 4. 1860

8466 a) Heinr. H o f f m a n n aus Schale b) 31. 3. 1865 d) M. Gaare 27. 2. 1856 o) 1881 p) Amerika – Leyden, Illinois

8467 a) A. M. H o l t aus Schapen, Magd b) 1. 3. 1820 Schale o) 10. 7. 1848 p) Amerika s) Ohne Konsens ausgewandert

8468 a) Fenne Elis. H o l t aus Schale b) 29. 11. 1781 o) 29. 3. 1853 p) Amerika s) Ohne Konsens ausgewandert

8469 a) Joh. Bernh. Heinr. H o l t aus Schale, Heuermann u. Taglöhner b) 14. 2. 1816 d) A. Adelheid H a r t b e c k e 14. 10. 1804 e) A. Cath. 18. 9. 1839, A. Friederike 11. 12. 1843, A. Cath. Paulina 1. 3. 1846 o) 11. 9. 1854 p) Amerika s) Ohne Konsens ausgewandert

8470 a) A. M. Elis. H o l t aus Schale, Magd b) 14. 7. 1828 o) 12. 3. 1858 p) Amerika s) Reist mit Pass

8471 a) Joh. Gerh. H o l t aus Schale, Heuerling u. Taglöhner b) 16. 11. 1791 e) A. Cath. 13. 1. 1838, A. Elis. 12. 12. 1841 o) 19. 4. 1858 p) Nordamerika s) 300 Taler Vermögen

8472 a) Gerh. Lambert Heinr. H o l t aus Schale, Heuermann u. Taglöhner b) 6. 9. 1827 d) Fenne Maria S c h n a t h b a u m 6. 1. 1836 e) Friederich Wilh. 2. 1. 1858 o) 19. 4. 1858 p) Amerika s) 280 Taler Vermögen

8473 a) Gerh. Heinr. H o l t aus Schale b) 18. 11. 1822 e) A. M. Adelheid 3. 12. 1853, A. Friederike 14. 1. 1858 o) 8. 6. 1874 p) Nordamerika

8474 a) A. M. H ü h l aus Schale b) 19. 8. 1827 o) 1. 4. 1850 p) Amerika s) Ohne Konsens ausgewandert

8475 a) A. Marg. H ü h l aus Schale, Magd b) 19. 8. 1829 o) 1. 5. 1850 p) Amerika s) Heimlich ausgewandert

8476 a) Herm. Gerh. H ü h l aus Schale, Heuermann u. Taglöhner b) 16. 10. 1793 d) A. Gesina K r ü m p e l m a n n 18. 11. 1800 e) Fenne M. 13. 10. 1833, A. Adelheid 17. 8. 1838 o) 29. 3. 1851 p) Amerika s) Ohne Konsens ausgewandert

8477 a) Fenne Adelheid H ü h l aus Schale b) 1. 9. 1824 o) 26. 2. 1852 p) Amerika s) Ohne Konsens ausgewandert

8478 a) Gerh. Hinrich H ü h l aus Schale, Heuerling u. Taglöhner b) 2. 1. 1796 d) Grete Adelheid U p h u s 9. 9. 1795 e) A. M. 8. 6. 1834, Joh. Gerh. 2. [............... 7.?] 7. 1839 o) 18. 8. 1852 p) Amerika s) Ohne Konsens ausgewandert. Siehe auch Nr. 6151

8479 a) A. Adelheid H ü h l geb. L i n d e n aus Schale, Heuermannswitwe b) 30. 1. 1816 e) Gerh. Heinr. 26. 11. 1851, A. M. 13. 11. 1856 o) 27. 4. 1868 p) Nordamerika s) 200 Taler Vermögen

8480 a) Gerh. Heinr. H ü h l aus Schale b) 18. 2. 1831 o) 26. 2. .... p) Amerika s) Ohne Konsens ausgewandert

8481 a) Bernh. H ü h l aus Schale, Knecht b) 24. 12. 1843 o) 1. 4. 1864

8482 a) Joh. Heinr. H ü h l aus Schale, Ackerknecht b) 29. 12. 1845 o) 30. 5. 1866 p) Amerika s) Hat sich heimlich entfernt

8483 a) Bernh. Heinr. H ü h l aus Schale, Ackerknecht b) 29. 12. 1843 h) A. Cath. Adelheid Hühl 26. 7. 1849 o) 5. 6. 1867 p) Amerika s) 180 Taler Vermögen

8484 a) Joh. Gerh. H ü h l aus Schale b) 2. 2. 1838 d) Kath. Friederike B e r k e m e y e r 28. 10. 1846 o) 27. 3. 1870 p) Amerika s) 200 Taler Vermögen

8485 a) Joh. Bernh. Heinr. H ü h l aus Schale, Arbeiter b) 19. 10. 1852 o) Mai 1870 p) Amerika s) Hat sich heimlich entfernt

8486 a) Marg. H ü l s m a n n aus Schale b) 1. 10. 1778 o) 11. 9. 1854 p) Amerika s) Heimlich ausgewandert

8487 a) A. Huesmann geb. K ö b b e m a n n aus Schale, Neubauerswitwe b) 4. 10. 1791 e) A. Marg. Adelheid 2. 12. 1825 o) 17. 11. 1848 p) Amerika s) Ohne Konsens ausgewandert

8488 a) Heinr. Philip I d e c k e aus Schale, Heuerling u. Taglöhner b) 26. 3. 1808 .... ?h) Fenne Adelheid Idecke 10. 3. 1829, Joh. Gerh. Heinr. Idecke 28. 12. 1835, Knecht o) 11. 9. 1854 p) Amerika s) Ohne Konsens

8489 a) Friederike Elis. J ä g e r aus Schale, Dienstmagd b) 15. 1. 1845 o) 4. 9. 1867 p) Nordamerika s) Reist mit Pass

8490 a) Joh. Gerh. Heinr. K ä m n e r aus Schale b) 11. 7. 1832 o) 8. 9. 1860 p) Amerika s) Reist mit Pass

8491 a) Gerh. Heinr. K e m n e r aus Schale, Knecht b) 11. 7. 1834 o) 8. 9. 1860 p) Amerika

8492 a) Herm. Heinr. K l a u s aus Schale b) 10. 1. 1845 d) Marg. Johanna S p e l l e r 13. 3. 1848 e) Heinr. Wilh. 7. 9. 1875, Joh. Bernh. Heinr. 19. 8. 1877, A. Johanna Bernhardina 17. 3. 1880 o) 12. 5. 1882 p) Amerika

8493 a) A. Cath. K l e i n s c h m i d t aus Schale b) 10. 8. 1843 p) Nordamerika

8494 a) A. Cath. Elsabein K l e i n s c h m i d t aus Schale, Dienstmagd b) 24. 11. 1840 o) 30. 5. 1863 p) Amerika s) Reist mit Pass

8495 a) Lambert Heinr. K l e i n s c h m i d t aus Schale, Heuermann u. Taglöhner b) 2. 8. 1837 d) A. M. Adelheid K e r n e k a m p 15. 12. 1833 e) Joh. Bernh. Heinr. 16. 12. 1859 o) 12. 6. 1863 p) Amerika s) 400 Taler Vermögen

8496 a) Heinr. Theodor K l e i n s c h m i d t aus Schale b) 4. 12. 1843 o) 29. 4. 1864 p) Amerika s) Ohne Konsens abgereist

8497 a) Bernh. Heinr. K l e i n s c h m i d t aus Schale, Heuermann u. Arbeiter b) 8. 5. 1805 d) Fenne Cath. Elsabein E s c h 15. 10. 1805 e) Bernh. Heinr. 12. 12. 1831, A. M. Cath. 21. 9. 1843, Joh. Heinr. Julius 15. 12. 1846, A. Adelheid 26. 12. 1849 o) 14. 6. 1865 p) Amerika

8498 a) Gerh. Lambert K l e i n s c h m i d t aus Schale b) 29. 12. 1849 o) 3. 10. 1865 p) Amerika s) Nimmt 80 Taler mit

8499 a) Gerh. Heinr. K l e i n s c h m i d t aus Schale, Heuermann u. Taglöhner b) 1. 10. 1808 d) A. M. Elis. v a n d e r A h e 29. 7. 1809 e) A. Cath. Adelheid 18. 1. 1847 o) 14. 5. 1867 p) Amerika s) 300 Taler Vermögen

8500 a) Gerh. Friederich K l e i n s c h m i d t aus Schale b) 12. 6. 1839 o) 4. 9. 1867 p) Amerika s) Ohne Konsens ausgewandert. Hatte vom 1. Landwehr-Bataillon in Münster einen Urlaubspass auf sieben Monate erhalten

8501 a) Lambert Heinr. K l e i n s c h m i d t aus Schale b) 14. 6. 1802 d) A. Gesine H a r t b e c k e 6. 12. 1800 e) Herm. Heinr. 3. 7. 1841, taubstumm, A. Cath. 10. 8. 1843, Lambert Heinr. 26. 12. 1826, seine Ehefrau Wilhelmine K o n n e m a n n 10. 11. 1839 u. ihre Kinder Gesine Friederike 24. 5. 1861, Joh. Heinr. August 3. 12. 1863, A. Cath. Caroline 19. 9. 1866, Joh. Friederich August 10. 10. 1870 o) 15. 4. 1871 p) Amerika

8502 a) Friederich Moritz K l i n g e aus Schale, Heuermann u. Arbeiter b) 2. 2. 1833 d) A. Cath. Elsabein K r ö n e r 22. 10. 1835 d) Johanna Cath. Christine 15. 12. 1858, M. Bernhardine Friederike 22. 4. 1861, Joh. Heinr. Friederich 26. 4. 1864 o) 12. 7. 1865 p) Amerika s) 500 Taler Vermögen

8503 a) Fenne M. K ö b b e aus Schale b) 15. 10. 1829 o) 12. 4. 1850 p) Amerika s) Ohne Konsens ausgewandert

8504 a) Gerh. Heinr. K ö b b e m a n n aus Schale, Kuhhirt b) 8. 10. 1828 o) 13. 3. 1848 p) Amerika

8505 a) Gesina M. D e t e r s Witwe K ö b b e m a n n aus Schale b) 5. 9. 1802 e) A. Elis. Gesina 12. 12. 1834, A. Gesina 26. 6. 1838, A. Adelheid 24. 1. 1844 o) 29. 3. 1853 p) Amerika s) Ohne Konsens ausgewandert

8506 a) Joh. Gerh. K ö b b e m a n n aus Schale, Schäfer b) 3. 7. 1837 o) 13. 3. 1854

8507 a) A. Gesina Adelheid K ö b b e m a n n aus Schale b) 22. 2. 1835 o) 17. 7. 1865 p) Amerika s) Ohne Konsens ausgewandert

8508 a) Joh. Heinr. K ö b b e m a n n aus Schale b) 27. 8. 1844 o) 11. 4. 1869 p) Amerika – Addison, Illinois s) Reist mit Pass. Heiratet Fenne Adelheid Kücking

8509 a) Joh. Gerh. Heinr. K ö b b e m a n n aus Schale b) 19. 5. 1846 o) 11. 4. 1869 p) Nordamerika

8510 a) A. M. Elis. N i e m e y e r Witwe K ö b b e m a n n aus Schale b) 18. 6. 1830 e) Joh. *Gerh.* Conrad 1. 9. 1858, *Joh.* Gerh. Conrad 15. 4. 1861 o) April 1873 p) Amerika s) Ohne Konsens ausgewandert

8511 a) Cath. Lisette K ö b b e m a n n aus Schale b) 25. 11. 1854 e) Heinr. August Köbbemann 8. 2. 1881, unehelich o) Mai 1882 p) Amerika

8512 a) A. Adelheid K ö b b e r m a n n aus Schale b) 19. 12. 1841 o) 7. 4. 1869 p) Amerika s) 150 Taler Vermögen

8513 a) Gerh. Lambert K ö s t e r aus Schale, Heuerling u. Taglöhner b) 29. 8. 1813 e) A. M. Helena 23. 8. 1843 o) 29. 4. 1864 p) Amerika s) Reisen mit Pass

8514 a) Gerh. K r ü g e r aus Fürstenau, Heuermann b) 15. 7. 1847 Schale d) Cath. H ü h l 7. 11. 1842 e) Joh. Gerh. Friederich 3. 8. 1868, A. Friederike 22. 8. 1870, Joh. Gerh. Friederich 3. 4. 1873 o) September 1876 p) Amerika s) Heimlich ausgewandert

8515 a) Gerh. Heinr. K r ü g e r g t. K u h l aus Schale Nr. 9, Colon b) 21. 5. .... ? 1830 d) Fenne Adelheid T a s c h e 20. 11. 1806 (2. Ehe) e) A. Adelheid 20. 9. 1828, Elsabein 11. 5. 1837, Gerh. Lambert 7. 2. 1848 o) 12. 7. 1865 p) Amerika s) 5000 Taler Vermögen

8516 a) A. Gesina Elis K r ü m p e l m a n n aus Schale b) 4. 3. 1797 o) 29. 3. 1851 p) Amerika s) Ohne Konsens aus gewandert

8517 a) Fenne Adelheid K ü c k i n g aus Schale b) 24. 8. 1850 o) 23. 8. 1869 p) Amerika s) Ohne Pass und Konsens ausgewandert. Sie heiratet Johann Köbbemann

8518 a) A. Elsabein K ü c k i n g geb. S p e l l e r , Kötterswitwe b) 16. 2. 1816 e) Joh. Friederich 16. 2. 1861 o) 1. 10. 1881 p) Amerika – Elkgrove

8519 a) Friederike K ü c k i n g aus Schale, Magd b) 14. 5. 1855 o) 1. 4. 1882 p) Amerika s) Am 21. 3. 1883 in Addison zugezogen. Sie heiratet Wilhelm Baumgärtner

8520 a) A. Kath. K ü c k i n g aus Schale, Taglöhnerin b) 27. 7. 1858 o) April 1882 p) Amerika – Elkgrove s) Sie heiratet Carl Krüger, * 20. 12. 1861 in Wendemark, Sachsen

8521 a) A. Adelheid K u h l aus Schale b) 30. 8. 1829 o) 26. 2. 1852 p) Amerika s) Ohne Konsens ausgewandert

8522 a) Joh. Lambert Gerh. K u h l aus Schale b) 26. 8. 1831 o) 11. 9. 1854 p) Amerika s) Heimlich ausgewandert

8523 a) Gerh. Heinr. K u h l aus Schale b) 19. 7. 1835 o) 1. 4. 1855 p) Amerika s) Ohne Konsens ausgewandert

8524 a) A. Cath. K u h l aus Schale b) 6. 12. 1833 o) 22. 4. 1856 p) Amerika s) Heimlich ausgewandert

8525 a) Joh. Bernh. K u h l aus Schale b) 19. 7. 1835 o) 22. 4. 1856 p) Amerika s) Ohne Konsens ausgewandert

8526 a) A. Cath. K u h l aus Schale, Magd b) 6. 12. 1837 o) 22. 4. 1856 p) Amerika

8527 a) Heinr. K u h l aus Schale b) 6. 11. 1774 o) 28. 6. 1856 p) Amerika s) Ohne Konsens ausgewandert

8528 a) A. Elsabein K u h l aus Schale b) 12. 10. 1837 o) 19. 9. 1857 p) Amerika s) Reist mit den Eltern und mit Pass

8529 a) Joh. Heinr. K u h l aus Schale, Heuermann u. Taglöhner b) 20. 3. 1800 d) Elis. S c h r ö t k e r 12. 8. 1802 o) 29. 9. 1857 p) Amerika s) Reisen mit Pass

8530 a) Bernh. Heinr. K u h l aus Schale, Heuermann u. Taglöhner b) 2. 5. 1808 d) A. M. M a r s c h a l l 2. 2. 1811 e) A. Friederike Allette 19. 7. 1846, Fenne Gesine Adelheid 5. 9. 1848, Joh. Heinr. 9. 7. 1850 o) 14. 5. 1861 p) Amerika s) 100 Taler Vermögen

8531 a) A. M. K u h l aus Schale b) 10. 12. 1839 o) 20. 4. 1864 p) Amerika s) Heimlich ausgewandert

8532 a) Arnold Heinr. K u h l aus Schale b) 28. 1. 1843 o) 20. 4. 1864 p) Amerika s) Heimlich ausgewandert

8533 a) A. M. Friederike K u h l aus Schale b) 17. 9. 1848 o) 20. 4. 1864 p) Amerika s) Heimlich ausgewandert

8534 a) Friederich K u h l aus Schale, Hirt b) 17. 9. 1848 o) 20. 4. 1864 p) Amerika s) Heimlich ausgewandert

8535 a) Arnold Heinr. K u h l aus Schale, Heuermann b) 4. 8. 1813 d) A. M. F i n k e 10. 1. 1824 e) A. Adelheid 24. 1. 1846, Gerh. Heinr. 4. 12. 1850, Joh. Friederich 26. 10. 1853, Lisette Anette 4. 12. 1856, Joh. Bernh. 30. 5. 1859, A. Elise Bernhardine 11. 2. 1863 o) 22. 3. 1865 p) Amerika s) 700 Taler Vermögen

8536 a) Joh. Heinr. K u h l aus Schale b) 30. 8. [................ 9?] 1827 d) A. Friederike P a u s 18. 5. 1827 e) Heinr. Friederich 5. 6. 1859, Cath. Friederike Bernhardine 28. 10. 1866 o) 27. 3. 1873 s) Joh. Heinr. Kuhl war am 30. 10. 1848 von Holland aus heimlich nach Amerika ausgewandert und am 15. 9. 1850 nach Schale zurückgekehrt. Siehe Bd. I, Nr. 5726

8537 a) Bernh. Heinr. K u h l aus Schale b) 21. 9. 1858 o) 1882 p) Amerika s) Ohne Konsens ausgewandert

8538 a) Joh. Lambert Heinr. K u h l aus Schale, Arbeiter b) 21. 9. 1858 d) Louise Lisette L i n d b e r t s 16. 4. 1859 e) A. Lisette 10. 12. 1881 o) Juni 1882 p) Amerika s) Ohne Konsens ausgewandert

8539 a) Joh. Bernh. K u h l aus Schale b) 2. 12. 1832 d) A. Elsabein F i n k e 20. 9. 1826 e) Caroline Adelheid 3. 8. 1865, Joh. Bernh. Heinr. 6. 7. 1868 o) 19. 4. 1884 p) Amerika

8540 a) A. M. K u r k aus Schale b) 4. 11. 1840 o) 29. 9. 1865 p) Amerika s) Reist mit Pass
8541 a) Herm. Heinr. K u r k aus Schale b) 31. 12. 1842 o) 29. 9. 1865 p) Amerika s) Reist mit Pass
8542 a) Bernh. Heinr. K u r k aus Schale b) 7. 12. 1831 d) A. M. Cath. Friederike W i e m e r s l a g e 22. 12. 1836 e) Georg August Emil 10. 3. 1860, A. M. Louise 8. 6. 1868, A. M. Wilhelmine Bernhardine 15. 5. 1870, Leonhard August 5. 8. 1872 o) 15. 6. 1874 p) Amerika s) Reisen mit Pass
8543 a) Herm. Heinr. K u r k aus Schale b) 11. 8. 1859 o) 1882 p) Amerika s) Heimlich ausgewandert
8544 a) Auguste K u r k aus Schale, Magd b) 25. 11. 1861 o) 1. 4. 1882 p) Amerika
8545 a) Gerh. Heinr. L a g e s c h u l t e aus Schale b) 8. 9. 1834, unehelich o) 11. 3. 1847 p) Amerika s) Wandert mit seiner Mutter ohne Konsens aus
8546 a) Joh. Gerh. Lambert L a g e s c h u l t e aus Schale, Heuermann u. Taglöhner b) 28. 8. 1817 b) A. Cath. Elsabein K l e i n s c h m i d t 25. 7. 1814 e) Cath. Adelheid 6. 1. 1844, Gerh. Wilh. 20. 6. 1848, M. Friederike 6. 11. 1851 o) 11. 9. 1854 p) Amerika s) Ohne Pass und Konsens ausgewandert
8547 a) Gerh. Heinr. L a g e s c h u l t e aus Schale, Blaufärber b) 20. 11. 1800 d) Friederike Wilhelmine T h a l e 21. 6. 1829 e) Heinr. Friederich Anton 1. 3. 1845, Lambert Heinr. 30. 11. 1847, Lambert Gerh. 13. 6. 1851, Friederike Louise 22. 1. 1857 o) 29. 4. 1859 p) Amerika
8548 a) A. Cath. L a g e s c h u l t e aus Schale b) 29. 7. 1836 o) 11. 7. 1863 p) Amerika s) Ohne Konsens ausgewandert
8549 a) Joh. Heinr. L a g e s c h u l t e aus Schale, Arbeiter b) 22. 9. 1834 o) 25. 2. 1865 p) Amerika
8550 a) A. Cath. Elsabein S t ü v e Witwe Joh. Bernh. L a g e s c h u l t e aus Schale, Heuermannswitwe b) 1. 9. 1813 e) Gerh. Lambert Heinr. Stüve 2. 11. 1838, A. M. Lageschulte 18. 7. 1841, Joh. Bernh. Lageschulte 17. 9. 1843, Lambert Heinr. Lageschulte 18. 12. 1847 o) 12. 7. 1865 p) Amerika s) 400 Taler Vermögen
8551 a) A. Cath. L a g e s c h u l t e aus Fürstenau b) 1. 9. 1838 Schale o) 30. 5. 1866 p) Nordamerika s) Reist mit Pass
8552 a) A. Cath. E i t e r m a n n Witwe Gerh. Lambert L a g e s c h u l t e aus Schale, früher Kötters-, jetzt Heuermanns- u. Krämerswitwe b) 29. 7. 1810 e) Joh. Bernh. 13. 7. 1851, Knecht o) 29. 8. 1867 p) Amerika
8553 a) Herm. Heinr. L a h aus Schale b) 26. 3. 1841 g) Jacob Heinr. L a h , Heuermann, u. A. W i l k e o) 1845 p) Amerika s) Ohne Paß u. Konsens ausgewandert
8554 a) Adelheid L a h aus Schale b) 25. 6. 1822 o) 1853 p) Amerika – Addison, Illinois
8555 a) Heinr. Adolph L a h aus Schale, Heuerling u. Taglöhner b) 1816 d) Fenne Adelheid D e t e r s 1. 7. 1805 e) Caroline Christ. 8. 9. 1846 f) Joh. Gerh. K ö b b e m a n n 3. 6. 1837, A. Adelheid K ö b b e m a n n 24. 8. 1841 o) 13. 3. 1854 p) Amerika s) Ohne Konsens ausgewandert
8556 a) A. M. L a h aus Schale b) 5. 7. 1840 o) 1. 5. 1856 p) Amerika
8557 a) A. Adelheid L a h aus Schale b) 28. 8. 1836 o) 5. 7. 1856 p) Amerika s) Ohne Konsens ausgewandert
8558 a) Heinr. L a h aus Schale, Knecht b) 17. 11. 1843 h) Gerh. Lambert Heinr. L a h , Ackerer o) 29. 3. 1864 p) Amerika
8559 a) Joh. Heinr. L a n d m e i e r aus Schale b) 11. 4. 1834 o) September 1838 p) Amerika – Addison, Illinois s) Wandert mit den Eltern aus
8560 a) Joh. Friederich L a n d m e i e r aus Schale b) 23. 9. 1851 h) Friederike Johanna L a n d m e i e r 23. 9. 1851 o) 11. 4. 1869 p) Nordamerika
8561 a) Joh. Gerh. Heinr. L a n d m e i e r aus Schale, Arbeiter b) 23. 10. 1853 o) 11. 4. 1869 p) Amerika s) 10 Taler Vermögen
8562 a) Joh. Gerh. L a n d m e i e r aus Schale, Heuermann b) 6. 11. 1804 d) Elis. B r u n s 1. 12. 1797 e) Gerh. Heinr. 20. 2. 1829, seine Ehefrau A. Adelheid L a g e s c h u l t e u. ihre Kinder Gerh. Lambert Heinr. 25. 7. 1857 (∞ Dina Freier in Addison, Illinois), Bernhardina 4. 8. 1862, Joh. Bernh. Heinr. 25. 1. 1868 o) 23. 8. 1869 p) Amerika – Leyden, Illinois
8563 a) Herm. Heinr. Landmeier aus Schale, Heuerling u. Taglöhner b) 18. 12. 1817 d) A. Adelheid Tebbenhoff 19. 9. 1819 e) A. M. 16. 2. 1856, Joh. Heinr. 14. 11. 1843, seine Ehefrau A. Elsabein Kleinschmidt 23. 12. 1840 u. ihre Tochter M. Caroline 19. 11. 1869 o) 19. 4. 1870 p) Nordamerika
8564 a) Joh. Gerh. Landmeier aus Schale, Schneider b) 19. 11. 1847 o) 28. 4. 1870 p) Nordamerika s) Reist mit Pass

8565　a) Bernh. Heinr. L a n d m e y e r aus Schale, Kötter　b) 4. 1. 1808　d) A. Elsabein O s t e r f i n c k e 14. 10. 1809　e) Fenne Adelheid 23. 9. 1835, Bernh. Heinr. 21. 4. 1838 (∞ A. M. Schoppe), Gerh. Heinr. 15. 7. 1842 (∞ Emma Fechtmann, 1848 nach Addison, Illinois), A. Marg. M. Wilhelmine 11. 3. 1842　o) 14. 5. 1861　p) Amerika

8566　a) Fenne Cath. L a n d w e h r aus Schale　b) 20. 11. 1821　o) 13. 3. 1848　p) Amerika　s) Heimlich ausgewandert

8567　a) Fenne Adelheid L a n d w e h r aus Schale　b) 19. 11. 1824　o) 26. 2. 1852　p) Amerika　s) Ohne Konsens ausgewandert

8568　a) Albert Joh. Heinr. L a n d w e h r aus Schale, Schneider　b) 4. 7. 1825　d) A. Gesina S c h l i c h t 26. 7. 1830　e) Joh. Heinr. 9. 12. 1854, A. Adelheid 8. 9. 1857, Johanna Caroline Amalia 24. 11. 1861　g) A. Adelheid L a n d w e h r geb. .... 5. 4. 1786, Taglöhnerin　o) 12. 7. 1865　p) Amerika

8569　a) Joh. Gerh. L a n d w e h r aus Schale, Heuermann u. Taglöhner　b) .... ? 13. 6. 1813　d) M. Helena V o g e d i n g .... ? 13. 6. 1813　e) Joh. Bernh. 26. 11. 1846, Fenne Adelheid 14. 1. 1850, Gerh. Heinr. 15. 10. 1851, Gerh. Heinr. 22. 7. 1855　o) 30. 6. 1866　p) Nordamerika

8570　a) Bernh. Landwehr aus Schale, Knecht　b) 13. 12. 1847　o) 1. 4. 1882　p) Amerika

8571　a) Joh. Gerh. L a n d w e h r aus Schale　b) 31. 1. 1847　d) A. Louise Hermine Auguste G a a r e 26. 9. 1853　e) Joh. Heinr. 18. 10. 1875, A. M. Auguste 16. 12. 1877, Bertha Johanne 26. 9. 1879, Louise Christine 18. 10. 1881　o) 20. 6. 1882　p) Nordamerika

8572　a) Joh. Bernh. L a n d w e h r aus Schale　b) 31. 3. 1851　o) 12. 7. 1882　p) Amerika

8573　a) Joh. Heinr. L a n d w e h r gt. L i n d e aus Schale, Taglöhner　b) 18. 1. 1801　e) Joh. Bernh. 20. 9. 1833, Heuermann u. Taglöhner, A. Cath. 30. 1. 1841, Magd　o) 14. 7. 1864　p) Amerika　s) Ohne Konsens ausgewandert

8574　a) Bernh. Heinr. L a n d w e r aus Schale, Knecht　b) 20. 7. 1824　o) 1. 4. 1848　p) Amerika　s) Heimlich ausgewandert

8575　a) Lambert Heinr. L a n d w e r aus Schale, Heuerling u. Taglöhner　b) 29. 2. 1816　d) Gesina Lucia Adelheid L a n g e s c h u l t e 19. 3. 1817　e) A. Dina 10. 8. 1843, Gerh. Heinr. 28. 1. 1846　o) 26. 2. 1852　p) Amerika　s) Heimlich ausgewandert

8576　a) A. M. L a n d w e r aus Schale　b) 6. 6. 1825　o) 28. 8. 1855　p) Amerika　s) Ohne Konsens ausgewandert

8577　a) Gerh. Heinr. L a n d w e r aus Schale　b) 28. 6. 1837　o) .... 29. 9. 1865?　p) Amerika

8578　a) A. Cath. L a n d w e r s aus Plantlünne　b) 10. 7. 1840 Schale　o) 14. 7. 1863　p) Amerika　s) Reist mit Pass

8579　a) A. M. Elis. L a n d w e r s aus Settrup　b) 15. 1. 1842 Schale　o) 14. 7. 1863　p) Amerika　s) Reist mit Pass

8580　a) Joh. Bernh. L i n d b e r t s aus Schale　b) 8. 9. 1853　o) Juni 1881　p) Amerika

8581　a) A. Gesina Adelheid L i n d e aus Schale　b) 19. 5. 1850　o) 29. 9. 1871　p) Amerika

8582　a) A. Lisette L i n d e aus Schale　b) 27. 11. 1858　o) Juni 1881　p) Amerika

8583　a) Joh. Friederich L i n d e aus Schale Nr. 20, Colon　b) 10. 11. 1842　d) A. Lisette S t e f f e n 9. 3. 1842　e) Gerh. Heinr. Friederich 18. 11. 1867, A. M. Caroline 30. 1. 1870, Heinr. Friederich August 23. 7. 1874　o) 15. 6. 1882　p) Amerika

8584　a) Gerh. Lambert L i n d e aus Schale, Heuermann　b) 8. 9. 1845　d) A. Adelheid E s c h　e) Cath. Caroline 15. 2. 1874, A. Friederike 2. 10. 1876, Gerh. Heinr. 9. 10. 1881　o) 14. 7. 1882　p) Amerika　s) Ohne Konsens

8585　a) Friederike L i n d e aus Schale, Magd　b) 10. 1. 1861　o) 1. 4. 1883　p) Amerika　s) Heimlich ausgewandert

8586　a) Lambert Heinr. L i n d e n aus Schale, Heuermann u. Taglöhner　b) 8. 7. 1829　d) M. Cath. Friederike M e i n e r s 17. 1. 1833　e) Joh. Gerh. 1. 1. 1854, Gerh. Lambert Heinr. 18. 7. 1860　g) A. M. E l f r i n g 18. 2. 1791, Mutter　o) 20. 4. .... 1864　p) Amerika　s) 300 Taler Vermögen

8587　a) Heinr. Philip L i n d e n aus Schale　b) 7. 12. 1848　o) 1. 4. 1865　p) Amerika

8588　a) Heinr. Philip L i n d e n aus Schale, Heuermann u. Schneider　b) 6. 8. 1845　o) 11. 12. 1867　p) Amerika　s) Reist mit Pass

8589　a) A. Adelheid L i n d e n aus Schale　b) 31. 7. 1852　o) 1870　p) Amerika

8590　a) A. Cath. Adelheid L i n d e n aus Schale　b) 19. 8. 1858　o) April 1881　p) Amerika

8591　a) A. M. L i s t aus Schale　b) 24. 12. 1829　o) 12. 4. 1850　p) Amerika　s) Ohne Konsens ausgewandert

8592 a) Fenne Gesine Friederike L i s t aus Schale b) 22. 2. 1833 o) 29. 9. 1853 p) Amerika s) Reist mit Pass

8593 a) Herm. Heinr M ä h s aus Schale b) 2. 10. 1821 Itasca, Illinois d) A. Lisette P a u s 13. 4. 1834 Itasca, Illinois e) Herm. Gerh. Heinr. 16. 4. 1860 (∞ Sophie Schütte in Elkgrove), A. Lisette 18. 4. 1863 (∞ Joh. Heinr. Dohe in Addison), Joh. Friederich 19. 9. 1866 o) 9. 7. 1868 p) Amerika s) 300 Taler Vermögen

8594 a) A. Cath. Friederike M ä h s aus Schale b) 28. 9. 1863 o) Juni 1880 p) Amerika

8595 a) Bernh. Heinr. M ä s aus Schale, Heuermann u. Taglöhner b) 3. 9. 1818 d) A. Adelheid H a g e n 7. 2. 1826 e) Bernh. Heinr. 22. 1. 1850, Carl Heinr. 9. 10. 1851 (∞ Johanna Krüger), A. Cath. Caroline 12. 1. 1855, A. Friederike 29. 8. 1857, Heinr. Friederich 6. 4. 1861 o) 12. 6. 1863 p) Amerika – Leyden, Illinois s) 550 Taler Vermögen

8596 a) Lambert Heinr. M ä s aus Schale, Ackerknecht b) 13. 6. 1831 o) 12. 6. 1863 p) Amerika s) 200 Taler Vermögen. Er heiratet Caroline Blume in Bensenville, Illinois

8597 a) A. Elis. M ä s aus Schale, Dienstmagd b) 17. 7. 1840 o) 12. 6. 1863 p) Amerika s) Mit 90 Talern Vermögen ohne Konsens ausgewandert. Sie heiratet Adolph Scharringhausen in Elkgrove, Illinois

8598 a) A. Elis. M ä s aus Schale b) 4. 9. 1840 o) 12. 6. 1863 p) Amerika s) Ohne Konsens ausgewandert

8599 a) Bernh. Heinr. M a r s c h a l l aus Schale b) 13. 11. 1821 d) Fenne Adelheid L a h 25. 6. 1822 e) A. Adelheid 15. 8. 1846 (∞ Heinr. Mehlhop, * 25. 12. 1845 Weselow bei Hannover, 1858 in Maine, Illinois zugewandert), Joh. Bernh. 5. 11. 1848, A. Elis. 29. 10. 1850 o) 29. 3. 1853 p) Amerika s) Ohne Konsens ausgewandert

8600 a) Bernh. Heinr. M a r s c h a l l aus Schale b) 2. 6. 1849 o) 11. 4. 1869 p) Nordamerika s) Hat sich heimlich entfernt

8601 a) Herm. M a r s c h a l l aus Schale b) 28. 8. 1856 o) 1. 4. 1875 s) Heimlich ausgewandert

8602 a) Bernh. August M a r s c h a l l aus Settrup b) 8. 3. 1861 Schale o) 1881 p) Amerika s) Heimlich ausgewandert

8603 a) Joh. Friederich M a r s c h a l l aus Settrup b) 11. 9. 1858 Schale o) September 1882 p) Amerika s) Heimlich ausgewandert

8604 a) Bernhardina Josephine M a u r e r aus Schale, Dienstmagd b) 25. 1. 1844 o) 15. 5. 1867 p) Amerika s) 100 Taler Vermögen

8605 a) Adam Wilh. M a u r e r aus Schale, Arbeiter b) 1. 10. 1847 o) Juni oder Juli 1870 p) Amerika s) Hat sich heimlich entfernt

8606 a) A. Cath. M e i e r aus Schale, Magd b) 26. 9. 1834 o) 24. 3. 1853 p) Amerika

8607 a) Friederich Wilh. M e i e r aus Schale, Taglöhner b) 6. 9. 1821 d) Marg. Adelheid H a r t k e o) 12. 10. 1854 p) Amerika s) Heimlich ausgewandert

8608 a) Gesina M e i e r aus Schale, Magd b) 19. 10. 1843 o) 30. 7. 1860 p) Amerika

8609 a) Herm. Bernh. M e i n e r s aus Schale b) 2. 10. 1829 d) A. Cath. G i e s k e 20. 12. 1835 e) A. M. Bernhardina 31. 1. 1859 o) 31. 1. 1859 p) Amerika s) Herm. Bernh. Meiners war 1850 schon einmal nach Amerika ausgewandert, 1855 aber zurückgekehrt. Siehe Bd. 1, Nr. 5614

8610 a) A. M. M e i n e r s geb. D e t e r s aus Schale, Colonwitwe b) 26. 10. 1799 e) Joh. Gerh. 20. 8. 1836 o) 8. 6. 1868 p) Amerika s) Reisen mit Pass

8611 a) A. Adelheid G i e s k e Witwe Joh. M e i n e r s aus Schale b) 29. 4. 1815 e) A. Marg. 29. 3. 1853, Joh. Heinr. 29. 11. 1856 p) Nordamerika s) Siehe auch Nr. 6434

8612 a) Friederike M e i n e r s aus Schale, Magd o) 1873 p) Amerika s) Ohne Abmeldung ausgewandert

8613 a) Cath. Marg. M e i n e r s aus Schale, Magd b) 12. 6. 1845 o) 1. 4. 1874 p) Brestan

8614 a) Joh. Heinr. Friederich M e i n e r s aus Schale b) 21. 9. 1861 o) Juni 1881 p) Amerika s) Heimlich ausgewandert

8615 a) Friederike Cath. M e i n e r s aus Schale b) 28. 1. 1861 o) 1882 p) Amerika s) Ohne Pass und Konsens ausgewandert

8616 a) A. Gesina Bernhardina M e r s c h aus Schale b) 23. 11. 1845 o) 4. 5. 1872 p) Amerika

8617 a) A. Cath. M e y e r aus Schale b) 26. 9. 1832 o) 29. 3. 1853 p) Amerika s) Ohne Konsens ausgewandert

8618 a) Fenne M. M e y e r aus Schale b) 13. 3. 1837 o) 1. 4. 1859 p) Amerika s) Reist mit Pass

8619 a) A. M. E s c h Witwe Joh. Herm. M e y e r aus Schale, Taglöhnerin b) 19. 6. 1812 e) Gesine Adelheid 19. 10. 1843, Cath. Friederike 28. 10. 1845, A. Bernhardine 5. 2. 1849 o) 30. 7. 1860 p) Amerika s) Ohne Entlassungsurkunde ausgewandert

8620 a) Herm. Heinr. M e y e r aus Schale b) 20. 11. 1844 o) 29. 10. 1867 p) Amerika s) Heimlich ausgewandert
8621 a) Joh. Herm. M e y e r aus Schale b) 27. 12. 1849 o) 30. 4. 1868 p) Amerika s) Reist mit Pass
8622 a) Bernh. Herm. M e y e r aus Schale, Holzschuhmacher u. Heuermann b) 20. 12. 1817 e) Therese Bernhardine 12. 9. 1847, Bernh. Wilh. 11. 7. 1852, A. M. Friederike 19. 11. 1860, A. M. Lisette 19. 11. 1860, Joh. Bernh. 24. 3. 1863 o) 6. 5. 1869 p) Amerika s) 150 Taler Vermögen
8623 a) Joh. Bernd M e y n e r s aus Schale b) 28. 2. 1824 h) Herm. Bernh. M e y n e r s 2. 10. 1851 p) Amerika s) Heimlich ausgewandert
8624 a) A. Adelheid M e y n e r s aus Osnabrück b) 24. 10. 1822 Schale o) 14. 9. 1864 p) Amerika s) Heimlich ausgewandert
8625 a) Joh. Heinr. (*Lambert*) M e y n e r s aus Schale Nr. 23, Colon b) 27. 8. 1818 d) A. M. Wilhelmine K e m p e r s 20. 11. 1824 e) Joh. Lambert Heinr. 17. 2. 1859, Cath. Wilhelmine 25. 2. 1861, Joh. Gerh. Wilh. 1. 12. 1863 o) 25. 5. 1873 p) Amerika s) Reisen mit Pass
8626 a) A. M. M i d d e n d o r f aus Schale, Magd b) 20. 4. 1833 o) 12. 5. 1854 p) Amerika
8627 a) Joh. M i d d e n d o r f aus Schale, Knecht b) 5. 12. 1824 o) 29. 6. 1854 p) Amerika s) Er heiratet M. A. Wiemerslage
8628 a) Lambert Heinr. M i d d e n d o r f aus Schale Nr. 37, Colon b) 10. 4. 1822 d) Johanna Cath. Friederike .... B u n s 12. 2. 1828 e) Joh. Heinr. August 16. 3. 1847, Johanna M. Wilhelmine 2. 6. 1849, Gerh. Lambert Louis 26. 12. 1858, M. Friederike 15. 12. 1858, A. Lisette 27. 10. 1863 o) 3. 10. 1865 p) Amerika s) 1800 Taler Vermögen
8629 a) Conrad M ö l l e n k a m p aus Schale b) 9. 12. 1824 o) Frühjahr 1851 p) Amerika
8630 a) Bernh. Anton M ö l l e n k a m p aus Schale, Heuermann u. Taglöhner b) 30. 1. 1812 d) A. Gesina H a g e n 30. 11. 1815 e) Christ. Wilhelmine 14. 7. 1843, A. M. Sophia 6. 8. 1848 o) 29. 4. 1858 p) Amerika s) Am 13. 12. 1854 von Recke nach Schale gekommen
8631 a) Joh. Leonhard M ö l l e n k a m p aus Schale, Heuermann b) 1. 11. 1819 b) Fenne Adelheid M e i e r 29. 4. 1825 e) A. Adelheid 4. 11. 1856 o) 29. 7. 1858 p) Amerika s) 350 Taler Vermögen
8632 a) Herm. Heinr. M ö l l e r aus Schale, Knecht b) 23. 6. 1826 o) 13. 3. 1848 p) Amerika s) Heimlich ausgewandert
8633 a) Gerh. Heinr. M ö l l e r aus Schale b) 6. 11. 1819 o) 12. 4. 1850 p) Amerika s) Ohne Konsens ausgewandert
8634 a) Marg. Elsabein M ö l l e r aus Schale b) 5. 7. 1816 o) 26. 2. 1852 p) Amerika s) Ohne Konsens ausgewandert
8635 a) Christian Heinr. N i e h a u s aus Schale, Hollandgänger u. Heuermann b) 10. 5. 1816 d) Cath. Elis. D r e s s e l h a u s 18. 1. 1813 e) Gerh. Heinr. 21. 6. 1842, Joh. Heinr. 22. 9. 1843, Friederich Wilh. 29. 8. 1846, A. Adelheid 19. 11. 1849, A. Elis. 7. 7. 1853 o) 12. 6. 1854 p) Amerika s) Heimlich ausgewandert
8636 a) Lisette M. N i e m e y e r aus Schale b) 29. 5. 1833 o) 12. 9. 1857 p) Amerika s) Reist mit Pass
8637 a) Caroline N i e m e y e r aus Schale, Magd b) 30. 1. 1841 o) 29. 7. 1858 p) Amerika s) Reist mit Pass
8638 a) August N i e m e y e r aus Schale, Lehrer o) Oktober 1923 p) Amerika
8639 a) Joh. Heinr. O s t e n d o r f aus Schale b) ... 11. 1805 d) Cath. Elis. B e r g m a n n ... 3. 1804 e) Elis. 22. 10. 1835, A. M. Theresia 26. 7. 1837, M. Cath. Christ. 10. 6. 1841 o) 7. 10. 1853 p) Amerika s) Ohne Pass und Konsens ausgewandert
8640 a) Bernh. Friederich Ludwig P a u s aus Schale b) 26. 2. 1827 o) 13. 3. 1854 p) Amerika s) Heimlich ausgewandert
8641 a) Lambert Friederich Rudolph P a u s aus Schale b) 13. 6. 1829 o) 28. 8. 1855 p) Amerika s) Heimlich ausgewandert
8642 a) Dina P a u s aus Schale b) 4. 7. 1840 o) 12. 6. 1863 p) Amerika s) Mit 80 Talern Vermögen heimlich ausgewandert
8643 a) A. Cath. Friederike P a u s aus Schale, Magd b) 28. 7. 1855 o) 12. 2. 1873 p) Amerika
8644 a) Cath. Caroline P a u s aus Schale b) 23. 11. 1857 o) 17. 3. 1882 p) Amerika s) Heimlich ausgewandert
8645 a) Louise P a u s aus Schale, Magd o) 17. 3. 1882 p) Amerika s) Heimlich ausgewandert

8646 a) Bernh. Heinr. P l a g e aus Schale, Heuermann u. Taglöhner b) 4. 12. 1804 d) Christ. Cath. Adelheid S p e l l e r 16. 2. 1816 e) A. Cath. Adelheid 16. 12. 1835, Cath. Adelheid 20. 9. 1839, Joh. Heinr. 6. 12. 1840, Bernh. Heinr. 3. 9. 1844 o) 13. 9. 1850 p) Amerika s) Ohne Konsens ausgewandert

8647 a) A. M. S c h e n k e aus Schale b) 2. 2. 1837 h) Gerh. Heinr. S c h e n k e 6. 5. 1839 o) 12. 7. 1865 p) Amerika s) Reisen mit Pass

8648 a) Joh. Friederich S c h e n k e aus Schale b) 5. 3. 1848 o) 30. 5. 1866 p) Amerika s) Hat sich heimlich entfernt

8649 a) Joh. Heinr. S c h e n k e aus Schale b) 9. 10. 1841 o) 11. 4. 1870 p) Amerika s) Reist mit Pass

8650 a) Bernhardina S c h i e r aus Schale, Taglöhnerin b) 16. 9. 1820 e) Joh. Heinr. 15. 11. 1844, unehelich o) 13. 9. 1850 p) Amerika s) Ohne Konsens ausgewandert

8651 a) Cath. Helena S c h l i c h t aus Schale b) 6. 5. 1827 h) Joh. Bernh. S c h l i c h t 1. 10. 1834 o) 13. 3. 1854 p) Amerika s) Ohne Konsens

8652 a) Gerh. Heinr. S c h l i c h t aus Schale, Knecht b) 1. 2. 1827 o) 28. 4. 1855 p) Amerika

8653 a) Joh. Heinr. S c h l i c h t aus Schale b) 30. 8. 1832 h) A. Adelheid S c h l i c h t ... 12. 1836, Gerh. Heinr. S c h l i c h t 25. 1. 1839 o) 28. 4. 1855 p) Amerika s) Ohne Pass u. Konsens ausgewandert. Siehe auch Nr. 6153

8654 a) Joh. Bernh. S c h l i c h t aus Schale, Heuermann b) 10. 6. 1801 d) Elsabein L i n d e n 4. 4. 1818 e) Gerh. Lambert 5. 9. 1843, A. M. 5. 12. 1850, Bernh. Friederich 23. 11. 1852 o) 29. 4. 1858 p) Amerika s) Nehmen 4000 bis 5000 Taler Vermögen mit

8655 a) A. Adelheid S c h n a t b a u m aus Freren, Magd b) 24. 7. 1815 Schale o) 29. 4. 1858 p) Amerika s) Reist mit Pass

8656 a) Gerh. Heinr. S c h n a t h b a u m aus Schale, Heuermann u. Taglöhner b) 1. 7. 1801 d) A. Elsabein M a r s c h a l l 2. 12. 1804 e) A. Cath. 3. 8. 1840 o) 30. 3. 1860 p) Amerika s) 300 Taler Vermögen

8657 a) Gerh. Herm. S c h o o aus Schale b) 12. 10. 1823 o) 22. 5. 1850 p) Amerika

8658 a) Joh. Heinr. S c h o o aus Schale b) 15. 2. 1830 o) 26. 2. 1852 p) Amerika s) Heimlich ausgewandert

8659 a) Gerh. S c h o o aus Schale, Knecht b) 9. 10. 1827 o) 12. 9. 1857 p) Amerika s) Reist mit Pass

8660 a) Cath. Elis. S c h o p p e aus Schale b) 2. 10. 1832 o) 12. 4. 1850 p) Amerika s) Ohne Konsens ausgewandert

8661 a) Lambert Heinr. S c h r ö r aus Schale b) 16. 3. 1834 o) 24. 9. 1852 p) Amerika s) Heimlich ausgewandert

8662 a) Joh. Gerh. S c h r ö r aus Schale b) 26. 10. 1837 o) 18. 4. 1856 p) Amerika s) Heimlich ausgewandert

8663 a) A. M. Bernhardina S c h r ö r aus Schale b) 16. 9. 1840 h) A. Cath. Elsabein S c h r ö r 4. 9. 1843 o) 12. 9. 1857 p) Amerika s) Reisen mit Pass

8664 a) Friederich Wilh. S c h ü t t e m e y e r aus Schale Nr. 51, Kötter b) 15. 4. 1834 d) Friederike Elis. K e r n e k a m p 25. 3. 1840 e) Elis. 17. 9. 1862, Friederike Wilhelmine 5. 1. 1866, Wilhelmine Sophia 8. 9. 1869, blind, Heinr. Friederich Wilh. 11. 12. 1872 o) 13. 6. 1874 p) Amerika

8665 a) Bernh. Heinr. S o d t aus Schale b) 17. 2. 1842 o) 16. 5. 1864 p) Amerika s) Heimlich ausgewandert

8666 a) Eberhard Heinr. S o d t aus Schale b) 1. 6. 1839 o) 28. 6. 1865 p) Amerika s) Reist mit Pass

8667 a) A. Friederike S o d t aus Schale b) 27. 7. 1844 o) 29. 9. 1869 p) Amerika s) Heimlich ausgewandert

8668 a) Joh. Gerh. S p e l l e r aus Schale b) 29. 4. 1843 o) 20. 9. 1857 p) Amerika

8669 a) Joh. Lambert Christoffer S p e l l e r aus Schale, Ackersmann b) 16. 11. 1815 d) A. M. Elis. F r e i e 14. 9. 1819 e) Lambert Heinr. 22. 12. 1845, Heinr. August 1. 7. 1848, M. Lisette 6. 2. 1850, Gerh. Friederich 28. 2. 1852, M. Friederike Wilhelmine 17. 8. 1854 o) 29. 7. 1858 p) Amerika

8670 a) Marg. Johanna S p e l l e r aus Schale b) 13. 3. 1848 s) In Elkgrove, Illinois am 19. 4. 1882 zugezogen

8671 a) Gerh. Heinr. S p e l l e r aus Schale b) 10. 12. 1864 o) 18. 5. 1889 p) Amerika

8672 a) Joh. Gerh. S p e l l e r aus Schale b) 22. 11. 1861 o) 16. 1. 1893 p) Amerika – Illinois s) Mit Reisepass über Bremen ausgewandert

8673 a) A. Cath. Sophia S p i e g e l e r aus Schale b) 30. 5. 1844 o) 8. 6. 1868 p) Nordamerika s) Reist mit Pass

8674 a) Joh. Heinr. Bernh. S p i e g e l e r aus Fürstenau b) 18. 11. 1846 Schale o) 1870 p) Amerika

8675 a) Bernh. Philipp S p i e g e l e r aus Schale Nr. 98, Neubauer b) 29. 7. 1824 d) A. M. K l e i n s c h m i d t 7. 7. 1827 e) Bernh. Philipp 8. 11. 1858, Joh. Heinr. Arnold 16. 7. 1863, Joh.

Friederich Arnold ... 10. 1865   k) A. Gesine L a g e s c h u l t e Witwe Kleinschmidt 25. 9. 1793   o) 28. 4. 1870   p) Amerika   s) 1200 Taler Vermögen

8676 a) Joh. Heinr. S p i e g e l e r aus Schale   b) 5. 6. 1857   o) 6. 6. 1881   p) Amerika   s) Reist mit Pass

8677 a) A. M. Henrica S p i e g e l e r aus Schale   b) 27. 12. 1850   o) 12. 5. 1882   p) Amerika

8678 a) Lambert Heinr. S t ü v e aus Schale, Heuerling u. Taglöhner   b) 4. 12. 1809   d) M. Adelheid L a h 6. 3. 1810   e) A. Elis. 16. 1. 1841, Joh. Heinr. 19. 2. 1846, A. Friederike 28. 12. 1849   o) 3. 4. 1850   p) Amerika   s) Ohne Konsens ausgewandert

8679 a) A. Adelheid T a s c h e aus Schale, Magd   b) 20. 10. 1819   o) 4. 9. 1854   s) Heimlich ausgewandert

8680 a) Joh. Gerh. Heinr. Anton T a s c h e aus Schale   b) 5. 6. 1838   d) A. M. K ö b b e m a n n 27. 9. 1839   e) Joh. Gerh. Heinr. Anton 17. 12. 1866, M. Bernhardine 17. 9. 1869 (∞ Joh. Heinr. Landmeier, * Addison, Illinois)   k) M. v a n d e r F a n g e Witwe Köbbemann   o) 24. 3. 1873   p) Amerika – Elkgrove, Illinois   s) Später in Addison, Illinois

8681 a) A. Cath. Bernhardina T a s c h e aus Schale   b) 23. 1. 1853   p) Amerika

8682 a) Joh. Gerh. Heinr. T a s c h e aus Schale   b) 27. 4. 1859   o) 1. 9. 1881   p) Amerika   s) Heimlich ausgewandert

8683 a) Bernh. Heinr. T e e p e aus Schale   b) 17. 3. 1847, unehelich   c) Mutter: Christ. Elis. Teepe   o) 6. 5. 1869   o) Amerika   s) Ohne Pass und Konsens ausgewandert

8684 a) Christ. Elis. T e e p e aus Schale, Taglöhnerin   b) 1816   o) 23. 8. 1869   p) Amerika   s) Ohne Pass und Konsens ausgewandert

8685 a) A. Gesina T h a l e n aus Schale   b) 16. 3. 1786   o) 26. 2. 1852   p) Amerika

8686 a) Joh. Bernh. T h e i s s i n g gt. F i n k e aus Schale   b) 30. 1. 1851   o) 22. 4. 1876   p) Amerika   s) Reist mit Pass

8687 a) A. Cath. Gesina T i e m a n n aus Schale   b) 31. 8. 1845   o) 28. 4. 1870   p) Amerika   s) Heimlich ausgewandert

8688 a) Gerh. Heinr. T i e m a n n aus Schale   b) 25. 4. 1843   o) 18. 9. 1871   p) Amerika   s) Reist mit Pass

8689 a) Marg. Adelheid T o p p aus Schale   b) 17. 12. 1834   o) 10. 5. 1857   p) Amerika   s) Ohne Konsens ausgewandert

8690 a) A. Adelheid T o p p aus Schale, Magd   b) 17. 12. 1834   o) 10. 5. 1857   p) Amerika

8691 a) Friederike Wilhelmine T o p p aus Schale   b) 12. 8. 1839   o) 29. 4. 1861   p) Amerika   s) Reist mit Pass

8692 a) Joh. Gerh. Wilh. T o p p aus Schale, Taglöhner   b) 1. 7. 1808   e) A. Marg. Elsabein 3. 8. 1836   o) 14. 4. 1864   p) Amerika   s) 120 Taler Vermögen

8693 a) A. Adelheid U p h a u s aus Schale   b) 15. 11. 1829   o) 26. 2. 1852   p) Amerika   s) Heimlich ausgewandert

8694 a) Anton Lambert Heinr. U p h a u s aus Schale   b) 11. 3. 1833   o) 1. 6. 1860   p) Amerika   s) Heimlich ausgewandert

8695 a) Friederich U p h a u s aus Schale, Hirt   b) 7. 4. 1855   o) Um 1875   p) Amerika

8696 a) Joh. Herm. Heinr. U p h u s aus Schale   b) 4. 7. 1834   o) 28. 8. 1855   p) Amerika   s) Heimlich ausgewandert

8697 a) Anton Bernh. Heinr. U p h u s aus Schale   b) 14. 7. 1841   o) 14. 10. 1863   p) Amerika   s) Hat sich mit 300 Talern Vermögen heimlich entfernt

8698 a) Friederike Agnes M i d d e n d o r f Witwe Joh. Diederich U p h u s aus Schale   b) 12. 1. 1828   e) M. Friederike 6. 7. 1853, Joh. Friederich 7. 4. 1855, Lambert Heinr. 11. 2. 1859   o) 3. 10. 1865   p) Amerika   s) 550 Taler Vermögen

8699 a) Joh. Diederich Anton U p h u s aus Schale   b) 8. 11. 1846   d) A. Gesina Bernhardina M e r s c h 25. 11. 1845   e) Bernhardine 28. 1. 1872, Caroline 28. 1. 1872   o) 21. 5. 1872   p) Amerika

8700 a) Gerh. Lambert V a t h a u e r aus Schale   b) 5. 5. 1859   d) Friederike Bernhardine T a s c h e 21. 5. 1858   e) Lambert Heinr. 4. 2. 1882   o) 4. 3. 1882   p) Amerika   s) Heimlich ausgewandert

8701 a) Gerh. Lambert V ö g e d i n g aus Schale   b) 8. 7. 1834   e) Lambert Heinr. 27. 9. 1859   o) 12. 7. 1865   p) Amerika   s) Ohne Konsens ausgewandert

8702 a) A. Adelheid V ö g e d i n g aus Schale, Magd   b) 16. 8. 1838   o) 8. 5. 1866   p) Amerika   s) Ohne Pass und Konsens ausgewandert

8703 a) A. V ö g e d i n g geb. Landwehr aus Schale, Heuermannswitwe b) 13. 9. 1823 e) Cath. Friederike 10. 4. 1858, Bernh. Heinr. 22. 8. 1860, Sophie Caroline Johanna 26. 2. 1864 o) 24. 4. 1870 p) Amerika s) Ohne Konsens ausgewandert

8704 a) Gerh. Heinr. W a c k e r aus Schale, Schneider u. Taglöhner b) 17. 6. 1834 d) A. M. Cath. K l e i n s c h m i d t 8. 12. 1834 e) A. M. Friederike 4. 8. 1859A. M. Caroline 26. 11. 1861, Joh. Gerh. Heinr. 14. 9. 1864, Joh. Gerh. Friederich 2. 6. 1867 o) 9. 7. 1868 p) Amerika

8705 a) Adelheid W a c k e r aus Schale, Magd b) 3. 12. 1853 o) 1. 4. 1873 p) Amerika

8706 a) Gerh. August W a c k e r aus Schale b) 5. 9. 1860 o) 1882 p) Amerika s) Heimlich ausgewandert

8707 a) M. W e h r m e y e r aus Schale b) 21. 12. 1892 o) 24. 6. 1909 p) Nordamerika

8708 a) Joh. Gerh. W e l p gt. S c h u l t e b) 22. 9. 1832 o) 11. 4. 1854 p) Amerika s) Heimlich ausgewandert

8709 a) Joh. Heinr. W e s s e l aus Schale, Heuermann u. Taglöhner b) 22. 11. 1805 d) A. Cath. H a g e n 16. 9. 1804 e) Cath. 17. 11. 1838 o) 12. 7. 1865 p) Amerika s) 400 Taler Vermögen

8710 a) Herm. Heinr. W e s t e r m e i e r aus Schale b) 29. 4. 1843 o) 16. 10. 1868 p) Amerika s) 50 Taler Vermögen

8711 a) Ernst Heinr. W e s t e r m e y e r aus Schale b) 2. 6. 1859 o) September 1881 p) Amerika s) Heimlich ausgewandert

8712 a) Joh. Gerh. W i e m e r s l a g e aus Schale b) 26. 9. 1825 o) 14. 3. 1852 p) Amerika s) Ohne Konsens ausgewandert

8713 a) M. A. W i e m e r s l a g e aus Schale b) 15. 4. 1833 o) 1853 p) Addison, Illinois

8714 a) Heinr. Wilh. W i e m e r s l a g e aus Schale b) 18. 11. 1824 o) 13. 3. 1854 p) Amerika s) Ohne Konsens ausgewandert

8715 a) Joh. Friederich W i e m e r s l a g e aus Schale b) 14. 9. 1827 o) 13. 3. 1854 p) Amerika s) Ohne Konsens ausgewandert

8716 a) A. Cath. Elsabein W i e m e r s l a g e aus Lengerich an der Wallage b) 23. 7. 1835 Schale b) 28. 8. 1855 p) Amerika s) Reist mit Pass

8717 a) Heinr. W i e m e r s l a g e aus Schale b) 5. 10. 1843 s) Mit den Eltern am 1. 10. 1855 in Leyden, Illinois zugezogen. Er heiratet Sophie Kossack aus Bönebüttel in Holstein

8718 a) Gerh. Heinr. W i e m e r s l a g e aus Schale, Arbeiter b) 26. 9. 1840 o) 30. 3. 1860 p) Amerika s) Hat sich heimlich entfernt

8719 a) Herm. Heinr. W i e m e r s l a g e aus Schale b) 14. 5. 1835 d) Fenne M. B e r k e m e i e r 2. 12. 1838 e) A. Friederike 2. 7. 1859, A. Lisette Adelheid 24. 4. 1861 o) 14. 5. 1861 p) Amerika s) 400 Taler Vermögen. Die jüngste Tochter ist ohne Konsens mitgereist. Am 9. 7. 1861 in Leyden, Illinois zugezogen

8720 a) Wilh. Gerh. W i e m e r s l a g e aus Schale b) 25. 9. 1843 o) September 1863 p) Amerika s) Heimlich ausgewandert

8721 a) Christine Friederike W i e m e r s l a g e aus Schale, Dienstmagd b) 23. 6. 1839 o) 15. 5. 1867 p) Amerika s) 100 Taler Vermögen

8722 a) Gerh. Heinr. W i e m e r s l a g e aus Schale b) 20. 11. 1803 o) 1874 p) Amerika s) Heimlich ausgewandert

8723 a) Joh. Heinr. W i e m e r s l a g e aus Schale b) 12. 1. 1845 o) 1874 p) Amerika s) Heimlich ausgewandert

8724 a) Joh. Gerh. W i e m e r s l a g e aus Schale b) 15. 6. 1838 d) A. Cath. Adelheid F r e i e 10. 10. 1838 e) Joh. Friederich August 30. 3. 1866, A. M. Bernhardina 28. 9. 1868, Cath. Charlotte 26. 9. 1871, A. Louise 10. 7. 1874 g) A. M. B r ö m m e l k a m p Witwe Wiemerslage 10. 1. 1807 o) 5. 6. 1875 p) Amerika

8725 a) Gerh. Heinr. W i e m e r s l a g e aus Schale, Heuerling u. Taglöhner b) 6. 11. 1828 d) .... N o t t e k ä m p e r 18. 4. 1839 (2. Frau) e) Franz Friederich Wilh. 21. 8. 1868, Herm. August 20. 11. 1871, Heinr. Friederich 5. 2. 1877, Georg Wilh. 25. 12. 1880 o) 23. 6. 1883 p) Amerika s) Ohne Konsens ausgewandert

8726 a) A. Cath. W i l l i g m a n n aus Schale b) 14. 8. 1844 e) Joh. Gerh. 23. 12. 1867, unehelich o) 17. 4. 1882 p) Amerika s) Ohne Konsens

StadtA Horstmar, A 41

8727 a) Heinr. S ü h l i n g aus Horstmar, Münsterstraße Nr. 39, Buchbinder o) 4. 11. 1930 p) Afrika

8728 a) Wilh. R o t t m a n n aus Leer, Haltern Nr. 3, Elektrotechniker b) 28. 4. 1912 c) Heinr. Rottmann, Zeller, u. Gertrud Hermeling o) 1931 p) Tschechoslowakei

8729 a) Gertrud H e s s e l m a n n aus Tegelen bei Venlo (Holland) o) Vor 1933

StadtA Horstmar, A 319

8730 a) Franz Joseph Heinr. V o r s p o h l aus Horstmar o) Um 1846 p) Amerika s) Hat sich heimlich entfernt und sich seiner Einstellung in den Militärdienst entzogen

8731 a) Moritz R i c h t e r s aus Horstmar o) 15. 3. 1857 p) Australien s) Entlassungsurkunde vom 10. 3. 1857

8732 a) Joh. Heinr. V ö g e d i n g aus Leer, Ackersmann b) 27. 5. 1823 Leer p) Nordamerika s) 41 Taler Vermögen. Am 26. 3. 1859 Aushändigung der Entlassungsurkunde vom 16. 3. 1859

8733 a) Moses E i c h e n w a l d aus Horstmar, Metzger b) 22. 6. 1830 Horstmar c) Meier Eichenwald p) Niederlande s) Kein Vermögen. Am 29. 5. 1860 Aushändigung der Entlassungsurkunde vom ....

8734 a) Henriette (Jette) E i c h e n w a l d aus Horstmar b) 8. 2. 1833 Horstmar p) Nordamerika s) Genehmigung des Stiefvaters Moses Löwenstein. 40 Taler Vermögen. Am 12. 9. 1860 Aushändigung der Entlassungsurkunde vom 6. 9. 1860

8735 a) Bern. Heinr. V ö g e d i n g aus Leer b) 10. 8. 1833 Leer p) Nordamerika s) 100 Taler Vermögen. Am 6. 4. 1861 Aushändigung der Entlassungsurkunde vom 26. 3. 1861

8736 a) Wilh. N i e h o f f aus Horstmar, Wagenmacher b) 24. 5. 1824 Horstmar p) Amerika s) 80 Taler Vermögen.

8737 a) Engelbert H ö i n g aus Leer, Maurergeselle b) 3. 12. 1837 Leer p) Nordamerika s) 80 Taler Vermögen. Am 12. 5. 1867 Aushändigung der Entlassungsurkunde vom 1. 5. 1867

8738 a) Franz D i r k m a n n aus Leer, Arbeiter b) 5. 8. 1838 p) Niederlande s) Kein Vermögen t) Auswanderungsgesuch am 4. 7. 1871

8739 a) Franz V i s s i n g aus Leer, Bäcker b) 24. 5. 1849 Leer p) Nordamerika s) Am 22. 9. 1879 Aushändigung der Entlassungsurkunde

8740 a) August L a u m a n n aus Leer b) 23. 7. 1859 p) Amerika s) Er erhielt am 9. 9. 1884 vom Bezirkskommando I in Münster einen Urlaub von zwei Jahren und trat am 20. 9. 1884 von Rotterdam aus die Reise an

8741 a) Anton Bernh. D i n g b a u m aus Leer, Alst, Tischler o) 15. 2. 1886 p) Nordamerika s) Er erhielt am 10. 2. 1886 vom Bezirkskommando I in Münster vom 17. 2. 1886 ab einen zweijährigen Urlaub

StadtA Horstmar, A 322

8742 a) Gertrud M ö l l e r s [aus .... Horstmar od. Leer], Magd b) 26. 10. 1836 c) [Gerhard Möllers u. Angelika Kaiser] o) 1863 p) [Brasilien]

8743 a) Bernh. M ö l l e r s [aus .... Horstmar od. Leer], Maurer im Tagelohn b) .... 1841 c) [Gerhard Möllers u. Angelika Kaiser] o) 1863 p) [Brasilien]

8744 a) Joseph H e r d t [aus .... Horstmar od. Leer], Weber b) 1816 d) Elis. S c h e w i n g 1829 e) Bern. ... 4. 1851, Heinr. ... 6. 1852, Joseph ... 9. 1854, Herm. 6. 7. 1860 o) 1863 p) [Brasilien]

8745 a) Wilh. N i e h o f f aus Amt Horstmar, Rademacher b) 24. 5. 1825 o) 1864

8746 a) Herm. H o f f m a n n aus Amt Horstmar, Glasergeselle b) 13. 11. 1845 o) 1864

8747 a) Joh. *Wilh.* Anton W o l b e r t aus Amt Horstmar, Ackersmann b) 3. 12. 1829 o) 1864

8748 a) Hubert L ü c k e aus Amt Horstmar h) Franz Lücke o) 1873

Hans Berlemann: Auswanderer der Gemeinde Ladbergen : 1830–1930. – Ladbergen 1995

8749 a) A. Christine A u f d e r h a a r aus Ladbergen b) 9. 10. 1813 o) 1842 p) Amerika s) Ohne Konsens

8750 a) A. Christine A u f e r h a a r aus Ladbergen b) 1825 o) 1845 p) Amerika

8751 a) Catharine Sophie A u f d e r h a a r aus Ladbergen b) 15. 10. 1821 o) 1845 p) Amerika

8752 a) Ernst A u f d e r h a a r aus Ladbergen b) 19. 2. 1825 p) Amerika

8753 a) Friedr. Wilh. A u f d e r h a a r aus Ladbergen, Ackerknecht b) 16. 9. 1844 o) 1865 p) Amerika

8754 a) Herm. Heinr. A u f d e r h a a r aus Ladbergen, Ackerknecht b) 14. 2. 1846 d) Elise Bernhardine S t i e n e c k e r 28. 7. 1852 o) 1872 p) Amerika
8755 a) Joh. Herm. A u f d e r h a a r aus Ladbergen, Neubauer b) 5. 5. 1785 d) A. Christ. K e m p e r 10. 5. 1783 d) Herm. Wilh. 25. 5. 1816, Heinr. Wilh. 17. 4. 1820, Heinr. Adolph 14. 7. 1823 o) 1841 p) Amerika t) Siehe auch Bd. 1, Nr. 853
8756 a) Louise A u f d e r h a a r aus Ladbergen b) 29. 3. 1834 p) Amerika
8757 a) Sophie A u f d e r h a a r aus Ladbergen b) 22. 4. 1846 o) 1870 p) Amerika
8758 a) Wilh. A u f d e r h a a r aus Ladbergen b) 26. 2. 1828 o) 1847 p) Amerika s) Ohne Konsens
8759 a) Wilhelmine A u f d e r h a a r aus Ladbergen b) 10. 11. 1822 o)1846 p) Amerika s) Ohne Konsens
8760 a) ....

GA Legden, ...

8761 a) *Christ.* B e r n i n g aus Legden, ... ?Beikelort Nr. 12 (Rottjann)? b) 2. 3. 1841 o) 1867 p) Amerika s) Verheiratet mit Herm. Bern. Lammert

GA Legden, IV 23

8762 a) Herm. *Bern.* L a m m e r t aus Legden, Beikelort Nr. 1 b) 29. 8. 1835 c) Bern. *Joseph* Liesner gt. Lammert, Pferdekötter, u. .... o) 1867 p) Amerika p) Verheiratet mit A. Christ. Berning

StadtA Lengerich, B 374

8763 a) Elis. B o t h e m e i e r aus Lienen e) Ein Kind o) 15. 9. 1852
8764 a) Friedr. H a g e aus Ladbergen d) Ehefrau o) 15. 9. 1852
8765 a) August S t a l l aus Brochterbeck o) 15. 9. 1852
8766 a) M. H u n e c k e aus Lienen o) 15. 9. 1852
8767 a) Friederich P a n h o r s t aus Hohne o) 15. 9. 1852
8768 a) Ernst H e g e n e r aus Lienen o) 15. 9. 1852
8769 a) Elis. S c h l i c k aus Scholbruch e) Kind o) 15. 9. 1852
8770 a) Sophie E s m e i e r aus Ladbergen o) 15. 9. 1852
8771 a) Cath. S c h u s t e r aus Lienen o) 15. 9. 1852
8772 a) Friedr. B r o c k m a n n aus Hohne o) 15. 9. 1852 s) Wandert mit der Famiie aus
8773 a) Sophie B a r d e l m e i e r aus Lienen e) Kind o) 15. 9. 1852
8774 a) Cath. K ö n i g k r ä m e r aus Lienen o) 15. 9. 1852
8775 a) Charlotte T o r s t r i c k aus Ladbergen o) 15. 9. 1852
8776 a) Wilh. L a g e m a n n aus Lienen e) Kinder o) 15. 9. 1852
8777 a) H. H. T i e m a n n aus Lengerich o) 15. 9. 1852

GA Nottuln, B 1061

8778 a) Joh. Heinr. v a n L o h e aus Greven, Kaufmann b) 1794 Herbern s) Entlassungsurkunde vom 17. 8. 1817
8779 a) Anton P o v e l aus Greven s) Entlassungsurkunde vom 13. 8. 1820
8780 a) Anton S c h a p m a n n aus Ksp. Überwasser, Schneidergeselle b) 5. 6. 1796 s) Entlassungsurkunde vom 19. 3. 1821
8781 a) Joh. Herm. H a g e m a n n aus Alverskirchen, Schneidergeselle b) 1. 3. 1787 s) Entlassungsurkunde vom 22. 8. 1822
8782 a) J. P o v e l aus Greven b) ... 4. 1792 s) Entlassungsurkunde vom 31. 3. 1823
8783 a) Joseph W i t t k a m p aus Saerbeck, Schmied b) 23. 11. 1793 s) Entlassungsurkunde vom 17. 11. 1823
8784 a) Joh. Heinr. L ö b b e r m a n n g t. J a n n e m a n n aus Saerbeck, Colon b) 28. 3. 1798 s) Entlassungsurkunde von Februar 1824
8785 a) Hem. K r a w i n k e l aus Ksp. Telgte, Ackerknecht b) 1797 s) Entlassungsurkunde von Juli 1824
8786 a) Gerh. K e t t r u p aus Saerbeck, Ackerknecht b) 31. 1. 1795 s) Entlassungsurkunde von Juni 1827
8787 a) Theodor W e n t k e r aus Saerbeck, Schneider b) 1790 s) Entlassungsurkunde von April 1828. Mit der Familie ausgewandert

8788 a) Joh. Bern. B o l l e aus Telgte, Feldziegler b) 22. 10. 1793 s) Entlassungsurkunde vom 23. 3. 1829
8789 a) Bern. [Joan Bernard] B o n e n k a m p aus Nienberge b) [~ 10. 6. 1800] Osterwick c) [Joan *Herman* Bonenkamp u. M. *Clara* Meyer] s) Entlassungsurkunde von September 1831
8790 a) Wilh. Anton H u n n e k u h l aus Saerbeck, Branntweinbrennerknecht b) 28. 7. 1802 s) Entlassungsurkunde vom 5. 11. 1831
8791 a) Wilh. S e n t k e r aus Telgte, Schneidergeselle b) 13. 5. 1804 s) Entlassungsurkunde vom 19. 3. 1832
8792 a) Bern. D r i e l i n g aus Überwasser, Taglöhner b) 14. 1. 1802 s) Entlassungsurkunde vom 3. 4. 1833
8793 a) Bernh. Heinr. R ö t t g e r m a n n aus Ksp. Greven, Tagelöhner s) Entlassungsurkunde vom 3. 4. 1833
8794 a) Joh. K e r k h o f f aus Greven, Lichtefabrikant b) 1797 Haaren (Hannover) s) Entlassungsurkunde vom 15. 9. 1833. Wandert mit der Familie aus
8795 a) K r a e m e r aus Nienberge, Schneider s) Entlassungsurkunde von März 1834
8796 a) Philipp Anton B o l t e aus Telgte b) 18. 4. 1798 s) Entlassungsurkunde von Oktober 1834
8797 a) Caspar D i e c k h o f f aus Überwasser, Tischlergeselle s) Entlassungsurkunde von Juli 1836
8798 a) Albert K r ö g e r aus Albersloh, Ackerknecht b) 3. 11. 1822 s) Entlassungsurkunde vom 28. 7. 1848. 55 Taler Vermögen
8799 a) Wilh. S t a l b o l d aus Alverskirchen, Ackerknecht b) 30. 6. 1818 s) Entlassungsurkunde vom 21. 9. 1848. 300 Taler Vermögen
8800 a) Max H a r d e w i g aus Roxel b) .... 1. 1.? 1831 s) Entlassungsurkunde vom 11. 8. 1850. 100 Taler Vermögen s) .... ? = I, 3869?
8801 a) Joh. .... Herm.? T e r b o n s e n aus Westbevern b) 20. 12. 1825 s) Entlassungsurkunde vom 14. 8. 1850
8802 a) Georg H e r b e r m a n n aus Saerbeck, Kleinhändler b) 2. 1. 1815 Glandorf d) Elise S t i p p 11. 4. 1818 Osnabrück e) Carl 8. 12. 1840, M. 2. 1. 1842, Friedr. 16. 4. 1844, Auguste 7. 2. 1849, alle in Saerbeck geboren s) Entlassungsurkunde vom 27. 10. 1850. 600 Taler Vermögen
8803 a) Bern. Heinr. V o g e l gt. B r ü n i n g aus Greven b) 1. 12. 1830 s) Entlassungsurkunde vom 27. 3. 1853. 200 Taler Vermögen
8804 a) Joh. Bern. K a m p e r t aus Albachten, Maurer b) 3. 5. 1805 d) Cath. Elise B r ü n i n g 29. 10. 1798 e) M. A. 6. 11. 1836 s) Entlassungsurkunde vom 12. 3. 1851. 300 Taler Vermögen
8805 a) Anton H o r s t m a n n aus Appelhülsen, Tagelöhner b) 22. 8. 1807 d) Elise Z u m b r o c k 3. 10. 1811 e) Anton 2. 2. 1834, Wilh. 29. 1. 1836, Bern. Heinr. 2. 6. 1839, Bern. 11. 7. 1842, Gertrud 15. 8. 1845, M. Clara Elise 3. 5. 1850 s) Entlassungsurkunde vom 21. 3. 1851. 380 Taler Vermögen
8806 a) Paul Ferd. Heinr. R o l i n g aus Nottuln b) 29. 6. 1834 s) Entlassungsurkunde vom 6. 5. 1851
8807 a) Anton G e r b e r m a n n aus Alverskirchen, Ackersmann b) 5. 2. 1820 s) Entlassungsurkunde vom 5. 6. 1851. 100 Taler Vermögen
8808 a) Carl H a v i x b e c k aus Nottuln, Lohgerbergeselle b) 3. 3. 1825 s) Entlassungsurkunde vom 25. 7. 1851. 200 Taler Vermögen
8809 a) Heinr. N i e m a n n aus Nottuln, Tischlergeselle b) 17. 11. 1822 s) Entlassungsurkunde vom 18. 8. 1851. 70 Taler Vermögen
8810 a) Joh. Heinr. L a n g e aus Nottuln, Ackerknecht b) 5. 1. 1820 Senden s) Entlassungsurkunde vom 18. 8. 1851. 70 Taler Vermögen
8811 a) Eberhard A v e r b e c k aus Roxel, Bäckergeselle b) Warendorf s) Entlassungsurkunde vom 28. 10. 1851
8812 a) Martin U h l e n b r o c k aus Nienberge, Gastwirt b) 17. 2. 1814 d) M. A. .... A r k ? 30. 10. 1818 Oldenburg e) Amalia 11. 1. 1843, Joh. Bern. 5. 4. 1844, August 3. 12. 1845, Wilhelmina Ottilia 20. 5. 1847, M. Theresia 20. 11. 1848, Peter Paul 23. 2. 1850, Franz Ernst 25. 6. 1851, alle in Nienberge geboren p) Oldenburg s) Entlassungsurkunde vom 18. 8. 1851. 3000 Taler Vermögen
8813 a) Theodor P i e p e r aus Hiltrup b) 24. 6. 1821 Mauritz s) Entlassungsurkunde vom 31. 1. 1852. 100 Taler Vermögen
8814 a) Anton G e r s t e n k e m p e r aus Nottuln, Ackerknecht b) 21. 7. 1819 s) Entlassungsurkunde vom 29. 3. 1852. 80 Taler Vermögen
8815 a) .... B ö v i n g gt. F e d d e r m a n n aus Greven b) 12. 11. 1825 s) Entlassungsurkunde vom 2. 4. 1852. 200 Taler Vermögen

8816 a) Albert H a v e r b e c k aus Nottuln, Zimmermann b) 16. 3. 1810 d) Cath. Elise D i r k s 8. 12. 1809 e) Bern. Anton 27. 2. 1843, M. A. 31. 3. 1848, A. M. Cath. 28. 4. 1850, alle in Nottuln geboren s) Entlassungsurkunde vom 29. 7. 1852. 50 Taler Vermögen

8817 a) Joh. Herm. H a a r m a n n aus Westbevern, Zimmermann b) 19. 7. 1824 s) Entlassungsurkunde vom 5. 8. 1852. 90 Taler Vermögen

8818 a) Bern. Friedr. H a a r m a n n aus Westbevern, Holzschuhmacher b) 21. 4. 1822 s) Entlassungsurkunde vom 10. 8. 1852. 100 Taler Vermögen

8819 a) Wilh. Joseph P u e r s aus Westbevern, Holzschuhmacher b) 13. 9. 1821 s) Entlassungsurkunde vom 11. 8. 1852. 60 Taler Vermögen

8820 a) Cath. Elise S c h e l t r u p Ehefrau Kimina aus Telgte b) 1. 5. 1818 Ostbevern e) A. Elise 16. 4. 1846 Telgte, Cath. Wilhelmine 26. 5. 1849 Telgte s) Entlassungsurkunde vom 17. 8. 1852. 140 Taler Vermögen

8821 a) Friedr. Wilh. K u h l m a n n aus Telgte, Arbeiter b) 3. 1. 1825 Barenhausen s) Entlassungsurkunde vom 21. 8. 1852. 60 Taler Vermögen

8822 a) Bern. Heinrich O s t e r f e l d aus Roxel, Ackerknecht b) 13. 10. 1818 d) Franziska D r e e s 17. 6. 1826 s) Entlassungsurkunde vom 23. 8. 1852. 250 Taler Vermögen

8823 a) Ernst D e t t e n aus Schapdetten, Ackersmann b) 7. 10. 1817 s) Entlassungsurkunde vom 25. 8. 1852. 1000 Taler Vermögen

8824 a) Joh. Heinr. M e y e r aus Telgte, Taglöhner b) 17. 8. 1829 s) Entlassungsurkunde vom 26. 8. 1852. 70 Taler

8825 a) Bern. B ö r s t i n g aus Telgte b) 10. 11. 1825 s) Entlassungsurkunde vom 3. 9. 1852. 70 Taler

8826 a) .... B e y n i n g gt. K o h l e n b ü c k e r aus Westbevern b) 23. 11. 1827 s) Entlassungsurkunde vom 2. 9. 1852. 100 Taler Vermögen

8827 a) Heinr. Herm. H e l m e r aus Bösensell, Ackerknecht b) 7. 11. 1823 s) Entlassungsurkunde vom 10. 3. 1853. 100 Taler Vermögen

8828 a) Joh. Bern. B o l l e aus Appelhülsen, Maurer b) 22. 2. 1824 s) Entlassungsurkunde vom 21. 3. 1853. 50 Taler Vermögen

8829 a) Wilh. G e l l e n b e c k aus Appelhülsen, Schneider b) 16. 1. 1821 s) Entlassungsurkunde vom 21. 3. 1853. 50 Taler Vermögen

8830 a) Franz W i n k e l s aus Appelhülsen, Tischler b) 27. 3. 1827 s) Entlassungsurkunde vom 21. 3. 1853. 40 Taler Vermögen

8831 a) Caspar Heinr. S c h m i e m a n n aus Appelhülsen, Ackersmann b) 7. 9. 1818 s) Entlassungsurkunde vom 21. 3. 1853. 200 Taler Vermögen

8832 a) Clemens August R e n n e b a u m aus Havixbeck, Tischlergeselle b) 25. 3. 1826 p) Dänemark s) Entlassungsurkunde vom 27. 5. 1853. 78 Taler Vermögen

8833 a) Theodor B i t t i n g aus Wolbeck, Oekonomieeleve b) 6. 2. 1826 Bösensell s) Entlassungsurkunde vom 8. 6. 1853. 1000 Taler Vermögen

8834 a) Bern. Heinr. S e l k m a n n aus Albachten, Ackersmann b) 3. 12. 1819 d) Elise W e l l i n g e r 6. 9. 1827 e) Elis. 1. 3. 1851 s) Entlassungsurkunde vom 19. 8. 1853. 500 Taler Vermögen

8835 a) Bern. B r ü n i n g aus Albachten, Ackerknecht b) 18. 5. 1818 s) Entlassungsurkunde vom 19. 8. 1853. 150 Taler Vermögen

8836 a) Joh. Bern. G r e i w e aus Überwasser, Ackerknecht b) 10. 2. 1823 s) Entlassungsurkunde vom 19. 8. 1853. 120 Taler Vermögen

8837 a) Paul Friedr. R ü s c h aus Münster, Handlungsgehilfe b) 10. 5. 1834 Telgte s) Entlassungsurkunde vom 23. 8. 1853. 200 Taler Vermögen

8838 a) Agnes R e n n e Witwe V a g e d e s aus Nottuln b) 10. 8. 1810 Coesfeld e) Gertrud 31. 12. 1830, Louise 19. 12. 1833, A. 2. 10. 1835, Cath. 7. 8. 1838, Scholastica 24. 10. 1840, Clemens 15. 4. 1843, alle in Nottuln geboren s) Entlassungsurkunde vom 29. 8. 1853. 400 Taler Vermögen

8839 a) Bern. Anton H ü l s m a n n aus Nottuln, Weber b) 7. 2. 1826 s) Entlassungsurkunde vom 22. 8. 1853. 50 Taler Vermögen

8840 a) Heinr. B a c k m a n n aus Nottuln, Zimmerergeselle b) 6. 9. 1823 s) Entlassungsurkunde vom 2. 8. 1853. 50 Taler Vermögen

8841 a) Gustav T e r f l o t h aus Greven b) 15. 12. 1834 s) Entlassungsurkunde vom 9. 9. 1853

8842 a) Elise L e i m a n n Ehefrau Niemer aus Telgte b) 6. 2. 1806 Beelen e) Franz Anton 9. 1. 1837 Telgte o) [1853]

8843 a) M. A. R u m p aus Schapdetten, Taglöhnerin b) 11. 3. 1823 e) Bernardina Marg. Rump s) Entlassungsurkunde vom 23. 9. 1853. 100 Taler Vermögen

8844 a) Friedr. Herm. A r k e n o e aus Greven, Handlungsgehilfe b) 11. 2. 1837 s) Entlassungsurkunde vom 21. 11. 1853

8845 a) Herm. W i t t e aus Albersloh, Kötter b) 28. 3. 1797 d) A. M. Cath. W i e d e m a n n 16. 11. 1796 e) Everhard 31. 1. 1830, Bern. Herm. 15. 1. 1843 s) Entlassungsurkunde vom 1. 1. 1854. 140 Taler Vermögen

8846 a) Joh. M ü s c h e r aus Mauritz, Ackerknecht b) 13. 11. 1827 s) Entlassungsurkunde vom 20. 1. 1854

8847 a) Bern. Heinr. H e s s m a n n g t. W e r l a n d aus Albersloh, Kötter b) 4. 2. 1810 d) M. Cath. B u d d e 27. 4. 1821 e) M. Cath. Josephina 12. 11. 1844, Clara 26. 6. 1846, A. M. Elise 25. 3. 1851, ... 30. 7. 1852 s) Entlassungsurkunde vom 7. 3. 1854

8848 a) Heinr. H o n e r l a g e n g r e t e aus Roxel, Ziegelbrenner b) 14. 9. 1822 Verl d) Gertrud N a t t e r m a n n 28. 2. 1822 Roxel s) Entlassungsurkunde vom 7. 3. 1854. 400 Taler Vermögen

8849 a) Andreas Joh. H o n e r l a g e n g r e t e aus Roxel, Ziegelbrenner b) 12. 6. 1829 Verl d) Theresia L e n t e r 4. 5. 1832 Havixbeck s) Entlassungsurkunde vom 7. 3. 1854

8850 a) Bern. Gerh. Z u t e l g t e aus Telgte, Ackerknecht b) 25. 2. 1825 s) Entlassungsurkunde vom 7. 3. 1854. 100 Taler Vermögen

8851 a) Bern. von S c h o n e b e c k aus Nienberge, Fähnrich b) 30. 10. 1828 s) Entlassungsurkunde vom 25. 2. 1854. 750 Taler Vermögen

8852 a) .... F e l d h a u s aus Roxel, Metzger d) Cath. H o l s t i e g e 4. 9. 1821 Roxel e) Heinr. 7. 6. 1850 Roxel, Anton 5. 6. 1852 Roxel s) Entlassungsurkunde vom 8. 2. 1854

8853 a) Joh. W i l d e m a n n aus Albersloh, Ackerknecht s) Entlassungsurkunde vom 3. 3. 1854. 50 Taler Vermögen

8854 a) Herm. S t o c k m a n n aus Wolbeck b) 21. 2. 1816 s) Entlassungsurkunde vom 5. 4. 1854. 80 Taler Vermögen

8855 a) Joh. Bern. Christ................. D o r s e l aus Mauritz, Ackerknecht b) 29. 12. 1832 s) Entlassungsurkunde vom 29. 3. 1854

8856 a) Franz Otto K o o h aus Nottuln, Förster b) 17. 3. 1821 Paderborn s) Entlassungsurkunde vom 19. 4. 1854. 200 Taler Vermögen

8857 a) Bern. Joh. H i n s m a n n aus Westbevern, Metzger b) 18. 6. 1826 s) Entlassungsurkunde vom 1. 6. 1854. 60 Taler Vermögen

8858 a) Heinr. S i e v e r s aus Nottuln, Taglöhner b) 25. 9. 1831 p) Niederlande s) Entlassungsurkunde vom 3. 8. 1854

8859 a) Anton P o t t m e y e r aus Saerbeck, Schustergeselle b) 16. 5. 1821 s) Entlassungsurkunde vom 18. 8. 1854. 40 Taler Vermögen

8860 a) Franz Wilh. M e l c h e r s aus Amelsbüren b) 25. 12. 1834 s) Entlassungsurkunde vom 23. 8. 1854

8861 a) .... P o g g e n b o r g aus Telgte, Schustergeselle b) 1. 3. 1834 s) Entlassungsurkunde vom .... 2.? 12.? 9. 1854

8862 a) Joh. B ü c k e r aus Bösensell, Faßbinder b) 1. 1. 1827 Seppenrade d) Cath. T h o r i n g Witwe .... Joh.? W e r m e l i n g 11. 1. 1829 Havixbeck f) .... ?Joh. Bern. Wermeling 24. 8. 1838, Heinr. Wermeling 6. 9. 1840, Herm. Wermeling 11. 4. 1842, alle in Bösensell geboren s) Entlassungsurkunde vom 19. 9. 1854. 700 Taler Vermögen

8863 a) .... L ü t k e E r d m a n n aus Roxel, Weber b) 6. 11. 1812 Everswinkel d) A. Elise .... K u h l m a n n ? 6. 9. 1809 Havixbeck d) M. Cath. 28. 9. 1842, Franz Joseph 5. 3. 1847, Joh. Bern. 29. 9. 1849, Wilh. 16. 5. 1852, alle in Roxel geboren s) Entlassungsurkunde vom 19. 9. 1854. 100 Taler Vermögen

8864 a) Joh. Herm. A n n e g a r n aus Telgte, Arbeiter b) 10. 9. 1829 s) Entlassungsurkunde vom 19. 10. 1854. 120 Taler Vermögen

8865 a) Theodor Herm H e r b e r t g t. H e u g e r aus Telgte, Zimmermann b) 21. 12 1826 s) Entlassungsurkunde vom 11. 10. 1854. 110 Taler Vermögen

8866 a) Engelbert F r i e d h o f f aus Telgte, Zimmermann b) 25. 4. 1827 Beelen s) Entlassungsurkunde vom 24. 10. 1854. 100 Taler Vermögen

8867 a) Anton H o l t m e i e r aus Überwasser s) Entlassungsurkunde vom 8. 1. 1855
8868 a) Herm. R o h l i n g aus Nottuln b) 13. 10. 1838 s) Entlassungsurkunde vom 9. 2. 1855
8869 a) Anton H e n r i c h m a n n aus Altenroxel, Ackerknecht b) 14. 12. 1820 s) Entlassungsurkunde vom .... 3. 1855. 900 Taler Vermögen s) .... ? = Nr. 51
8870 a) Bern. B r ü n i n g aus Albachten b) 17. 9. 1823 s) Entlassungsurkunde vom .... 4. 1855. 50 Taler Vermögen
8871 a) Bern. Heinr. F r i e aus Havixbeck, Ackerknecht b) 22. 11. 1826 s) Entlassungsurkunde vom 28. 8. 1855. 60 Taler Vermögen
8872 a) Heinr. Joseph W i e p aus Telgte, Färber b) 11. 9. .... 1801? 1804? s) Entlassungsurkunde vom 4. 7. 1855
8873 a) Max Franz K e l l e r m a n n aus Telgte, Bäcker u. Brauer b) 20. 7. 1819 s) Entlassungsurkunde vom 8. 9. 1855
8874 a) Anton F e l d t h o r n aus Albachten, Zimmermann b) 19. 1. 1816 .... Altenberg? Altenberge? s) Entlassungsurkunde vom .... 8.? 2. 1856
8875 a) .... B a c k m a n n aus Nottuln, Maurer b) 14. 1. 1828 s) Entlassungsurkunde vom .... 6.? 2. 1856. 50 Taler Vermögen
8876 a) Heinr. S c h l a u t m a n n aus Nienberge, Ackerknecht b) 1. 9. 1818 s) Entlassungsurkunde vom .... 6. 2. 1856. 100 Taler Vermögen
8877 a) Wilhelmina L a m b r o c k aus Roxel b) 26. 7. 1833 s) Entlassungsurkunde vom .... 5.? 3. 1856. 40 Taler Vermögen
8878 a) Bern. Heinr. H ü n t e l e r aus Nottuln, Maurer b) 20. 5. 1828 s) Entlassungsurkunde vom 25. 2. 1856
8879 a) Bern. Heinr. H ö l s c h e r aus Telgte b) 23. 2. 1832 s) Entlassungsurkunde vom 5. 4. 1856. 100 Taler Vermögen
8880 a) Joh. Herm. J u l k e n b e c k aus Telgte s) Entlassungsurkunde vom 12. 4. 1856. 250 Taler Vermögen
8881 a) Clemens S c h w a r aus Telgte, Schmied b) 6. 7. 1819 s) Entlassungsurkunde vom .... 6.? 5. 1856
8882 a) A. H e u e r i n g aus Bösensell b) 26. 3. 1830 s) Entlassungsurkunde vom 4. 7. 1856. 40 Taler Vermögen
8883 a) Joh. Bern. W e s s e l m a n n aus Überwasser, Kötter b) 26. 12. 1829 d) M. A. D u r a m 4. 8. 1828 Oesede (Hannover) m) Gertrud L a m m e r d i n g 5. 6. 1805, Stiefmutter s) Entlassungsurkunde vom 6. 7. 1856. 800 Taler Vermögen
8884 a) A. W e s s e l m a n n aus Überwasser b) 21. 11. 1827 Gimbte s) Entlassungsurkunde vom .... 8. 1856. 20 Taler Vermögen
8885 a) Theodor L a n d g r ä b e r aus Lamberti, Ökonom b) 6. 9. 1833 Münster s) Entlassungsurkunde vom .... 2.? 12. 1856
8886 a) Carl Wilh. Joseph B e c k e r aus Greven b) 2. 11. 1839 s) Entlassungsurkunde vom 6. 11. 1856
8887 a) Franz P i e p e r aus Amelsbüren b) 14. 9. 1827 p) Niederlande s) Entlassungsurkunde vom 11. 1856
8888 a) Ludwig B e r t l i n g aus Mauritz, Maler d) Cath. Jacobina B a u t z 15. 3. 1832 e) Caroline Ernestine 19. 4. 1855 s) Entlassungsurkunde vom 30. 1. 1857. 400 Taler Vermögen
8889 a) Andreas Gerh. [Joh. Andreas Gerh.] O t t o aus Greven, [Fuestrup], Ackerknecht [beim Colon Westrup] b) 11. 9. 1825 Ibbenbüren s) Entlassungsurkunde vom .... 2. 1857. 70 Taler Vermögen
8890 a) Bern. Melchior H ö l s c h e r aus Telgte Ksp., Ackerknecht b) 30. 4. 1830 s) Entlassungsurkunde vom 12. 3. 1857. 200 Taler Vermögen
8891 a) Bern. N a b e r gt. S c h e l l e aus Telgte Ksp., Ackerknecht b) 23. 3. 1819 s) Entlassungsurkunde vom 14. 4. 1857. 200 Taler Vermögen
8892 a) Bern. Heinr. F o c k e n b r o c k aus Handorf, Ackerknecht b) 16. 12. 1840 s) Entlassungsurkunde vom 16. 4. 1857
8893 a) Bern. K o h l e aus Albersloh, Ackerknecht b) 8. 4. 1834 s) Entlassungsurkunde vom 9. 4. 1857. 100 Taler Vermögen
8894 a) Anton H o l l i n d e aus Telgte Ksp., Ackerknecht b) 13. 11. 1820 s) Entlassungsurkunde vom 8. 4. 1857. 250 Taler Vermögen

8895 a) Elise H e l m e r aus Wolbeck, Taglöhnerin   b) 7. 1. 1824 Bösensell   s) 150 Taler Vermögen   t) Entlassungsurkunde vom 8. 3. 1857

8896 a) Bern. [Heinr. Bern.] B r i n k h a u s [aus Telgte (bei Brinkhaus)], Tischlergeselle   b) 16. 1. 1833 Greven   s)   70 Taler Vermögen   t) Entlassungsurkunde vom 31. 3. 1857. Siehe auch StadtA Greven, A 1582

8897 a) Joh. Theodor B r e u l aus Albersloh, Ackersmann   b) 10. 9. 1829   s) Entlassungsurkunde vom 20. 4. 1857. 100 Taler Vermögen

8898 a) Gr. L o h m a n n aus Nienberge, Ackersmann   b) 16. 4. 1839   s) Entlassungsurkunde vom 6. 6. 1857. 100 Taler Vermögen

8899 a) Bern. Philipp M e n z aus Albersloh, Ackersmann   b) 30. 12. 1822   s) Entlassungsurkunde vom 7. 7. 1857

8900 a) Gerh. B e c k e r aus Greven, Kaufmann   b) 15. 9. 1835   s) Entlassungsurkunde vom .... 3.? 7. 1857

8901 a) Joh. Christoph F r e d e r i c h aus Telgte   b) 30. 11. 1820   d) M. A. B u s c h e 10. 3. 1818   e) Anton 29. 7. 1841, Heinr. 10. 5. 1843, Christoph 25. 7. 1845, Antonia 7. 7. 1851, Valentin 27. 9. 1854   s) 13. 8. 1857. 300 Taler Vermögen

8902 a) Wilh. K e t t e l e r aus Roxel, Ökonom   b) 24. 9. 1830   s) Entlassungsurkunde vom 6. 10. 1857. 500 Taler Vermögen

8903 a) Caspar Heinr. K r a n e f u ß aus Telgte, Schäfer   b) 30. 3. 1827 Winkelsetten (Amt Dissen)   s) Entlassungsurkunde vom 31. 5. 1858. Besitzt 50 Taler und 20 Schafe

8904 a) Bern. Heinr. H e u m a n n aus Albersloh, Ackersmann   b) 16. 4. 1842   s) Entlassungsurkunde vom 13. 4. 1858. 200 Taler Vermögen

8905 a) Joh. Heinr. B a n k e m p e r aus Billerbeck, Arbeiter   b) 11. 2. 1825 Havixbeck   d) Dina W i e r l i n g 1826 Havixbeck   s) Entlassungsurkunde vom 1. 7. 1858. 250/300 Taler Vermögen

8906 a) Joh. Theodor M e y e r aus Rinkerode, Maurer   b) 5. 3. 1828   s) Entlassungsurkunde vom 22. 7. 1858. 150 Taler Vermögen

8907 a) A. M i e l e n b r i n k aus Westbevern, Magd   b) 12. 3. 1816   s) Entlassungsurkunde vom 5. 8. 1858. 100 Taler Vermögen

8908 a) Joh. Heinr. S o n n e aus Telgte, Lokomotivführer   b) 16. 6. 1833 Wien   s) Entlassungsurkunde vom 14. 10. 1858

8909 a) Philipp Heinr. O v e r m a n n aus Albersloh, Tischler   b) 17. 7. 1829   s) Entlassungsurkunde vom 15. 2. 1859. 60 Taler Vermögen .... ? = Identisch mit Nr. 725

8910 a) Theodor W i g g e l i n g h o f f aus Everswinkel, Ackerknecht   b) 8. 5. 1826 Albersloh   s) Entlassungsurkunde vom 30. 8. 1859. 100 Taler Vermögen

8911 a) Everhard W i g g e r i n g l o h aus Albersloh, Tischler   g) A. Mays Witwe Wiggeringloh   h) Josephine Wiggeringloh 18. 1. 1844   s) Entlassungsurkunde vom 21. 9. 1859. 150 Taler Vermögen

8912 a) Theodora V o g e l aus Rinkerode   b) 1. 9. 1835   s) Entlassungsurkunde vom 12. 9. 1859. 120 Taler Vermögen

8913 a) Bern. L e i s s m a n n aus Westbevern, Schneider   b) 26. 7. 1808   d) A. Cath. Elise B ö n e w a t e r   e) Clara 1. 6. 1836, M. A. 3. 7. 1838   s) Entlassungsurkunde vom 12. 3. 1860. 800 Taler Vermögen

8914 a) Christoph Heinr. A r k e n o e aus Greven, Kaufmann   b) 19. 5. 1832   s) Entlassungsurkunde vom 7. 4. 1860. 2000 Taler Vermögen

8915 a) Ferd. Anton Hubert M e y e r aus Bocholt   b) 29. 7. 1843 Überwasser   s) Entlassungsurkunde vom 4. 5. 1860

8916 a) Herm. M i c h e e l aus Marienfeld, Kötter   b) 10. 3. 1828 Westbevern   d) Gertrud W o n n e m a n n 21. 4. 1826 Westbevern   e) Joh. Wilh. 31. 3. 1855, M. Elis. 5. 7. 1857, Franz Joh. 5. 6. 1859, alle in Westbevern geboren   s) Entlassungsurkunde vom 15. 6. 1860. 400 Taler Vermögen. „Die Auswanderung ist nicht ins Werk gesetzt, Die Entlassungs-Urkunde vielmehr der Königl(ichen) Regierung hier mit Bericht v 24/6. 61 Nº 3211 remittirt"

8917 a) .... H i l t e r m a n n aus Lamberti   b) 25. 11. 1841   s) Entlassungsurkunde vom 12. 10. 1860

8918 a) Hubert S c h e n k i n g aus Nottuln, Ökonom   b) 1. 12. 1831 Amelsbüren   s) Entlassungsurkunde vom 9. 1. 1861. 300 Taler Vermögen

8919 a) August N i e m a n n aus Überwasser, Drechsler   b) 17. 4. 1827   s) Entlassungsurkunde vom 29. 1. 1861

8920 a) Herm. Emil Graf v o n S a l m - H o o g s t r a e t e n aus Burscheid bei Aachen b) 23. 2. 1844 Mauritz s) Entlassungsurkunde vom 19. 2. 1861

8921 a) Herm. R i d d e r aus Überwasser, Commis b) 27. 7. 1834 Leiben (Kr. Lignitz) s) Entlassungsurkunde vom 5. 4. 1861. 200 Taler Vermögen. „Hat lt Schreiben der Polizei-Direktion zu Bremen v 23/10 61 dort das Bürgerrecht erworben"

8922 a) Bern. Joseph Anton T a n n e b e c k aus Westbevern, Ackersmann b) 12. 10. 1821 s) Entlassungsurkunde vom 10. 4. 1861. 200 Taler Vermögen

8923 a) Bern. H i l g e n b r i n k aus Havixbeck, Schneider b) .... 19.? 29.? 4. 1834 d) .... 13.? 4. 1823 s) Entlassungsurkunde vom 13. 7. 1861. 250 Taler Vermögen

8924 a) Antonette B r i n k s m e y e r aus Lamberti b) 16. 11. 1833 Bocholt s) Entlassungsurkunde vom 2. 8. 1861. 100 Taler Vermögen

8925 a) Ludwig Bernd Herm. T e r f l o t h aus Greven, Kaufmann b) 8. 3. 1837 s) Entlassungsurkunde vom 7. 12. 1861. 1000 Taler Vermögen

8926 a) Heinr. L o e d i n g aus Havixbeck, Steinhauer b) 27. 4. 1827 Nottuln s) Entlassungsurkunde vom 14. 6. 1862. 100 Taler Vermögen

8927 a) Ludwig Joseph Nepomuk Hubert T h u e r aus Nottuln, Kunstgärtner b) 23. 3. 1835 Havixbeck s) Entlassungsurkunde vom 20. 9. 1862

8928 a) Melchior H o l t h a u s aus Appelhülsen, Alumnus des Priesterseminars b) 24. 3. 1835 s) Entlassungsurkunde vom 21. 4. 1863

8929 a) Heinr. W ö r m a n n aus Amelsbüren, Bildhauer b) 16. 7. 1828 s) Entlassungsurkunde vom 16. 5. 1863

8930 a) M. A. B a r t z aus Nottuln b) 11. 11. 1835 s) Entlassungsurkunde vom 7. 9. 1863. 50 Taler Vermögen

8931 a) .... G r o ß e L e n g e r i c h aus Handorf, Ackersmann b) 19. 3. 1835 s) Entlassungsurkunde vom 7. 10. 1863. 300 Taler Vermögen. „Die Auswanderung ist nicht erfolgt; die Entlassungsurkunde vilmehr der Königl. Reg. mit bem Bericht unterm 23/10 63. zurückgereicht"

8932 a) Levi L ö w e n b e r g aus Telgte, Kaufmann b) 10. 3. 1838 s) Entlassungsurkunde vom 28. 10. 1863

8933 a) Ludger Heinr. E s s e r aus Havixbeck, Bierbrauer b) 27. 9. 1838 s) Entlassungsurkunde vom 9. 3. 1864

8934 a) Joh. Theodor G e r d e s aus Nottuln, Ackersmann b) 9. 3. 1834 s) Entlassungsurkunde vom 10. 9. 1864

8935 a) Cath. .... aus Greffen b) 31. 3. 1836 Handorf s) Entlassungsurkunde vom 6. 8. 1864. Der Eintrag ist durchgestrichen

8936 a) Mathilde Kunigunde D a n i e l aus Gronau b) 5. 2. 1834 Telgte Stadt s) Entlassungsurkunde vom 13. 9. 1864. 80 Taler Vermögen

8937 a) Josephine G e r d e m a n n aus Telgte b) 20. 12. 1837 Mauritz s) Entlassungsurkunde vom 22.9. 1864. 130 Taler Vermögen

8938 a) Carl Wilh. Anton Ferd. .... A r n d t s ? Arnots? aus Lamberti b) 8. 6. 1842 Erfurt s) Entlassungsurkunde vom 17. 10. 1864

8939 a) Bern. Heinr. S c h l a u t m a n n aus Altenberge, Tagelöhner b) 11. 12. 1833 Havixbeck s) Entlassungsurkunde vom 3. 11. 1864. Militärverhältnis: Moralisch unwürdig

8940 a) Stephan Anton B a l l e r i n g aus Rinkerode, Schuhmachergeselle b) 9. 9. 1846 s) Entlassungsurkunde vom 13. 2. 1865

8941 a) Joh. Heinr. H a r t m a n n g t. S t o f f e r s m a n n aus Alberslog, Zimmermann b) 6. 11. 1833 s) Entlassungsurkunde vom 14. 3. 1865. 100 Taler Vermögen

8942 a) Joh. Bern. H a r t m a n n g t. S t o f f e r s m a n n aus Alberslog, Zimmermann b) 15. 5. 1835 s) Entlassungsurkunde vom 14. 3. 1865. 100 Taler Vermögen

8943 a) Joh. Heinr. H e y m a n n aus Mauritz, Zimmermann b) .... 2.? 7. 1833 s) Entlassungsurkunde vom 21. 4. 1865. 120 Taler Vermögen .... ? = Nr. 5840

8944 a) Bern. H u e r l ä n d e r aus Nienberge, Steinhauer b) 24. 5. 1829 Überwasser d) Friederike L o h o f f 23. 11. 1834 Überwasser e) Bern. 27. 6. 1862 Überwasser, M. 4. 5. 1864 Überwasser s) Entlassungsurkunde vom 21. 4. 1865

8945 a) Herm. R ö e r aus Münster b) 5. 2. 1848 Mauritz s) Entlassungsurkunde vom 13. 6. 1865

8946 a) Gerh. Heinr. P o g g e aus Gimbte, Kötter b) 18. 11. 1829 d) A. H a t k e 1827 e) Anton Bern. Heinr. 22. 4. 1860 Gimbte, Joh. Heinr. 12. 9. 1863 Gimbte s) Entlassungsurkunde vom 3. 7. 1865. 700–800 Taler Vermögen

8947 a) Eberhard A u g u s t i n aus Nienberge, Kötter b) 8. 2. 1813 d) Elis. B e c k e r 1837 e) .... 19. 11. 1864 s) Entlassungsurkunde vom 25. 7. 1865

8948 a) Joh. Heinr. Theodor L ü t k e   G o r g e m a n n aus Nottuln, Ackersmann b) 9. 9. 1839 s) Entlassungsurkunde vom 2. 9. 1865

8949 a) Clemens L ü t k e   A u s t r u p aus Bösensell, Ackerknecht b) 17. 9. 1839 s) Entlassungsurkunde vom 30. 10. 1865. 300 Taler Vermögen

8950 a) Joh. Theodor G e r d e s aus Nottuln, Ackerer b) 9. 3. 1834 s) Entlassungsurkunde vom 4. 12. 1865. 500 Taler Vermögen

8951 a) A. Elis. H a l i n d e aus Telgte Ksp. b) 21. 3. 1841 s) Entlassungsurkunde vom 20. 1. 1866. 100 Taler Vermögen

8952 a) Herm. Felix M e i e r aus Überwasser, Gymnasiast b) 6. 2. 1849 Bocholt s) Entlassungsurkunde vom 15. 1. 1866

8953 a) .... K o p p e r n a g e l aus Westbevern, stud. theol. b) 22. 12. 1839 s) Entlassungsurkunde vom 9. 12. 1865

8954 a) Cath. S c h ü t t e f o e t aus Telgte, Dienstmagd b) 2. 2. 1842 Clarholz s) Entlassungsurkunde vom 3. 2. 1866

8955 a) Joh. Bern. B e c k e r aus Greven, Bäcker u. Brauer b) 11. 3. 1841 s) Entlassungsurkunde vom 17. 3. 1866. 150 Taler Vermögen

8956 a) Friedr. Wilh. S c h r ö d e r aus Münster, Gärtner b) 15. 11. 1833 Mauritz d) Therese W e d i 28. 5. 1836 e) M. Cath. 22. 7. 1862 Mauritz, Joh. Peter 22. 6. 1864 Mauritz s) Entlassungsurkunde vom 26. 3. 1866. Das Vermögen besteht aus dem Reisegeld

8957 a) Carl Georg R o t e r s aus Hövel (Kr. Lüdinghausen) b) 19. 5. 1849 s) Entlassungsurkunde vom 26. 3. 1866. „Ist durch Urkunde vom 8 Junij 1867 Nr. 2368 I . P. der Königl. Regierung hier wieder als Preuß. Unterthan aufgenommen."

8958 a) Joh. Theodor J u c k e n b e c k aus Greven, Ackerknecht b) 1. 6. 1835 s) Entlassungsurkunde vom 5. 4. 1866. 100 Taler Vermögen

8959 a) Gerh. W i l k i n g aus Münster, Tischlergeselle b) 2. 7. 1846 s) Entlassungsurkunde vom 5. 4. 1866

8960 a) Joh. Theodor W a l d b e l l e r aus Telgte Ksp., Ackersmann b) 15. 11. 1841 s) Entlassungsurkunde vom 23. 4. 1866. 100 Taler Vermögen

8961 a) Bern. Heinr. K ö s t e r s aus Saerbeck, Arbeitsmann b) 23. 12. 1836 s) Entlassungsurkunde vom 18. 4. 1866. 160 Taler Vermögen. „Die Urkunde war am 10^t Febr. 1867 von dem p. Kösters noch nicht eingelöset u. hat derselbe bis dahin die Auswanderung noch nicht ausgeführt. Die Urkunde ist der K. Regierung mit Bericht vom 27/3. 67 No 1737 remittirt, weil Kösters die beabsichtigte Auswanderung aufgegeben hat."

8962 a) Hugo August Arnold Bern. P r ö b s t i n g aus Greven, Handlungslehrling b) 15. 9. 1850 s) Entlassungsurkunde vom 6. 7. 1866. „Die Urkunde war im Febr. 1867 noch nicht eingelöset; jedoch im Laufe des Jahres 1867 ausge...................."

8963 a) Melchior N i e h u e s gt.   R o l f aus Wolbeck Ksp., Colon b) 13. 11. 1824 d) Therese G r o t h u e s 6. 6. 1827 Wolbeck e) Georg Heinr. 5. 2. 1854, Pauline 2. 2. 1858, A. 5. 3. 1861, Gertrud 22. 3. 1865 s) Entlassungsurkunde vom 6. 7. 1866. 10000 Taler Vermögen

8964 a) Joh. Heinr. W i e w e l aus Albersloh, Kötter b) 15. 7. 1823 d) Elis. B r i n k s c h u l t e 11. 5. 1825 e) A. Elis. 31. 10. 1860, Joh. Heinr. 17. 2. 1863, ... 24. 12. 1864 k) .... H o l l i n g gt.   B r i n k s c h u l t e 20. 12. 1800 s) Entlassungsurkunde vom 12. 7. 1866. 1000 Taler Vermögen. Die Schwiegermutter ist in den Konsens nicht aufgenommen

8965 a) Conrad Florenz Anton B e c k e r aus Greven b) 16. 7. 1850 s) 2000 Taler Vermögen. „Die Urkunde war im Februar 1867 noch nicht eingelöset; jedoch im Laufe des Jahres 1867 eingehändigt" t) Entlassungsurkunde vom 4. 10. 1866

8966 a) Herm. H u c k e n b e c k aus Greven, Handarbeiter b) 9. 3. 1851 s) Entlassungsurkunde vom 7. 11. 1866. 100 Taler Vermögen

8967 a) Otto Clemens B e i s e n b e r g aus Schermbeck b) 15. 6. 1850 Mauritz s) Entlassungsurkunde vom 9. 1. 1867

8968 a) .... S c h r ü n d e r aus Greven   b) 26. 6. 1852   s) Entlassungsurkunde vom 13. 2. 1867   s) „Die Urkunde war im Januar 1868 noch nicht eingelöst"
8969 a) Joh. Everwin F r e n k aus Havixbeck, Maurer   b) 25. 9. 1838   s) Entlassungsurkunde vom 21. 2. 1867. 108 Taler Vermögen
8970 a) Joh. Melchior B e n n i n g gt. G r i e s e aus Rinkerode, Ackersmann   b) 20. 3. 1826   s) Entlassungsurkunde vom 23. 2. 1867. 500 Taler Vermögen
8971 a) Anton B a l l e r i n g aus Rinkerode, Schuhmacher   b) 28. 3. 1810   d) A. M. W i t t e 2. 7. 1816   e) M. Sophia Gertrud 18. 5. 1849, Bern. Heinr. 22. 12. 1851, A. M. 26. 9. 1854, Franz Theodor 29. 3. 1857   s) Entlassungsurkunde vom 28. 2. 1867. 2000 Taler Vermögen
8972 a) Georg S u d m a n n aus Überwasser, Arbeiter   b) 12. 5. 1826 Visbeck   d) Gertrud B r ü g g e m a n n 23. 12. 1838   e) Bern. 25. 7. 1866   s) Entlassungsurkunde vom 23. 2. 1867. 300 Taler Vermögen
8973 a) Wenzeslaus Adolph Herm. Ferd. R i n t e l e n aus Mauritz, Seemann   b) 23. 8. 1845 Ahaus   s) Entlassungsurkunde vom 5. 4. 1867
8974 a) Joh. Friedr. S u d m a n n aus Glane, Arbeiter   b) 3. 9. 1839   s) Das Vermögen besteht aus dem Reisegeld. „Antrag ist zurückgenommen"
8975 a) A. Sophia Sibilla H e i t m a n n aus Bösensell   b) 17. 4. 1837 Holthausen   s) Entlassungsurkunde vom 9. 4. 1867. 300 Taler Vermögen
8976 a) Heinr. L ü t k e F e l d h a u s aus Bösensell, Landwirt   b) 18. 6. 1838   s) Entlassungsurkunde vom 9. 4. 1867. 300 Taler Vermögen
8977 a) Dina L ü t k e F e l d h a u s aus Bösensell   b) 30. 10. 1845 Bösensell   s) 300 Taler Vermögen
8978 a) Bern. Heinr. G r o t h u e s aus Amelsbüren, Kötter   b) 3. 3. 1802 Warendorf   d) Franziska K e n t r u p 2. 12. 1814 Amelsbüren   e) Lisette 14. 9. 1839 Amelsbüren   s) Entlassungsurkunde vom 18. 4. 1867. 1200 Taler Vermögen
8979 a) Joseph J e i l e r aus Havixbeck, Ackerer   b) 19. 2. 1834   s) Entlassungsurkunde vom 23. 4. 1867. 200 Taler Vermögen
8980 a) Adolph D e i t e r s aus Münster, Berg-Eleve   b) 22. 8. 1842 Mauritz   s) Entlassungsurkunde vom 25. 4. 1867. 500 Taler Vermögen
8981 a) Joseph Theodor H o v e s t a d t aus Lamberti   b) 12. 2. 1840 Havixbeck   s) Entlassungsurkunde vom 4. 5. 1867. 150 Taler Vermögen
8982 a) Herm. B ö h n e r aus Telgte, Kaufmann   b) 16. 8. 1834   s) Entlassungsurkunde vom 25. 4. 1867
8983 a) Anton D a l d r u p aus Bösensell, Kötter   b) 29. 1. 1835 Appelhülsen   d) Gertrud N a t h m a n n 4. 8. 1843   e) Bern. Heinr. 30. 8. 1862, Wilh. Bern. 17. 7. 1864, M. Franziska 18. 6. 1866, alle in Appelhülsen geboren   k) Bern. Heinr. .... O v e r s ? Ooers? 1798   s) Entlassungsurkunde vom 17. 5. 1867. 1500 Taler Vermögen
8984 a) Heinr. Joseph L e i e r m a n n gt. G u n n i g m a n n aus Greven, Ackerknecht   b) 2. 9. 1836 Greven   s) 400 Taler Vermögen. „Die Urkunde war im Januar 1848 noch nicht eingelöst"   t) Entlassungsurkunde vom 25. 5. 1867
8985 a) Theodor S p a h n aus Münster   b) 10. 6. 1851 Lamberti   t) Entlassungsurkunde vom 23. 8. 1867
8986 a) Heinr. B e c k o r d aus Wolbeck Ksp., Förster   b) 20. 5. 1813 Gütersloh   d) Elis. S t r o t h o f f 11. 6. 1828   e) Hubert 22. 1. 1851, Antonia 31. 3. 1853, Theodor 28. 1. 1859, Heinr. 24. 5. 1861, M. 21. 5. 1866   s) Entlassungsurkunde vom .... 10. 1867. 500 Taler Vermögen
8987 a) .... S a b e y aus Lamberti, Kaufmann   b) 25. 11. 1850   s) Entlassungsurkunde vom 24. 1. 1868
8988 a) Caspar Heinr. K l e y m a n n aus Rinkerode   b) 9. 8. 1807 Ascheberg   d) M. Cath. L o h m a n n 8. 5. 1813   e) Clemens August 11. 8. 1842, Cath. Elis. 7. 1. 1836, Wilh. 6. 11. 1845, Joh. 4. 12. 1848   s) Entlassungsurkunde vom 1. 2. 1868. 600 Taler Vermögen
8989 a) Bern. Heinr. S t e i n g r ä b e r aus Rinkerode, Ackersmann   b) 31. 8. 1835 Rinkerode   s) Entlassungsurkunde vom .... 2. 1868. 250 Taler Vermögen
8990 a) Wilh. Bern. F e l d h a u s aus Roxel, Maurer   b) 28. 11. 1818 Roxel   d) Cath. H o l s t i e g e 16. 9. 1821 Roxel   e) Heinr. 7. 6. 1850, Gertrud 12. 10. 1858, A. Therese ... 12. 1859, Joh. Bern. 8. 6. 1863   s) Entlassungsurkunde vom 9. 3. 1868
8991 a) A. W i e m a n n aus Wolbeck, Magd   b) 15. 9. 1845 Beelen   s) Entlassungsurkunde vom 8. 4. 1868. 80 Taler Vermögen

8992 a) Bern. F r i e d h o f f aus Telgte, Tischler b) 4. 4. 1826 Beelen d) Gertrud B o r g h o f f 26. 4. 1826 e) Bern. Stephan 23. 9. 1865, M. 10. 4. 1868 s) Entlassungsurkunde vom 22. 6. 1868. 2000 Taler Vermögen

8993 a) Albert v o n H a t z f e l d aus Mauritz b) 16. 10. 1855 Wiedenbrück s) Entlassungsurkunde vom 16. 2. 1870. Ca. 100 Taler Vermögen

8994 a) Franz Clemens W e n n e r s aus Saerbeck b) 21. 9. 1854 s) Entlassungsurkunde vom 11. 3. 1870. Ist durch Urkunde vom 31. 1. 1874 wieder naturalisiert worden

8995 a) Louis Franz Heinr. Anton U e d e m a n n aus Saerbeck b) 10. 1. 1854 s) Entlassungsurkunde vom 16. 3. 1870

8996 a) Joh. Ludwig B a c k m a n n aus Nottuln b) 5. 9. 1854 p) Nordamerika s) Entlassungsurkunde vom 23. 4. 1870

8997 a) Kath. Elis. A l t h o f f Witwe T o m b r o c k aus Nottuln b) 25. 11. 1820 Laer e) Wilh. Josef Anton 26. 5. 1858 Nottuln s) Entlassungsurkunde vom 17. 5. 1870. Ca. 120 Taler Vermögen

8998 a) Anton W e s t b r o c k aus Amelsbüren b) 21. 7. 1855 s) Entlassungsurkunde vom 2. 6. 1870. Ca. 100 Taler Vermögen

8999 a) Josef S m e d d i n k aus Mauritz, Bierbrauer b) 10. 11. 1838 s) Entlassungsurkunde vom 27. 6. 1870, Ca. 500 Taler Vermögen

9000 a) August Const. Leopold K ö s t e r s aus Lamberti, Handlungslehrling   b) 24. 12. 1853   s) Entlassungsurkunde vom 13. 12. 1870. Konsens zurückgegeben

9001 a) Cath. F o c k e aus Alverskirchen, Arbeiterin b) 5. 2. 1840 s) Entlassungsurkunde vom 20. 3. 1871. 300 Taler Vermögen

9002 a) A. M ü t h i n g aus Havixbeck, Dienstmagd b) 18. 1. 1847 s) Entlassungsurkunde vom 26. 3. 1871. 60 Taler Vermögen

9003 a) .... Wilh.? K u h l m a n n aus Albersloh b) 21. 11. 1854 s) Entlassungsurkunde vom 13. 5. 1871. 200 Taler Vermögen

9004 a) Joseph Wilh. S t e c k l i n g aus Wolbeck b) 13. 1. 1854 Mauritz s) Entlassungsurkunde vom 3. 8. 1871

9005 a) Herm. Franz P r i m a v e s i aus Mauritz, Kaufmann b) 23. 4. 1848 Gravenhorst (Kr. Tecklenburg) s) Entlassungsurkunde vom 17. 8. 1871

9006 a) M. A. V e r i n g aus Alverskirchen, Magd   b) 23. 11. 1845 Stromberg (Kr. Beckum)   s) Entlassungsurkunde vom 19. 9. 1871. 80 Taler Vermögen

9007 a) Anton G r o l l aus Alverskirchen, Ackerer b) 16. 8. 1844 s) Entlassungsurkunde vom 2. 10. 1871. Das Vermögen besteht im Reisegeld

9008 a) Joh. Bern. G r o l l aus Alverskirchen, Ackerer b) 25. 1. 1850 s) Entlassungsurkunde vom 2. 10. 1871. Das Vermögen besteht im Reisegeld

9009 a) Heinr. Joseph Anton H o l t m e y e r aus Überwasser, Schüler b) 11. 11. 1853 s) Entlassungsurkunde vom 5. 10. 1871. Durch Urkunde vom 17. 4. 1873 wieder naturalisiert

9010 a) Anton Herm. Joh. N i e h o f f aus Überwasser, Ackersmann b) 23. 2. 1847 s) Entlassungsurkunde vom 15. 11. 1871. 200 Taler Vermögen

9011 a) Bern. Wilh. Anton G e r d e s aus Nottuln, Ackersmann b) 4. 4. 1844 s) Entlassungsurkunde vom 2. 12. 1871. 450 Taler Vermögen

9012 a) Franz H o f f m a n n aus Überwasser, Handelsmann b) 7. 3. 1818 Münster d) Louise S t r i e t h o l t 4. 4. 1829 e) Clara 5. 9. 1850, A. 6. 12. 1852, Emil 7. 2. 1860, Joseph 22. 8. 1863, Franz 21. 4. 1865 s) Entlassungsurkunde vom 10. 1. 1872. Nicht ausgewandert

9013 a) Adolph G r e v e l e r aus Mauritz, Goldarbeiterlehrling b) 19. 5. 1853 s) Entlassungsurkunde vom 13. 1. 1872

9014 a) Theodor Bernh. Apollonius H u n k e m ö l l e r aus Telgte, Goldarbeiter   b) 8. 4. 1844   s) Entlassungsurkunde vom 13. 1. 1872. Ca. 200 Taler Vermögen

9015 a) Anton Bernh. L o s e aus Geist, Landwirt b) 29. 7. 1821 Münster   d) Elis. N i e h u e s 13. 9. 1814 e) M. A. 24. 12. 1846 Geist, Joh. Theodor 17. 11. 1857 Geist s) Entlassungsurkunde vom 6. 4. 1872. 1400 Taler Vermögen

9016 a) Bernh. K l o s t e r k ä m p e r aus Amelsbüren, Kötter b) 23. 12. 1818 d) Christine K ö t t e n d o r f 10. 10. 1831 e) A. 21. 12. 1859, Franz 5. 9. 1861, Gertrud 10. 9. 1865, August 10. 9. 1865, Joh. 8. 10.

1868, Theresia 2. 11. 1870, alle in Amelsbüren geboren s) Entlassungsurkunde vom 29. 4. 1872. 4400 Taler Vermögen

9017 a) Theodor H a g e m a n n aus Mauritz, Ackerer b) 19. 6. 1846 o) [1872] s) Antrag ist zurückgenommen

9018 a) Ludwig Heinr. Wilh. B e c k e r aus Greven b) 21. 8. 1855 s) Entlassungsurkunde vom .... 5. 1872. Kein Vermögen

9019 a) A. B r ü g g e m a n n gt. H e s s m a n n aus Amelsbüren b) 1. 11. 1845 s) Entlassungsurkunde vom .... 6. 1872. Kein Vermögen

9020 a) Bern. *Ferd.* A l b e r t i aus Greven b) 14. 1. 1858 Westerkappeln p) [Holland] s) Entlassungsurkunde vom 11. 6. [.............. 4.?] 1872. Kein Vermögen t) Siehe auch StadtA Greven, A 1582 u. GA Westerkappeln, A 3. Hier ist der Geburtsort Greven

9021 a) Friedr. Wilh. Carl F r i e s e aus Überwasser b) 17. 8. 1851 Hildburghausen s) Entlassungsurkunde vom 16. 8. 1872

9022 a) Franz B r o c k a aus Albersloh, Pächter b) 13. 12. 1835 Ahlen d) M. R i c h t e r 1840 Albersloh e) Anton 14. 4. 1869, A. 14. 4. 1869, Franziska 23. 5. 1870, M. 14. 4. 1872, alle in Albersloh geboren s) Entlassungsurkunde vom 19. 12. 1872. 800 Taler Vermögen

9023 a) Max B e n e r m a n n aus Lamberti, ...gehilfe b) 14. 8. 1849 Sundwig s) Entlassungsurkunde vom 11. 1. 1873. 200 Taler Vermögen

9024 a) Bern. Heinr. V i e t h aus Mauritz, Gärtner u. Musikus b) 15. 4. 1846 s) Entlassungsurkunde vom 11. 2. 1873. 200 Taler Vermögen

9025 a) Friedr. Franz G o e d e c k e aus Mauritz, Bsch. Kemper b) 27. 9. 1855 Wesel s) Entlassungsurkunde vom 2. 1873

9026 a) Joh. Joseph P l e t z e r aus Angelmodde, Brauer u. Bäcker b) 7. 7. 1841 s) Entlassungsurkunde vom .... 4. 1873. 200 Taler Vermögen

9027 a) A. E n g b e r d i n g aus Nienberge b) 25. 5. 1840 s) Entlassungsurkunde vom .... 4. 1873. 200 Taler Vermögen

9028 a) Caspar G r o ß e W i e d e m a n n aus Nienberge b) 27. 4. 1850 s) Entlassungsurkunde vom .... 4. 1873. 50 Taler Vermögen

9029 a) Theodor Anton W e n n i n g aus Havixbeck, Steinhauer b) 14. 4. 1846 s) Entlassungsurkunde vom .... 4. 1873. 250 Taler Vermögen. Hat durch Naturalisations-Urkunde vom 14. 10. 1878 die preußische Staatsangehörigkeit wieder erworben

9030 a) Johannes Franziskus Gottfried M a r x aus Lamberti b) 11. 5. 1855 Münster o) [1873]

9031 a) Franz Wilh. T u m b r o c k aus Havixbeck, Ackerer b) 10. 1. 1843 s) Entlassungsurkunde vom .... 5. 1873. 600 Taler Vermögen

9032 a) A. Elis. H e r k e n t r u p aus Havixbeck b) 16. 11. 1849 s) Entlassungsurkunde vom .... 5. 1873. 200 Taler Vermögen

9033 a) Reinhold Heinr. A l b e r t i aus Greven, Kaufmann b) 6. 7. 1842 Köln s) Entlassungsurkunde vom 6. 1873

9034 a) August Louis S t ü c k e r aus Überwasser, Uhrmacherlehrling b) 6. 4. 1857 Siegburg s) Entlassungsurkunde vom 7. 1873

9035 a) Heinr. Wilh. L o r d e m a n n [Henr. Wilh. Lütke Lordemann gt. Thesmann] aus Nottuln, Ackerer b) 13. 2. 1847 Darfeld c) [Franz *Wilh.* Lütke Lordemann gt. Thesmann, Zeller, u. Cath. *Gertrud* Thesmann (Theesman), Darfeld, Netter Nr. 9] s) Entlassungsurkunde vom 7. 1873

9036 a) Franz Xaver Anton M. S t e r n e b e r g aus Lamberti, Kaufmannslehrling b) 11. 12. 1854 Münster s) Entlassungsurkunde vom .... 11. 1873. „Sterneberg will von der Urkunde, weil er dauernd krank, keinen Gebrauch machen. Dieselbe ist untem 7/3 74 N: 1229 der Königl. Regierung zurückgesandt"

9037 a) Joh. Gerh. F u n k e aus Mauritz, Priester b) 24. 2. 1848 Uebbenhagen (Kr. Lüdinghausen) o) 25. 8. 1874 s) Entlassungsurkunde vom 2. 1874

9038 a) Herm. Heinr. K e m p k e r aus Mauritz, Priesteramtskandidat b) 5. 12. 1848 Mettingen s) Entlassungsurkunde vom 3. 1874

9039 a) Anton August W e n k e r aus Mauritz, Priesteramtskandidat b) 25. 2. 1850 Warendorf s) Entlassungsurkunde vom 27. 3. 1874

9040 a) Bern. L o h m a n n aus Mauritz, Arbeiter   b) 14. 11. 1824   d) Elise M ü n n i n g 8. 5. 1823 Mauritz   e) A. 1. 3. 1853, Franziska 7. 3. 1857, Joseph 9. 5. 1864, alle in Mauritz geboren   s) „Die Entlassungsurkunde ist nicht ausgefertigt, der Antrag zuruckgenommen"

9041 a) Bern. S c h o p p e aus Mauritz, Priester   b) 13. 11. 1847 Hörstel (Kr. Tecklenburg)   s) Entlassungsurkunde vom 17. 7. 1874

9042 a) Bern. Hugo U e l k aus Lamberti   b) 23. 10. 1856 Rheine   s) Entlassungsurkunde vom 27. 10. 1874. „Hat von der Entlassungs-Urkunde keinen Gebrauch gemacht"

9043 a) Theodor Heinr. S e n g h o v e gt. B ü c k e r sive B o e c k e r aus Albersloh, Ackerer   b) 26. 3. 1848   s) Entlassungsurkunde vom 24. 1. 1875. 1500 Mark Vermögen

9044 a) Elis. Josephine G i l l e s aus Rinkerode   b) 7. 6. 1853   s) Entlassungsurkunde vom 24. 1. 1875. 1500 Mark Vermögen

9045 a) Carl R o n n e b e r g aus Münster, Mauritz   b) 16. 4. 1844   s) Entlassungsurkunde vom 20. 7. 1875. „Hat von der Entlassungs-Urkunde keinen Gebrauch gemacht"

9046 a) Joseph [Franz Joseph] B i e d e r l a c k aus Greven, Geistlicher   b) 27. 3. 1845   c) [Franz Biederlack, Kaufmann]   s) Entlassungsurkunde vom 25. 10. 1875   t) Siehe auch StadtA Greven, A 1582. Der Vater stellt hier am 28. 9. 1875 einen Antrag auf Entlassung aus dem Untertanenverbande, da sich der Sohn bereits seit 17 Jahren in Österreich aufhalte und beabsichtige, die Aufnahme in den dortigen Untertanenverband zu beantragen

9047 a) Melchior H e f t i , früher Greven, jetzt Enschede, Galanteriewaren-Händler   b) 20. 5. 1821 Schwanden (Kanton Glarus)   d) M. A. H a l m [................ Hahn?] 2. 1. 1829   e) Carl Wilh. 22. 10. 1859, Franz Melchior 25. 10. 1861, Cath. Josepha 19. 11. 1863, Richard 15. 1. 1865, A. Regula 15. 9. 1866, alle in Greven geboren   s) Entlassungsurkunde vom 22. 9. 1876

9048 a) *Anton* Nicolaus H a r t m a n n aus Amelsbüren   b) 19. 2. 1862 Hövel   s) Entlassungsurkunde vom 3. 11. 1877

9049 a) Bern. Heinr. R o h l m a n n gt. H u e s m a n n aus Nottuln, Wellstraße, Colon   b) 15. 5. 1815   d) Bernardina H u e s m a n n 5. 8. 1835 Nottuln   e) A. M. 24. 12. 1859, Bern. Anton 17. 6. 1862, Gertrud 25. 9. 1864, Louise 13. 4. 1867, Josephine 29. 6. 1869, Joseph 2. 6. 1871, Bern. Heinr. 16. 3. 1876, alle in Nottuln geboren   s) Entlassungsurkunde vom 28. 2. 1878

9050 a) *Anton* Melchior F o h r m a n n [Melchior Anton Vormann] aus Havixbeck   b) 14. 9. 1837 Holtwick   c) [Frans Vormann, Maurermeister, u. A. M. Ahlers, Holtwick, Dorf]   s) Entlassungsurkunde vom 12. 3. 1878

9051 a) Carl K o r t e n d i e c k aus Havixbeck, Hohenholte, Schustergeselle   b) 17. 5. 1853   s) Entlassungsurkunde vom 23. 4. 1878. Mit Zuchthaus bestraft u. aus dem Soldatenstande ausgestoßen. 80 Mark Vermögen

9052 a) Dina R e i c k s aus Schapdetten, Dienstmagd   b) 2. 11. 1857 Nottuln   s) Entlassungsurkunde vom 13. 7. 1878. 1800 Mark Vermögen

9053 a) Heinr. L e u s m a n n aus Havixbeck, Ackerer   b) 2. 7. 1855   s) Entlassungsurkunde vom 20. 7. 1878. 1800 Mark Vermögen

9054 a) Ernst S c h r ü n d e r aus Greven, Handlungslehrling   b) 23. 7. 1861   s) Entlassungsurkunde vom 20. 7. 1878. Hat die preußische Staatsangehörigkeit durch Naturalisationsurkunde vom 27. 11. 1884 wiedererworben

9055 a) Anton P e l l e aus Nottuln, Kötter   b) 5. 6. 1843   d) Cath. W i l d e ... 12. 1844 Nottuln   e) A. 18. 3. 1865, Cath. 29. 9. 1866, Franziska 17. 1. 1870, Elis. ... 10. 1871, Joh. Theodor 10. 7. 1873, M. 30. 11. 1875, alle in Nottuln geboren   s) Entlassungsurkunde vom 15. 8. 1878

9056 a) A. M. Sophia W e s t b r o c k aus Überwasser, Dienstmagd   b) 12. 2. 1860   s) Entlassungsurkunde vom 18. 10. 1878. 600 Mark Vermögen

9057 a) A. W e s t e r w a l b e s l o h aus Gievenbeck, Dienstmagd   b) 6. 6. 1853 Mauritz   s) Entlassungsurkunde vom 1. 10. 1878. 300 Mark Vermögen

9058 a) Bern. D i e c k m a n n aus Dosenfeld (Amt Neederholm, Württemberg), kath. Pfarrverweser   b) 29. 4. 1848 Greven   s) Entlassungsurkunde vom 14. 11. 1878

9059 a) Joh. *Heinr.* M e i s t e r aus Telgte Stadt   b) 9. 9. 1856   p) Holland   s) Entlassungsurkunde vom 14. 2. 1879. Renaturalisationsurkunde vom 7. 3. 1888

9060 a) A. R o h l i n g aus Nottuln   b) 23. 9. 1860   p) Amerika   s) Entlassungsurkunde vom 22. 4. 1879

9061 a) Hugo J o r d a n aus Telgte Stadt b) 13. 2. .... 1860? 1866? p) Amerika s) Entlassungsurkunde vom 19. 5. 1879

9062 a) Franz D e i t e r i n g aus Havixbeck, Ackerknecht b) 8. 11. 1851 p) Amerika s) Entlassungsurkunde vom 19. 7. 1879. 1800 Mark Vermögen. Bereits vor Aushändigung der Entlassungsurkunde ausgewandert

9063 a) Ernst *August* K r a m p e aus Havixbeck, Ackerknecht b) 31. 10. 1846 p) Amerika s) Entlassungsurkunde vom 15. 12. 1879. 300 Mark Vermögen

9064 a) Joseph W i b b e r t aus Havixbeck, Uhrmacher b) 4. 5. 1850 Saerbeck p) Belgien s) Entlassungsurkunde vom 18. 3. 1880. 400 Mark Vermögen

9065 a) Heinr. Anton B e r n e r aus Havixbeck, Ackerer b) 29. 1. 1856 p) Nordamerika s) Entlassungsurkunde vom 20. 3. 1880. 1500 Mark Vermögen

9066 a) Bernhardine W i e g m a n n aus Nottuln, Colonstochter b) 1. 4. 1858 p) Holland s) Entlassungsurkunde vom 15. 4. 1880. 1200 Mark Vermögen

9067 a) Heinr. W i n k e l s aus Appelhülsen, Tischler b) 12. 7. 1821 p) Amerika s) Entlassungsurkunde vom 8. 7. 1880. 600 Mark Vermögen

9068 a) Bern. R a t e r t aus Nottuln, Kötter b) 14. 12. 1841 Coesfeld p) Amerika s) Entlassungsurkunde vom 14. 8. 1880. 600 Mark Vermögen

9069 a) Heinr. F r y e aus Nottuln, Kötter b) 1. 10. 1830 d) Gertrud L ö b b e r t 2. 10. 1835 Nottuln e) Bern. 4. 4. 1864, *Herm.* Heinr. 23. 5. 1867, A. *Gertrud* 17. 11. 1870, Joseph 12. 5. 1874, Joh. *Heinr.* Pius 12. 6. 1877, M. *A.* 16. 4. 1880, alle in Nottuln geboren p) Amerika – Minnesota s) Entlassungsurkunde vom 2. 12. 1880. 600 Mark Vermögen

9070 a) Anton H a g e l s c h u r aus Havixbeck, Ackerer b) 18. 9. 1847 p) Amerika – Minnesota s) Entlassungsurkunde vom 21. 1. 1881. 1500 Mark Vermögen

9071 a) *Joh.* Bern. B o r g e r t aus Havixbeck, Maurer b) 22. 6. 1849 p) Nordamerika – Missouri s) Entlassungsurkunde vom 15. 2. 1881. 300 Mark Vermögen

9072 a) *Bern.* Herm. W e n n i n g aus Havixbeck, Arbeiter b) 12. 12. 1865 p) Nordamerika – Ohio s) Entlassungsurkunde vom 15. 2. 1881

9073 a) Theodor *Anton* W e n n i n g aus Havixbeck, Steinhauer b) 14. 4. 1846 p) Nordamerika – Ohio s) Entlassungsurkunde vom 15. 2. 1881. 720 Mark Vermögen

9074 a) Herm. Franz H o r s t m a n n aus Albersloh, Ackerer b) 3. 12. 1864 p) Nordamerika – Illinois s) Entlassungsurkunde vom 1. 3. 1881. 300 Mark Vermögen

9075 a) Bern. Heinr. S t ü p e r aus Saerbeck, Weber b) 7. 1. 1852 p) Bosnien s) Entlassungsurkunde vom 14. 4. 1881. 150 Mark Vermögen

9076 a) Joh. *Heinr.* W e i l i n g aus Havixbeck, Ackerer b) 19. 12. 1853 p) Amerika – Minnesota s) Entlassungsurkunde vom 13. 4. 1881. 1200 Mark Vermögen

9077 a) Wilh. *Anton* S t e e n s aus Nottuln, Ackerer b) 14. 3. 1847 p) Amerika – New York s) Entlassungsurkunde vom 15. 4. 1881. 300 Mark Vermögen

9078 a) Clemens S c h l e n k e r aus Telgte, Kaufmann b) 11. 4. 1850 p) Amerika – Philadelphia s) Entlassungsurkunde vom 15. 6. 1881. 500 Mark Vermögen

9079 a) Joh. *Heinr.* W e n n i n g aus Havixbeck, Ackerer b) 28. 8. 1848 d) Gertrud J a s p e r 25. 12 1850 Havixbeck e) Heinr. 28. 8. 1876, M. 30. 10. 1878, *A.* M. 27. 1. 1881, alle in Havixbeck geboren p) Amerika – Missouri s) Entlassungsurkunde vom 1. 7. 1881. 900 Mark Vermögen. „Grund der Auswanderung: Hoffnung auf besseren Verdienst, lebt hier in beschränkten Verhältnissen, wohnt zur Miethe u. ernährt seine Familie hauptsächlich vom Tagelohn."

9080 a) Adolf H a r b a u m aus Albersloh, Schulamts-Aspirant b) 15. 11. 1842 p) Amerika – Illinois s) Entlassungsurkunde vom 16. 7. 1881. Ohne Vermögen. „Gründe: Wegen Ueberfüllung im Lehrerseminar vorläufig zurückgewiesen; von seinem Vetter, kathol. Pfarrer in Illinois, Anstellung im dortigen Staate in Aussicht gestellt."

9081 a) Anton *Theodor* A u l m a n n aus Havixbeck, Ackerer b) 25. 6. 1852 d) Elis. W e n n i n g 31. 12. 1854 Havixbeck p) Amerika – Cincinnati s) Entlassungsurkunde vom 16. 7. 1881 900 Mark Vermögen. „Gründe: In Aussicht gestellter höherer Verdienst. Der p Aulmann hat die beabsichtigte Auswanderung nicht ausgeführt"

9082 a) Bern. H o r s t m a n n aus Greven, Colon b) 8. 4. 1841 d) Elis. G e r s t e k a m p 25. 2. 1838 Greven e) Heinr. 2. 9. 1867, A. 15. 2. 1869, Anton 2. 5. 1870, Lucia 5. 10. 1872, Josephine 5. 12. 1874 k) Elis. Leusmann Witwe Gerstekamp 10. 6. 1804 p) Amerika – Minnesota s) Entlassungsurkunde vom 30. 7.

1881. 24000 Mark Vermögen. „Grund der Auswanderung: Befürchtung beim Wiederaufbau seines abgebrannten Wohnhauses trotz der erhaltenen Entschädigungen in Schulden zu gerathen u. Aussicht auf besseres Fortkommen, die ihm von Bekannten in Amerika gemacht sind."

9083   a) Heinr. W e n n i n g aus Havixbeck, Kötter   b) 1. 3. 1814   d) A. T h i e s i n g 27. 10. 1825 Nottuln   d) Wilh. 1. 7. 1868 Havixbeck   p) Amerika – Missouri. 1200 Mark Vermögen. „Ein Sohn besitzt im Staate Missouri bereits Grundeigenthum, Wenning will dasselbe mit seinem Sohne gemeinschaftlich bewirtschaften. Seinen in Havixbeck belegenen Kotten will er ohne den bereits ausgewanderten Sohn nicht bewirthschaften können."

9084   a) *Carl* Theodor G r o l l aus Alverskirchen, Bäcker   b) 15. 4. 1858   p) Nordamerika – St. Louis (Staat Mississippi)   s) Entlassungsurkunde vom 16. 11. 1881. 600 Mark Vermögen. „Glaubt dort ein besseres Fortkommen zu finden. 3 Brüder halten sich dort schon auf"

9085   a) Cath. F r y e aus Schapdetten, Näherin   b) 15. 8. 1830 Havixbeck   p) Vereinigte Staaten – Minnesota   s) Entlassungsurkunde vom 28. 1. 1882. 300 Mark Vermögen. Will mit ihrem dort wohnhaften Bruder zusammenleben

9086   a) Wilh. S t e i n h o f f aus Nottuln, Kötter   b) 17. 12. 1845   d) M. A. R a b e r t 17. 11. 1838 Nottuln   e) Gertrud 7. 12. 1867, Theresia 14. 8. 1870, Anton 16. 5. 1872, Wilh. 8. 5. 1876, Heinr. 30. 3. 1880, alle in Nottuln geboren   p) Nordamerika – Minnesota   s) Entlassungsurkunde vom 28. 1. 1882. 450 Mark Vermögen

9087   a) Gerh. Heinr. B e y e r aus Schapdetten, Schreiner   b) 28. 10. 1828 Nottuln   d) Clara T h i ä n e r 8. 9. 1829   d) Gertrud 16. 2. 1860, Heinr. 24. 10. 1863, Josephine 3. 11. 1867, alle in Schapdetten geboren   p) Nordamerika – Minnesota   s) Entlassungsurkunde vom 16. 2. 1882. 600 Mark Vermögen

9088   a) Carl E r d m a n n aus Nottuln, Chausseearbeiter   b) 5. 11. 1842   d) A. F l i s s 2. 5. 1848 Nottuln   e) Carl 24. 3. 1875 Nottuln   p) Amerika – Staat New York

9089   a) Joh. Bern. H ü s i n g aus Nottuln, Steinhauer   b) 6. 2. 1867   p) Staat New York   s) Entlassungsurkunde vom 25. 2. 1882. Das Vermögen besteht im Reisegeld

9090   a) *Joh*. Friedr. H i l l m o t h aus Nottuln, Müller   b) 31. 5. 1857 Altenberge   p) New York   s) Entlassungsurkunde vom 14. 3. 1882. 100 Mark Vermögen. „Glaubt in America ein besseres Fortkommen zu finden. Hat von der Entlassungs-Urkunde keinen Gebrauch gemacht, weshalb dieselbe der Königl. Regierung mit Bericht v 7/8 82 No 5455 zurückgereicht ist"

9091   a) *Heinr.* Gerh. W e l l e r m a n n aus Greven, Ackerer   b) 7. 5. 1858   p) Nordamerika – Indiana   s) 300 Mark Vermögen. Entlassungsurkunde vom 11. 4. 1882. „Glaubt dort ein besseres Fortkommen zu finden, weil er von seinem in Amerika schon lange wohnenden Onkel ein höchst vortheilhaftes Anerbieten erhalten hat."

9092   a) A. H a u l i n g aus Nottuln, Dienstmagd   b) 24. 9. 1860 Havixbeck   p) Amerika – New York   s) Entlassungsurkunde vom 20. 4. 1882. 100 Mark Vermögen

9093   a) Heinr. E i i n c k aus Havixbeck, Ackerer   b) 5. 10. 1853 Lette   p) Minnesota   s) Entlassungsurkunde vom 20. 4. 1882. 210 Mark Vermögen. „Will dem Rufe eines im Staate Minnesota wohnenden Onkels, dorthin zu kommen und ihn in der Bewirthschaftung seines Grundbesitzes zu unterstützen, folgen."

9094   a) Bern. H ü s i n g aus Nottuln, Steinhauer   b) 1. 1. 1838   d) Gertrud J o c h m a n n 8. 4. 1836 Nottuln   e) A. Gertrud 24. 3. 1869, *Wilh.* Heinr. 20. 2. 1872, *Joseph* Bern. 7. 4. 1875, alle in Nottuln geboren   p) Illinois   s) Entlassungsurkunde vom 11. 5. 1882. 3000 Mark Vermögen

9095   a) Joh. G r o t e aus Havixbeck, Pächter   b) 18. 2. 1843 Darup   d) A. D r e i e r 10. 3. 1857   e) Bern. 26. 4. 1879, Theodor 5. 4. 1881   p) Amerika – Ohio   s) Entlassungsurkunde vom 12. 5. 1882. Ohne Vermögen. „Hofft das Reisegeld von Verwandten zu erhalten und in America ein besseres Fortkommen zu finden. Er ist verarmt"

9096   a) Heinr. S c h u l z aus Nottuln, Kötter   b) 21. 8. 1851   d) Antonia H a u l i n g 13. 10. 1852 Nottuln   e) Bern. 13. 2. 1876, Heinr. 7. 3. 1877, Wilhelmine 21. 7. 1878, Joh. 25. 6. 1881, alle in Nottuln geboren   s) Entlassungsurkunde vom 12. 5. 1882. 1800 Mark Vermögen

9097   a) *Carl* Anton V a g e s aus Telgte, Schmied   b) 8. 10. 1849   p) Amsterdam   s) Entlassungsurkunde vom 12. 5. 1882. 150 Mark Vermögen

9098   a) Gerh. W e l l e r m a n n aus Greven, Händler   b) 18. 8.1 1825 Halverde (Kr. Tecklenburg)   d) Gertrud F i e k e 25. 5. 1832 Greven   e) A. 22. 11. 1861, Elis. 5. 4. 1864, Theresia 5. 7. 1865, Joh. 20. 2. 1869, M. 12. 1. 1872, Agnes 21. 10. 1874   p) Nordamerika – Indiana   s) Ein Bruder und ein Sohn sind schon dort. Entlassungsurkunde vom 9. 6. 1882. 6000 Mark Vermögen und Ausrüstung

9099 a) Carl B ü t t n e r aus Greven, Handlungsschüler b) 6. 2. 1866 p) Holland s) Hat dort Verwandte, die für ihn sorgen wollen. Entlassungsurkunde vom 9. 6. 1882. Das Vermögen besteht aus Reisegeld und Ausrüstung. Ist durch Urkunde der Königlichen Regierung zu Münster vom 28. 9. 1885 wieder in den preußischen Staatsverband aufgenommen worden

9100 a) Joseph F l ü g e m a n n aus Greven, Kötter b) 21. 3. 1816 d) Elis. H ü l s m a n n 3. 6. 1828 Greven e) Ludwig 23. 12. 1855, A. 1. 4. 1861, M. 24. 11. 1863, Wilh. 14. 5. 1866, Carl 16. 4. 1869, Joseph 4. 6. 1873, alle in Greven geboren p) Nordamerika – Cincinnati s) Entlassungsurkunde vom 25. 7. 1882. 12000 Mark Vermögen und Ausrüstung. „Gibt als Grund die Anwesenheit mehrerer Verwandter in America und die von denselben gemachten vortheilhaften Mittheilungen über die dortigen Verhältnisse an."

9101 a) Joh. V e l t r u p gt. B e r k e m e i e r aus Greven, Kötter b) 24. 10. 1842 d) Elis. O v e r m a n n 23. 2. 1833 Greven e) Gertrud 26. 2. 1869, Martin 12. 11. 1870, Franziska 23. 6. 1872, Hubert 1. 4. 1874, Antonia 24. 9. 1876, alle in Greven geboren p) Nordamerika – Cincinnati s) Hat sich durch seine vielen dort lebenden Verwandten zur Auswanderung bestimmen lassen. Entlassungsurkunde vom 16. 8. 1882. 9000 Mark Vermögen und Ausrüstung

9102 a) Franz H a r t m a n n aus Amelsbüren, Student b) 14. 2. 1866 p) Amerika – Ohio s) Entlassungsurkunde vom 23. 1. 1883. 600 Mark Vermögen. Will Pfarrer werden. Wieder eingewandert mit Genehmigung der Königlichen Regierung vom 17. 8. 1886

9103 a) Anton S c h u l z e H a n n a s c h aus Nienberge, Ackerer b) 7. 3. 1848 p) Amerika – Minnesota s) Hat einen Bruder dort. Entlassungsurkunde vom 7. 5. 1883. 600 Mark Vermögen

9104 a) Bern. B i c k m a n n gt. D a n z e n b ö r g e r aus Greven, Kötter b) 2. 1. 1840 d) Elis. F i e k e 20. 2. 1837 Greven e) Antonia 3. 5. 1872, Joseph 12. 3. 1875, M. 25. 12. 1878 f) Joh. *Heinr.* Höckenkamp gt. Danzenbörger 16. 6. 1866, Bern. *Hubert* Höckenkamp gt. Danzenbörger 22. 7. 1867, A. M. Elis. Höckenkamp gt. Danzenbörger 6. 8. 1869, *Franz* Heinr. Höckenkamp gt. Danzenbörger 14. 10. 1870 p) Amerika s) Entlassungsurkunde vom 11. 7. 1883. 8000 Mark Vermögen und Ausrüstung. „Hat Anverwandte in America, denen es dort recht gut geht und welche schon längere Zeit darauf hingewirkt haben, daß auch er dorthin kommen möge. Er will seine hiesige Besitzung verkaufen". Die Familie ist nicht ausgewandert t) Am 11. 7. 1884 wird eine neue Entlassungsurkunde ausgestellt

9105 a) Johannes Werner Ernst *August* R o n n e b e r g aus Lamberti, Kaufmann b) 22. 12. 1856 Münster s) Entlassungsurkunde vom 1. 8. 1883. „Hält sich seit etwa 3 Jahren in America, z Z. in Amsterdam im Staate New-York auf"

9106 a) Bern. Wilh. G e h r i n g aus Oldenzaal, Tischler b) 25. 8. 1860 Nottuln s) Entlassungsurkunde vom 24. 10. 1883

9107 a) Joh. *Joseph* H ü l s m a n n aus Überwasser, Knecht b) 6. 9. 1855 Senden s) Entlassungsurkunde vom 30. 4. 1884. 1500/1880 Mark Vermögen. „Ist seit einem Jahre mit Paß in Amerika und will im Staate Arkansas ein Landgut angekauft haben."

9108 a) Bern. S p i e k e r m a n n aus Saerbeck, Grubenholzarbeiter b) 16. 12. 1849 p) Amerika s) Entlassungsurkunde vom 19. 7. 1884. Will sich bei Verwandten in America ein besseres Fortkommen suchen. Nimmt angebl. 4500 M. mit

9109 a) Franz S c h m i t z aus Saerbeck, Zigarrenmacher b) 17. 7. 1867 s) Entlassungsurkunde vom 29. 7. 1884. 60 Mark Vermögen. „Unentgeldl. Ausbildung zum Geistlichen in einem Kloster bei Brüssel"

9110 a) Herm. D o l l e aus Nottuln, Kötter b) 15. 9. 1843 Appelhülsen d) Gertrud L e i f k e s 2. 2. 1838 e) Elis. 5. 3. 1869, Franz 13. 4. 1871, Bernardine 10. 2. 1876, Bern. 1. 1. 1878, Joh. 20. 10. 1879 p) Texas s) Entlassungsurkunde vom 3. 10. 1884. 3900 Mark Vermögen. Will zu seiner Schwester ziehen

9111 a) Bern. *Hugo* I s f o r t aus Greven, Kaufmannslehrling b) 1. 5. 1874 Billerbeck s) Entlassungsurkunde vom 22. 3. 1890. Befindet sich bereits seit 1½ Jahren in New York

9112 a) Heinr. B e i k e r aus Telgte, Gymnasiast b) 14. 9. 1876 Telgte Ksp. p) Holland s) Entlassungsurkunde vom 17. 7. 1893

9113 a) Bern. J a n s e n aus Telgte Stadt, Gymnasiast b) 10. 4. 1877 p) Holland s) Entlassungsurkunde vom 14. 9. 1893. Ausbildung zum Missionar

9114 a) Elise Kellers aus Greven b) 10. 11. 1869 t) Am 14. 9. 1892 Ausstellung eines Heimatscheins

StadtA Olfen, A 26 u. 621

9115 a) Heinr. W i l m i n g aus Olfen, Schustergeselle b) 25. 8. 1822 o) 1848 p) Amerika s) 30 Taler Vermögen

9116 a) A. Sibilla K a b l i t z aus Olfen b) 16. 6. 1828 o) 1852 p) Amerika s) Sie will ihre in Amerika verheiratete Schwester besuchen und eventuell dort bleiben

9117 a) August L e u s n e r aus Olfen b) 25. 4. 1822 o) 1852 p) Amerika

9118 a) Joh. Heinr. S ä l k e r aus Olfen, Zimmerergeselle b) 5. 10. 1826 o) 1852 p) Amerika

9119 a) M. A. W i e m a n n aus Olfen b) 5. 10. 1818 o) 1852 p) Amerika

9120 a) Wilh. K a b l i t z aus Olfen, Taglöhner b) 24. 12. 1798 d) Gertrud H ü l s m a n n 19. 2. ....1795? 1798? o) 1853 p) Amerika

9121 a) Friedr. M ö l l e r aus Olfen, Weber b) 18. 11. 1805 d) Gertrud H e i m a n n 8. 2. 1807 e) Gertrud 21. 7. 1838, Friedr. Anton 27. 3. 1841, Heinr. 4. 5. 1844, A. M. Elis. 26. 9. 1849 o) 1853 p) Amerika

9122 a) Wilh. P e t e r s gt. S c h ä p e r s aus Rechede, Ackerknecht b) 15. 3. 1835 o) 1853 p) Amerika

9123 a) Joh. Bern. S u e r aus Olfen, Schäfer b) 24. 10. 1809 Hullern d) M. Theodora Kaplitz 19. 2. 1830 e) A. M. Sibilla 2. 2. 1852 o) 1853 p) Amerika

9124 a) Heinr. A l t h o f f aus Olfen, Lumpensammler b) 3. 9. 1808 d) M. Cath. T o m b r i n k 10. 4. 1803 e) Elis. 9. 6. 1837, Joseph .... ?28. 11. 1839?, Franz 3. 7. 1846, Wilh. Heinr. 10. 5. 1849 o) 1854 p) Amerika

9125 a) Franz Ludwig Brüse aus Olfen, Landmäher b) 23. 9. 1824 o) 1854 p) Amerika

9126 a) Joseph K u n s t l e b e n aus Olfen, Ackerknecht b) 4. 8. 1835 Kökelsum o) 1854 p) Amerika s) Ohne Vermögen

9127 a) Kath. Elis. L e n z [geb. ....] aus Olfen b) 1. 11. 1793 Seppenrade e) A. M. 20. 12. 1822 o) 1854 p) Amerika

9128 a) Bern. Joseph M e r t e n aus Olfen b) 3. 1. 1824 Kökelsum o) 1854 o) Amerika

9129 a) Heinr. M ö l l e r aus Olfen b) 18. 1. 1809 h) Christ. Elis. Möller 2. 6. 1803 o) 1854 p) Amerika

9130 a) Francisca B r o c k m a n n aus Olfen b) 23. 12. 1823 o) 1855 p) Amerika

9131 a) Heinr. B r ü s e aus Olfen, Ackerknecht b) 14. 11. 1817 o) 1855 p) Amerika s) 200 Taler Vermögen. 1874 gestorben

9132 a) Friedr. R i c h t e r aus Sülsen, Ackerknecht b) 17. 11. 1822 o) 1855 p) Amerika

9133 a) Joh. Bern. B r o c k m a n n aus Olfen, Bäckergeselle b) 22. 7. 1830 o) 1856 p) Amerika s) 100 Taler Vermögen

9134 a) Friedr. Wilh. H o m a n n aus Olfen, Tischlergeselle b) 11. 9. 1825 o) 1856 p) Amerika s) Er kehrte im Dezember 1857 aus Amerika nach Olfen zurück und bat um Erteilung einer Naturalisations-Urkunde

9135 a) Anton K o p p aus Olfen, Bäcker- u. Bierbrauergeselle o) 1856 p) Amerika

9136 a) Joseph Bern. N i e w i n d aus Olfen, Ackersmann b) 17. 2. 1827 h) M. A. Niewind 5. 4. 1823 u. ihr unehelicher Sohn Bernh. 25. 6. 1856 o) 1856 p) Amerika

9137 a) Franz O v e r m a n n aus Olfen, Maurergeselle b) 26. 11. 1838 o) 1856 p) Amerika

9138 a) Ludwig W i n k e l h e i d e aus Olfen, Stuhlmacher b) 23. 7. 1820 o) 1856 p) Amerika s) 50 Taler Vermögen

9139 a) Theodor S u n d e r k a m p aus Olfen, Holzschuster o) 1857 p) Amerika

9140 a) Sophie S c h u l t e aus Eversum, ledig e) Antonia Schulte 20. 4. 1881, Ottilie Schulte 7. 8. 1883, Joseph Schulte 29. 3. 1886 o) 1892 p) Nordamerika

9141 a) Joh. Bernh. Anton H e y m a n n gt. T e u t e m a c h e r aus Ksp. Olfen, Kötter b) 23. 8. 1820 d) Elis. T e u t e m a c h e r 19. 6. 1818 e) A. M. Gertrud 20. 6. 1844, A. M. Elis. 5. 5. 1846, Anton Friedr. 6. 6. 1848, Heinr. Bern. 7. 11. 1850 o) 1893 p) Amerika

PfA Recke, Kirchenbuch Nr. 6

9142 a) M. A. B ö c k e r aus Recke b) 6. 8. 1825 Recke c) Joh. Gerh. Joseph Wenker gt. Böcker, Colon, u. Cath. Aleid Hüve, Recke, Espel o) 1848 p) Amerika

9143 a) M. Luisa D i l l m a n n aus Recke b) 20. 12. 1828 Recke c) Joh. Henr. Dillmann, Arbeiter, u. M. Gertrud Röpker, Recke, Sunderbauerschaft o) 1848 p) Amerika

9144 a) M. Bernardina D i l l m a n n aus Recke b) 16. 12. 1831 Recke c) Joh. Henr. Dillmann, Arbeiter, u. M. Gertrud Röpker, Recke, Sunderbauerschaft o) 1848 p) Amerika
9145 a) M. Agnes D i l l m a n n aus Recke b) 19. 10. 1833 Recke c) Joh. Henr. Dillmann, Arbeiter, u. M. Gertrud Röpker, Recke, Sunderbauerschaft o) 1848 p) Amerika
9146 a) M. Rosa J a n z e n aus Recke b) 20. 11. 1843 c) Gerh. Franz Janzen, Arbeiter, u. M. Theresia Knüver, Recke, Sunderbauerschaft o) 1860 p) Amerika
9147 a) M. Sophia K a m p aus Recke b) 27. 8. 1839 Recke c) Joh. Henr. Kamp, Arbeiter, u. M. A. Possemeyer, Recke, Sunderbauerschaft o) 25. 9. 1855 p) Amerika
9148 a) M. Carolina K ö l k e r aus Recke b) 9. 10. 1824 Recke c) Joh. Jacob Kölker, Arbeiter, u. M. Elis. Gruinheid, Recke, Steinbeck o) 1846 p) Amerika
9149 a) Gerh. Henr. K r a c k e aus Recke b) 4. 6. 1826 Recke c) Henr. Friederich Kracke, Schneider, u. A. M. Arens, Recke, Sunderbauerschaft o) 1848 p) Amerika t) Siehe auch Teil 1, Nr. 5528
9150 a) A. Luisa K r a c k e aus Recke b) 4. 10. 1828 Recke c) Henr. Friederich Kracke, Schneidermeister, u. A. M. Arens, Recke, Sunderbauerschaft o) 1848 p) Amerika
9151 a) Elis. Josephina K r a c k e aus Recke b) 18. 1. 1831 Recke c) Henr. Friederich Krake, Schneider, u. A. M. Arens, Recke, Sunderbauerschaft o) 1848 p) Amerika
9152 a) Luisa Christ. K r a c k e aus Recke b) 15. 11. 1836 c) Heinr. Friedr. Kracke, Schneider, u. A. M. Arens, Recke, Sunderbauerschaft o) 1848 p) Amerika
9153 a) M. A. N i e m e y e r aus Recke b) 21. 2. 1831 Recke c) Joh. Bern. Niemeyer, Colon, u. M. Cath. Ostendorp, Recke, Dorf o) 1848 p) Amerika
9154 a) M. Juliana R e m m e aus Recke b) 26. 3. 1833 Recke c) Carl Joseph Remme, Zimmermann, u. M. Aleid Göcke, Recke, Sunderbauerschaft o) 1858 p) Amerika
9155 a) M. Elis. S c h m i e m a n n aus Recke b) 19. 4. 1825 Recke c) Bern. Georg Schmiemann, Färber, u. A. M. Groeten, Recke, Dorf
9156 a) M. Luisa S c h m i t aus Recke b) 26. 11. 1832 Recke c) Joh. Henr. Schmit, Arbeiter, u. A. Engel Meier, Recke, Sunderbauerschaft o) 15. 9. 1854 p) Amerika
9157 a) M. A. Luisa S c h w i e r j a n aus Recke b) 18. 1. 1834 Recke c) Herm. Henr. Schwierjan, Arbeiter, u. Gesina A. Reevermann, Recke, Sunderbauerschaft o) 1858 p) Amerika
9158 a) A. M. Theresia S t e r m a n n aus Recke b) 4. 1. 1832 Recke c) Frans Henr. Stermann, Arbeiter, u. M. A. Niemann, Recke, Sunderbauerschaft o) 15. 9. 1854 p) Amerika
9159 a) M. A. S t r o e t m a n n aus Recke b) 18. 9. 1827 Recke c) Joh. Henr. Stroetmann (+ 5. 9. 1827), Arbeiter, u. Marg. Engel Krusemeier, Recke, Espel o) 10. 9. 1852 p) Amerika
9160 a) M. Euphemia W i t t e n aus Recke b) 8. 4. 1834 Recke c) Bern. Philipp Witten, Colon, u. M. Cath. Bernardina Sneider, Recke, Steinbeck o) 10. 9. 1852 p) Amerika

StadtA Rhede, A 618

9161 a) Joh. Bernh. K o r t s t e g g e aus Crommert, Studiosus b) 8. 9. 1867 Altrhede p) Belgien s) Entlassungsurkunde vom 2. 4. 1884
9162 a) Joh. Joseph S c h u l z e R e n z e l aus Crommert, Schüler b) 18. 12. 1872 Crommert p) Belgien s) Entlassungsurkunde vom 2. 8. 1889

StadtA Rhede, A 621

9163 a) Wilh. M e s s i n g aus Dingden o) 1844 p) Amerika s) Über Holland ohne Konsens ausgewandert
9164 a) August G a f f r o n aus Rhede o) 1844 p) Amerika s) Über Holland ohne Konsens ausgewandert
9165 a) G e u t k e s aus Vardingholt, Taglöhner o) 1844 p) Amerika s) Über Bremen ohne Konsens ausgewandert. Die Frau und zwei Kinder bleiben zurück. Diese sind bei Verwandten untergebracht, und für die Frau muß die Gemeinde jährlich 25 Taler Kostgeld zahlen. Siehe auch Teil 1, Nr. 3241
9166 a) Peter R i d d e r aus Rhede, Maurer o) 1844 p) Amerika s) Über Bremen ohne Konsens ausgewandert
9167 a) K o p p e n r a t h aus Rhede o) 1844 p) Amerika s) Über Bremen ohne Konsens ausgewandert
9168 a) Friedr. v o n C o c h e n h e i m aus Rhede o) 1844 p) Amerika s) Über Bremen ohne Konsens ausgewandert
9169 a) K l a p s i n g aus Rhede o) 1844 s) 100 Taler Vermögen

StadtA Rhede, A 622

9170 a) Peter Anton Max K ö s t e r s aus Dingden   s) Entlassungsurkunde vom 2. 8. 1851
9171 a) Wilh. H u i s m a n n aus Dingden   s) Entlassungsurkunde vom 4. 10. 1851. Vier Personen wandern aus
9172 a) Bernh. K n o c h aus Rhede   s) Entlassungsurkunde vom 1. 2. 1853. Wieder zurückgekehrt
9173 a) Gerh. S t e n k a m p aus Dingden   s) Entlassungsurkunde vom 8. 6. 1853
9174 a) Joh. Wilh. W i s s i n g aus Dingden   s) Entlassungsurkunde vom 16. 8. 1853
9175 a) Wenzel T e k i p p e aus Dingden   s) Entlassungsurkunde vom 16. 8. 1853
9176 a) Bernh. T e n h a g e n aus Dingden   s) Entlassungsurkunde vom 16. 8. 1853. Vier Personen wandern aus
9177 a) Wilh. K ö s t e r s aus Dingden   s) Entlassungsurkunde vom 22. 8. 1853. Fünf Personen wandern aus
9178 a) Herm. E r d i n g aus Rhede   s) Entlassungsurkunde vom 30. 8. 1853. Drei Personen wandern aus
9179 a) Elis. W e s s l i n g aus Rhede   s) Entlassungsurkunde vom 9. 9. 1853
9180 a) Joh. Servatius .... ?B a c k i n g gt. D e l s i n g aus Aachen   b) Dingden   s) Entlassungsurkunde vom 9. 9. 1853
9181 a) Joseph S a c k aus Dingden   s) Entlassungsurkunde vom 16. 9. 1853
9182 a) Heinr. Wilh. T e n h a g e n aus Dingden   d) Ehefrau   e) Zwei Kinder   p) Amerika   s) Entlassungsurkunde vom 7. 3. 1854
9183 a) Joh. D e u t m e y e r aus Krommert   s) Entlassungsurkunde vom 12. 3. 1854. Nicht ausgewandert
9184 a) Joh. Bern. R ö ß i n g aus Rhede   s) Entlassungsurkunde vom 20. 7. 1854. Zwei Personen wandern aus
9185 a) Joh. Heinr. K a p p e n h a g e n aus Vardingholt   b) 28 J.   d) Frau   s) Entlassungsurkunde vom 14. 11. 1854
9186 a) Gerh. Heinr. F r e n k aus Rhede   b) 13. 3. 1824   s) Entlassungsurkunde vom 6. 3. 1856
9187 a) Bern. Joh. S t e e n p a ß aus Rhede   b) 1827   d) Frau   e) M. Elis. 24. 12. 1853, Bern. Jos. 25. 10. 1855   p) Nordamerika   s) Entlassungsurkunde vom 12. 3. 1856
9188 a) B. H a u g e n k a m p aus Rhede   b) 50 J.   e) Sohn 21 J.   s) Entlassungsurkunde vom 6. 8. 1656
9189 a) Heinr. E ß m a n n aus Rhede   s) Entlassungsurkunde vom 22. 4. 1857
9190 a) Joh. Ferd. L a n g e n h o r s t aus Dingden   p) Holland   s) Entlassungsurkunde vom 8. 6. 1857
9191 a) Elis. H ö v e l s aus Dingden   p) Amerika   s) Entlassungsurkunde vom 17. 7. 1857
9192 a) Wilh. C r a s s e aus Dingden   d) Ehefrau   e) Zwei Kinder   p) Amerika   s) Entlassungsurkunde vom 28. 7. 1857
9193 a) Marg. H ö v e l s aus Dingden   p) Amerika   s) Entlassungsurkunde vom 30. 7. 1857
9194 a) Bern. Anton W i ß m a n n aus Dingden   s) Entlassungsurkunde vom 29. 4. 1859. Nicht ausgewandert
9195 a) Heinr. S o r g e aus Rhede   b) 1832   s) Entlassungsurkunde vom 17. 10. 1859. Nicht ausgewandert
9196 a) Ferd. S t o c k e r t aus Rhede   s) Entlassungsurkunde vom 17. 10. 1859. Nicht ausgewandert
9197 a) Joh. D e u t m e y e r aus Dingden   b) 30 J.   s) Entlassungsurkunde vom 11. 2. 1860
9198 a) Clemens K ö s t e r s aus Dingden   p) Amerika   s) Entlassungsurkunde vom 26. 3. 1860
9199 a) Heinr. H i m m e l b e r g aus Dingden   p) Holland   s) Entlassungsurkunde vom 28. 7. 1860
9200 a) Bern. Heinr. G r o ß e L a n g e n h o f f aus Dingden   p) Holland   s) Entlassungsurkunde vom 11. 2. 1861
9201 a) .... ?Leo Walr. K ö s t e r s aus Dingden   p) Amerika   s) Entlassungsurkunde vom 6. 4. 1861
9202 a) Werner K ö s t e r s aus Dingden   s) Entlassungsurkunde vom 18. 4. 1861. Nicht ausgewandert. In Marsberg
9203 a) Franz Joseph P a ß m a n n aus Dingden   p) Amerika   s) Entlassungsurkunde vom 26. 4. 1861

StadtA Rheine, Häuserbuch Altenrheine

9204 a) Herm. Jos. B e e s t e n aus Altenrheine Nr. 8d   b) 7. 9. 1849   c) Bern. Herm. Beesten u. M. A. Cordesmeyer   p) Amerika
9205 a) Albert Florenz B e e s t e n aus Altenrheine Nr. 8d   b) 3. 2. 1860   c) Bern. Herm. Beesten u. M. A. Cordesmeyer   p) Amerika
9206 a) Herm. Joseph B e e s t e n aus Altenrheine Nr. 8d   b) 13. 10. 1821   c) Bern. Beesten u. Aleid Heuwes   p) Amerika

9207 a) A. Cath. B r i n c k e r aus Altenrheine Nr. 24   b) 16. 5. 1807   c) Joh. Hem. Brincker u. A. Cath. Hertker   p) Amerika

9208 a) Anton Gerh. Joseph v a n D ü l m e n aus Altenrheine Nr. 7a   b) 17. 1. 1830   c) Bern. van Dülmen u. A. M. Dierksen   p) Amerika

9209 a) Joh. Gerh. Anton G ö c k i n g aus Altenrheine Nr. 20a   b) 15. 9. 1818   c) Anton Göcking u. M. Aleid Ross   p) Amerika

9210 a) M. Cath. G ö c k i n g aus Altenrheine Nr. 20a   b) 26. 6. 1822   c) Anton Göcking u. M. Aleid Ross   p) Amerika

9211 a) Clemens Herm. G u d e aus Altenrheine Nr. 5   b) 11. 8. 1861   c) Wenzel Gude u. Theresia Cordesmeyer   o) 1. 4. 1884   p) Amerika   s) Verheiratet mit Schulte Werning

9212 a) A. M. Adelheid H o p s t e r aus Altenrheine Nr. 61   b) 21. 12. 1829   b) Bern. Hopster u. M. Aleid Exeler   p) Amerika

9213 a) Bern. Hendrik K l e s p e r aus Altenrheine Nr. 38   b) 29. 5. 1841   c) Anton Klesper gt. Möller u. A. M. Klesper   p) Amerika

9214 a) Gerh. Heinr. K l e s p e r aus Altenrheine Nr. 38   b) 8. 10. 1843   c) Anton Klesper gt. Möller u. A. M. Klesper   p) Amerika

9215 a) M. A. M i e t h e aus Altenrheine Nr. 59   b) 22. 9. 1819   c) Bernd Henr. Miethe u. A. M. Hilbers   p) Amerika

9216 a) M. A. N i e h u e s aus Altenrheine Nr. 7b   b) 25. 8. 1818   c) Bern. Niehues u. A. Möllers   p) Amerika

9217 a) A. M. Theresia N i e h u e s aus Altenrheine Nr. 7b   b) 17. 11. 1824   c) Bern. Niehues u. A. Möllers   p) Amerika

9218 a) A. M. P o h l m a n n aus Altenrheine Nr. 2   b) 18. 10. 1845   c) Gerh. Pohlmann u. M. Adelheid Bertling   o) 1872   p) Amerika

9219 a) Bern. Heinr. Anton R o h l m a n n aus Altenrheine Nr. 38   b) 2. 9. 1826   c) Anton Rohlmann gt. Möller u. A. M. Möller   p) Amerika

9220 a) Joh. Georg S c h r ä e r aus Altenrheine Nr. 1   b) 17. 1. 1814   c) Joh. Georg Schräer u. Adelheid Göcking   p) Amerika

9221 a) A. Cath. V e l t m a n n aus Altenrheine Nr. 47   b) 14. 1. 1822   c) Bern. Veltmann u. A. Marg. Löchte   p) Amerika   s) 1845 gestorben

9222 a) M. A. V e l t m a n n aus Altenrheine Nr. 47   b) 7. 4. 1825   c) Bern. Veltmann u. A. Marg. Löchte   p) Amerika

9223 a) A. M. Theresia V e l t m a n n aus Altenrheine Nr. 47   b) 25. 1. 1832   c) Bern. Veltmann u. A. Marg. Löchte   p) Amerika

9224 a) A. M. Theresia W i g g e r s aus Altenrheine Nr. 1a   b) 16. 11. 1825   c) Theodor Wiggers u. M. Lanze   p) Amerika

9225 a) Joh. Herm. Gerh. W i n t e l s aus Altenrheine Nr. 14   b) 7. 4. 1833   c) Joh. Wintels gt. Hopster u. A. M. Pohlmann   p) Amerika

9226 a) Gerh. Herm. W i n t e r aus Altenrheine Nr. 49   b) 30. 12. 1824   c) Bern. Herm. Winter u. M. Cath. Bertker   p) Amerika

9227 a) A. Cath. W i n t e r aus Altenrheine Nr. 49   b) 14. 10. 1838   c) Bern. Herm. Winter u. M. Cath. Bertker   o) 1867   p) Amerika

StadtA Rheine, Häuserbuch Bentlage

9228 a) Joh. Gerh. B e r n i n g aus Bentlage Nr. 6   b) 7. 4. 1813   c) Joh. Gerh. Berning u. M. Aleid Borchers   p) Amerika

9229 a) Joh. Gerh. Anton B e r n i n g aus Bentlage Nr. 6   b) 28. 7. 1820   c) Joh. Gerh. Berning u. M. Aleid Borchers   p) Amerika

9230 a) Joh. Gerh. Theodor B e r n i n g aus Bentlage Nr. 70   b) 24. 5. 1817   c) Joh. Gerh. Berning u. A. M. Merkes   p) Amerika

9231 a) A. M. E. F o r s t m a n n aus Bentlage Nr. 10   b) 15. 9. 1821   c) Bern. Forstmann u. A. M. Stockmann   p) Amerika

9232 a) A. M. Ther. H e r t k e r aus Bentlage Nr. 13   b) 4. 1. 1827   c) Gerh. Herm. Hertker u. A. M. Hessling   p) Amerika

9233 a) Franz Joseph L a d e n k ö t t e r aus Bentlage Nr. 76   b) 1. 7. 1814   c) Caspar Ladenkötter u. Elis. Bertker   p) Amerika

9234 a) Herm. L ü c k e aus Bentlage Nr. 18   b) 17. 9. 1827   c) Anton Lücke u. A. Stegemann (Stiegemann)   p) Amerika

9235 a) Joh. Gerh. S t i e g e m a n n aus Bentlage Nr. 20   b) 19. 12. 1821   c) Gerh. Stiegemann u. Gertrud Gehring   p) Amerika

9236 a) Albert Henr. T e u p e aus Bentlage Nr. 59   b) 22. 1. 1832   c) Albert Teupe u. A. M. Lüke   o) 1859   p) Amerika

9237 a) Bern. Hubert T e u p e aus Bentlage Nr. 59   b) 15. 9. 1834   c) Albert Teupe u. A. M. Lüke   p) Amerika

9238 a) Bern. Henr. T ü m m l e r aus Bentlage Nr. 29   b) 21. 3. 1831   c) Bern. Tümmler u. M. Krafeld   p) Amerika

9239 a) Gerh. Herm. W i g g e r s aus Bentlage Nr. .... ? 344   b) 8. 5. 1818   c) Joh. Gerh. Wiggers u. A. Gertrud Hesping   o) 1874   p) Amerika

9240 a) M. Adelheid W i l l e r s aus Bentlage Nr. 4a   b) 26. 8. 1808   c) Joh. Willers u. Marg. Niemeyer   p) Amerika

StadtA Rheine, Häuserbuch Catenhorn

9241 a) Joh. Heinr. B i c k m a n n aus Catenhorn Nr. 20   b) 8. 12. 1805   c) Bernd Bickmann u. Adelheid Backmann   p) Amerika

9242 a) Marg. Theresia D e u p m a n n aus Catenhorn Nr. 11   b) 26. 3. 1837   c) Bern. Deupmann u. Elis. Kohle   p) Amerika

9243 a) Everhard Joh. B. H e r m e s aus Catenhorn Nr. 6   b) 19. 5. 1819   c) Bern. Joh. Hermes u. Christ. M. A. Brameier   p) Holland   s) Verheiratet mit Clara Elisabeth Kloppenburg. Am 29. 6. 1889 in Medemblik gestorben

9244 a) Joh. Bernd Henr. H e r m e s aus Catenhorn Nr. 6   b) 21. 1. 1829   c) Bernd Joh. Wolters gt. Hermes u. Christ. M. Brameier

9245 a) A. Cath. Theresia V e n n e m a n n aus Catenhorn Nr. 43   b) 25. 1. 1840   c) Joh. Gerh. Vennemann u. A. M. Tebbe   o) 1867   p) Amerika

9246 a) Joh. Gerh. Herm. W i e c h e r s aus Catenhorn Nr. 5   b) 23. 2. 1829   c) Joh. Herm. Wiechers u. M. Cath. Knüver   p) Holland

9247 a) M. Cath. W i g g e r aus Catenhorn Nr. 28   b) Joh. Herm. Wiger u. A. Christ. Gehring   p) Amerika

StadtA Rheine, Häuserbuch Dutum

9248 a) A. M. Theresia B r ü n i n g aus Dutum Nr. 20   b) 19. 8. 1833   c) Gerh. Brüning u. Gertrud Baddeler   p) Amerika

9249 a) Joh. Gerh. L e u s m a n n aus Dutum Nr. 2   b) 11. 9. 1849   c) Gerh. Joh. Herm. Leusmann u. M. Theresia Kindermann   o) 1866   p) Amerika   s) 1873 in New Orleans gestorben

9250 a) Bern. Gerh. Franz L e u s m a n n aus Dutum Nr. 2   b) 9. 10. 1851   c) Gerh. Joh. Herm. Leusmann u. M. Theresia Kindermann   o) 1867   p) Amerika   s) 1873 in New Orleans gestorben

9251 a) Joh. Gerh. Anton L e u s m a n n aus Dutum Nr. 2   b) 10. 6. 1860   c) Gerh. Joh. Herm. Leusmann u. M. Theresia Kindermann   o) 1882   p) Amerika

9252 a) Joh. Wilh. S c h r ä e r aus Dutum Nr. 1a   b) 28. 1. 1798   c) Joh. Herm. Schräer u. A. M. Wewer   p) Amerika

9253 a) Joh. Bern. S c h r ä e r aus Dutum Nr. 1a   b) 30. 3. 1811   c) Joh. Herm. Schräer u. A. M. Wewer   p) Amerika

StadtA Rheine, Häuserbuch Elte

9254 a) M. A. Theresia E x e l e r aus Elte Nr. 23a   b) 7. 6. 1823   c) Joh. Exeler u. A. Cath. Hölscher   p) Amerika

9255 a) Joh. Gerh. G e h l i n g aus Elte Nr. 34   b) 3. 2. 1824   o) 1848   p) Amerika

9256 a) Bern. Gerh. Joseph G u d d o r f aus Elte Nr. 15a   b) Joh. Gerh. Guddorf u. A. Marg. Wietkamp   p) Amerika

9257 a) Bernd Anton H i l l e n aus Elte Nr. 36 b) 4. 3. 1836 c) Herm. Joseph Rohlmann gt. Hillen u. Elis. Kösters p) Amerika
9258 a) Joseph Heinr. Felix L ü c k e aus Elte Nr. 42 b) 12. 7. 1864 c) Joseph Lücke u. Wilhelmina Bockholt o) 1883 p) Holland
9259 a) Stephan Gerh. N i e m a n n aus Elte Nr. 23b b) 26. 12. 1835 c) Gerh. Niemann u. Gertrud Rohlmann o) 1868 p) Amerika
9260 a) Herm. Heinr. Joseph P u l s aus Elte Nr. 6 b) 19. 2. 1816 c) Bern. Heinr. Puls u. A. Cath. Wewer p) Amerika
9261 a) Heinr. Gerh. Julius S c h e p e r s aus Elte Nr. 53 b) 5. 4. 1836 c) Heinr. Schepers u. A. M. Cath. Attermeyer o) 1866 p) Amerika
9262 a) M. Friderica S c h r ä e r aus Elte Nr. 3 b) 14. 7. 1839 c) Georg Schräer u. M. Cath. Loose p) Amerika
9263 a) Georg S t r o t m a n n aus Elte Nr. 9 b) 28. 10. 1836 c) Anton Strotmann u. Elis. Lübke p) Amerika
9264 a) Joh. Herm. Georg T i m m e r aus Elte Nr. 47 b) 11. 11. 1838 c) Bern. Gerh. Timmer u. A. M. Cath. Louise Stehmann o) 26. 4. 1864 p) Holland
9265 a) Joh. Heinr. Joseph W i e s m a n n aus Elte Nr. 24 b) 2. 1. 1790 c) Joh. Herm. Wiesmann u. A. Elis. Lammerding d) A. Cath. Elis. T r e c k e l e r 20. 11. 1804 e) Sieben Kinder o) 1848 p) Amerika

StadtA Rheine, Häuserbuch Eschendorf

9266 a) Joh. Herm. Heinr. A r t k ö t t e r aus Eschendorf Nr. 25a b) 21. 3. 1838 c) Heinr. Artkötter u. Agnes Kamphues p) Amerika
9267 a) M. Gertrud A r t k ö t t e r aus Eschendorf Nr. 25a b) 19. 8. 1840 c) Heinr. Artkötter u. Agnes Kamphues p) Amerika
9268 a) A. M. Aleid E x e l e r aus Eschendorf Nr. 15a b) 17. 12. 1820 c) Joh. Heinr. Exeler u. M. Aleid Schippers p) Amerika
9269 a) Gerh. Heinr. E x e l e r aus Eschendorf Nr. 15a b) 4. 6. 1826 c) Joh. Heinr. Exeler u. Aleid Niehues p) Amerika
9270 a) Herm. August E x e l e r aus Eschendorf Nr. 41 b) 30. 8. 1846 c) Gerh. Exeler u. Theresia Remmes p) Amerika
9271 a) A. M. Gertrud F o r s t m a n n aus Eschendorf Nr. 7b b) 14. 12. 1827 c) Gerh. Forstmann u. A. Cath. Kösters p) Amerika
9272 a) Sophia G u d e aus Eschendorf Nr. 37 b) 24. 12. 1818 c) Joh. Herm. Gude u. A. Gertrud .... ? Lovies ?Lewis ?Sorries p) Amerika
9273 Joh. Herm. G u d e aus Eschendorf Nr. 37 b) 14. 2. 1822 c) Joh. Herm. Gude u. A. Gertrud .... ? Lovies ?Lewis ?Sorries p) Amerika s) .... ? = I, 4902
9274 a) Joh. Henr. L a u aus Eschendorf Nr. 24 b) 29. 10. 1804 c) Bernd Henrich Werning gt. Lau u. A. M. Lau p) Amerika
9275 a) A. M. Elis. L a u k e m p e r aus Eschendorf Nr. 13 b) 1. 1. 1829 c) Joh. Herm. Laukemper u. A. M. Theresia Berlemann p) Amerika
9276 a) M. A. P o s t aus Eschendorf Nr. 1 b) 21. 4. 1810 c) Gerd Henr. Poat u. A. Marg. Stockel p) Amerika
9277 a) A. M. Gertrud P o s t aus Eschendorf Nr. 1 b) 26. 3. 1818 c) Gerd Henr. Poat u. A. Marg. Stockel p) Amerika
9278 a) A. C. P o s t aus Eschendorf Nr. 1 b) 22. 2. 1821 c) Gerd Henr. Poat u. A. Cath. Gertrud Dütz p) Amerika
9279 a) Herm. Henr. Joseph P o s t gt. F o r s t m a n n aus Eschendorf Nr. 58 b) 10. 10. 1834 c) Joh. Gerh. Post gt. Forstmann u. A. M. Werning p) Amerika

StadtA Rheine, Häuserbuch Gellendorf

9280 a) Anton G e h r i n g aus Gellendorf Nr. 12 b) 6. 8. 1830 c) Herm. Anton Gehring u. A. Cath. Hermes p) Amerika
9281 a) A. M. H e m e l t aus Gellendorf Nr. 1b u. 15 b) 23. 12. 1815 c) Gerh. Herm. Hemelt u. A. M. E. Theising
9282 a) Theodor Gerh. L e u g e r s aus Gellendorf Nr. 1 b) 19. 4. 1816 c) Herm. Joh. Heinr. Leugers u. Adelheid M. A. Eilers p) Amerika

9283 a) Cath. Adelheid L e u g e r s aus Gellendorf Nr. 11 b) 15. 1. 1814 c) Joh. Bern. Georg Leugers u. A. Cath. Schräer p) Amerika

9284 a) A. M. Elis. L e u g e r s aus Gellendorf Nr. 11 b) 4. 2. 1816 c) Joh. Bern. Georg Leugers u. A. Cath. Schräer p) Amerika

9285 a) Joh. Heinr. L e u g e r s aus Gellendorf Nr. 11 b) 19. 6. 1824 c) Joh. Bern. Georg Leugers u. A. Cath. Schräer p) Amerika

9286 a) Joh. Gerh. P u l s aus Gellendorf Nr. 7a b) 16. 8. 1807 c) Joh. Gerd Puls u. A. Gertrud Löbmeier d) A. M. Heidkamp e) Sieben Kinder o) 1871 p) Amerika

9287 a) Bern. Herm. R u h e aus Gellendorf Nr. 5 b) 3. 3. 1844 c) Gerh. Herm. Ruhe u. M. A. Helmer p) Amerika

StadtA Rheine, Häuserbuch Hauenhorst

9288 a) M. Elis. Clara F e i s t m a n n aus Hauenhorst Nr. 109 b) 6. 4. 1854 c) Gerh. Bern. Feistmann u. M. Clara Schöpper o) 1881 p) Holland – Wierden s) Sie heiratet Gerh. Terhorst

9289 a) Gerh. Heinr. M e r s m a n n aus Hauenhorst Nr. 28 b) 21. 11. 1821 c) Joh. Gerd Mersmann u. M. Cath. Raumeier p) Amerika

9290 a) Joh. Gerh. N i e m e r gt. H a p k e aus Hauenhorst Nr. 13 b) 1. 4. 1822 c) Bern. Henr. Niemer gt. Hapke u. A. Brameier p) Amerika

9291 a) Joh. Bern. Henr. W e w e r aus Hauenhorst Nr. 18 b) 22. 6. 1824 c) Joh. Henr. Wewer u. A. M. Forstmann p) Amerika

StadtA Rheine, Häuserbuch Mesum

9292 a) A. Cath. A u f f a h r t aus Mesum Nr. 30 b) 5. 8. 1803 c) Bernd Auffahrt u. A. Cath. Meier p) Amerika

9293 a) M. Elis. Cath. B e r g m e y e r aus Mesum Nr. Nr. 30 b) 5. 12. 1831 c) Bernd Bergmeyer u. Cath. Auffahrt p) Amerika

9294 a) Gerh. Bernh. B e r g m e y e r aus Mesum Nr. 30 b) 6. 7. 1834 c) Bernd Bergmeyer u. Cath. Auffahrt p) Amerika

9295 a) M. Elis. Cath. B e r t e l s aus Mesum Nr. 44 b) 10. 10. 1855 c) Gerh. Bertels u. Bernardina Busmann p) Holland

9296 a) Joh. Engelbert Anton B e r t e l s aus Mesum Nr. 76 b) 6. 4. 1829 c) Herm. Anton Bertels u. Gertrud Kamp p) Amerika s) .... ? = Nr. 3497 u.3478

9297 a) Herm. Anton B e r t e l s aus Mesum Nr. 76 b) 28. 12. 1834 c) Herm. Anton Bertels u. A. M. Elis. Bock p) Holland

9298 a) Bern. Heinr. Anton B o r c h a r d i n g aus Mesum Nr. 7 b) 13. 7. 1838 [c) Bernd Heinr. Borcharding u. Elis. Göcking] p) Holland

9299 a) Elis. Theresia B r i n k aus Mesum b) 25. 12. 1836 c) Bern. Brink u. Theresia Hessling p) Amerika

9300 a) Clara Theresia B r i n k aus Mesum Nr. 22 c) Bern. Brink u. Theresia Hessling p) Amerika

9301 a) Herm. Theodor Victor B r i n k aus Mesum Nr. 42 b) 11. 12. 1848 c) Theodor Brink u. Elis. Schürmann p) Holland s) Mit Konsens vom 16. 5. 1865

9302 a) M. Theresia E n g e l e n aus Mesum Nr. 43 b) 1. 2. 1821 c) Anton Engelen u. Cath. Borcharding p) Holland

9303 a) Bernh. Joseph H a s p e r s aus Mesum Nr. 4 b) 21. 12. 1807 c) Joh. Henr. Haspers u. A. M. Huvecke p) Amerika

9304 a) Gerh. Henr. S c h u l t e aus Mesum Nr. 34 b) 20. 9. 1813 c) Joh. Bern. Schulte u. A. Christ. Schräer p) Amerika

9305 a) Carl Wilh. T e r h e i d e n aus Mesum Nr. 23 b) 27. 9. 1822 c) Herm. Heinr. Terheiden u. M. Theresia Blohm p) Amerika

9306 a) Bern. Joseph T r e c k e l e r aus Mesum Nr. 108 b) 19. 9. 1855 c) Bern. Treckeler u. Theresia Weidlich o) 1884 p) Amerika

9307 a) Joh. Gerh. W i l m s e n aus Mesum Nr. 94 b) 10. 2. 1802 c) Joseph Wilmsen u. M. Adelheid Tiemann p) Amerika s) Am 25. 4. 1850 in New Jersey gestorben

StadtA Rheine, Häuserbuch Mesum Kirchspiel

9308 a) A. M. B e c k e m p e r aus Mesum Nr. 1   b) 16. 1. 1823   c) Bernd Heinr. Beckemper u. M. Gertrud Bertkers (Bertling)   p) Amerika

9309 a) Anton Heinr. B e i t i n g aus Mesum Nr. 25   b) 1. 1. 1842   c) Anton Beiting u. A. M. Lindroth   o) 1860   p) Amerika

9310 a) Bern. Joseph B e i t i n g aus Mesum Nr. 25   b) 17. 7. 1849   c) Anton Beiting u. A. M. Lindroth   o) 1866   p) Amerika

9311 a) Gerh. Anton B e i t i n g aus Mesum Nr. 25   b) 6. 11. 1852   c) Anton Beiting u. A. M. Lindroth   o) 1869   p) Amerika

9312 a) Bern. Clemens K a u l i n g aus Mesum Nr. 72   b) 20. 3. 1857   c) Bern. Kauling u. Theresia Plagemann   o) 1879/80   p) Holland

9313 a) M. Elis. Josephina T e i g e l aus Mesum Nr. 15a   b) 3. 12. 1859   c) Bern. Joseph Teigel u. A. M. Theresia König   p) Amerika

StadtA Rheine, Häuserbuch Rodde

9314 a) Gerh. Joh. Joseph Herm. B e r n d s e n aus Rodde Nr. 4a u. 24   b) 21. 9. 1813   c) Joh. Lucas Berndsen u. Marg. A. Borchert   p) Amerika

9315 a) A. M. Cath. B o r c h e r t aus Rodde Nr. 2   b) 19. 6. 1821   c) Joh. Gerh. Borchert u. A. M. Berninghoff   s) Sie heiratet Joh. Joseph Eilers

9316 a) Clara M. A. B o r c h e r t aus Rodde Nr. 2   b) 9. 8. 1842   c) Joh. Gerh. Borchert u. Cath. Becke   p) Amerika   s) Sie heiratet am 28. 4. 1866 in Pittsburg (Pennsylvanien) Carl Terhorst

9317 a) M. Cath. B o r c h e r t aus Rodde Nr. 18   b) 9. 12. 1815   c) Henr. Borchert u. Adelheid Hermeler   o) Amerika

9318 a) Joh. Bern. B o r c h e r t aus Rodde Nr. 18   b) 25. 7. 1818   c) Henr. Borchert u. Adelheid Hermeler   p) Amerika

9319 a) Cath. Elis. B o r c h e r t aus Rodde Nr. 18   b) 8. 11. 1839   c) Joh. Herm. Heinr. Borchert u. Elis. Ladenkötter   p) Amerika

9320 a) Gertrud Lisette B o r c h e r t aus Rodde Nr. 18   b) 27. 7. 1841   c) Joh. Herm. Heinr. Borchert u. Elis. Ladenkötter   p) Amerika

9321 a) Cath B o c h e r t aus Rodde Nr. 18   b) 6. 3. 1843   c) Joh. Herm. Heinr. Borchert u. Elis. Ladenkötter   p) Amerika

9322 a) M. A. D e i t e r s aus Rodde Nr. 5a   b) 30. 1. 1845   c) Gerh. Deiters u. Gertrud Holtkemper   p) Amerika

9323 a) Theresia D e i t e r s aus Rodde Nr. 5a   b) 1. 7. 1847   c) Gerh. Deiters u. Gertrud Holtkemper   p) Amerika

9324 a) A. M. D e i t e r s aus Rodde Nr. 5a   b) 17. 10. 1852   c) Gerh. Deiters u. Gertrud Holtkemper   p) Amerika

9325 a) Bern. Joh. Joseph E i l e r s aus Rodde Nr. 8   b) 14. 10. 1814   c) Joh. Gerh. Eilers u. M. Cath. Bresch   o) 1851   p) Amerika   s) Er heiratet A. M. Cath. Borchert

9326 a) Bernh. G u d e aus Rodde Nr. 11a   b) 7. 9. 1812   c) Bernd Gude u. Cath. Middendorf   p) Amerika   s) .... ? = I, 4985

9327 a) Clemens G u d e aus Rodde Nr. 11a   b) 23. 9. 1821   c) Bernd Gude u. Cath. Middendorf   p) Amerika   s) Er starb im Juli 1849 in Cincinnati

9328 a) Joseph G u d e aus Rodde Nr. 11a   b) 2. 4. 1824   c) Bernd Gude u. Cath. Middendorf   p) Amerika   s) Er war in Cincinnati verheiratet

9329 a) Therese G u d e aus Rodde Nr. 11a   b) Um 1825   c) Bernd Gude u. Cath. Middendorf   p) Amerika   s) Sie heiratete in Cincinnati Gerhard Tacke

9330 a) Bern. Georg G u d e aus Rodde Nr. 37   b) 2. 10. 1802   c) Georg Gude u. Adelheid Ross   p) Amerika

9331 a) Herm. H e e k e aus Rodde Nr. 11b   b) 22. 4. 1833   c) Gerh. Heeke u. M. Cath. Schmale   o) 1852   p) Amerika

9332 a) Joseph H e e k e aus Rodde Nr. 27   b) 15. 12. 1836   c) Joh. Gerh. Heeke gt. Jütte u. M. Adelheid Scheipers gt. Hopster   o) 7. 5. 1855   p) Amerika

9333 a) Adelheid M. Theresia H e e k e aus Rodde Nr. 27   b) 23. 8. 1858   c) Bern. Henr. Heeke u. M. A. Antonia Tümmler   p) Amerika

9334 a) Gerh. Bern. H e e k e aus Rodde Nr. 27   b) 25. 9. 1860   c) Bern. Henr. Heeke u. M. A. Antonia Tümmler o) Mai 1881   p) Amerika

9335 a) Joh. Bern. H e l m e r .... ? Helmes aus Rodde Nr. 2 b b) 27. 8. 1817 c) Bernard Helmer/Helmes u. A. M. Hölscher   p) Amerika

9336 a) Therese L a m m e r s aus Rodde Nr. 14a b) Um 1812 c) Bernd Herm. Lammers u. A. M. Stertmeyer p) Amerika

9337 a) A. M. L e u g e r i n g aus Rodde Nr. 4b   b) 19. 9. 1807   c) Georg Leugering u. A. Cath. Niehues p) Amerika

9338 a) A. M. Cath. L e u g e r i n g aus Rodde Nr. 4b   b) 27. 8. 1826   c) Georg Leugering u. Elis. Löchte p) Amerika

9339 a) Clemens August L ö c k e m a n n aus Rodde Nr. 20   b) 4. 5. 1871   c) Heinr. Löckemann u. Theresia Lüttmann   o) 1893   p) Amerika

9340 a) Therese Cath. L o o s e aus Rodde Nr. 35   b) 18. 5. 1837   c) Joseph. Bern. Loose u. A. Cath. Ross   p) Amerika

9341 a) A. M. Caroline L o o s e aus Rodde Nr. 35   b) 16. 8. 1843   c) Joseph. Bern. Loose u. A. Cath. Ross   p) Amerika

9342 a) M. Cath. P o g g e m a n n aus Rodde Nr. 5c   b) 20. 4. 1807   c) Gerh. Poggemann u. A. M. Zumwalde   p) Amerika

9343 a) Bern. Joseph S c h i p p m a n n aus Rodde Nr. 11c   b) 7. 5. 1858   c) Herm. Schippmann u. M. Hesping   o) 15. 9. 1883   p) Amerika

9344 a) Georg S t e g e m a n n aus Rodde Nr. 5b   b) 9. 6. 1819   c) Joh. Henr. Stegemann u. A. Cath. Lücke   p) Amerika

9345 a) H. S t r a t m a n n aus Rodde Nr. 14   b) 29. 5. 1811   c) Bernd Georg Stratmann u. A. Marg. Brune   o) September 1852   p) Amerika

9346 a) Heinr. Joseph W ü l l e r aus Rodde Nr. 2c   b) 5. 2. 1831   c) Henr. Wüller gt. Borchert u. Gertrud M. Cath. Berninghoff   p) Amerika

StadtA Rheine, Häuserbuch Wadelheim

9347 a) Joh. Gerh. D e i t e r s aus Wadelheim Nr. 6   b) 13. 3. 1820   c) Joh. Henr. Deiters gt. Winnemöller u. M. Aleid Winnemöller   p) Amerika

9348 a) Bern. Herm. Gerh. H o r s t m a n n aus Wadelheim Nr. 15   b) 1. 8. 1846   c) Gerh. Horstmann gt. Wiesmann u. A. Cath. Wigger   p) Amerika

9349 a) A. Cath. S c h e i p e r s aus Wadelheim Nr. 18   b) 2. 10. 1822   c) Herm. Scheipers u. A. Cath. Spiekers   o) 1846   p) Amerika   s) 1853 gestorben

9350 a) Marg. Elis. S c h ü r m a n n aus Wadelheim Nr. 39   b) 8. 11. 1819   c) Joh. Everhard Schürmann u. A. Cath. Ladenkötter   p) Amerika

9351 a) M. Cath. T e r d u e s aus Wadelheim Nr. 2   b) 24. 9. 1833   c) Engelbert Terdues u. M. Mersch   p) Amerika

9352 a) Joh. Wilh. W e w e r aus Wadelheim Nr. 15d   b) 1. 8. 1799   c) Bern. Wewer u. Maria Schippers   d) M. A. Cath. L ü t t m a n n 27. 8. 1800 Elte (Eltern: Georg Lüttmann u. A. M. Gehling)   e) Drei Kinder   o) 1849   p) Amerika

9353 a) Joh. Gerh. Heinr. W o l t e r s aus Wadelheim Nr. 19   b) 25. 1. 1812   c) Joh. Bernd Wolters u. A. Cath. Veltmann   p) Amerika

Saerbeck : Geschichte des Dorfes u. seiner Bauerschaften. – Saerbeck 1993. – S. 488–489

9354 a) Anton D a l l h o f f aus Saerbeck, Westladbergen Nr. 15   b) 33 J.   o) 1846   p) Amerika

9355 a) Joseph A v e r b e c k aus Saerbeck, Westladbergen Nr. 16   b) 20 J.   o) 1848   p) Amerika

9356 a) Franz F r e n s m e i e r aus Saerbeck   o) 1848   p) Amerika

9357 a) Bernd P l a g e m a n n aus Saerbeck, Sinningen Nr. 27   b) 23 J.   o) 1848   p) Amerika

9358 a) Georg W e n t k e r aus Saerbeck, Dorf Nr. 35   b) 20 J.   o) 1848   p) Amerika

9359 a) Georg H e r b e r m a n n aus Saerbeck, Dorf Nr. 62, Krämer   b) 35 J.   d) Elis. 32 J.   e) Georg Carl 10 J., M. 8 J., Friedr. 6 J., Auguste 1 J.   o) 1850   p) Amerika

9360 a) Gerh. T w i c k l e r aus Saerbeck, Middendorf Nr. 13   b) 24 J.   o) 1850   p) Amerika

9361 a) Bernd S t e g e m a n n aus Saerbeck, Westladbergen Nr. 17 b) 26 J. o) 1852 p) Amerika
9362 a) M. S t e g e m a n n aus Saerbeck, Westladbergen Nr. 17 b) 22 J. o) 1854 p) Amerika
9363 a) Julius H a g e m a n n aus Saerbeck, Dorf Nr. 61 b) 40 J. o) 1865 p) Amerika
9364 a) Alexander Ü d e m a n n aus Saerbeck, Dorf Nr. 62 b) 19 J. o) 1865 p) Amerika
9365 a) Franz B e r k e m e i e r aus Saerbeck, Westladbergen Nr. 6 b) 31 J. o) 1866 p) Amerika
9366 a) Elis. H o h n r o t t e aus Saerbeck, Westladbergen Nr. 15b b) 46 J. o) 1866 p) Amerika
9367 a) Wilh. M ö l l e r s aus Saerbeck, Dorfbauerschaft Nr. 28 b) 20 J. o) 1866 p) Amerika
9368 a) Anton S o e s t m e i e r aus Saerbeck, Dorf Nr. 73 b) 26 J. o) 1866 p) Amerika
9369 a) Elis. W e b e r aus Saerbeck, Sinningen Nr. 3 b) 17 J. o) 1866 p) Amerika
9370 a) Herm. W e r n i n g aus Saerbeck, Westladbergen Nr. 12 b) 28 J. h) Joseph 26 J., M. Luise 19 J. o) 1866 p) Amerika
9371 a) Wilh. A v e r b e c k aus Saerbeck, Westladbergen Nr. 16 b) 41 J. m) Wilh. A v e r b e c k, Neffe, 19 J. o) 1866 p) Amerika
9372 a) M. Witwe T o p p aus Ladbergen, Westladbergen Nr. 48 b) 69 J. e) Heinr. 35 J., Herm. Hubert 25 J. u. dessen Ehefrau A. M. R e d e c k e r 24 J. o) 1877 p) Amerika s) Siehe auch Nr. 5943
9373 a) Franz U h l e n k ü k e n aus Saerbeck, Middendorf Nr. 8 b) 43 J. d) Luise 42 J. e) Franz 8 J., Wilh. 4 J. o) 1879 p) Amerika
9374 a) Bernd T e r h a a r aus Saerbeck, Westladbergen Nr. 54 b) 22 J. o) 1883 p) Amerika
9375 a) D ü t s c h aus Saerbeck, Dorf, Arbeiter o) 1884 p) Amerika
9376 a) S p i e k e r m a n n aus Saerbeck, Arbeiter o) 1884 p) Amerika
9377 a) Herm. B ü c k e r aus Saerbeck, Fuhrmann o) 1889 p) Amerika
9378 a) Joh. L ü t k e s [........................?L ü t h u e s] aus Saerbeck, Dorf Nr. 51, Kohlenhändler o) 1895 p) Belgien

GA Schöppingen, C 975

9379 a) Wilh. H a r t m a n n aus Alstätte b) 21. 4. 1859 o) Vor 1890 s) Mit Entlassungsurkunde ausgewandert
9380 a) Alexander Joh. Heinr. W o l t e r i n g aus Epe o) Vor 1890 s) Mit Entlassungsurkunde ausgewandert
9381 a) Herm. K a r n e b e c k aus Ammeloe b) 2. 5. 1855 [c) Wilh. Karnebeck, Kötter, u. A. M. Sicking, Vreden Ksp., Ellewick] o) Vor 1890 s) Mit Entlassungsurkunde ausgewandert
9382 a) Joh. Herm. A v e r d i e k [Averdieck] aus Ammeloe b) 19. 6. 1859 [c) Bern. Averdieck, Wöhner, u. A. Christ. Upgang, Vreden Ksp., Krosewick] o) Vor 1890 [1886] s) Mit Entlassungsurkunde ausgewandert
9383 a) Friedr. R e n d e r aus Alstätte b) 1. 8. 1859 o) Vor 1890 s) Mit Entlassungsurkunde ausgewandert
9384 a) Joh. H i l b o l t aus Ammeloe b) 30. 10. 1857 [c) Anton Hilbort, Zeller, u. Gertrud Tenham, Vreden Ksp., Gaxel d) Ehefrau o) Vor 1890 [1889] [p) Holland] s) Mit Entlassungsurkunde ausgewandert
9385 a) Bern. Heinr. R a d e f e l d aus Nichtern b) 15. 11. 1855 o) Vor 1890 s) Ohne Entlassungsurkunde ausgewandert
9386 a) Bern. Herm. D a n k b a r aus Epe b) 31. 3. 1859 o) Vor 1890 s) Ohne Entlassungsurkunde ausgewandert
9387 a) Heinr. Wilh. N i e n h a u s aus Hengeler-Wendfeld b) 1. 5. 1856 o) Vor 1890 s) Ohne Entlassungsurkunde ausgewandert
9388 a) Anton L o h a u s aus Oeding b) 14. 10. 1856 o) Vor 1890 s) Ohne Entlassungsurkunde ausgewandert
9389 a) Franz Gerh. B ö i n g aus Wüllen b) 16. 3. 1851 o) Vor 1890 s) Ohne Entlassungsurkunde ausgewandert
9390 a) Joh. Herm. Josef S c h a t e n aus Wessum b) 6. 3. 1854 o) Vor 1890 s) Ohne Entlassungsurkunde ausgewandert
9391 a) Bern. Heinr. H o m a n n aus Ahaus b) 26. 12. 1857 o) Vor 1890 s) Ohne Entlassungsurkunde ausgewandert
9392 a) Heinr. [Henr.] H y i n c k aus Gaxel b) 31. 3. 1856 [c) Theodor Hyinck, Neubauer, u. M. Hesselmann, Vreden Ksp., Gaxel] o) Vor 1890 s) Ohne Entlassungsurkunde ausgewandert

9393 a) Joh. Bern. Heinr. G e h l i n g aus Südlohn b) 23. 6. 1856 Almsick [?] o) Vor 1890 s) Ohne Entlassungsurkunde ausgewandert
9394 a) Joh. Heinr. K ö n n i n g aus Wessum b) 27. 2. 1855 o) Vor 1890 s) Ohne Entlassungsurkunde ausgewandert
9395 a) Joh. Gerh. H e m i n g aus Büren b) 8. 1. 1856 o) Vor 1890 s) Ohne Entlassungsurkunde ausgewandert
9396 a) Bern. Anton E b b i n g aus Haverbeck b) 10. 7. 1859 o) Vor 1890 s) Ohne Entlassungsurkunde ausgewandert
9397 a) Forenz E y n c k aus Legden b) 1. 2. 1854 o) Vor 1890 s) Ohne Entlassungsurkunde ausgewandert
9398 a) Joh. Wilh. Carl H e i m aus Ahaus b) 20. 2. 1856 o) Vor 1890 s) Ohne Entlassungsurkunde ausgewandert
9399 a) Christof Bern. E l i n g aus Legden b) 8. 2. 1852 o) Vor 1890 s) Ohne Entlassungsurkunde ausgewandert
9400 a) Joh. Bern. W o l t e r i n g aus Ahaus b) 3. 10. 1855 o) Vor 1890 s) Ohne Entlassungsurkunde ausgewandert
9401 a) Heinr. Herm. H e u k e r aus Averesch b) 24. 10. 1855 o) Vor 1890 s) Ohne Entlassungsurkunde ausgewandert
9402 a) Hubert Jacob F l ü c k aus Heek b) 3. 1. 1859 o) Vor 1890 s) Ohne Entlassungsurkunde ausgewandert
9403 a) Joh. Bern. S p i e l m a n n aus Averesch b) 20. 8. 1855 o) Vor 1890 s) Ohne Entlassungsurkunde ausgewandert
9404 a) Theodor Herm. M e i n k e r aus Legden b) 12. 6. 1855 o) Vor 1890 s) Ohne Entlassungsurkunde ausgewandert
9405 a) Cornelius B l u m e n k e m p e r aus Ahaus b) 23. 3. 1858 o) Vor 1890 s) Ohne Entlassungsurkunde ausgewandert
9406 a) Joh. Herm. L i n n e m a n n aus Legden b) 20. 2. 1857 o) Vor 1890 s) Ohne Entlassungsurkunde ausgewandert
9407 a) Herm. Heinr. H o f f s t e d d e aus Epe b) 19. 11. 1855 o) Vor 1890 s) Ohne Entlassungsurkunde ausgewandert
9408 a) Gerh. Bern. E l s b e r n d aus Legden b) 21. 9. 1853 o) Vor 1890 s) Ohne Entlassungsurkunde ausgewandert
9409 a) Herm. Bern. H e i i n g aus Heek b) 30. 7. 1856 o) Vor 1890 s) Ohne Entlassungsurkunde ausgewandert
9410 a) Ferd. Joh. V o o t s aus Oeding b) 19. 3. 1856 o) Vor 1890 s) Ohne Entlassungsurkunde ausgewandert
9411 a) Heinr. H e t z l e r aus Vreden b) 27. 3. 1858 Saargemünd o) Vor 1890 s) Ohne Entlassungsurkunde ausgewandert
9412 a) Gerh. Heinr. S t i l l i n g aus Epe b) 9. 4. 1857 o) Vor 1890 s) Ohne Entlassungsurkunde ausgewandert
9413 a) Josef B ö i n g aus Wüllen b) 25. 6. 1854 o) Vor 1890 s) Ohne Entlassungsurkunde ausgewandert
9414 a) Gerh. Heinr. B l ö m e r aus Ottenstein b) 8. 9. 1855 o) Vor 1890 s) Ohne Entlassungsurkunde ausgewandert
9415 a) Karl Adolf Aexander R a a c k e aus Dortmund b) 4. 12. 1866 o) Vor 1890 s) Ohne Entlassungsurkunde ausgewandert
9416 a) Bern. Heinr. W e s s l i n g aus Wessum b) 17. 1. 1856 o) Vor 1890 s) Ohne Entlassungsurkunde ausgewandert
9417 a) Joh. Heinr. W e s s l i n g aus Quendorf, Bentheim b) 10. 1. 1859 o) Vor 1890 s) Ohne Entlassungsurkunde ausgewandert
9418 a) Josef Aloys E n g e l k a m p aus Münster b) 8. 12. 1855 o) Vor 1890 s) Ohne Entlassungsurkunde ausgewandert
9419 a) Herm. Heinr. W y i n k aus Schöppingen b) 26. 4. 1856 o) Vor 1890 s) Ohne Entlassungsurkunde ausgewandert
9420 a) Heinr. Franz S c h l i c h t e aus Südlohn b) 2. 3. 1860 o) Vor 1890 s) Ohne Entlassungsurkunde ausgewandert

9421 a) Paul Ernst L i e b s c h aus Bautzen, Sachsen   b) 19. 7. 1861   o) Vor 1890   s) Ohne Entlassungsurkunde ausgewandert
9422 a) Joh. Bern. Heinr. S a n d k a m p aus Epe b) 29. 6. 1860 o) Vor 1890 s) Ohne Entlassungsurkunde ausgewandert
9423 a) Bern. Hubert Ludwig S c h w i e t e r s aus Legden   b) 31. 10. 1858   o) Vor 1890   s) Ohne Entlassungsurkunde ausgewandert
9424 a) Joh. Bern. Heinr. N a c k e aus Ahaus   b) 2. 5. 1853   o) Vor 1890   s) Ohne Entlassungsurkunde ausgewandert
9425 a) Clem. August L a m p e - G ö s s l i n g aus Holdorf (Ghzgtm. Oldenburg) b) 20. 3. 1859 o) Vor 1890 s) Ohne Entlassungsurkunde ausgewandert

StadtA Selm, 537–539, 559

9426 a) D a h l k a m p, Kolon   o) 29. 3. 1852   p) Amerika
9427 a) Th. Wilh. B e n t h u e s, Zimmermann b) 7. 2. 1812 Bork d) M. Sybilla K ü h l e r 7. 2. 1817 e) Wilh. 12. 8. 1838, a) Heinr. Philipp 15. 8. 1841, Elis. 15. 8. 1841, Friedr. 17. 10. 1844 o) 21. 3. 1852 p) Amerika
9428 a) Joh. Henr. S u n d e r k a m p aus Bork, Holzschuster b) 12. 11. 1824 d) Elis. R ö t t g e r 1. 3. 1831 o) März 1852 p) Amerika
9429 a) Gerh. Heinr. D a h l k a m p aus Bork, Colon   o) 13. 4. 1852   p) Amerika
9430 a) J. R. R i e t m a n n gen. .... ?R i e t m a n n aus Altlünen, Ackersmann   o) 13. 4. 1852   p) Amerika
9431 a) Gerh. Heinr. S t ü e r aus Bork, Tagelöhner   b) 31. 5. 1781   e) Friedr. Anton 31. 1. 1829   o) 28. 6. 1852   p) Amerika
9432 a) Heinr. Friedr. Wilh. Ludwig K o e k m a n n   o) 1. 8. 1852   p) Amerika
9433 a) Joh. Theodor T h e r i n g aus Selm, Tagelöhner   b) 18. 7. 1827   o) August 1852   p) Amerika
9434 a) H. K r ü c k m a n n aus Selm, Maurer   o) 9. 9. 1852   p) Amerika   s) Wandert mit der Familie aus
9435 a) W i t t e b r i n k aus Selm, Maurer   o) 9. 9. 1852   p) Amerika   s) Wandert mit der Familie aus
9436 a) Joh. Bern. B o r g e r t aus Selm, Tagelöhner   o) 9. 9. 1852   p) Amerika
9437 a) B i e t h m a n n aus Bork   o) 22. 9. 1852   p) Amerika
9438 a) Joh. Theodor S t ü e r aus Bork   b) 30. 11. 1826   o) 1852   p) Amerika
9439 a) Wilh. B u d d e aus Selm, Tagelöhner   o) 9. 3. 1853   p) Amerika
9440 a) Elis. B ü n g l e r aus Bork   h) Schwester   o) 9. 3. 1853   p) Amerika
9441 a) Ignatz L e e r m a n n aus Bork   o) 9. 3. 1853   p) Amerika   s) Wandert mit der Familie aus
9442 a) Agnes B r ü n k e n h e g e aus Bork   o) 9. 3. 1853   p) Amerika
9443 a) Wilh. T i l l m a n n aus Bork   o) 9. 3. 1853   p) Amerika
9444 a) Bern. P e n t r o p   o) 11. 3. 1853   p) Amerika
9445 a) A. Kath. K ö b b i n g   o) 12. 4. 1854   p) Amerika
9446 a) M. B u s m a n n   o) 12. 4. 1853   p) Amerika
9447 a) Bern. S c h a m a n n   o) 12. 4. 1853   p) Amerika
9448 a) Wilh. P e n t r o p   o) 12. 4. 1853   p) Amerika
9449 a) F. K r ü c k m a n n   o) 12. 4. 1853   p) Amerika
9450 a) Elis. B ü n g e l e r   o) 12. 4. 1853   p) Amerika
9451 a) Heinr. P o l o k aus Bork, Knecht   b) 7. 4. 1827   o) 8. 3. 1853   p) Amerika
9452 a) Antoinette W i e t e n h o r s t geb. K ö b b i n g aus Selm, Magd   b) 25. 2. 1830   o) 12. 5. 1853   p) Amerika
9453 a) Witwe G ä r t n e r   o) 13. 8. 1854   p) Amerika
9454 a) M. A. U h l e n b r o c k aus Bork, Köchin   b) 29. 8. 1826 Bork   p) Amerika   s) Am 15. 6. 1853 wird für sie ein Reisepass ausgestellt, um über Bremen auszuwandern
9455 a) Ferd. E l b e r f e l d aus Cappenberg, Schreiner   o) 30. 8. 1853
9456 a) Wilh. O c k e r aus Selm   b) 9. 11. 1832   s) Wird bei der Aushebung 1853 gesucht, ist aber schon 1845 mit seinem Vater Anton Ocker nach Amerika ausgewandert
9457 a) Anton K o p p   s) „Der Bäcker und Bierbrauer-Gehülfe Anton Kopp aus Olfen, welcher im Jahre 1848 auf ein Jahr einen Reisepaß nach America erhalten hat, ist seitdem schon dreimal von dort wieder hierher

gekommen, und steht im Verdachte, daß er Leute zur Auswanderung verleite" (Schreiben vom 15. 5. 1855, StadtA Selm, 539)

9458 a) Joh. Wilh. L a m m e r s aus Bork b) 7. 10. 1833 o) 19. 10. 1854 p) Amerika
9459 a) Adolph Bernh. B o r c h e r t s aus Selm b) 11. 8. 1833 o) 19. 10. 1854 p) Amerika
9460 a) Bern. Heinr. T h e r i n g aus Selm b) 28. 10. 1833 o) 19. 10. 1854 p) Amerika
9461 a) B ö c k e r , Schuster o) 11. 8. 1855 p) Nordamerika s) Wandert mit der Familie aus
9462 a) R ö t t g e r , Schneider o) 11. 8. 1855 p) Nordamerika s) Wandert mit der Familie aus
9463 a) Ludwig L e i f h e i t aus Bork, Holzschuhmacher b) 7. 2. 1830 o) 26. 10. 1855 p) Amerika
9464 a) Anton S c h n e i d e r aus Selm, Lohgerber o) 7. 2. 1856 p) Amerika
9465 a) Heinr. R i c h t e r aus Bork, Tagelöhner d) Ehefrau o) 14. 5. 1856 p) Amerika
9466 a) Anton S c h l ü t e r m a n n aus Selm, Ackesmann o) 15. 8. 1856
9467 a) Gerh. Heinr. K e r t e l g e gt. L o n n e m a n n   d) Ehefrau e) Zwei Kinder o) 12. 9. 1856 p) Amerika
9468 a) Wilh. L ü g g e r t aus Netteberge, Ackerknecht o) 13. 9. 1856
9469 a) Bern. W ö s t m a n n aus Altlünen, Tagelöhner o) 12. 2. 1857
9470 a) A. M. Francisca H e u s e r aus Cappenberg o) 10. 4. 1857 p) Amerika
9471 a) Caspar Anton T i l l m a n n aus Bork, Ackerknecht o) 19. 5. 1857 p) Amerika
9472 a) Bern. S c h r o e r aus Selm, Ackersmann b) 21. 2. 1832 o) 14. 5. 1867 p) Amerika
9473 a) Peter M ü n i n g h a u s e n aus Westerfeld o) 2. 2. 1858 p) Amerika s) .... = Nr. 2730?
9474 a) Bern. B o l l r a t h aus Alstedde o) 17. 5. 1870 p) Amerika
9475 a) Joh. Bern. K l e y h e g e , Arbeiter o) 4. 4. 1873
9476 a) Cath. F r a n k e geb. H o f s c h l a g aus Selm b) 10. 4. 1840 e) Theodor Hofschlag 26. 11. 1869 o) 18. 9. 1875 p) Amerika
9477 a) A. U h l e n b r o c k gt. H o m a n n aus Selm b) 18. 1. 1859 o) 20. 4. 1880 p) Amerika
9478 a) Joseph L o n n e m a n n aus Selm b) 23. 3. 1856 o) 15. 3. 1882 p) Amerika
9479 a) Wilh. F r a n k e aus Bork, Anstreicher b) 27. 4. 1861 o) 29. 9. 1882 p) Amerika
9480 a) Elis. V a g e d e s geb. O v e r h a g e aus Bork b) 8. 1. 1849 e) Joh. Heinr. Overhage 4. 3. 1879, Bern. Overhage 31. 7. 1880 o) 13. 10. 1882 p) Amerika
9481 a) Heinr. G l o w s k y aus Selm, Schneidergeselle b) 7. 11. 1857 o) 2. 3. 1883 p) Amerika
9482 a) Bernh. Heinr. W i e s m a n n aus Bork, Schreiner b) 11. 4. 1859 o) 5. 5. 1886
9483 a) Alfred L e w i n aus Bork b) 5. 3. 1863 o) Vor 1886 p) Amerika s) Deserteur
9484 a) Theodor August B u s c h m a n n aus Selm b) 5. 9. 1863 o) Vor 1886 p) Amerika s) Deserteur
9485 a) A. W i e s m a n n aus Bork b) 22 Jahre o) 1890 p) Amerika s) Mitteilung des Norddeutschen Lloyd Bremen, daß sie mit dem Schiff Bremen am 19. 6. 1890 nach Amerika fährt (StadtA Selm, 537)

GA Senden, Bestand Senden, A 209

9486 a) Wilhelmine U n g e r aus ... , Witwe o) 31. 3. 1881 p) New York s) Über Bremen
9487 a) Anton B r ü n i n g aus Senden, Holtrup Nr. 29, Maurer b) 25. 9. 1827 Senden d) Elise N i e d e c k e r .... 2. 1833 Bösensell e) Elise 22. 10. 1869, Anton 26. 10. 1861, Heinr. 6. 9. 1863, Cath. 23. 10. 1865, Dina 2. 3. 1867, Gertrud 28. 6. 1869, Josephine 26. 2. 1872, August 10. 7. 1874, Franziska 12. 11. 1877 o) 6. 4. 1881 p) Nordamerika – New York – Ohio s) Entlassungsurkunde vom 31. 3. 1881. Über Bremen ausgewandert
9488 a) Joh. W e s s e l s , Kleidermacher b) 54 J. e) A. 23 J. o) 8. 6. 1881 p) Baltimore s) Über Bremen
9489 a) Joh. Heinr. A l f e r m a n n aus Senden, Schneider b) 1. 3. 1861 Warendorf s) Heimlich fortgezogen. Am 2. 9. 1881 aus Belgien ausgewiesen, weil er ohne Reisemittel war. Soll wegen Desertion angeklagt werden
9490 a) Engelbert M e y k n e c h t aus Holland, stud. theol. b) 13. 3. 1863 Senden c) Engelbert Meyknecht, Wirt, Kaufmann p) Holland s) Am 20. 4. 1882 Aushändigung der Entlassungsurkunde vom 11. 4. 1882
9491 a) Franz Anton W i g g e r m a n n gt. R e h e r aus Amsterdam, Kaufmannslehrling b) 28. 11. 1870 p) Holland s) Am 26. 2. 1887 Aushändigung der Entlassungsurkunde vom 14. 2. 1887 an den Vormund Holzhändler Böcker
9492 a) Joseph F e r l e m a n n aus   b) 53 J. d) Kath. 47 J. e) Marg. 23 J.   p) Amerika s) Am 10. 4. 1889 Abfahrt mit dem Schiff Saale des Norddeutschen Lloyd, Bremen

9493 a) Anton W e w e l aus Geddrup b) 24 J. p) Amerika s) Am 12. 4. 1892 Abfahrt mit dem Schiff Trave des Norddeutschen Lloyd, Bremen
9494 a) M. A l t h o f f aus Senden b) 21 J. p) Amerika s) Am 13. 8. 1892 Abfahrt mit dem Schiff Ems des Norddeutschen Lloyd, Bremen
9495 a) Richard Ludwig M ö n k i n g aus Senden, Kaufmannslehrling b) 7. 9. 1877 Senden p) Holland s) Am 2. 7. 1892 Aushändigung der Entlassungsurkunde vom 23. 6. 1892 an die Mutter
9496 a) Friedr. Joh. M ö n k i n g aus Senden b) 20 J. p) Amerika s) Am 11. 4. 1893 Abfahrt mit dem Schiff Spree des Norddeutschen Lloyd, Bremen
9497 ?........................a)

StadtA Stadtlohn, B 204

9498 a) Joseph Heinr. V e s t e r i n g [Joseph Henr.Güldenhövel] aus Stadtlohn b) 19. 3. 1832 Estern-Büren [c) Joh. Henr. Güldenhövel, Pächter, u. Francisca Reiners] o) 27. 12. 1851 p) Holland – Born
9499 a) Joh. Bern. H ö i n k s aus Stadtlohn b) 22. 4. 1821 Legden d) A. Gertrud D ü c k e r 9. 10. 1819 e) A. Christ. 10. 2. 1850 o) 20. 8. 1850
9500 a) Gerh. Heinr. D e g e r i c h [Gerh. Henr. Deggerich] aus Stadtlohn b) 4. 3. 1832 [c) Joh. Bern. Deggerich u. Adelheid Schriever] o) 6. 5. 1851 p) Holland
9501 a) Bernh. Heinr. [Bern. Henr.] L a n s i n g aus Südlohn b) 10. 10. 1821 Hundewick [c) Joh. Wilh. Lansing u. Francisca Schlusemann] o) 18. 3. 1854
9502 a) Joh. Bern. K a m p s aus Stadtlohn b) 2. 10. 1827 Wessendorf [c) Anton Kamps, Pächter, u. Elis. Witte] o) 7. 8. 1854
9503 a) Joseph [Joan Herm. Joseph] P a s c h e r t aus Wessendorf b) 9. 6. 1814 Hengeler d) A. [A. M.] W i n k i n g 2. 10. 1823 [Wüllen] e) Christ. Elis. [Joanna Christ. Elis.] 6. 10. 1839, Johanna Marg. [Joanna Marg.] 2. 10. 1841, Gerh. Herm. 5. 1. 1844, Bernh. Heinr. [Bern. Henr.] 19. 1. 1850, Bernh. Herm. [Bern. Herm.] 21. 12. 1851 o) 5. 7. 1855 t) Joseph Paschert heiratete in 2. Ehe Anna Winking am 5. 11. 1850 in Stadtlohn
9504 a) A. Marg. W o y t e aus Stadtlohn b) 17. 3. 1829 Hengeler [c) Joh. Henr. Woyte, Kötter, u. A. Marg. Gehling, Stadtlohn, Hengeler] h) A. Elis. Woyte 21. 6. 1825 Hengeler o) 2. 10. 1856
9505 a) Joh. Heinr. [Joan Henr.] V o r t k a m p aus Stadtlohn b) 25. 4. 1825 Hundewick [c) Joh. Bern. Vortkamp, Leibzüchter, u. A. Christ. Geuking, Stadtlohn, Hundewick] o) 10. 3. 1857
9506 a) Bernh. [Joh. Bern.] E l f e r i n g aus Stadtlohn b) 7. 10. 1833 Wendfeld [c) Engelbert Elfering, Kötter, u. Gertrud Rotthues] o) 3. 9. 1858 p) New York s) Über Winterswijk und Rotterdam
9507 a) Wilh. P a s k e r t [Friedr. Wilh. Paschert] aus Stadtlohn, Schneidergeselle b) 23. 12. 1830 Almsick [c) Joh. Henr. Winking gen. Paschert u. Elis. Paschert] p) Amerika
9508 a) Bern. Heinr. [Bern. Henr.] K r i e g e r aus Stadtlohn b) 7. 1. 1821 Estern d) M. Christ. [M. Stina] M ö l l e r s 10. 6. 1816 e) Heinr. [Heinr. Herm.] 12. 8. 1847, Gertrud [M. Gertrud] 5. 9. 1849, Anton Theodor 5. 7. 1852, A. Christ. [A. Stina] 16. 3. 1855, M. Elis. 22. 4. 1857, M. Cath. 20. 3. 1859 o) 24. 12. 1859 p) Amerika t) Die Eheleute heirateten am 3. 11. 1846 in Stadtlohn
9509 a) Heinr. H ö r b e l t aus Almsick, Ackerer u. Weber b) 12. 9. 1814 Wüllen d) M. W a l i e r 15. 1. 1813 e) Heinr. Luis 24. 11. 1849, Bernh. Joh. 24. 1. 1854, Gerh. Clemens 10. 6. 1857 o) 14. 1. 1860 p) Amerika s) Siehe auch Nr. 5214
9510 a) Bernh. Heinr. J a s p e r aus Stadtlohn b) 9. 4. 1812 Hengeler d) Adelheid S c h l a t t m a n n 18. 4. 1817 e) Joh. Gerh. 18. 3. 1846, Johanna Elis. 28. 8. 1844, Bern. Heinr. 27. 11. 1848, Marg. 29. 11. 1850, Herm. 20. 12. 1852, Bern. 23. 2. 1854 o) 23. 5. 1860 p) Amerika
9511 a) Joh. Bernh. B l e n k e r s aus Stadtlohn b) 11. 1. 1822 Beikelort Ksp. Legden d) W i n k i n g 24. 11. 1825 e) M. Cath. 28. 11. 1844, Marius Gerd 7. 11. 1863 o) 8. 8. 1865 p) Nordamerika
9512 a) Joh. Herm. W i n k i n g aus Stadtlohn b) 28. 3. 1830 Estern [c) Gerh. Heming gen. Winking, Kötter, u. M. Cath. Winking, Stadtlohn, Estern] o) 8. 8. 1865 p) Nordamerika
9513 a) Joh. Gerh. Herm. W e u l e r [Joan Wilh. Wullers] aus Stadtlohn b) 8. 4. 1839 Büren [c) Wilh. Wullers, Weber u. Fuhrmann, u. Marg. Rotz] o) 4. 9. 1865 p) Nordamerika
9514 a) Joh. Herm. L i e s n e r [Joann Herm. Lissner] aus Stadtlohn b) 27. 2. 1845 Almsick [c) Joseph Lissner, Kötter, u. Gertrud Winking] o) 30. 8. 1865 p) Amerika
9515 a) Joh. Heinr. Joseph B r o c k h e e r d e [Joh. Henr. Joseph Brockherde] aus Stadtlohn b) 25. 1. 1836 Estern d) M. Elis. T e n b r o c k 14. 2. 1840 [A. Elis. Tenbrink 6. 5. 1842] e) Heinr. Anton [Henr.

Anton] 18. 4. 1862, Joh. Heinr. [Joh. Henr.] 9. 11. 1863, A. Kristina [A. Christ.] 26. 2. 1865   o) 8. 9. 1865   p) Nordamerika   t) Die Eheleute heirateten am 24. 9. 1861 in Stadtlohn

9516   a) Joh. Heinr. [Joan Henr.] P a s k e r t [Paschert, geb. Winking] aus Stadtlohn   b) 26. 4. 1793 Estern   e) Heinr. [Henr.] 16. 6. 1835, Joh. Herm. 4. 5. 1838, Elis. [M. Elis.] 17. 8. 1843   o) 29. 8. 1865   p) Nordamerika

9517   a) [Herm.] S i c k m a n n gt. P a s k e r t aus Stadtlohn   b) 10. 7. 1834 Wüllen   d) Gertrud P a s k e r t [Paschert] 10. 5. 1831 [vielmehr 27. 3. 1833]   e) Joh. Heinr. 2. 7. 1862, Christ. 1. 6. 1865 [in Wüllen geb.]   o) 29. 8. 1865   p) Nordamerika   t) Die Eheleute heirateten am 12. 2. 1861 in Stadtlohn

9518   a) Wilh. [Gerh. Wilh.] W e n d h o l t aus Stadtlohn, Ackerer   b) 25. 2. 1841 Almsick   [c) Joann Wendholt, Kötter, u. Elis. Wendholt]   p) Nordamerika

9519   a) Joh. Bern. S c h l e t t e r t aus Stadtlohn   b) 1. 5. 1837 Hundewick   [c) Anton Schlettert, Kötter, u. Mechtild Kersting]   o) 5. 4. 1866   p) Nordamerika

9520   a) Joseph H a s s i n g aus Büren Ksp. Stadtlohn, [in Wolberts Leibzucht]   b) 12. 9. 1826 Wüllen   d) Cath. B r ü n i n g 5. 5. 1825 Wüllen   e) Wilhelmine [M. Wilhelmina] 5. 8. 1860, Joseph Heinr. [Heinr. Herm.] 21. 4. 1863, Joh. [Gerh.] 17. 6. 1865 [alle in Stadtlohn geb.]   o) 7. 7. 1866   p) Nordamerika

9521   a) Bernh. Heinr. P e n n e k a m p aus Büren   b) 22. 10. 1833 Südlohn   d) M. Kath. P e n n e k a m p 15. 6. 1823   e) M. Elis. [Cath. Elis.] 3. 6. 1856, M. A. Kath. [M. Cath.] 2. 9. 1859, Joh. Bernh. [Joh. Bern.] 28. 7. 1863   o) 13. 7. 1866   p) Nordamerika

9522   a) Anton Heinr. Joseph [Anton Henr. Joseph] T e n b r i n c k aus Stadtlohn   b) 13. 11. 1808 Estern   d) M. Kath. [M. Cath.] S c h l a t t m a n n 22. 7. 1813 Almsick   e) Joh. Heinr. [Joan Henr.] 27. 4. 1846, Gertrud 16. 2. 1850, Bernh. [Bern. Henr.] 8. 1. 1853   o) 30. 7. 1866   p) Nordamerika

9523   a) Joh. Gerh. E i n g aus Stadtlohn   b) 27. 1. 1829 Büren   [c) Anton Eing. Leibzüchter, u. M. Könning]   o) 5. 1. 1867   p) Nordamerika

9524   a) Joh. Gerh. G ö d i n g aus Stadtlohn   b) 25. 11. 1827 Almsick   [c) Henr. Herm. Göding, Zeller, u. Cath. Elis. Wenning]   o) 11. 3. 1867   p) Nordamerika

9525   a) Marg. Cath. P l a t e aus Stadtlohn   b) 11. 4. 1846 Almsick   [c) Bern. Plate, Kötter, u. M. Cath. Schroer]   o) 9. 3. 1867   p) Nordamerika

9526   a) Herm. O s s e n d o r f f [Anton Herm. Joseph Ostendorp (Ossendarp)] aus Stadtlohn   b) 17. 6. 1807 Wessendorf   d) Marg. [Elis.] B a n k e n 15. 5. 1805 Wüllen   e) Joseph 10. 12. 1840, Christ. Elis. 12. 4. 1843   m) A. Marg., Tochter von Joseph Banken u. Elis. Fegen   t) Die Eheleute heirateten am 21. 7. 1835 in Stadtlohn

9527   a) Kornelius M ü l l e r aus Büren Ksp. Stadtlohn   b) 21. 10. 1832 Alten (Niederlande)   d) Louise E l s h o r s t 8. 8. 1835   e) Joh. Heinr. 14. 5. 1867   o) 1868   p) Nordamerika

9528   a) Joh. Heinr. Joseph L e f e r i n g aus Hundewick Ksp. Stadtlohn   b) 22. 3. 1841 Wendfeld   o) 18. 6. 1868   p) Nordamerika

9529   a) Gertrud D r i e s s e n aus Hundewick Ksp. Stadtlohn   b) 29. 11. 1839 Haldern (Kr. Rees)   o) 25. 6. 1868   p) Nordamerika

9530   a) Joh. Bernh. B e n n i n g aus Wessendorf Ksp. Stadtlohn   b) 22. 3. 1821 Wessendorf   o) 3. 10. 1868   p) Nordamerika

9531   a) Joh. Theodor W e w e r s aus Stadtlohn   b) 9. 7. 1845 Wessendorf   [c) Gerh. Wewers, Leibzüchter, u. Cath. Busen]   o) 21. 8. 1868   p) Nordamerika

9532   a) Herm. L e n s k e r aus Stadtlohn, Ackersmann   b) 23. 1. 1843 Almsick   [c) Joann Lensker, Kötter, u. Joanna Krandick]   o) 22. 2. 1869   p) Nordamerika

9533   a) Heinr. [Bern. Heinr.] A s s i n g aus Stadtlohn   b) 30. 9. 1849 Wendfeld   d) Adelheid H a n t e 12. 2. 1857 Velen   e) Gerh. Heinr. 23. 4. 1881, M. A. 20. 5. 1884, Marg. 17. 9. 1886   o) 25. 7. 1888   p) Brasilien   t) Die Eheleute heirateten kirchlich am 13. 4. 1880 in Stadtlohn   t) Siehe auch StadtA Stadtlohn, B 982: Abfahrt ab Bremen. Reisen in die Provinz St. Catharina

StadtA Stadtlohn, B 697

9534   a) Joh. Gerh. V e n w e r t l o h aus Eschlohn, Tagelöhner   b) 15. 3. 1810   d) Elis. M u s h o l t   e) A. Elis. 25. 9. 1846, Bern. Heinr. 26. 7. 1849, Joh. Leopold 15. 11. 1853   o) 25. 7. 1855   p) Nordamerika

9535   a) Bern. Heinr. V e n w e r t l o h aus Nichtern, Tagelöhner   b) 22. 9. 1802   d) M. Christ. B ö v i n g   e) M. A. 10. 8. 1829, M. Christ. 6. 2. 1835, Joh. Gerh. 12. 10. 1837, Gerh. Heinr. 16. 2. 1839, M. Gertrud 22. 9. 1841, A. Gertrud 8. 8. 1849   o) 5. 8. 1855   p) Nordamerika

9536 a) Heinr. T e r w e l p aus Eschlohn, Weber b) 7. 9. 1829 d) Christ. T e r h a l l e 14. 7. 1830 o) 27. 8. 1855 p) Nordamerika

9537 a) Eduard A r n t z e n aus Nichtern, Kaufmann b) 1. 3. 1839 o) 12. 3. 1856 p) Nordamerika

9538 a) Gerh. Anton S c h ä p e r s aus Eschlohn, Weber b) 22. 1. 1821 e) M. A. 14. 7. 1849, M. Christ. 9. 9. 1850, M. Gertrud 15. 5. 1855 o) 28. 8. 1856 p) Nordamerika

9539 a) Bern. B ö h r s aus Eschlohn, Leibzüchter b) 13. 12. 1807 d) M. A. W e n n i n g 2. 6. 1808 e) Bern. 1. 5. 1846, M. Christ. 10. 7. 1849 o) 28. 8. 1856 p) Nordamerika

9540 a) Bern. K ö y e r aus Eschlohn, Leibzüchter b) 13. 9. 1812 d) M. A. D e l l e k a m p 15. 6. 1807 e) Bern. 9. 12. 1838, Heinr. 13. 1. 1841, A. M. 12. 1. 1844, Elis. 27. 3. 1849 o) 28. 8. 1856 p) Nordamerika

9541 a) Bern. T h i e m a n n aus Eschlohn, Knecht b) 24. 7. 1839 o) 28. 8. 1856 p) Nordamerika

9542 a) Herm. G a r m e r aus Eschlohn, Leibzüchter b) 2. 2. 1799 d) Adelheid K e m p e r 15. 2. 1799 e) Bern. 24. 8. 1836, M. A. 14. 7. 1839, Heinr. 18. 10. 1843 o) 28. 8. 1856 p) Nordamerika

9543 a) M. Elis. K o y e r aus Eschlohn, Magd b) 17. 7. 1833 o) 28. 8. 1856 p) Nordamerika

9544 a) Joh. E p p i n g aus Eschlohn, Knecht b) 9. 2. 1830 o) 28. 8. 1856 p) Nordamerika

9545 a) Heinr. Joseph U p p i n g aus Nichtern, Knecht b) 30. 12. 1799 o) 28. 8. 1856 p) Nordamerika

9546 a) Wilh. R ö t t g e r aus Südlohn b) 12. 1. 1833 o) 27. 8. 1856 p) Nordamerika

9547 a) Elis. P i c k e r aus Nichtern, Magd b) 30. 6. 1834 o) 28. 8. 1856 p) Nordamerika

9548 a) Bern. E l l e r s aus Nichtern, Knecht b) 5. 4. 1825 o) 28. 8. 1856 p) Nordamerika

9549 a) Anton S i b b i n g aus Nichtern, Holzschuster b) 8. 10. 1829 o) 29. 8. 1856 p) Nordamerika

9550 a) Joh. Bern. H e t t e r s aus Eschlohn, Tagelöhner b) 25. 10. 1826 d) Gertrud H ö i n g 2. 4. 1826 o) 1857 p) Nordamerika s) Bereits vor Eingang des Konsenses vom 31. 3. 1857 ausgewandert

9551 a) Gerh. S c h ä p e r s aus Eschlohn, Leibzüchter b) 2. 5. 1801 d) Johanna B e r n i n g 22. 7. 1805 e) Johanna 29. 2. 1836, Bernardine 29. 12. 1837, Wilh. 23. 7. 1840, Marg. 5. 11. 1842, M. Christ. 24. 10. 1846 o) 29. 8. 1856 p) Nordamerika

9552 a) Bern. Heinr. S i c k i n g aus Oeding, Holzschuster b) 12. 4. 1831 o) 1857 p) Nordamerika s) Bereits vor Eingang der Entlassungsurkunde vom 20. 8. 1857 ausgewandert

9553 a) A. M. V e n w e r t l o h aus Südlohn, Magd b) 23. 10. 1829 o) 1857 p) Nordamerika s) Vor Eingang der Entlassungsurkunde vom 11. 7. 1857 bereits ausgewandert

9554 a) Christ. R e i n e r m a n n aus Nichtern, Magd b) 5. 7. 1827 o) 1. 8. 1857 p) Nordamerika

9555 a) .... [N.N.] E v e r d i n g aus Eschlohn, Tagelöhner b) 6. 3. 1805 d) Henrica G o o s e n 6. 3. 1815 e) Joh. Gerh. 6. 10. 1843, M. A. 23. 6. 1848, Gerh. 2. 12. 1849, Joh. 27. 7. 1852, Adelheid 22. 11. 1855 o) 9. 9. 1857 p) Nordamerika

9556 a) Herm. H u n h o f f aus Oeding, Tagelöhner b) 28. 12. 1821 d) Johanna B e c k m a n n 25. 4. 1822 e) Bern. 10. 2. 1852, Wilh. 4. 2. 1856 o) 30. 8. 1858 p) Brasilien

9557 a) Gerh. Joh. S c h u l t e n aus Südlohn, Weber b) 1. 9. 1826 o) 30. 7. 1857 p) Nordamerika

9558 a) Alois C l a s s e n aus Südlohn, Weber b) 4. 8. 1829 d) Cath. H e n s e l 21. 10. 1830 e) Gerh. Joseph 9. 5. 1857 o) 1858 p) Brasilien s) Bereits vor Eingang der Entlassungsurkunde vom 8. 9. 1858 ausgewandert

9559 a) Wilh. G a l l m e i e r aus Oeding, ... b) 5. 12. 1835 o) 20. 3. 1859 p) Amerika

9560 a) Joh. Wilh. H u n h o f f aus Südlohn, Tagelöhner b) 1. 10. 1818 p) Brasilien s) Entlassungsurkunde vom 6. 8. 1859

9561 a) Heinr. V ö l k e r aus Südlohn, Straßenmacher b) 11. 4. 1811 d) Cath. D u n k e r 11. 11. 1826 e) A. 3. 9. 1844, Gerh. 1. 10. 1850, Heinr. 8. 11. 1852, August 2. 8. 1856, Steffen Bern. 24. 2. 1859 o) 6. 1. 1860 p) Brasilien

9562 a) Antonette G o o s e n aus Südlohn, Magd b) 11. 10. 1833 o) 7. 10. 1859 p) Brasilien

9563 a) Gerh. B e h n e n aus Südlohn, Holzschuster b) 18. 2. 1827 o) 7. 10. 1859 p) Brasilien

9564 a) Gerh. S u n d e r h a u s aus Südlohn, Schneider b) 20. 10. 1797 d) A. Elis. K a m p e r t 28. 7. 1817 e) Julius 21. 11. 1838, Heinr. Ubaldus 4. 7. 1855, A. 6. 6. 1858

9565 a) Gerh. Herm. R o b e r s aus Nichtern, Knecht b) 27. 10. 1829 o) 5. 12. 1859 p) Brasilien

9566 a) Joh. Joseph S c h u l t e n aus Nichtern, Tagelöhner b) 16. 10. 1828 o) 28. 11. 1859 p) Niederlande

9567 a) Cath. D a a m s aus Südlohn, Magd b) 11. 5. 1835 o) 10. 12. 1859 p) Brasilien

9568 a) Joh. B ö s i n g aus Eschlohn, Pächter b) 6. 1. 1801 d) Johanna L e b u s 6. 3. 1804 e) Johanna 9. 6. 1829, Wilh. 5. 11. 1830, Gerh. 24. 7. 1834, Gertrud 1. 11. 1837, Elis. 12. 2. 1839 o) 7. 10. 1859 p) Brasilien

9569 a) Heinr. N i e s t e g g e aus Eschlohn, Zimmermann b) 18. 11. 1805 d) M. A. B ü s c h e r 14. 11. 1810 e) Christ. 7. 5. 1836 p) Brasilien s) Vor Ankunft der Entlassungsurkunde vom 4. 10. 1859 bereits ausgewandert

9570 a) Joseph K e m p e r aus Eschlohn, Tagelöhner b) 25. 1. 1826 p) Brasilien s) Vor Ankunft der Entlassungsurkunde vom 13. 10. 1859 bereits ausgewandert

9571 a) Wilh. M e u r s aus Südlohn, Müller b) 2. 1. 1811 d) M. A. B e n n i n g e) Louise 31. 5. 1851, Joh. Theodor 22. 6. 1855, Johanna 2. 2. 1858 p) Brasilien s) Vor Ankunft der Entlassungsurkunde vom 3. 10. 1859 bereits ausgewandert

9572 a) Heinr. B e n n e m a n n aus Südlohn b) 26. 9. 1811 [c) Joh. Bern. Bennemann u. Joanna Cath. Elis. Terschluse, Südlohn] d) Elis. B r u n s 25. 2. 1819 [Eltern: Joh. Wilh. Bruns u. Joanna Cath. Elis. Terschluse, Südlohn] e) Herm. Bern. 19. 12. 1844, M. A. 19. 12. 1844, Adelheid Wilhelmine 20. 1. 1850, Alexander 29. 3. 1852, Elise 10. 2. 1855, Hubert 4. 3. 1859 s) Vor Ankunft der Entlassungsurkunde vom 4. 10. 1859 bereits ausgewandert t) Die Eheleute heirateten am 8. 11. 1843 in Südlohn

9573 a) Hendrica D a a m s aus Südlohn, Magd b) 8. 9. 1837 o) 4. 1. 1860 p) Brasilien

9574 a) Engelbert V o s s aus Eschlohn, Leibzüchter b) 3. 11. 1820 d) Christ. W e y t e n b e r g 16. 9. 1821 e) Joh. Carl 5. 9. 1851, Johanna M. Christ. 27. 12. 1855, Steffen Heinr. 20. 1. 1858 o) 10. 10. 1859 p) Brasilien

9575 a) Bern. Heinr. S e g g e w i e s s aus Eschlohn, Tagelöhner b) 19. 3. 1819 b) Elis. Z w e e r s 16. 3. 1821 [Herwen (Niederlande)] e) Heinr. Bern. 1. 1. 1850, Cath. 7. 4. 1858, Theodor 4. 8. 1859 o) 6. 1. 1860 p) Brasilien

9576 a) Gerh. B e l s h o f f aus Eschlohn, Leibzüchter b) 8. 9. 1804 d) M. Christ. R o b e r s 15. 12. 1817 e) Gerh. 29. 3. 1844, M. A. 22. 10. 1849, Joh. 8. 4. 1854, Bern. 15. 8. 1858 o) 3. 1. 1860 p) Brasilien

9577 a) M. Cath. M e i s m a n n aus Nichtern, Tagelöhnerin b) 25. 3. 1806 o) 15. 8. 1860 p) Nordamerika

9578 a) M. Angela M e i s m a n n aus Nichtern, Tagelöhnerin b) 29. 9. 1807 o) 15. 8. 1860 p) Nordamerika

9579 a) Bern. E b b i n g aus Nichtern, Leibzüchter b) 3. 12. 1824 d) M. Christ. S i c k i n g 9. 1. 1829 e) Theodor Heinr. 17. 6. 1856, Christ. 7. 10. 1858, Franz Bern. 19. 3. 1860 p) Nordamerika s) Vor Eingang der Entlassungsurkunde vom 7. 9. 1860 bereits ausgewandert. Die verwitwete Mutter (3. 7. 1788) bleibt zurück

9580 a) Gerh. Bern. H a t e r aus Nichtern, Tagelöhner b) 20. 10. 1842 o) 28. 7. 1862 p) Amerika

9581 a) Gerh. Heinr. H o l t s t e g g e aus Nichtern, Leibzüchter b) 11. 11. 1807 d) Adelheid F a h r e n b r i n k 11. 5. 1802 c) Bern. Heinr. 16. 1. 1838, Gerh. Heinr. 23. 8. 1840 o) 24. 11. 1861 p) Niederlande

9582 a) Carl Heinr. F ö c k i n g aus Südlohn, Kaufmann b) 12. 2. 1834 o) 25. 2. 1862 p) Bayern

9583 a) Bern. T e k a m p e aus Nichtern, Kötter b) 9. 4. 1826 d) Elis. L i e s n e r 20. 5. 1824 e) M. A. 10. 5. 1856, Elis. 14. 10. 1857, Sophia 31. 8. 1859, Gerh. Herm. 31. 10. 1861 f) Johanna Christ. Niesing 25. 3. 1842, Heinr. Nienhaus 6. 4. 1853 o) 12. 8. 1862 p) Nordamerika s) Der Stiefsohn Wilh. Bern. Nienhaus (8. 1. 1851) wandert nicht mit aus

9584 a) Herm. .... ?H e n r i aus Eschlohn, Tagelöhner b) 10. 6. 1822 d) A. S c h m e i n g 8. 3. 1813 o) 11. 7. 1863 p) Nordamerika .... s) Sieh Nr. 1212

9585 a) Gerh. Heinr. B r e u e r gt. D ü l m e r aus Eschlohn, Kötter b) 17. 10. 1814 d) Adelheid H ü l s 22. 6. 1821 e) Heinr. Joseph 14. 2. 1853, Bern. 2. 4. 1855, Gerh. Heinr. 23. 10. 1858, M. Gertrud 10. 1. 1860, Therese 28. 11. 1861 o) 27. 11. 1863 p) Nordamerika

9586 a) Joh. Heinr. A l b e r s aus Nichtern, Ackerer, Zimmermann b) 5. 7. 1837 o) 13. 12. 1863 p) Niederlande

9587 a) Christ. W i g g e r Witwe H a t e r aus Nichtern, Leibzüchterin b) 13. 11. 1818 e) Joh. Leopold 15. 4. 1845, Gertrud Elis. 5. 2. 1850, Heinr. Anton 27. 11. 1851, M. Sophia 9. 12. 1858 o) 8. 9. 1864 p) Nordamerika

9588 a) Bern. S i b b i n g aus Nichtern, Ackerer b) 7. 2. 1831 o) 28. 4. 1865 p) Nordamerika

9589 a) Wilhelmine E w e r s aus Nichtern, Magd b) 6. 2. 1838 o) 28. 4. 1865 p) Nordamerika

9590 a) Gerh. T h i e m a n n aus Eschlohn, Ackerer b) 9. 2. 1849 o) 12. 3. 1866 p) Nordamerika

9591 a) Joseph R u h k a m p aus Eschlohn, Leibzüchter b) 2. 11. 1828 d) Christ. E g g i n g 8. 5. 1831 e) Bern. 15. 7. 1857, Anton 2. 3. 1859, Heinr. 13. 6. 1861, Joseph Bern. 30. 8. 1864 o) 7. 5. 1866 p) Nordamerika

9592 a) Joh. V o o t s aus Oeding, Böttcher   b) 18. 6. 1846   p) Amerika   s) Ist vor Eingang der Entlassungsurkunde vom 6. 10. 1866 abgereist
9593 a) Joh. Ignatz B ö i n g aus Südlohn, Tagelöhner   b) 9. 1. 1840   o) 26. 4. 1867   p) Nordamerika
9594 a) Dina E w e r s aus Nichtern, Magd   b) 20. 10. 1845   o) 26. 4. 1867   p) Nordamerika
9595 a) Franz Anton H ö s i n g aus Nichtern, Ackerer   b) 23. 9. 1839   o) 28. 8. 1867   p) Niederlande
9596 a) Joh. Wilh. G r ö t i n g aus Eschlohn, Knecht   b) 15. 6. 1840   o) 19. 8. 1867   p) Nordamerika
9597 a) Johanna Gertrud L e f e r s aus Eschlohn, Magd   b) 12. 6. 1846   o) 19. 8. 1867   p) Nordamerika
9598 a) Christ. L e f e r s aus Eschlohn, Magd   b) 27. 2. 1838   o) 19. 8. 1867   p) Nordamerika
9599 a) M. A. R ü w e l i n g aus Eschlohn, Magd   b) 3. 5. 1843   o) 20. 8. 1867   p) Nordamerika
9600 a) Bernh. Heinr. H ö s i n g aus Nichtern, Holzschuster   b) 18. 6. 1841   o) 8. 9. 1867   p) Nordamerika
9601 a) Maternus B r ö r i n g aus Südlohn   b) 13. 9. 1850   o) 22. 10. 1867   p) Niederlande
9602 a) M. A. M a r k e r s aus Eschlohn, Näherin   b) 24. 3. 1838   o) 14. 4. 1868   p) Nordamerika
9603 a) A. Cath. H a r k s aus Eschlohn, Magd   b) 2. 8. 1847   o) 1. 5. 1868   p) Amerika
9604 a) Cath. O s t e r h o l t aus Nichtern, Magd   b) 21. 10. 1843   o) 10. 6. 1868   p) Nordamerika
9605 a) Wilh. Heinr. H o l t s t e g g e aus Nichtern, Ackerer   b) 8. 1. 1844   o) 10. 6. 1868   p) Nordamerika
9606 a) Bern. E v e r s aus Nichtern, Leibzüchter   b) 3. 11. 1807   d) Marg. O s t e r m a n n 18. 8. 1807   e) Johanna 1. 9. 1842, Wilh. 14. 8. 1848   o) 4. 7. 1868   p) Nordamerika
9607 a) Joseph H o l t s t e g g e aus Nichtern, Holzschuster   b) 12. 3. 1850   o) 28. 7. 1868   p) Nordamerika
9608 a) Joh. Bern. W e i n b o r g aus Nichtern, Tagelöhner   b) 12. 1. 1803   e) Anton 9. 12. 1840, Johanna Gertrud 20. 3. 1839   o) 5. 7. 1868   p) Nordamerika
9609 a) Arend Joh. A a l b e r s aus Nichtern, Tagelöhner   b) 28. 4. 1832   d) Johanna W e i n b o r g 26. 7. 1837   o) 5. 7. 1868   p) Nordamerika
9610 a) Anton Q u i t m a n n aus Eschlohn, Tagelöhner   b) 31. 10. 1820   o) 3. 4. 1869   p) Nordamerika
9611 a) Elis. C. Q u i t m a n n aus Eschlohn, Tagelöhnerin   b) 9. 4. 1823   o) 3. 4. 1869   p) Nordamerika
9612 a) Christ. H ö i n g aus Nichtern   b) 17. 6. 1842   e) M. Elis. 18. 2. 1866, uneheliche Tochter   p) Nordamerika   s) Vor Eingang des Konsenses vom 22. 7. 1869 bereits ausgewandert
9613 a) M. B e n n i n g aus Südlohn, Spinnerin   b) 4. 3. 1840   e) Gerh. Bernh. Benning 1. 7. 1865   o) 11. 9. 1870   p) Nordamerika
9614 a) Gerh. Heinr. B ö i n g aus Südlohn, Schneider   b) 8. 7. 1843   o) 1. 7. 1871   p) Nordamerika
9615 a) Theodor Heinr. H a y c k aus Eschlohn, Weber   b) 12. 12. 1852   o) 9. 8. 1871   p) Nordamerika
9616 a) Bern. Wilh. H a y c k aus Eschlohn, Weber   b) 12. 12. 1852   o) 9. 8. 1871   p) Nordamerika
9617 a) Bern. Heinr. S c h e m m i n k aus Eschlohn, Leibzüchter   b) 5. 3. 1825   d) Elis. S c h l e t t e r t 12. 3. 1830   e) Elis. 29. 10. 1858, Joh. Heinr. 23. 10. 1861, Cath. Christ. 26. 2. 1865, M. A. 11. 2. 1867   o) 9. 8. 1871   p) Nordamerika
9618 a) Bern. H ö s i n g aus Eschlohn, Leibzüchter   b) 18. 7. 1808   d) M. Christ. O s t e r h o l t 18. 3. 1818   e) Dina 15. 12. 1855   o) 9. 8. 1871   p) Nordamerika
9619 a) Joseph Anton D e m m i n g aus Eschlohn, Ackerer und Weber   b) 2. 5. 1853   o) 24. 1. 1872   p) Nordamerika   s) Der Konsens wurde an die Mutter ausgehändigt
9620 a) Gerh. Joseph B r i n k m a n n aus Nichtern, Schreiner   b) 11. 11. 1848   o) 10. 9. 1871   p) Niederlande
9621 a) Franz F r i n t r u p aus Südlohn, Tagelöhner   e) Franciska 19. 4. 1850   o) 11. 10. 1871   p) Nordamerika
9622 a) Gerh. F u n k e aus Südlohn   b) 6. 1. 1827   d) Elis. N i e h a u s 22. 4. 1827   e) M. Elis. 21. 9. 1862, Franz Joseph 6. 1. 1867   o) 25. 10. 1871   p) Nordamerika
9623 a) Gerh. Theodor O l b oder .... aus Eschlohn, Ackerer   b) 12. 5. 1841   p) Nordamerika   s) Die Entlassungsurkunde ist am 4. 5. 1872 ausgestellt
9624 a) Elis. V e n w e r t l o h Witwe K ö t t e r s aus Nichtern, Ackerfrau   b) 24. 10. 1804   e) Gerh. Theodor 6. 9. 1844   o) 23. 7. 1872   p) Nordamerika
9625 a) Joh. Bern. B ü s c h e r aus Eschlohn, Ackerer   b) 10. 1. 1847   o) 7. 8. 1872   p) Nordamerika
9626 a) Joh. Ferd. G e h l i n g gt. H y i n k aus Nichtern, Ackerer   b) 4. 7. 1838   o) 30. 7. 1873   p) Nordamerika
9627 a) Herm. Joh. H ö s i n g aus Nichtern, Arbeiter   b) 18. 8. 1842   o) 2. 3. 1874   p) Niederlande
9628 a) Gerh. B u s e n aus Eschlohn, Weber   b) 28. 2. 1857   p) Nordamerika   s) Die Entlassungsurkunde ist am 31. 3. 1874 ausgestellt

9629 a) Wilh. B ö c k e r aus Nichtern, Oeconom b) 31. 11. 1846 p) Niederlande s) Die Entlassungsurkunde ist am 26. 6. 1876 ausgestellt

9630 a) Gerh. W e n n i e aus Nichtern, Knecht b) 9. 3. 1849 p) Amerika s) Die Entlassungsurkunde ist am 17. 7. 1876 ausgestellt

9631 a) Gerh. Heinr. U p g a n g gt. S i c k i n g aus Nichtern, Ackerer b) 18. 5. 1850 Weseke o) 6. 10. 1876 p) Holland s) Konsens zurückgegeben

9632 a) Joh. Gerh. E h l i n g aus Nichtern, Ackersmann b) 31. 10. 1851 o) 22. 12. 1876 p) Niederlande s) Konsens zurückgegeben

9633 a) Heinr. Albert E h l i n g aus Nichtern, Ackersmann b) 19. 2. 1849 o) 22. 12. 1876 p) Niederlande s) Konsens zurückgegeben

9634 a) Joh. Bernh. K ö h n e aus Eschlohn, Ackersmann b) 24. 12. 1852 o) 30. 12. 1876 p) Niederlande s) Konsens zurückgegeben

9635 a) Heinr. Ferd. T e r s c h l u s e aus Nichtern, Ackersmann b) 8. 4. 1852 o) 2. 5. 1877 p) Niederlande s) Konsens zurückgegeben

9636 a) Joh. Bernh. Eduard M e n s i n k aus Oeding, Studiosus b) 17. 11. 1860 o) 17. 9. 1877 p) Niederlande s) 1875 war die Genehmigung seitens des Vormundschaftsgerichtes nicht erteilt worden. An anderer Stelle lautet der Name Mensing

9637 a) Heinr. S c h l ü t e r aus Nichtern, Schneider b) 6. 1. 1849 o) 2. 3. 1878 p) Niederlande

9638 a) Theodor B r u n s aus Nichtern, Schneider b) 11. 2. 1850 o) 21. 6. 1879 p) Niederlande

9639 a) Joh. Heinr. O s t e r h o l t aus Nichtern, Ackerer b) 12. 3. 1854 o) 25. 7. 1880 p) Nordamerika

9640 a) Wilh. W e g m a n n aus Oeding, Schreiner b) 17. 10. 1842 d) Auguste E b b i n g 21. 6. 1841 e) Auguste 22. 10. 1867, Clementine 6. 3. 1871, Engelbert 10. 2. 1873, Franz 27. 9. 1875, Wilhelmine 20. 2. 1878, Wilh. 22. 8. 1879 o) 28. 7. 1880 p) Nordamerika. [Überfahrt von Rotterdam mit dem Schiff Rotterdam, Ankunft in New York am 16. 8. 1880]

9641 a) Franz Albert V o o t s aus Nichtern, Ackerer b) 11. 10. 1855 o) 28. 7. 1880 p) Nordamerika s) Am 30. 8. 1880 abgefahren

9642 a) Joh. Bern. H e m s i n g aus Nichtern, Ackerer b) 17. 5. 1863 o) 28. 7. 1880 p) Nordamerika s) Am 30. 8. 1880 abgefahren

9643 a) Bern. Heinr. B o h m k a m p aus Eschlohn, Ackerer b) 5. 10. 1858 p) Amerika s) Ist ohne Konsens ausgewandert. War am 27. 7. 1880 zur Infanterie resigniert. Am 30. 8. 1880 abgefahren

9644 a) Adelheid Cath. P e n n o aus Südlohn, Magd b) 5. 8. 1852 o) 29. 8. 1880 p) Nordamerika

9645 a) Joh. Heinr. E c k e l h o f f aus Südlohn, Ackerer b) 19. 3. 1843 o) 1. 9. 1880 p) Nordamerika

9646 a) Bern. Heinr. T h i e m a n n aus Eschlohn, Ackerer b) 13. 3. 1854 o) 20. 4. 1881 p) Nordamerika

9647 a) Gerh. Heinr. F ö c k i n g aus Südlohn, Holzschuster b) 22. 7. 1863 p) Amerika s) Auswanderungskonsens vom 27. 7. 1881

9648 a) Herm. F o r t k a m p aus Südlohn, Tagelöhner b) 1. 1. 1846 p) Amerika s) Auswanderungskonsens vom 23. 6. 1881

9649 a) Gerh. Heinr. H o f f m a n n aus Eschlohn, Knecht b) 15. 10. 1856 p) Amerika s) Auswanderungskonsens vom 9. 8. 1881

9650 a) Elise Cath. S t r ü v i n g aus Eschlohn, Magd b) 3. 8. 1859 p) Amerika s) Auswanderungskonsens vom 24. 9. 1881

9651 a) Cath. R ö t t g e r aus Eschlohn b) 25. 8. 1852 p) Holland s) Auswanderungskonsens vom 3. 5. 1881. Verheiratet in Holland

9652 a) Anton A s s i n g aus Südlohn, Zimmermannssohn b) 26. 1. 1855 p) Holland s) Auswanderungskonsens vom 9. 2. 1882

9653 a) Ludwig H e s s i n g aus Nichtern, Oeconom b) 27. 4. 1859 o) 26. 7. 1882 p) Bosnien oder sonst ins Ausland s) Reist mit Pass

9654 a) Joh. B o m k a m p aus Weseke, Müllerlehrling b) 6. 5. 1865 p) Amerika s) Auswanderungskonsens vom 24. 4. 1882

9655 a) Joh. Heinr. G o o s e n s aus Oeding, Ackerknecht b) 5. 2. 1856 o) 3. 3. 1882 p) Amerika

9656 a) Gerh. Heinr. S c h u l t e n aus Oeding, Ackerer b) 4. 6. 1855 p) Amerika s) Auswanderungskonsens vom 11. 4. 1882

9657 a) Johanna F ö c k i n g aus Südlohn, Magd b) 6. 10. 1864 p) Amerika s) Auswanderungskonsens vom 11. 7. 1882

9658 a) Heinr. Franz H o e p e r aus Oeding, Weber b) 12. 2. 1820 d) N.N. S p e k i n 9. 6. 1819 e) Johanna Wilhelmina 18. 1. 1848, Franz 12. 9. 1850, Elis. 28. 5. 1853, Joh. Heinr. 16. 12. 1855, Christ. 4. 4. 1858, Herm. Ferd. 15. 10. 1860 o) 15. 5. 1862 s) Ohne Konsens ausgewandert

9659 a) Franz Heinr. H o e p e r aus Oeding, Taglöhner b) 24. 6. 1831 o) 15. 5. 1862 s) Ohne Konsens ausgewandert

9660 a) [Joh.] H a v e r o t t gt. N i e n h a u s aus Oeding, Taglöhner b) 30. 2. 1807 e) A. Gertrud 8. 6. 1841, Joh. Bern. 27. ………. ?6. 1843, Gerh. Heinr. 31. 10. 1846 o) 15. 5. 1862 s) Ohne Konsens ausgewandert. Siehe auch Nr. 5125 u. 5176

9661 a) Joh. Gerh. B ö v i n g aus Nichtern, Taglöhner b) 3. 1. 1811 d) N.N. O s t e r k a m p 12. 10. 1823 e) M. A. 1. 3. 1857, Elis. 29. 3. 1859 o) 1. 5. 1862 s) Ohne Konsens ausgewandert

9662 a) Theodor Heinr. v a n d e r L i n d e aus Nichtern, Taglöhner b) 9. 12. 1817 d) Cath. W e n n i n g 11. 4. 1828 e) Theodor 25. 9. 1852, Elis. 5. 4. 1855, August Franz 11. 2. 1860 o) 1. 5. 1862 s) Ohne Konsens ausgewandert

9663 a) Bern. Franz F u n k e aus Oeding, Schneider b) 6. 11. 1830 d) Ludowika M e n z 13. 11. 1839 e) Johanna Cath. 30. 12. 1862 o) 31. 3. 1863 s) Ohne Konsens ausgewandert

9664 a) Francisca B ö c k e r aus Südlohn, Magd b) 1. 2. 1845 o) 1. 7. 1865 s) Ohne Konsens ausgewandert

9665 a) Bern. W e l p e r aus Eschlohn, Holzschuster b) 1832 d) Christ. L e c h t e n b e r g 1839 e) Bern. Heinr. 1864 o) 22. 8. 1866 s) Ohne Konsens ausgewandert

9666 a) Joh. Gerh. W i l p e r aus Nichtern, Ackerer b) 10. 5. 1846 o) 3. 3. 1867

9667 a) M. A. B u n g e r s aus Nichtern, Magd b) 10. 3. 1841 o) 2. 5. 1867 s) Ohne Konsens ausgewandert

9668 a) Franz Joseph S c h u l t e n aus Nichtern b) 22. 8. 1837 o) 2. 5. 1867 s) Ohne Konsens ausgewandert

9669 a) Joh. Heinr. H ö s i n g aus Nichtern, Ackerer b) 29. 11. 1846 o) 8. 9. 1867 s) Ohne Konsens ausgewandert

9670 a) T e n b u s s aus Oeding, Magd s) Ohne Konsens ausgewandert

9671 a) Franz Bern. K ö t t e r s aus Oeding, Zimmermann b) 4. 8. 1845 o) 26. 10. 1868 s) Ohne Konsens ausgewandert. War 1868 für das Pionier-Bataillon Nr. 7 bestimmt

9672 a) Gerh. L e h n i n g aus Oeding, Tagelöhner b) 11. 1. 1833 d) Cath. T e m m i n g 7. 9. 1831 e) Elis. 15. 8. 1860, M. A. 28. 11. 1863 o) 3. 1. 1869 s) Ohne Konsens ausgewandert

9673 a) Carl Heinr. W e g m a n n aus Oeding, Schmied b) 18. 3. 1849 o) 27. 7. 1869 s) Ohne Konsens ausgewandert. War 1869 als Rekrut für das 53. Infanterie-Regiment ausgehoben

9674 a) Bern. W i l d e n h a u s aus Nichtern, Tagelöhner d) M. Cath. L e w e r s gt. B r ö r i n g 8. 2. 1830 f) M. Bernardine Sicking 2. 5. 1856, Adelheid Elis. Sicking 29. 6. 1858, M. A. Adelheid Sicking 6. 12. 1859, Johanna Christ. Sicking 12. 9. 1861 o) 27. 7. 1869 s) Ohne Konsens ausgewandert

9675 a) Heinr. Joseph H o l t s t e g g e aus Nichtern, Ackerer b) 12. 3. 1850 o) 27. 7. 1869 s) Ohne Konsens ausgewandert. Eintrag durchgestrichen

9676 a) Bern. Gerh. H o l t s t e g g e aus Nichtern, Ackerer b) 19. 3. 1852 o) 1870 s) Ohne Konsens ausgewandert

9677 a) Herm. Anton P ü t t m a n n aus Nichtern, Maurer b) 3. 4. 1849 o) 1. 8. 1870 s) Ohne Konsens ausgewandert. War 1870 für des 53. Infanterie-Regiment ausgehoben

9678 a) Joh. Gerh. W i l p e r aus Nichtern, Kötter b) 25. 9. 1810 o) 15. 8. 1870

9679 a) Bern. Anton Wilper aus Nichtern, Kötter b) 4. 1. 1845 d) Christ. B ö d d e r 21. 3. 1840 e) M. Christ. 3. 7. 1870 o) 15. 8. 1870 s) Ohne Konsens ausgewandert

9680 a) Joh. Heinr. W i l p e r aus Nichtern, Ackerer b) 10. 5. 1850 o) 15. 8. 1870 s) Ohne Konsens ausgewandert

9681 a) Cath. V o o t s aus Oeding, Magd b) 26. 11. 1851 o) 7. 4. 1870 s) Ohne Konsens ausgewandert

9682 a) M. Christ. D e m m i n g aus Eschlohn, Magd b) 22. 2. 1848 o) 9. 8. 1871 s) Ohne Konsens ausgewandert

9683 a) Joh. Bern. T e n b u s s aus Nichtern, Tagelöhner b) 8. 10. 1841 o) 5. 10. 1872 s) Ohne Konsens ausgewandert

9684 a) Joh. Joseph O s t e r h o l t aus Eschlohn, Ackerer und Weber b) 14. 9. 1848 o) 1870 s) Ohne Konsens ausgewandert

9685 a) Johanna Cath. W e n n i n g aus Nichtern b) 15. 2. 1844 c) Zeller Wenning o) 7. 8. 1873 s) Ohne Konsens ausgewandert

9686 a) Heinr. S c h l ü t e r aus Nichtern, Schneider o) 28. 7. 1880 s) Ohne Konsens ausgewandert. Eintrag durchgestrichen

9687 a) Bern. H o f f m a n n aus Nichtern, Knecht o) 1880 s) Ohne Konsens ausgewandert

StadtA Stadtlohn, B 982

9688 a) Gerh. W e w e l s [Gerh. Henr. Wewers] aus Wessendorf Nr. 27a, Leibzüchter b) 15. 4. 1815 e) A. Kath. [A. Cath.] 1. 3. 1843, Christ. [Joanna Stina] 6. 12. 1848, Johanna Kath. [A. Cath.] 11. 5. 1851 o) 29. 12. 1868 p) Nordamerika s) Der Sohn Joh. Theodor, * 9. 7. 1845, ist schon früher fortgezogen

9689 a) Arnold W o l t e r s aus Wessendorf Nr. 8a, Leibzüchter b) 1810 d) Gesina R o l w i n g 1823 e) A. Kath. [A. Cath.] 15. 12. 1846 o) 4. 8. 1869 p) Nordamerika s) Reisen mit Pass. Der Sohn Rudolph [* 23. 4. 1850] ist bereits im Dezember 1868 nach Amerika ausgewandert t) Im Kirchenbuch ist die Mutter der Kinder Stina Tiemann

9690 a) Johanna Christ. P a s c h e r t aus Wessendorf Nr. 5, Magd b) 10. 4. 1837 [c) Joh. Gerh. Paschert u. A. M. Rohlfs, in Rolvings Leibzucht] o) 25. 8. 1869 p) Nordamerika s) Reist mit Pass vom 13. 8. 1869 über Rotterdam

9691 a) Theodor Heinr. Joseph [Theodor Henr. Joseph] H o r s t aus Wessendorf Nr. 5, Ackersmann b) 3. 2. 1812 [c) Joseph Horst, Kötter, u. A. Marg. Kopperts] o) 25. 8. 1869 p) Nordamerika s) Reist mit Pass vom 13. 8. 1869 über Rotterdam

9692 a) Heinr. [Bern. Henr.] H o r s t aus Almsick Nr. 34, Ackerknecht b) 6. 5. 1844 [c) Bern. Henr. Horst u. Adelheid Vageding] o) 1. 5. 1870 p) Nordamerika s) Reist mit Pass vom 22. 4. 1870

9693 a) Herm. Heinr. [Henr. Herm.] D e h n i n g aus Büren, Holzschuhmacher b) [23. 4.] 1845 [c) Henr. Dehning, Zeller, u. Elis. Vestring, Stadtlohn, Büren] o) 1871 p) Nordamerika s) Reist mit Pass vom 25. 3. 1871

9694 a) A. M. T e r f r ü c h t e aus Wessendorf Nr. 27a b) 1. 3. 1846 [c) Gerh. Terfrüchte u. A. Christ. Köhne] o) September 1872 p) Nordamerika s) Reist mit Pass vom 1. 5. 1872

9695 a) Gerh. Joseph [Joan Gerh. Joseph] T e r f r ü c h t e aus Wessendorf Nr. 27a, Leibzüchter b) 7. 11. 1800 d) Christ. N i e h u e s 23. 4. 1808 e) Gerh. Friedr. 8. 1. 1843, Bernh. [Bern. Friedr.] 26. 11. 1849 o) Sept. 1875 p) Nordamerika s) Reisen mit Konsens vom 17. 8. 1875 t) Siehe auch StadtA Stadtlohn, B 204

9696 a) Joh. Heinr. T e n b r ü n s e l aus Estern, Taglöhner b) 23. 6. 1809 p) Nordamerika s) Reist mit Pass vom 22. 5. 1877. Ist im gleichen Jahre zurückgekehrt

9697 a) Joh. Bernh. [Joan Bern.] H o l t k a m p aus Almsick, Ackersmann b) 6. 8. 1856 [c) Herm. Holtkamp, Zeller, u. Elis. Holtkamp] o) 1878 p) Nordamerika s) Ohne Konsens ausgewandert

9698 a) Joh. Bernh. [Joh. Bern.] R o s k e r aus Almsick, Ackersmann b) 6. 7. 1842 [c) Bern. Rosker, Kötter, u. A. Stina Lissner] o) 1878 p) Nordamerika s) Ohne Konsens ausgewandert. Mit Holtkamp gegangen (siehe vorherigen Eintrag)

9699 a) Ignatz Henr. E f f s i n g gt. H a r r i e r aus Estern, Theologiestudent b) 20. 10. 1854 [c) Joh. Wilh. Effsing, gen. Harrier, Zeller, u. Elis. Harrier] o) 23. 4. 1880 p) Nordamerika s) Mit Konsens. Harrier befand sich zur Zeit der Aushändigung des Konsenses am 23. 4. 1880 auf der Universität in Löwen

9700 a) Bernh. Heinr. Wilh. [Bern. Henr. Wilh.] N i e n h a u s aus Hengeler Nr. 17, Holzschuhmacher b) 1. 8. 1856 [c) Wilh. Nienhaus, Pächter, u. Elis. Dienberg] o) Januar 1881 p) Nordamerika s) Ohne Konsens ausgewandert. Die Eltern wohnen auf Lütkenhues in Wendfeld

9701 a) Joh. *Bernh.* Heinr. B ü n i n g aus Almsick, Zimmermann b) 14. 9. 1858 Beikelort p) Mai 1881 p) Nordamerika s) Reist mit Pass, ohne Konsens

9702 a) Joh. Heinr. G a r t h u e s [Joann Henr. Garthaus] aus Hengeler Nr. 4, Ackerknecht b) 2. 10. 1861 [c) Joh. Henr. Garthaus, Zeller, u. Stina Cohaus] o) September 1881 p) Nordamerika s) Ohne Konsens. War Rekrut und zum Eintritt aufgefordert

9703 a) Elis. S c h l a t t m a n n aus Estern b) 15. 5. 1858 [c) Wilh. Schlattmann u. Elis. Eissing] o) 6. 4. 1883 p) Nordamerika s) Ohne Konsens ausgewandert t) Überfahrt mit dem Schiff Ohio von Bremen nach New York, Ankunft am 5. 1. 1883. Gestorben in Crosby, North Dakota

9704 a) Heinr. K o p p e r s aus Südlohn, Ackersmann b) 1854 o) 26. 4. 1883 p) Nordamerika s) Ohne Konsens

9705 a) Gerh. F ö c k i n g aus Südlohn, Taglöhner b) 29. 9. 1844 o) 26. 4. 1883 p) Nordamerika s) Reist ohne Konsens mit Frau und Tochter
9706 a) Heinr. S e l w i s c h e aus Oeding, Weber b) 5. 10. 1810 o) 26. 4. 1883 p) Nordamerika s) Ohne Konsens
9707 a) Gerh. Heinr. R o t z aus Nichtern Nr. 122, Holzschuhmacher b) 18. 8. 1863 o) In der Nacht vom 11. auf den 12. 8. 1883 p) Nordamerika s) Ohne Konsens. War zum Militärdienst angesetzt
9708 a) Joseph Bernh. Hubert B o r b e c k aus Südlohn Nr. 1, Bäcker b) 31. 10. 1859 d) Johanna Gertrud T e m m i n g 20. 3. 1863 Ammeloe [Eltern: Gerh. Temming, Ackersmann, u. Emilia Dort, Vreden Ksp., Ammeloe] o) 20. 4. 1884 p) Nordamerika s) Ohne Konsens
9709 a) Gerh. Heinr. B o m k a m p aus Eschlohn Nr. 44, Kötter b) 4. 10. 1819 e) M. Christ. 6. 5. 1863, Hubert 29. 4. 1868, M. Elis. 22. 9. 1870 o) 9. 7. 1884 p) Nordamerika s) Reisen mit Pass vom 3. 7. 1884
9710 a) M. R o t z aus Nichtern, Kötterstochter b) 19. 12. 1860 o) 30. 7. 1884 p) Nordamerika s) Reist mit Pass vom 15. 7. 1884
9711 a) Christ. [Gertrud Elis. Christ.] G a r t h a u s aus Hengeler Nr. 4 b) 3. 3. 1864 [c) Joh. Wilh. Garthaus, Zeller, u. Stina Cohaus] o) 18. 5. 1885 p) Nordamerika s) Reist mit Pass vom 7. 5. 1885
9712 a) Bernh. [Bern.] B r i l l e r t aus Almsick, Ackersmann b) 21. 4. 1858 [c) Anton Brillert, Leibzüchter, u. A. Marg. Brockherde] o) 18. 5. 1885 p) Nordamerika s) Reist mit Pass vom 6. 5. 1885
9713 a) Lisette F ö c k i n g aus Südlohn, Magd b) 10. 4. 1869 p) Nordamerika s) Vgl. oben Nr. 9656
9714 a) Bern. Wilh. G r o e p i n k aus Nichtern Nr. 139, Schreiber b) 8. 5. 1870 o) 14. 2. 1887 p) Kgr. der Niederlande s) Reist mit Konsens vom 20. 1. 1887
9715 a) Joh. Gerh. H ä m i n g aus Büren Nr. 9, Ackerer b) 29. 10. 1867 [c) Joh. Herm. Häming, Kötter, u. M. Adelheid Ewers] o) 8. 4. 1890 p) Amerika s) Ohne Konsens heimlich fortgegangen
9716 a) Gerh. Heinr. B e i e r i n g aus Nichtern Nr. 16a, Wirt b) 27. 12. 1843 Weseke o) 17. 4. 1890 p) Nordamerika s) Reist mit Pass vom 12. 4. 1890 mit Frau und Kindern
9717 a) Wilhelmina Gesina G r e u p i n g aus Nichtern Nr. 139 b) 2. 9. 1867 o) 1890 p) Kgr. der Niederlande s) Reist mit Konsens vom 4. 3. 1890. Siehe auch StadtA Stadtlohn, B 204. Auswanderungstag ist hier der 9. 4. 1890
9718 a) Bern. Joh. R e n s i n g aus Nichtern b) 1. 7. 1861 o) 13. 8. 1890 p) Kgr. der Niederlande s) Reist mit Konsens vom 21. 7. 1890
9719 a) Bern. U n l a n d aus Nichtern, Leibzüchter b) 5. 11. 1825 d) M. H a s s i n g e) Herm. Bern. 29. 10. 1865 o) 16. 7. 1891 p) Holland s) Reisen mit Konsens vom 26. 5. 1891, ausgehändigt am 11. 6. 1891
9720 a) Gerh. Joseph W i g g e r aus Südlohn, Eschlohn, Ackerer b) 15. 3. 1869 o) 1891 p) Nordamerika s) Reist mit Pass vom 20. 7. 1891
9721 a) Gerh. Gustav V o r n h o l t aus Südlohn, Bäcker b) 21. 4. 1853 o) 11. 7. 1892 p) Nordamerika, über Antwerpen s) Reist mit Pass vom 9. Juli 1892. Siehe auch StadtA Stadtlohn, B 204. Wohnort ist hier Stadtlohn, Geburtsort Südlohn
9722 a) Heinr. Ignaz S i b b i n g aus Südlohn, Nichtern, Ackerer b) 1. 2. 1867 o) 8. 5. 1893 p) Nordamerika, über Bremen s) Reist mit Pass vom 5. 5. 1893
9723 a) Anton Bern. S t r o t m a n n aus Wessendorf, Maschinenweber b) 13. 10. 1873 s) Reist mit Pass vom 25. 10. 1893
9724 a) Bern. Joh. [Bern. Heinr.] B r ü g g i n g aus Estern, Ackerer b) 26 J. [10. 4. 1876 c) Joh. Heinr. Brügging, Zeller, u. Elis. Damhues, Stadtlohn, Estern] o) 1. 4. 1901 p) Vereinigte Staaten – Texas s) Reist mit Pass vom 28. 3. 1901

StadtA Steinfurt, Bestand Borghorst, ... B? 271

9725 a) Marie A. B i s p i n g aus Borghorst t) Am 24. 9. 1863 Anmeldung der Beförderung
9726 a) Joh. Joseph Bern. H e r d t aus Borghorst t) Am 15. 10. 1866 Anmeldung der Beförderung
9727 a) Ludowica M o o r m a n n aus Borghorst t) Am 17. 3. 1867 Anmeldung der Beförderung
9728 a) Bernh. Herm. L a u m a n n aus Borghorst h) Sophie L a u m a n n t) Am 2. 4. 1867 Anmeldung der Beförderung
9729 a) B. J. M o o r m a n n aus Borghorst, Tischler t) Am 27. 7. 1868 Anmeldung der Beförderung
9730 a) Wilh. A h m a n n aus Borghorst p) Nordamerika t) Am 2. 9. 1869 Anmeldung der Beförderung

9731 a) H. A. G. V o r s p o h l aus Borghorst d) A. Josephine H i s s m a n n e) Josephine Sophie, Franzsika Gertrud p) Nordamerika t) Am 2. 9. 1869 Anmeldung der Beförderung

9732 a) Wilh. W i e m e l e r aus Borghorst p) Nordamerika t) Am 2. 9. 1869 Anmeldung der Beförderung

9733 a) Eduard Bernh. Joseph Jodocus R u b e n s aus Borghorst, Kaufmann b) 10. 3. 1831 p) Kgr. Sachsen – Crimmitschau s) Entlassungsurkunde vom 30. 5. 1861

9734 a) Joseph R u b e n s aus Borghorst, Ökonom b) 28. 4. 1839 p) Amerika s) Entlassungsurkunde vom 5. 8. 1861. Stellt am 10. 1. 1863 Antrag auf Wiederaufnahme in den preußischen Untertanenverband

9735 a) Gerh. Heinr. R e n g e r s aus Borghorst, Kötter o) 1862/63 p) Amerika s) Der zu zehn Jahren Zuchthaus Verurteilte hat sich der Haft entzogen und soll über England nach Amerika ausgewandert sein t) Siehe auch Nr. 3487

9736 a) Bern. Heinr. G a u s s e l m a n n aus Borghorst, Ackersmann u. Tagelöhner b) 22. 3. 1833 Borghorst d) M. Antonette A l b e r s m a n n 15. 7. 1842 e) Bern. Heinr. 5. 10. 1865 k) A. Margaretha V e n n e m a n n gt. K ö n i g Witwe Albersmann 3. 9. 1801 s) 200 Taler Vermögen. Auswanderungsgesuch vom 15. 9. 1866

9737 a) Theodor Heinr. R e n g e r aus Wilmsberg, Ackerer b) 4. 7. 1836 Borghorst p) Amerika s) 100 Taler Vermögen. Entlassungsurkunde vom 27. 4. 1867. Hielt sich im Oktober 1870 in Borghorst auf, kehrte aber nach Amerika zurück

9738 a) August Heinr. V o l l e n k e m p e r aus Wettringen b) 1. 6. 1852 Borghorst o) Juli oder August 1872 oder 1873 p) Amerika

9739 a) Heinr. Ewald Ludwig B r i n k h a u s , zur Zeit Papenburg b) 27. 6. 1861 Borghorst p) Niederlande – Amsterdam s) Auswanderungsantrag vom 18. 5. 1878. Laut Vermerk vom 9. 1. 1879 nicht ausgewandert, obwohl Konsens ausgestellt war

9740 a) Heinr. K e r s t i n g aus Borghorst, Uhrmacher b) 16. 7. 1855 Almes (Kr. Brilon) d) Antonia L o s 7. 3. 1864 e) Heinr. 28. 2. 1882, Mathilde 12. 7. 1883 p) Nordamerika – St. Louis s) 500 Mark Vermögen. Entlassungsurkunde vom 6. 9. 1883

9741 a) Elise S i l k e aus Borghorst b) 60 J. o) 20. 7. 1897 p) Nordamerika – Chicago s) Fährt mit dem Schiff Havel des Norddeutschen Lloyd

9742 a) Lorenz R e i n h a r d aus Borghorst h?) Sophie Reinhard, Joh. Reinhard, George Reinhard p) Amerika t) Meldung des Überfahrtkontraktes vom 20. 4. 1906 durch die Hauptagentur Münster des Norddeutschen Lloyds

9743 a) August Carl Ernst Adolph H e i m aus Borghorst, Kaufmann b) 7. 2. 1844 Dorsten s) Wurde am 2. 7. 1867 aus dem preußischen Untertanenverband entlassen und hielt sich in England und Holland auf. Am 27. 3. 1874 wieder aufgenommen

9744 a) Ernst W i l l a c h aus Borghorst, Kaufmann b) 18. 6. 1859 Köln s) Willach legte am 7. 7. 1881 dem Amtmann Vormann seine Entlassungsurkunde vor und bat um Wiederaufnahme, die zwar vom Gemeinderat genehmigt, aber vermutlich in Münster abgelehnt wurde. „Willach ausgewiesen, bestraft und dann zu Schiff gegangen"

9745 a) August Friedr. Joh. Wilh. Georg Heinr. K o b b e aus Borghorst, Gelbgießer b) 15. 6. 1862 Vetheim (Landvogtei Lüneburg) c) Christian Kobbe, Gastwirt, u. M. Müller s) War mit Konsens der Königlichen Landdrostei Lüneburg vom 27. 7. 1880 bach England ausgewandert

9746 a) Herm. Franz *Bernh.* L a u m a n n aus Borghorst, Fabrikweber d) Henrika M ü n n i n k 6. 1. 1839 e) M. 29. 6. 1865 Borghorst, Anton 14. 10. 1866 Borghorst, Arnold 23. 12. 1875 Holland, Joh. 7. 12. 1877 Holland, Cath. 27. 1. 1883 Borghorst s) Weilte von 1865 bis 1877 in Holland. Am 17. 3. 1883 Aufnahme in den preußischen Untertanenverband

9747 a) [............. Franz Joseph?] B e u l k e r aus Borghorst, Dumpte Nr. 121 b) .... 1826? 1830? 1836? o) 25. 8. 1862 p) Brasilien

9748 a) Louis H a v e r k a m p aus Borghorst o) 12. 4. 1863 p) Amerika s) Reist mit Pass

9749 a) Franz Joseph W i l l e r m a n n aus Borghorst d) Ehefrau e) Tochter o) 30. 4. 1863 p) Brasilien s) Ohne Papiere

9750 a) August H ü l s e aus Borghorst, Taglöhner e) Zwei Kinder o) 30. 4. 1863 p) Brasilien s) Ohne Papiere

9751 a) ....

9752 a) Gertrud S c h m i t z aus Borghorst, Arbeiterin o) 1869 p) Nordamerika

9753 a) B r i n k h a u s aus Borghorst, Arbeiter o) 1869 p) Nordamerika

9754 a) W i n t e l s aus Borghorst, Arbeiterin o) 1869 p) Nordamerika
9755 a) G o e w e r t aus Borghorst, Arbeiter o) 1869 p) Nordamerika
9756 a) Hubert K ö n i g aus Borghorst o) 1871 s) Mit Konsens
9757 a) Elise A v e r b e c k aus Borghorst o) 1871 s) Ohne Konsens
9758 a) Josephine E l s h o f f aus Borghorst o) 1871 s) Ohne Konsens
9759 a) Wilh. W e n k e r aus Borghorst d) Ehefrau e) Kind o) 1871 s) Ohne Konsens
9760 a) H e s s m a n n aus Borghorst g) Mutter o) 1871 s) Ohne Konsens
9761 a) H o l t f r e r i c k aus Borghorst d) Ehefrau d) Kind o) 1871 s) Ohne Konsens
9762 a) K o o r d t aus Borghorst o) 1871 s) Ohne Konsens
9763 a) M i c h g e h l aus Borghorst o) 1872
9764 a) T e r b r ü g g e n aus Borghorst o) 1872
9765 a) G r o ß e O s t e r h o l t aus Borghorst o) 1872
9766 a) B ü r s e aus Borghorst, Dienstmagd o) 1873
9767 a) Herm. E l s h o f f junior aus Borghorst o) 1873

StadtA Steinfurt, Bestand Borghorst, ... B? 277

9768 a) Clemens August Adolph R u b e n s aus Borghorst b) 14. 12. 1832 p) Amerika s) Entlassungsurkunde vom 27. 4. 1853
9769 a) Franz Joseph R e h e r aus Ostendorf, Weber u. Ackerknecht b) 29. 10. 1821 p) Nordamerika s) Entlassungsurkunde vom 27. 4. 1853
9770 a) Bernh. Heinr. S p e n n e b e r g aus Ostendorf b) 19. 6. 1818 p) Nordamerika s) Entlassungsurkunde vom 1. 6. 1853
9771 a) Bernh. H ü l s m a n n aus Borghorst, Maurer b) 14. 6. 1824 d) Elis. T e r l a u e) M. A. Theresia p) Nordamerika s) Entlassungsurkunde vom 4. 4. 1854
9772 a) Paul H i l b e r s aus Borghorst, Bäckergeselle b) .... ? 29. 6. 1827 p) Amerika s) Entlassungsurkunde vom 18. 5. 1854
9773 a) Ludwig Georg Carl B e c h t l u f f t aus Borghorst b) 25. 5. 1830 p) Nordamerika s) Entlassungsurkunde vom 22. 7. 1858

KreisA Warendorf, Amt Beckum, A 90 bis A 96

9774 a) *Gerh.* Heinr. A s c h o f f aus Vellern, Ackerer b) 22. 12. 1867 Vellern s) Am 31. 3. 1903 Aushändigung der Entlassungsurkunde
9775 a) Adam *Arnold* B e c k e r (Bäcker) aus Dinklage, Ackerknecht auf Haus Dinklage b) 24. 5. 1824 Lippborg p) Ghzgtm. Oldenburg s) Am 15. 12. 1854 Aushändigung der Entlassungsurkunde
9776 a) Carl B ä c k e r aus Lippborg, Student b) 21. 4. 1866 Lippborg c) Friedr. Bäcker, Metzger p) Holland s) Am 18. 10. 1882 Aushändigung der Entlassungsurkunde. Die Auswanderung wird wegen Krankheit verschoben
9777 a) Joh. Bern. B e t t e r m a n n aus Lippborg b) 29. 10. 1853 Lippborg s) Ist nach Feststellung vom 29. 12. 1885 ohne Konsens ausgewandert
9778 a) Joh. Heinr. B o r g m a n n gt. O t t e [............ Otto?] aus Lippborg, Drechslergeselle s) Befindet sich am 25. 8. 1845 in den Niederlanden
9779 a) Joh. Friedr. B r a n d aus Vellern b) 14. 6. 1848 Quenhorn (Kr. Wiedenbrück) s) War 1868 mit Konsens nach Amerika ausgewandert und amerikanischer Bürger geworden. Wird am 10. 8. 1878 wieder in den preußischen Untertanenverband aufgenommen
9780 a) Gertrud B u s s m a n n aus Vellern b) 6. 3. 1848 s) Am 27. 7. 1874 Aushändigung der Entlassungsurkunde. Gibt sie am 15. 1. 1875 zurück
9781 a) Elis. D ü n n i n g h a u s aus Lippborg b) 1791 Beckum Ksp. o) 1857 s) Mit Konsens
9782 a) Theodor Peter E i c k h o l t aus Beckum Ksp. b) 10. 6. 1824 Dornsbrüggen (Kr. Cleve) s) Entlassungsurkunde vom 16. 2. 1849. Ist 1850 aus Amerika zurückgekommen und wohnt bei seinem Bruder, der im Ksp. Beckum einen Hof gepachtet hat. Reicht am 18. 2. 1853 seine Entlassungsurkunde zurück. Das Naturalisationsgesuch wird am 4. 4. 1853 abgelehnt
9783 a) Christian Ludwig E l l e r b r o c k aus Beckum Ksp. s) Ist seit mehreren Jahren abwesend und sein Aufenthalt am 18. 1. 1856 unbekannt
9784 a) Gerh. F a l b r e d e s) Erhält am 6. 8. 1854 einen Reisepass

9785 a) Otto Friedr. G r o ß e   F r i e aus Beckum Ksp.   s) Beurlaubt bis 1. 9. 1845. Ohne Konsens ausgewandert .... 1854?

9786 a) Friedr. Wilh. H e u f e r s aus Lippborg b) 22. 8. 1878 Lippborg p) Böhmen – Leitmeritz an der Elbe s) Stellt am 6. 6. 1907 einen Auswanderungsantrag

9787 a) Bernh. H ö l s c h e r aus Sünninghausen b) 8. 1. 1890 c) Eugen Hölscher, Kötter p) Holland – Bleyerheide s) Am 17. 10. 1906 Aushändigung der Entlassungsurkunde. Will Franziskaner werden. Wird am 22. 4. 1908 niederländischer Staatsbürger] t) Siehe auch KreisA Warendorf, Amt Beckum

9788 a) Heinr. H o l t m a n n aus Beckum Ksp. s) Stellt am 7. 11. 1854 einen Auswanderungsantrag, den er später wieder zurückzieht

9789 a) Caspar H u n s e l aus Lippborg b) 25. 3. 1838 Lippborg s) Ist nach Feststellung vom 29. 12. 1885 ohne Konsens ausgewandert

9790 a) Franz *Carl* I m l o h aus Lippborg b) 1. 4. 1838 Lippborg s) Ist nach Feststellung vom 29. 12. 1885 ohne Konsens ausgewandert

9791 a) Joseph Heinr. K a m p h u e s aus Sünninghausen, Kötter u. Schuhmacher p) Holland – Schiedam t) Will sich in Schiedam verheiraten. Sein Bruder Joh. Gerh. Kamphues, Schuhmacher, beantragt am 10. 6. 1843 den Auswanderungskonsens

9792 a) Franz K e r k m a n n aus Beckum Ksp., Ackersmann b) 22 J. 3. 5. 1866 p) New York s) Reist über Bremen

9793 a) Carl Heinr. Wilh. K r a l m a n n aus Beckum Ksp. o) 1856 p) Hamburg s) Hat sich als Matrose auf einem Schiff anheuern lassen

9794 a) Franz K r e f t aus Beckum Ksp. p) Amerika t) Wegen eingetragener Strafen erhält er keine Einreise. Sein Bruder Joh. Kreft in Oelwein, Iowa bittet am 3. 3. 1921 die deutschen Behörden um Löschung der Strafe aus dem Pass

9795 a) Bern. Theodor *Alexander* L e i f e r t aus Vellern, Student der Theologie b) 27. 3. 1862 Vellern p) Belgien t) Stellt am 26. 9. 1884 den Auswanderungsantrag. Dieser wird abgelehnt

9796 a) Franz L i n n e m a n n aus Sünninghausen, Kötter b) 10. 8. 1804 Mastholte d) A. Marg. K i n k e l 1. 9. 1813 Oelde e) Joh. Heinr. 5. 11. 1844, Gerh. Anton 2. 11. 1846, Cath. Luise 5. 7. 1848, Marg. 9. 5. 1850, Casper 25. 4. 1853, alle in Sünninghausen geboren p) Amerika s) Am 28. 7. 1856 Aushändigung der Entlassungsurkunde. Am 18. 12. 1856 wird diese zurückgegeben] t) Siehe auch KreisA Warendorf, Amt Beckum

9797 a) Gerh. L i n s e l aus Sünninghausen, Kötter e) Bern. o) April 1856 p) Amerika s) Die Ehefrau und die übrigen vier Kinder sollen in einem Jahr nachfolgen

9798 a) J. H. M e e r h i n k e aus Lippborg o) 1854 p) Amerika s) Ohne Konsens ausgewandert

9799 a) .... Witwe M ü l l e r aus Sünninghausen   p) Holland t) Beantragt am 7. 3. 1836 einen Auswanderungskonsens. Der Sohn Anton lebt seit acht Jahren in Holland

9800 a) Anton O e l b r a c h t aus Beckum Ksp., Handarbeiter b) Meerhoff p) Ostindien s) Am 29. 9. 1858 Aushändigung der Entlassungsurkunde

9801 a) Christian R a s c h e aus Beckum Ksp. b) 27. 8. 1841 Beckum p) Nordamerika t) Stellt am 22. 6. 1867 den Auswanderungsantrag

9802 a) Bern. R o l f aus Lippborg b) 23 J. o) 15. 8. 1895 s) Reist mit dem Dampfer Roland des Norddeutschen Lloyd von Bremen ab

9803 a) *Stephan* Anton R ü s c h o f f aus Vellern b) 30. 1. 1868 Vellern p) Nordamerika s) Am 13. 2. 1890 Aushändigung der Entlassungsurkunde

9804 a) Bern. S c h o n e f e l d aus Vellern d) Verlobte Cath. Rolfs aus Wiedenbrück p) Nordamerika s) Cath. Rolfs dient bei seinem Vater. Auswanderungsantrag vom 15. 8. 1846

9805 a) Joh. Bernh. S c h w e p p e n s t e d d e aus Vellern o) 1854 s) War bis zum 1. 10. 1854 beurlaubt. Ohne Konsens ausgewandert

9806 a) Caspar S i b b e n e r gt. O s t h o f f aus Beckum Ksp., bei Dorenkamp, Zimmerarbeiter b) 17. 1. 1838 Enniger s) Hat seine Entlassungsurkunde vom 6. 5. 1867 nicht abgeholt und später den Antrag zurückgezogen

9807 a) Wilh. S p a t h aus Beckum Ksp. c) Wilh. Spath, Bandagist, Münster s) Der Vater ist 1883 ohne Konsens ausgewandert, wohnt in New York und Boston. Wilhelm junior ist mit seiner Mutter 1885 nach Amerika gefolgt. Da er sich nicht entschließen konnte, Geistlicher zu werden, beschlossen die Eltern die Rückkehr mit zwei Jahre bis zum 9. 9. 1900 gültigem amerikanischen Pass. Der Sohn bildet sich zum

Lehrer aus und will im Frühjahr 1901 sein Examern machen. Sein Schwager Steuersekretär H. B. .... Gille? Bille? stellt am 12. 6. 1900 den Naturalisationsantrag

9808 a) Johanna S p r e n k e r aus Beckum Ksp., Schülerin b) 2. 11. 1888 Beckum Ksp. c) Heinr. Sprenker, Gutsbesitzer p) Holland s) Der Auswanderungsantrag vom 8. 4. 1902 wird am 9. 5. 1902 zurückgezogen

9809 a) Bern. S t e i n k ö t t e r aus Beckum Ksp. o) 1860 p) Amerika s) Ohne Konsens ausgewandert

9810 a) Joh. Bern. T h ü l i g gt. O t t e aus Beckum Ksp., Maurer b) 27. 11. 1858 Lippborg s) Am 12. 6. 1885 Aushändigung der Entlassungsurkunde

9811 a) Arnold T o b i a s aus Beckum Ksp., Friedrichshorst s) Vom Bürgermeister von .... ? Ottersum (Niederlande) wird 1858 ein Heimatschein gefordert. Tobias ist 1858 nach Essen verzogen

9812 a) Heinr. T u l f o e t aus Beckum Stadt, Schneider b) 23 J. o) 3. 5. 1866 p) New York s) Reist über Bremen

9813 a) Heinr. T ü t t i n g h o f f aus Beckum Ksp., Ackersmann b) 35 J. o) 3. 5. 1866 p) New York s) Reist über Bremen

9814 a) Theodor U e l k aus Beckum Ksp., Ackerknecht b) 8. 4. 1858 Beckum Ksp. p) Nordamerika s) Am 25. 4. 1881 Aushändigung der Entlassungsurkunde] t) Siehe auch KreisA Warendorf, Amt Beckum

9815 a) Herm. W e l l e n k ö t t e r aus Beckum Ksp., Kötter b) 16. 10. 1813 Beckum d) Marg. B u s c h m a n n 29. 10. 1813 e) Cath. 29. 4. 1845 p) Nordamerika – St. Louis s) Stellt am 20. 7. 1846 den Auswanderungsantrag. Will mit seinem Schwager aus Mastholte auswandern

9816 a) Heinr. W e s t e r b a r k e y aus Beckum Ksp., Ackerknecht b) 17. 1. 1863 Avenwedde s) Stellt am 26. 7. 1880 den Auswanderungsantrag. Dieser wird abgelehnt, weil der Antragsteller in Verdacht steht, sich dem Militärdienst entziehen zu wollen

9817 a) Heinr. W i e c h e r t (Wichert) aus Beckum Ksp. b) 14. 2. 1840 Beckum s) Am 10. 4. 1858 Aushändigung der Entlassungsurkunde

9818 b) Arnold W i e c h e r t (Wichert) aus Beckum Ksp. b) 12. 9. 1844 Beckum Ksp. s) Am 10. 4. 1858 Aushändigung der Entlassungsurkunde

KreisA Warendorf, Amt Hoetmar, 170, 172, 173

9819 a) Elis. A l t h u e s m a n n aus Hoetmar, Dienstmagd b) 29 J. p) Amerika – Cincinnati s) Am 9. 9. 1850 Auswanderungsantrag. Sie will über Bremen reisen

9820 a) Joh. Stephan A n x e l aus Hoetmar, Ackerknecht bei seinem Bruder Schulze Bövingkloh b) 14. 5. 1800 Ennigerloh p) New York s) Hat am 1. 5. 1836 einen Reisepass erhalten

9821 a) Bern. Heinr. B e n n e m a n n aus Hoetmar, Zimmerergeselle b) 21. 2. 1863 Hoetmar s) Stellt am 27. 7. 1882 Antrag auf einen Reisepass, der ihm versagt wird, weil der Antragsteller sich seiner Militärpflicht entziehen will

9822 a) Bern. B r i n k m a n n aus Amt Hoetmar, Ökonom b) 27 J. o) 16. 5. 1883 p) New York s) Fährt mit dem Schiff Werra

9823 a) Bern. B r i n k m a n n aus Krefeld, Schreinergeselle p) Amerika s) Hat sich am 27. 1. 1884 abgemeldet. Sein Bruder in Hoetmar soll seinen Reisepass für ein Jahr verlängern

9824 a) Franz E i c k h o f f aus Hoetmar b) 18 J. s) Ist als Musketier der 8. Kompanie der 25. Infanterie-Brigade in Münster entwichen und mit dem Ersatzreserveschein seines Bruders Georg Heinrich Eickhoff in Bremen bei der Auswanderung angehalten worden und wird am 24. 9. 1869 zwangsweise nach Hause geschickt. Sein Stiefvater Döbeler, Landmann in Hoetmar, ist gegen die am 12. 9. 1869 beantragte Auswanderung. Reisegeld hat er vom Schäfer Theodor Austermann in Hoetmar geliehen

9825 a) H. H e r w e g aus Amt Hoetmar s) Stelt am 30. 6. 1880 Antrag auf einen Reisepass

9826 a) Joh. Heinr. H e u c k m a n n aus Hoetmar b) 12. 10. 1843 Hoetmar c) Heuckmann, Colon p) Nordamerika s) Am 11. 3. 1861 Aushändigung der Entlassungsurkunde

9827 a) M. *Sophia* H e u c k m a n n aus Hoetmar b) 15. 11. 1862 o) 16. 5. 1883 p) New York s) Der Vormund Colon Werdelhoff beantragt am 16. 4. 1883 einen Reisepass. Fährt mit dem Schiff Werra

9828 a) Joh. H o l t h u e s aus München, ... Scheider? Schneider? b) Hoetmar s) War nach der Schule drei Jahre in Ennieger in der Lehre, danach in Alverskirchen, Ahlen, Oberhausen und die letzten vier Jahre in München. Beantragt am 29. 4. 1901 einen Heimatschein

9829 a) Carl H o r s t m a n n aus Amt Hoetmar, Zimmerergeselle b) 23 J. o) 16. 5. 1883 p) New York s) Fährt mit dem Schiff Werra

9830 a) Fritz J a s p e r , Schlossergeselle b) 1. 3. 1909 Hoetmar s) Beantragt am 23. 5. 1929 einen Reisepass. Will in Luxemburg arbeiten und dann nach Marokko gehen. Die Auswanderung soll sein Bruder veranlaßt haben, der bei der französischen Marine als Privatdolmetscher tätig ist

9831 a) Joh. Theodor M ö l l e r s aus Amt Hoetmar b) 20. 6. 1857 p) Nordamerika s) Stellt am 20. 6. 1881 den Antrag auf einen Reisepass

9832 a) P r i g g e r aus Amt Hoetmar b) 1825 Schwanei bei Paderborn s) Hat von seinem Geburtsort einen Reisepass für zwei Jahre erhalten. Stellt im Januar 1852 seinen Auswanderungsantrag

9833 a) Heinr. Wilh. R h e b a u m aus Dortmund-Mengede, Müller b) 8. 11. 1886 Hoetmar c) Heinr. August Rhebaum u. A. Werdelshof s) Beantragt am 12. 9. 1909 einen Heimatschein

9834 a) Joh. Bern. S c h e i m a n n aus Hoetmar p) Amerika s) Reservist der 7. Artillerie-Brigade. Stellt am 8. 2. 1846 den Auswanderungsantrag, kann aber erst entlassen werden, wenn er zur Landwehr überwiesen ist

9835 a) Reinhold S c h e m m e l aus Hoetmar, Handelsmann b) 5. 3. 1857 Hoetmar s) Erhält am 15. 4. 1881 einen Pass gültig bis 1883

9836 a) S c h m a l b r o c k aus Münster, Faßbindergeselle b) Hoetmar p) Amerika t) Mitteilung vom 4. 12 1834

9837 a) Joh. Joseph S c h w a r z e aus Hoetmar, Tischlergeselle b) 24. 9. 1821 Schwaney c) Eltern (+) p) New York s) Wohnte zehn Jahre im Ksp. Enniger. Hielt sich 1844 in Oelde auf. Stellte am 10. 8. 1847 den Antrag auf Auswanderung

9838 a) Theodor S e r r i e s k ö t t e r aus Amt Hoetmar b) 5. 3. 1849 s) Am 20. 3. 1849 Aushändigung der Entlassungsurkunde

9839 a) Bern. S i l l i n g aus Amt Hoetmar b) 16. 6. 1837 s) Kann als Militärpflichtiger nicht auswandern

9840 a) Gertrud S t r a t m a n n aus Amt Hoetmar b) 1825 p) Amerika s) Der Vater stellt am 7. 9. 1852 den Auswanderungsantrag

9841 a) M. A. S t r a t m a n n aus Hoetmar b) 10. 8. 1837 s) Aushändigung der Entlassungsurkunde

9842 a) Joh. Heinr. T a c k e gt. M o n d aus Hoetmar, Ackerknecht b) 5. 4. 1821 Hoetmar s) Der Vater stellt am 9. 9. 1850 den Auswanderungsantrag und sucht um einen Pass nach

9843 a) Joh. Theodor T h o r m a n n aus Hoetmar, Müllerknecht s) Reist am 30. 7. 1835 nach New York

9844 a) Bern. Heinr. V o g e l p o h l , Schmiedegeselle b) 29. 3. 1872 Hoetmar c) Bernard Vogelpohl (+ 1884) s) Beantragt am 4. 1. 1900 einen Heimatschein

9845 a) W e s t e r o d t aus Amt Hoetmar s) Stellt am 30. 6. 1880 den Antrag für einen Reisepass

KreisA Warendorf, Amt Oelde, B 1007 u. B 1007a

9846 a) Bern. A e l k e r aus Ennigerloh b) 19 J. o) 1887 p) Amerika s) Ohne Konsens

9847 a) Anton B e x t e aus Stromberg, Arbeiter b) 16. 7. 1868 Stromberg p) Nordamerika s) Vormund: Gerh. Meintrup, Kolon in Stromberg. Am 26. 11. 1855 Aushändigung der Entlassungsurkunde

9848 a) Wilh. B u d d e aus Ennigerloh, Sattler b) 27 J. o) 1887 p) Amerika s) Reist mit Pass

9849 a) .... B u d d e geb. .... aus Ennigerloh d) Wilh. Budde o) 1888 p) Nordamerika s) Reist mit Pass

9850 a) Heinr. B u d d e aus Ennigerloh o) 1888 p) Nordamerika

9851 a) Bern. B u d d e aus Ennigerloh o) 1888 p) Nordamerika s) Reist mit Pass

9852 a) Wilh. B u d d e aus Ennigerloh o) 1888 p) Nordamerika s) Reist mit Pass

9853 a) Rudolph D i t t m a n n aus .... , Klempner b) 27. 8. 1858 Bromberg s) Am 2. 3. 1883 Aushändigung der Entlassungsurkunde. Gibt diese am 17. 5. 1883 zurück

9854 a) Joseph D r u f f e l aus .... , Ackerer o) 1884 s) Ohne Entlassungsurkunde ausgewandert

9855 a) M. D r u f f e l aus Oelde Ksp., Dienstmagd o) 8. 4. 1886 p) Nordamerika s) Ohne Konsens

9856 a) Joseph D r u f f e l aus Stromberg b) 21 J. o) 10. 9. 1901 p) New York

9857 a) Joseph Heinr. E g g e r i n g aus Oelde b) 15. 3. 1830 Oelde s) Wird am 10. 7. 1870 wieder preußischer Bürger

9858 a) Bern. E l k e r aus Amt Oelde , Zimmerergeselle b) 13. 3. 1868 Wadersloh p) Nordamerika s) Am 28. 2. 1887 Aushändigung der Entlassungsurkunde

9859 a) M. F e c h t e l aus Oelde Ksp., Magd o) 1884 s) Ohne Entlassungsurkunde ausgewandert

9860 a) A. F e c h t e l aus Oelde Ksp., Magd b) 22 J. o) 1887 p) Amerika s) Reist mit Pass

9861 a) Herm. F i g g e m a aus Oelde Ksp., Ackerer b) 35 J. o) 1887 p) Amerika s) Reist mit Pass

9862 a) .... Witwe Georg B ü c k e r gt. S c h l a u t k ö t t e r aus Oelde Ksp., Taglöhnerin b) 4. 8. 1811 s) Am 1. 10. 1874 Aushändigung der Entlassungsurkunde

9863 a) Heinr. W i e s e aus Ennigerloh, Hoest p) Nordamerika s) Gerh. Grothues, Kötter in Ennigerloh, Hoest, läßt im November 1868 den Auswanderungskonsens mit Arrest belegen wegen des Unterhalts des am 19. 5. 1865 außerehelich geborenen Gerh. Heinr. Grothues (Mutter: Cath. Grothues). Wiese gibt im Dezember 1868 die Auswanderung auf und gibt die Entlassungsurkunde zurück

9864 a) Heinr H a l b a c h aus Dresden, Buchbinder b) 9. 9. 1838 Stromberg c) N.N. Halbach, Werkführer (+) s) Hält sich am 20. 5. 1868 in Dresden auf. Erhält für seine Heirat einen Heimatschein

9865 a) Wilh. H a n e b r i n k aus Stromberg, Ackerer b) 10. 12. 1872 Stromberg p) Nordamerika s) Am 24. 3. 1896 Aushändigung der Entlassungsurkunde

9866 a) Karl Klemens H e i d e n aus Oelde b) 18. 6. 1861 Oelde p) Großbritannien s) Am 30. 3. 1880 Aushändigung der Entlassungsurkunde

9867 a) Elis. H e l m k e n aus Ennigerloh o) 3. 5. 1902 p) Amerika

9868 a) Eduard Carl H e y d e n aus Oelde, Handlungsgehilfe b) 11. 11. 1848 Kamen p) Belgien s) Am 28. 8. 1869 Aushändigung der Entlassungsurkunde

9869 a) Herm. H o l t k a m p aus Ennigerloh, Schreiner b) 30 J. o) 1887 p) Amerika s) Reist mit Pass

9870 a) A. H o r s t m a n n aus Amt Oelde o) 1886 p) Nordamerika s) Ohne Konsens

9871 a) Christ. H o r s t m a n n aus Ennigerloh b) 24 J. o) 1887 p) Amerika s) Reist mit Pass

9872 a) Herm. H o r s t m a n n aus Ennigerloh b) 16 J. o) 1887 p) Amerika s) Reist mit Pass

9873 a) Wilh. K e i t l i n g h a u s aus Oelde Ksp., Ackerer b) 8. 12. 1854 p) Amerika s) Am 15. 3. 1883 Aushändigung der Entlassungsurkunde

9874 a) Bernardine K e i t l i n g h a u s aus Amt Oelde o) 1884 s) Ohne Entlassungsurkunde ausgewandert

9875 a) Egon K ö r n e r aus Neubeckum, Comptoirgehilfe b) 22. 6. 1881 Winterberg c) Eltern tot, lebten in Wattenscheid. Vormund: Steiger a. D. Vaut o) 17. 10. 1901 p) Holland s) War im Missionshaus Steyl, aber am 4. 6. 1898 aus dem Orden ausgetreten. 1902 zurückgekehrt und am 18. 8. 1902 wieder Preuße geworden

9876 a) Wilh. K r a m e r aus Oelde Stadt, Bäckergeselle b) 23 J. o) 1888 p) Nordamerika s) Reist mit Pass

9877 a) Jürgen Joh. Gerh. K r e i e n b a u m aus Ennigerloh o) 25. 7. 1880 p) Nordamerika s) Ohne Erlaubnis ausgewandert

9878 a) Heinr. K u h b e r c h aus Ennigerloh p) Belgien s) Am 10. 9. 1899 wegen Mittellosigkeit ausgewiesen

9879 a) Joseph L a c k m a n n aus Stromberg b) 14. 9. 1866 c) Joseph Lackmann, Kolon (+ 1889) p) Niederlande – Collegium Augustinum s) Am 26. 4. 1889 Aushändigung der Entlassungsurkunde

9880 a) Anton L i n n e m a n n aus Amt Oelde, Arbeiter o) 1884 s) Reist mit Pass

9881 a) Bernardine *Gertrud* M e r s c h k ö t t e r aus Rotterdam b) 28. 6. 1862 Stromberg s) Hat, weil sie sich seit dem Frühjahr 1883 in Rotterdam aufhält, die preußische Staatsangehörigkeit verloren

9882 a) .... W i e l e r Ehefrau Bern. M e r t e n s k ö t t e r aus Ennigerloh b) 25 J. e) Bertha 20. 8. 1882, Christ. 18. 7. 1884, Joseph 22. 7. 1886 o) 1888 p) Nordamerika s) Reisen mit Pass

9883 a) A. M ö l l e n h o f f gt. M i t t r u p aus Ennigerloh o) Juni 1879 p) Nordamerika

9884 a) Franz Clemens N o r d h u e s aus Oelde Ksp., Bäcker- u. Brauergeselle b) 21. 2. 1870 Oelde Ksp. c) Heinr. Nordhues, Kolon p) Nordamerika s) Am 5. 9. 1887 Aushändigung der Entlassungsurkunde

9885 a) Joseph N o r d h u e s aus Oelde Ksp. b) 14. 4. 1879 Oelde Ksp. c) Heinr. Nordhues p) Nordamerika s) Am 17. 3. 1896 Aushändigung der Entlassungsurkunde

9886 a) M. P e i t z aus Ennigerloh, Dienstmagd o) 1886 p) Nordamerika s) Ohne Konsens

9887 a) Anton P e i t z aus Ennigerloh, Arbeiter b) 58 J. o) 1887 p) Amerika s) Reist mit Pass

9888 a) Conrad P e i t z b) 10. 9. 1860 Hoetmar t) Wird 1887 in einem Schreiben an den Bruder Heinrich Peitz in Hoetmar vom Bezirksfeldwebel gesucht, um den Urlaub vom Militärdienst zu verlängern

9889 a) Mina R u h e aus Oelde Stadt, Näherin b) 12. 2. 1853 o) 1889 p) Amerika s) Ohne Konsens

9890 a) Kath. R u s c h e aus Ennigerloh, Hoest b) 30 J. o) 13. 4. 1895 p) Amerika s) Fährt mit dem Schiff Weimar

9891 a) Herm. S a n d e r aus Stromberg o) 1891

9892 a) Elis. S c h l u n z aus Oelde Ksp., Dienstmagd o) 5. 4. 1886 p) Nordamerika s) Ohne Konsens

9893 a) Matthias S c h o l z aus Harderwyck (Holland) b) 25. 5. 1863 .... o) 1888 p) Ostindien

9894 a) Bern. S e r t l i n g aus Ennigerloh, Arbeiter b) 9. 1. 1853 Ennigerloh p) Nordamerika s) Am 1. 5. 1882 Aushändigung der Entlassungsurkunde
9895 a) A. S i e n e m u s aus Ennigerloh, Dienstmagd o) 8. 4. 1886 p) Nordamerika s) Ohne Konsens
9896 a) Theodor Heinr. U e l k aus Amt Oelde, Brennerknecht b) 8. 4. 1858 Beckum s) Kehrt aus Nordamerika zurück und wird am 22. 10. 1883 wieder preußischer Untertan
9897 a) Joh. Kaspar V e n h a u s aus Amt Oelde, Ackerknecht b) 23. 3. 1851 Ems (Kr. Wiedenbrück) s) Am 25. 2. 1877 Aushändigung der Entlassungsurkunde
9898 a) Heinr. V e n h a u s aus Amt Oelde, Knecht b) 2. 4. 1871 Varensell o) 1889 p) Amerika s) Ohne Konsens
9899 a) Carl W a g e n e r aus Amt Oelde, Bäcker b) 27. 9. 1865 Minden o) 1889 p) England s) Reist mit Pass
9900 a) Wilh. W i e s e aus Ennigerloh, Schneidergeselle b) 7. 9. 1863 Ennigerloh p) Nordamerika s) Erhält am 2. 10. 1880 einen fünf Jahre gültigen Reisepass

KreisA Warendorf, Amt Vorhelm, A 1025

9901 a) A. A n g e l k o t t e gt. R o t h k ö t t e r aus Sendenhorst Ksp., Haustochter, Missionarin b) 24. 6. 1887 Sendenhorst p) Brasilien s) Erhält am 19. 7. 1911 einen Reisepass, der bis zum 16. 6. 1912 gültig ist
9902 a) Friedr. Wilh. B o c k h o l t aus Sendenhorst Ksp. s) War laut Feststellung der Behörde vom 27. 1. 1856 nur bis zum 21. 8. 1854 beurlaubt
9903 a) Bern. Heinr. B o c k m a n n aus Enniger, Wirt u. Pferdehändler o) Vor dem 15. 3. 1883, wahrscheinlich 1882 p) Amerika s) Ohne Konsens ausgewandert. Lebte bis 1882 in Enniger, davor ein halbes Jahr in Westkirchen und ein viertel Jahr in Beelen
9904 a) Georg B r e s t e r aus Enniger, Schuhmacher b) 26. 11. 1828 Enniger p) Nordamerika s) Entlassungsurkunde vom 30. 4. 1881
9905 a) Anton B r ü g g e m a n n s) Ist schon ausgewandert. Bittet am 30. 4. 1894 durch den Landwirt Hunkemöller um einen Reisepass, was abgelehnt wird
9906 a) Berthold Albert Heinr. B r ü n i n g aus Enniger, Landwirt b) 8. 9. 1865 o) 18. 4. 1893 p) Schweiz s) Reist mit Pass
9907 a) Clara D a h m e n aus Rotterdam b) Vorhelm t) Beantragt am 17. 10. 1889 einen Heimatschein
9908 a) Mathias D e b b e l t aus Vorhelm, Maschinist b) 13. 4. 1859 Vorhelm o) 22. 6. 1893 p) Nordamerika s) Reist mit Pass über Bremen
9909 a) Bern. *Hubert* E l m e n h o r s t aus Sendenhorst b) 22. 6. 1855 Sendenhorst p) Nordamerika s) Entlassungsurkunde vom 18. 4. 1884
9910 a) Joh. Bern. H e m s h o r n gt. D a g e h u e s aus Sendenhorst, Ackerer b) 4. 3. 1858 Sendenhorst p) Nordamerika t) Beantragt am 12. 6. 1890 einen Reisepass, um seinen Bruder zu besuchen
9911 a) Anton H o v e s t a d t c) Eltern tot t) Entlassungsurkunde vom 4. 3. 1864. War vor mehr als 25 Jahren mit den Eltern nach Münster gezogen
9912 a) Theodor K a l t h o f f aus Enniger o) 1854 p) Amerika s) Ohne Konsens ausgewandert
9913 a) Carl L e i a aus Sendenhorst Ksp. b) 36 J. o) 7. 2. 1872 p) Baltimore s) Reist über Bremen
9914 a) Bern. Anton L e u e r b) 5. 8. 1888 Vorhelm t) Erhält einen Heimatschein bis zum 1. 1. 1908
9915 a) Joh. Heinr. L ö c h t e r m a n n aus Amt Vorhelm b) 11. 7. 1819 Disteln (Kr. Recklinghausen) t) Stellt am 30. 4. 1868 den Auswanderungsantrag, zieht ihn am 9. 5. 1868 zurück
9916 a) Bern. Herm. M ü h l e n k a m p aus Rotterdam, Arbeiter b) 23. 11. 1811 Sendenhorst p) Niederlande t) Er will heiraten. Sein Bruder Kötter Mühlenkamp beantragt am 29. 5. 1845 die Entlassungsurkunde, die am 5. 6. 1845 ausgestellt wird
9917 a) Joh. P e i t z m e i e r aus Vorhelm b) 18. 1. 1870 Vorhelm o) 31. 7. 1893 p) Nordamerika s) Reist mit Pass
9918 a) Christ. P e t e r m a n n aus Münster b) 11. 7. 1820 Enniger p) Amerika s) Entlassungsurkunde vom 11. 8. 1853
9919 a) Gerh. P ö h l i n g aus Sendenhorst, Ackerknecht, Zimmererlehrling b) 20. 3. 1828 Enniger

9920 a) Diedrich Ferd. Gustav P r i t s c h a u aus Sendenhorst b) 18. 10. 1852 Mettmann c) Joh. Wilh. Pritschau u. Johanne Wilhelmine Kocherscheidt t) Stellt am 8. 11. 1870 den Auswanderungsantrag, gibt die Entlassungsurkunde am 20. 11. 1870 zurück

Josef Barnekamp: Velen und Ramsdorf 1803–1918 :
Geschichte(n) eines langen Jahrhunderts. – Velen 1995. – S. 294–304

9921 a) M. A. B a u m e i s t e r aus Velen e) Heinr. Wilh. 22. 12. 1834 o) 1847
9922 a) Joh. B e i e r i n g aus Nordvelen, Weber b) 1. 1. 1866 o) 1887
9923 a) B e i r i n g aus Ramsdorf Ksp.
9924 a) Jos. B e k e l m a n n aus Velen b) 29. 9. 1855 o) 1886
9925 a) Elis. B e k e l m a n n aus Velen b) 24. 4. 1858 o) 1886
9926 a) Bern. Heinr. B e k e l m a n n aus Velen b) 27. 11. 1860 o) 1886
9927 a) Elis. B e k e l m a n n aus Velen b) 9. 1. 1870 o) 1886
9928 a) Bern. B e r g h a u s aus Velen b) 28. 6. 1847
9929 a) .... d e B e t t i g n i e s aus Ramsdorf Ksp., ... Kötter? o) 1867 s) Mehrere Personen wandern aus
9930 a) Joh. Joseph B e v i n g [............ = Rewing?, s. u.] aus Ramsdorf Ksp., Weber b) 19. 4. 1841 o) 1859 p) Brasilien s) Ohne Konsens und ohne Vermögen ausgewandert
9931 a) ....? Ferd.ine B i e r g a n s aus Velen b) 1804 o) Vor 1878
9932 a) Herm. B o c k e n f e l d aus Nordvelen, Weber b) 15. 2. 1847 o) 1866 s) Ohne Konsens und ohne Vermögen ausgewandert
9933 a) A. M. B o e s aus Nordvelen o) 1847
9934 a) Heinr. B ö s aus Nordvelen, Weber b) 19. 8. 1847 o) 1867 s) Ohne Konsens und ohne Vermögen ausgewandert
9935 a) .... Jos.? B ö s i n g aus Velen, Taglöhner d) Ehefrau o) 1853
9936 a) Joh. Heinr. B o n e aus Velen, Ackersmann o) 1843
9937 a) Jos. B o r b e c k aus Ramsdorf, Kaufmann o) 1845
9938 a) Anton B o r g h o r s t aus Velen, Weber b) 21. 6. 1854 o) 1874 s) Ohne Konsens und ohne Vermögen ausgewandert
9939 a) Joseph B r i n k s aus Nordvelen, Knecht b) 30. 1. 1846 o) 1866 s) Ohne Konsens und ohne Vermögen ausgewandert
9940 a) Heinr. B r i n k s aus Nordvelen, Knecht b) 10. 7. 1848 o) 1867 oder 1870 s) Ohne Konsens und ohne Vermögen ausgewandert
9941 a) Joh. B r i n k s aus Nordvelen b) 15. 8. 1850 o) 1868 s) Ohne Konsens und ohne Vermögen ausgewandert
9942 a) Joh. Bern. B r i n k s aus Nordvelen o) 1871 s) Ohne Konsens ausgewandert
9943 a) A. M. Gertrud B r o c k h a u s aus Waldvelen [b) 7. 6. 1816] o) 1867
9944 a) Herm. B r o c k h a u s aus Nordvelen [b) 11. 10. 1855]
9945 a) Franz B r o c k h a u s aus Nordvelen [b) 13. 8. 1858]
9946 a) Bern. B r o s t e r h a u s aus Velen b) 1. 8. 1850 s) Ohne Konsens ausgewandert
9947 a) Bern. B r u n s aus Velen, Kupferschmiedegeselle b) 28. 6. 1847 o) 1866 s) Ohne Konsens und ohne Vermögen ausgewandert
9948 a) Bern. B u b e r t aus Velen o) Vor 1870
9949 a) Joh. Friedr. Joseph B ü l t e n aus Ramsdorf, Weber b) 24. 9. 1849 o) 1869/70 s) Ohne Konsens und ohne Vermögen ausgewandert
9950 a) Friedr. Joseph B ü n i n g aus Ramsdorf b) 12. 3. 1836 o) 1842 s) Mit den Eltern ausgewandert
9951 a) Gerh. Heinr. C o r n e l i u s b) 6. 7. 1842 Velen o) Vor 1870 s) Ohne Vermögen
9952 a) Bern. D a h l h a u s, Fabrikarbeiter b) 29. 11. 1854 Velen o) 1881
9953 a) M. Antonia D ü l m e r aus Velen o) 1854?
9954 a) Heinr. D ü l m e r aus Nordvelen b) 19. 10. 1859 o) 1884
9955 a) Heinr. D ü n n h o r s t aus Velen b) 6. 5. 1845
9956 a) Franz E b b e l e r aus Ramsdorf o) 1850
9957 a) Franz Bern. E b b e l e r aus Ramsdorf b) 10. 10. 1873 o) 1893
9958 a) Bern. Herm. E b b i n g aus Velen b) 16. 10. 1836 o) 1849 s) Mit den Eltern ausgewandert

9959 a) Bern. Heinr. E b b i n g aus Nordvelen b) 4. 2. 1867 o) 1883
9960 a) Christ. E b b i n g gen. H e i d e m a n n aus Nordvelen b) 19. 5. 1860
9961 a) Herm. E i n g aus Velen, Eierhändler b) 28. 10. 1835
9962 a) Bern. E m m i n g aus Ramsdorf o) 1851 s) Mit zwei weiteren Personen ausgewandert
9963 a) Anton E n d e j a n aus Waldvelen b) 10. 3. 1857 o) 1880
9964 a) Heinr. Joseph F a s t r i n g aus Ramsdorf Ksp., Weber b) 29. 12. 1852 o) 1872 s) Ohne Konsens und ohne Vermögen ausgewandert
9965 a) Bern. Heinr. G a a l m a n n aus Ramsdorf, Schmied .... ?e) Bern. Heinr. Melchior Gaalmann 5. 1. 1824, M. Gertrud 30. 10. 1827, M. Josephina 7. 11. 1829, B. 9. 3. 1832, Joseph 9. 7. 1834 o) 1844
9966 a) Joh. Joseph G e b b i n g aus Ramsdorf, Hüttenarbeiter b) 23. 1. 1836 o) 1858
9967 a) Antonette G o o s e n s aus Ramsdorf b) 10. 6. 1819 o) 1844
9968 a) Heinr. G o s e n aus Waldvelen b) 21. 12. 1871
9969 a) A. Cath. G r e v e aus Ramsdorf b) 4. 10. 1794 o) 1844
9970 a) Gertrud H a h n e n k a m p aus Waldvelen, Dienstmagd b) 8. 4. 1808 o) 1844
9971 a) Rudolph H a l l aus Velen b) 3. 9. 1831 o) 1852 s) Ohne Konsens ausgewandert
9972 a) Karoline H e l l m a n n aus Ramsdorf b) 24. 6. 1826 o) 1851
9973 a) M. Christ. H e l l m a n n b) 15. 9. 1833 Ramsdorf o) 1856
9974 a) Joh. Heinr. H e m i n g aus Waldvelen, Radmacher b) 21. 9. 1843 o) Vor 1870 s) Ohne Konsens ausgewandert
9975 a) Gerh. H e s s l i n g aus Velen b) 30. 9. 1834 o) 1854
9976 a) Joseph Bern. H o h n e r b o h m aus Ramsdorf o) 1860
9977 a) Franz Carl H o h n e r b o h m aus Ramsdorf b) 22. 9. 1839 o) 1861
9978 a) Alex H ö i n g aus Velen o) Vor 1872
9979 a) Bern. Franz H o l t e r m a n n aus Velen, Zimmermann o) Vor 1858 s) Ohne Konsens ausgewandert
9980 a) Franz H o l t e r m a n n aus Velen b) 12. 10. 1858 o) 1881
9981 a) Bern. H o l t w i c k aus Ramsdorf, Pater b) 20. 4. 1877 o) 1892
9982 a) Herm. Anton H ö v e l b r i n g s aus Velen o) 1854
9983 a) Heinr. Bern. H ö v e l b r i n g s aus Velen, Taglöhner b) 10. 6. 1825
9984 a) M. A. H ö v e l b r i n g s b) 11. 10. 1824
9985 a) Bern. H ö v e l b r i n g s b) 5. 11. 1827
9986 a) Cath. H ö v e l b r i n g s b) 26. 6. 1831
9987 a) Gerh. H ö v e l b r i n g s b) 1. 10. 1834
9988 a) Elis. H ö v e l b r i n g s b) 16. 6. 1840
9989 a) Christ. H ö v e l b r i n g s b) 15. 7. 1842
9990 a) Bern. H ö v e l b r i n g s b) 3. 10. 1858
9991 a) Heinr. H ö v e l b r i n g s b) 13. 9. 1860
9992 a) Elis. H ö v e l b r i n g s b) 17. 8. 1862
9993 a) Heinr. H ü l s k a m p aus Velen o) Vor 1884
9994 a) Theodor H ü l s k a m p aus Velen o) Vor 1884
9995 a) Cath. I s f o r t h aus Ramsdorf Ksp. o) 1869
9996 a) Bern. Heinr. J u n g k a m p aus Waldvelen, Kötter b) 22. 10. 1838 o) 1859
9997 a) Gerh. Heinr. K a p p e r t aus Nordvelen, Ackerer b) 2. 3. 1844 o) Vor 1870 s) Ohne Konsens ausgewandert
9998 a) Hubert K e m p e r aus Velen, Weber b) 1. 1. 1822 o) 1886
9999 a) Anton Joseph K e r k h o f f aus Ramsdorf, Schneider b) 29. 6. 1844 o) Vor 1870 s) Ohne Konsens ausgewandert
10000 a) Bartholomäus K e r k h o f f aus Ramsdorf, Schneider b) 23. 12. 1844 o) Vor 1870 s) Ohne Konsens ausgewandert
10001 a) Cath. K l u m p j a n aus Waldvelen b) 3. 5. 1863
10002 a) Bern. K l u m p j a n aus Waldvelen b) 15. 4. 1870 o) 1888
10003 a) .... Theodora K ö n i g ? aus Velen o) 1845?
10004 a) Christ. Elis. K ö s t e r s aus Ramsdorf Ksp. b) 23. 3. 1823 o) 1846
10005 a) Heinr. Herm. K ö t t e r s aus Nordvelen, Taglöhner b) 22. 10. 1833 o) Vor 1857 s) Ohne Konsens ausgewandert

10006 a) Bern. K ö t t e r s aus Nordvelen, Knecht b) 25. 7. 1845 o) Vor 1870 s) Ohne Konsens ausgewandert
10007 a) Franz K r e i l k a m p aus Ramsdorf o) 1876
10008 a) Joh. Heinr. K r e i l k a m p aus Ramsdorf b) 1825
10009 a) Bern. Heinr. L e i t i n g aus .... Ramsdorf? d) Ehefrau o) 1853
10010 a) Bern. Wilh. L e n s i n g aus Velen b) 15. 10. 1837
10011 a) Bern. Heinr. L e n s i n g aus Velen b) 16. 9. 1842 s) Ohne Konsens ausgewandert
10012 a) Gerh. L e n s i n g aus Velen b) 12. 11. 1846 o) Vor 1872 s) Ohne Konsens ausgewandert
10013 a) M e i n e n aus Ramsdorf Ksp. o) 1869
10014 a) Heinr. Anton M e i n e n aus Velen b) 25. 7. 1834, Taglöhner o) .... ? 1845 s) Ohne Konsens und ohne Vermögen ausgewandert
10015 a) Heinr. M e i s aus Waldvelen b) 1857 o) 1881
10016 a) Anton Joseph M. M e l i e s aus Velen b) 5. 7. 1860 o) 1887
10017 a) Wilh. M ö l l m a n n aus Velen, Schneider
10018 a) Bern. M u s h o l t aus Nordvelen, Kötter o) 1854
10019 a) Heinr. N a s s m a c h e r aus Velen b) 22. 5. 1861
10020 a) Franz Joseph N i e h u e s aus Ramsdorf Ksp. b) 14. 4. 1867 o) Um 1890
10021 a) Joh. Bern. Anton N i e n h u e s aus Ramsdorf o) 1867?
10022 a) Heinr. N i e l a n d aus Ramsdorf Ksp. b) 1870 o) 1892
10023 a) Bern. Heinr. N i e l a n d aus Ramsdorf Ksp. b) 1874 o) 1895
10024 a) Joseph Bern. O e n n i n g aus Nordvelen b) 13. 1. 1832 o) 1852
10025 a) Joh. Heinr. O e n n i n g aus Velen d) Ehefrau e) Sechs Kinder o) 1856
10026 a) Anton O e n n i n g aus Nordvelen b) 19. 4. 1865 o) 1892
10027 a) Heinr. O s t r i c k, Knecht b) 2. 9. 1849 Ramsdorf o) 1870
10028 a) Dina P o t t h o f f aus Velen b) 18. 12. 1848
10029 a) Elis. P r ü s s aus Velen b) 27. 8. 1852 o) 1881
10030 a) Joh. Franz Paul Ludwig R a v e aus Ramsdorf, Bierbrauer b) 1. 4. 1844 o) Vor 1870 s) Ohne Konsens und ohne Vermögen ausgewandert
10031 a) Joseph Friedr. R a v e aus Ramsdorf, Uhrmacher b) 21. 6. 1848 o) 1869
10032 a) Theresia R a v e aus Ramsdorf o) 1876
10033 a) Joseph R e n n e r s aus .... ?Ramsdorf o) 1862 s) Eine weitere Person wandert mit aus
10034 a) Herm. Joseph R e w i n g [.............. = Beving?, s. o.] aus Ramsdorf, Weber b) 19. 4. 1836 o) 1859 p) Brasilien
10035 a) Johannes R i c h e l s aus Nordvelen, Ackerer b) 1. 2. 1857 o) 1871
10036 a) Heinr. Johannes R o d e n b e r g aus Velen, Kaufmann b) 23. 12. 1852 o) 1876
10037 a) Franz Hubert R o d e n b e r g aus Velen, Architekt u. Ingenieur aus Velen b) 22. 5. 1863 o) 1885
10038 a) Hubert Heinr. Friedr. R o d e n b e r g aus Velen, Bäcker u. Kaufmann b) 7. 9. 1865 o) 1887
10039 a) Anton R ö t t g e r aus Velen b) 15. 3. 1850 s) Ohne Konsens ausgewandert
10040 a) Bern. R o s s k a m p aus Ramsdorf, Ackerer b) 12. 11. 1829 o) 1856 s) Ohne Konsens ausgewandert
10041 a) Heinr. Anton R u h k a m p aus Ramsdorf Ksp. b) 27. 5. 1833 o) 1854 s) Ohne Konsens und ohne Vermögen ausgewandert
10042 a) S c h i e r e n b e r g aus Ramsdorf o) 1846 s) Ohne Konsens ausgewandert
10043 a) Joseph S c h l a t t j a n n aus Velen b) 15. 3. 1848 s) Ohne Konsens ausgewandert
10044 a) Julian Joseph S c h m ä i n k aus Ramsdorf, Bäcker b) 13. 5. 1842 o) Vor 1870 s) Ohne Konsens ausgewandert
10045 a) Joh. Joseph S c h m a i n k aus Ramsdorf, Bäcker b) 25. 2. 1846 o) 1866/67 s) Ohne Konsens und ohne Vermögen ausgewandert
10046 a) Bern. Heinr. S c h m e i n g aus Velen, Leibzüchter b) 10. 10. 1823 .... ? e) Heinr. Herm. 22. 6. 1852 o) 1857
10047 a) Bern. S c h m i t z aus Velen b) 1. 1. 1828 o) Um 1850 s) Ohne Konsens ausgewandert
10048 a) Elis. S c h m i t z aus Velen o) 1857
10049 a) M. A. S c h m i t z aus Velen o) 1857
10050 a) Franziska S c h m i t z aus Velen o) Vor 1872
10051 a) S c h o t t m a n n aus Ramsdorf Ksp.
10052 a) Anton S c h r o e r aus Ramsdorf o) 1860 s) Wandert mit sechs Personen aus

10053 a) Herm. Anton S c h ü c k i n g aus Ramsdorf, Taglöhner b) Um 1820 d) Ehefrau e) Zwei Töchter o) 1856
10054 a) Jos. Heinr. S c h w e r i n g aus Velen b) 6. 10. 1826
10055 a) Joseph. Herm. S c h w e r i n g aus Ramsdorf o) 1857 s) Wandert mit der Familie aus (drei Personen)
10056 a) M. Cath. S c h w e r i n g aus Ramsdorf o) 1860
10057 a) Herm. Heinr. S c h w e r i n g aus .... ? Nordvelen o) 1870
10058 a) Heinr. S e l l e aus Velen b) 7. 8. 1845
10059 a) Herm. S e l l e aus Velen b) 21. 7. 1854
10060 a) Franz S e l t i n g aus Ramsdorf Ksp. b) 24. 6. 1854 o) 1886?
10061 a) .... Bern. S i c k i n g aus Ramsdorf Ksp..
10062 a) J. Gerh. S i e m s aus Velen, Weber b) 7. 5. 1836 o) 1855 s) Wandert mit den Eltern aus
10063 a) Joh. Heinr. S o n d e r m a n n aus Waldvelen o) 1849?
10064 a) J. Bern. S o p p e aus Velen b) 6. 9. 1836 o) 1858 p) Brasilien s) Wandert mit den Eltern aus, Vater Holzschuster
10065 a) Joh. Herm. Spöler aus Ramsdorf, Weber b) 10. 10. 1814 d) .... ?e) Elis. 12. 8. 1841, M. Francisca 19. 7. 1843 o) 1844
10066 a) Joh. Wilh. S t ö l l e gt. H ö v e l b r i n g s aus Velen b) 4. 2. 1832 o) 1854 s) Ohne Konsens ausgewandert
10067 a) Wilh. S t o r k s aus Ramsdorf Ksp. o) Vor 1886
10068 a) .... Gerh.? Heinr. S t o v e r aus Nordvelen, Taglöhner b) 16. 5. 1831
10069 a) Joh. T e n k aus Nordvelen, Weber b) 14. 1. 1855 o) 1871
10070 a) .... T e r s c h u e r aus Ramsdorf Ksp., Kötter o) Vor 1851
10071 a) Bern. T h e b i n g aus Ramsdorf, Arzt, Dr. med. o) 1854 p) Neuseeland s) 1865 zurückgekehrt
10072 a) Elis. U l i c k aus Waldvelen b) 27. 3. 1856 o) 1886?
10073 a) Franz Anton W a l t e r aus Ramsdorf o) Vor 1848
10074 a) Theodor W a n n i n g aus Ramsdorf Ksp., Pächter o) 1869 s) Wandert mit zwei weiteren Personen aus
10075 a) Engelbert W a n n i n g aus Ramsdorf Ksp.., Ackerbauer u. Bergarbeiter b) 23. 4. 1847 o) 1866 s) Ohne Konsens und ohne Vermögen ausgewandert
10076 a) Joh. W a n n i n g aus Ramsdorf Ksp.., Knecht b) 25. 11. 1849 o) 1869 oder 1870 s) Ohne Konsens und ohne Vermögen ausgewandert
10077 a) Johanna W a n n i n g aus Ramsdorf Ksp..., Dienstmagd o) 1869
10078 a) Wilh. W e l i n g aus Velen b) 3. 7. 1829
10079 a) Heinr. W e n n i n g aus Nordvelen, Weber b) 11. 6. 1844 o) Vor 1870 s) Ohne Konsens ausgewandert
10080 a) Joseph W e s s e l i n g aus Velen, Faßbinder b) 15. 3. 1843 o) 1872 s) Ohne Konsens ausgewandert
10081 a) W e s t h o f f aus Velen o) Um 1865
10082 a) Joseph W i e m e l t aus Ramsdorf b) 13. 3. 1841 o) Vor 1864 s) Ohne Konsens ausgewandert
10083 a) Cath. Marg. W i e n k a m p aus Velen o) 1844
10084 a) Heinr. (........... Bd.?) Anton W i e n k a m p aus Velen, Kötter b) 3. 8. 1835 o) 1856 s) Ohne Konsens und ohne Vermögen ausgewandert
10085 a) Bern. Heinr. W i l g e n b u s c h aus Waldvelen o) 1867
10086 a) Franz W i l g e n b u s c h aus Waldvelen b) 12. 2. 1856 o) 1867 s) Ohne Konsens
10087 a) W i s s i n g aus Ramsorf Ksp. o) 1869
10088 a) Joh. Bern. W i s s i n g aus Velen o) 1857 s) Mit einer weiteren Person ausgewandert
10089 a) Joseph W o l t h a u s aus Waldvelen b) 23. 4. 1844 .... ? o) 1871, 1878, 1882, 1884

GA Wettringen, Personenstandsregister

10090 a) Herm. Henr. A r t m a n n aus Wettringen, Dorf Nr. 53, Weberssohn b) 1849 p) Amerika s) Heimlich ausgewandert
10091 a) August C r u s e aus Wettringen, Dorf Nr. 76 b) 1838 p) Amerika s) Er kehrte 1879 zurück
10092 a) Friedr. F u c h s aus Wettringen, Dorf Nr. 55, Kaplan p) Amerika
10093 a) A. M. Cath. G i l l m a n n aus Wettringen, Dorf Nr. 68, Lehrerstochter b) 1819 o) 1841 p) Amsterdam s) Verheiratet sich dort

10094 a) Bern. Theodor G i l l m a n n aus Wettringen, Dorf Nr. 68, Lehrerssohn o) 1854 p) Holland

10095 a) Mathias H a g e l s t e i n aus Wettringen, Dorf b) 1840 c) Peter Hagelstein, Tuchweber o) 1863 p) Amerika

10096 a) Johanna Cornelia H e g e m a n n aus Wettringen, Dorf Nr. 29, Bäckerstochter b) 1861 Wattenscheid p) Amerika

10097 a) Herm. H e y a r t aus Wettringen, Dorf Nr. 30, Tischler b) 1820 Nienborg d) Elis. S e g b e r s aus Epe p) Amerika

10098 a) Joh. Herm. K a m p h u e s aus Wettringen, Dorf Nr. 48, Tischlerssohn b) 1830 p) Amerika

10099 a) Karl Albert M. K e k k e v o e t aus Wettringen, Dorf Nr. 33, Gastwirtssohn b) 1833 o) 1852 p) Amerika

10100 a) Ludwig Ferd. K e k k e v o e t aus Wettringen, Dorf Nr. 33, Gastwirtssohn b) 1835 o) 1864 p) Amerika

10101 a) A. K n ö p p e r aus Wettringen, Dorf Nr. 62, Taglöhnerin p) Amerika

10102 a) M. A. K n ö p p e r aus Wettringen, Dorf Nr. 14 b) 18. 9. 1812 c) Joh. Bern. Herm. Knöpper o) 1847 p) Amerika s) Mit Konsens ausgewandert

10103 a) Joh. Bern. Franz K ö n i n g aus Wettringen, Dorf Nr. 59, Weberssohn b) 1824 o) 1854 p) Luxemburg

10104 a) Joh. Herm. M ö l l e r s aus Wettringen, Dorf b) 17. 6. 1855 c) Herm. Möllers, Schuster p) Holland s) Wandert mit Konsens aus. Kommt zurück und stirbt in Wettringen 1876

10105 a) Bern. Engelbert P e l s t e r aus Wettringen, Dorf Nr. 51, Weberssohn b) 1837 p) Amerika

10106 a) Dorothea R ö m e r aus Wettringen, Dorf, Barrière-Einnehmerstochter b) 1823 o) 1866 p) Amerika

10107 a) Cornelia R o h l i n g aus Wettringen, Dorf Nr. 29, Krämerstochter b) 1838 o) 1856 p) Holland – Overeen

10108 a) Ida M. A. S c h r ö d e r aus Wettringen, Dorf Nr. 50, Krämers- u. Wirtstochter b) 1838 o) 1850 p) Holland s) Sie heiratet später einen Pelster aus Wettringen. Drei in Den Haag 1875, 1876 und 1878 geborene Kinder kommen zurück und gehen 1890 nach Münster

10109 a) Bern. Heinr. S c h w e r i n g aus Wettringen, Dorf Nr. 50 b) 1803 p) Holland

10110 a) Franz Anton D i e s b a n n i n g aus Wettringen, Dorfbauerschaft Nr. 36 b) 24. 1. 1803 p) Holland

10111 a) Herm. Heinr. S c h u l t e F r o h o f f aus Wettringen, Dorfbauerschaft b) 1816 p) Amerika

10112 a) Bern. Engelbert S c h u l t e F r o h o f f aus Wettringen, Dorfbauerschaft b) 1825 p) Amerika

10113 a) M. A. K ü n k e r aus Wettringen, Dorfbauerschaft Nr. 35 b) 1838 c) Bernd Herm. Anton Künker, Weber h) Franziska K ü n k e r 1841 o) 1856 p) Zuerst nach Borghorst, dann nach Amerika

10114 a) Bern. Herm. L ü t k e S p e c k e r aus Wettringen, Dorfbauerschaft Nr. 19 b) 23. 3. 1834 c) Lütke Specker, Ackersmann p) Amerika

10115 a) Bern. Herm. Ludwig S t r ö n i n g aus Wettringen, Dorfbauerschaft Nr. 63 b) 1832 d) .... Köning, Dorf Nr. 28 p) Amerika

10116 a) Franz S t r ö n i n g aus Wettringen, Dorfbauerschaft Nr. 63 b) 1843 p) Holland

10117 a) Herm. August S t r ö n i n g aus Wettringen, Dorfbauerschaft Nr. 63 b) 1847 p) Holland

10118 a) Joh. Bernh. D r o p m a n n aus Wettringen, Bilk Nr. 50 b) 8. 1. 1841 c) Joh. Bern. Heinr. Dropmann-Feldherm, Weber

10119 a) Joh. Bern. E l l i n g aus Wettringen, Bilk Nr. 59 b) 18. 9. 1849 c) Gerh. Bern. Elling, Neukötter o) 22. 4. 1881 p) Amerika s) Mit Abzugsattest verzogen

10120 a) Bernd Heinr. H a v e r k ä m p e r gt. W i n k e l h e n r i c h aus Wettringen, Bilk Nr. 3 b) 25. 3. 1845 c) Herm. Heinr. Haverkämper gt. Winkelhenrich o) 1871 p) Amerika

10121 a) Heinr. Engelbert H i e g g e r aus Wettringen, Bilk Nr. 10 b) 10. 7. 1851 c) Gerh. Bern. Lammering gt. Hiegger p) Holland s) Am 3. 1. 1872 in Alkmaar gestorben

10122 a) M. A. H i e g g e r aus Wettringen, Bilk Nr. 10 b) 29. 11. 1866 c) Engelbert Hiegger o) September 1889 p) Amerika s) Ohne Konsens

10123 a) Bern. Engelbert K r ü m p e l aus Wettringen, Bilk Nr. 48 c) Joh. Herm. Krümpel, Taglöhner o) 10. 9. 1873 p) Utrecht s) Reist mit Pass. Heiratet am 17. 10. 1880 .... Bültgert, Bilk Nr. 62

10124 a) Joh. Bern. Engelbert L a m m e r i n g aus Wettringen, Bilk Nr. 11 b) 4. 4. 1838 c) Joh. Bern. Lammering, Colon o) 19. 10. 1868 p) Amerika

10125 a) Herm. L a n g e n b r ö k e r aus Wettringen, Bilk Nr. 25a b) 26. 6. 1837 c) Joh. Langenbröker o) 1854 p) Amerika

10126 a) Gerh. Herm. Heinr. R e c k e r s aus Wettringen, Bilk Nr. 11b b) 7. 6. 1842 c) Gerh. Bern. Reckers o) 25. 6. 1868 p) Amerika s) Mit Konsens
10127 a) Bern. Herm. S c h r ä e r aus Wettringen, Bilk, Knecht bei Kleimann b) 1806 p) Holland
10128 a) Bern. Herm. T e l l e n aus Wettringen, Bilk Nr. 17 b) 28. 3. 1854 o) 6. 4. 1871 p) Holland s) Mit Konsens
10129 a) M. Christ. W i t t e n aus Wettringen, Bilk Nr. 8 b) 8. 5. 1842 c) Joh. Herm. Witten, Taglöhner s) In Amerika gestorben
10130 a) Bern. Herm. W i t t e n b e r n d sive L i n n e r m a n n aus Wettringen, Bilk Nr. 57 b) 19. 9. 1835 c) Joh. Heinr. Wittenbernd sive Linnermann, Schneider p) Holland
10131 a) Wilh. B a d k e aus Wettringen, Haddorf, Knecht bei Dauwe b) 1813 Salzbergen o) 1841 p) Holland
10132 a) Herm. Joseph B a n n i n g aus Wettringen, Haddorf Nr. 53, Weberssohn b) 1859 p) Amerika
10133 a) Herm. Theodor B r i n k e r aus Wettringen, Haddorf Nr. 8 b) 1837 c) Joh. Gerh. Brinker, Weber p) Amerika
10134 a) Herm. B r o c k m a n n aus Wettringen, Haddorf Nr. 24, Ackersmannssohn b) 1854 o) 1881 p) Amerika
10135 a) Herm. Heinr. B u h r m a n n aus Wettringen, Haddorf Nr. 11 b) 1820 c) Heinr. Buhrmann, Weber h) Joh. Bern. Buhrmann 1822 p) Amerika
10136 a) Bern. D e l l b r ü g g e aus Wettringen, Haddorf Nr. 37 b) 1835 o) 1874 p) Amerika s) Ohne Konsens
10137 a) Wilh. F e l d k a m p aus Wettringen, Haddorf Nr. 36, Kötterssohn b) 1857 o) 1874 p) Amerika
10138 a) A. I b e r s h o r s t aus Wettringen, Haddorf Nr. 37 b) 1826 o) 1852 p) Amerika s) Mit Konsens
10139 a) Kath. Elis. L a g e m a n n aus Wettringen, Haddorf Nr. 42 b) 1835 p) Amerika s) Mit Konsens
10140 a) A. N o l t e aus Wettringen, Haddorf Nr. 23 b) 1848 o) 1872 p) Cincinnati s) Mit Konsens
10141 a) Joh. S c h l ä t k e r aus Wettringen, Haddorf b) 1822 o) 1849 s) Mit Konsens
10142 a) Heinr. S c h l ä t k e r aus Wettringen, Haddorf b) 1826 o) 1859 p) Holland
10143 a) Lucia S c h l ä t k e r aus Wettringen, Haddorf Nr. 34 b) 1840 o) 1861 p) Amerika s) Mit Konsens
10144 a) Marg. S c h l ä t k e r aus Wettringen, Haddorf Nr. 34 b) 1846 p) Amerika
10145 a) Joh. Bern. K r u m m e aus Wettringen, Rothenberge Nr. 7a, Schneider b) 1793 p) Holland
10146 a) Joh. Gerh. K r u m m e aus Wettringen, Rothenberge Nr. 7a, Schneider b) 1795 p) Holland
10147 a) Joh. Herm. Stephan K r u m m e aus Wettringen, Rothenberge Nr. 7a, Schneider b) 1799 p) Holland
10148 a) M. Kath. O h m a n n aus Wettringen, Rothenberge Nr. 50 b) 1818 o) 1854 p) Amerika s) Mit Konsens
10149 a) Gertrud S c h w e r i n g aus Wettringen, Rothenberge Nr. 5, Weberstochter b) 1840 p) Brasilien

Germans to America, Vol. 45

10150 a) Bernh. E l s b e r n d, joiner [Tischler], [Legden, Isingort Nr. 29] b) 29 J. b) [21. 9. 1853 Legden c) Gerh. Herm. Elsbernd, Kötter, und A. Cath. Heidkemper] h) Sophie Elsbernd, 24 J. s) Überfahrt mit dem Schiff Ohio von Bremen nach New York, Ankunft am 5. 1. 1883
10151 a) Elis. S c h l a t t m a n n b) 24 J. s) Überfahrt mit dem Schiff Ohio von Bremen nach New York, Ankunft am 5. 1. 1883

Mitteilung von Manfred Harmeling, Südlohn

10152 a) Gerh. Bernh. B l ä s i n g aus Südlohn b) 23. 2. 1889 Südlohn c) Bern. Anton Bläsing u. Johanna Siänen o) 1907 p) Amerika
10153 a) Theodor P e n n o aus Südlohn b) 12. 10. 1840 Südlohn c) Joan Franz Penno u. Joanna Gertrud Hölscher p) Amerika
10154 a) Henr. Ignatz S i b b i n g aus Südlohn b) 1. 2. 1867 Südlohn c) Johan Bernard Sibbing u. Gertrud Johanna Steggemann o) 1894 p) Amerika
10155 a) Heinr. Aloys S i c k i n g aus Südlohn b) 17. 10. 1869 Südlohn c) Joh. Bern. Sicking u. Sophia Angela Schulten o) 1883 p) Amerika
10156 a) Gerh. Bern. S i e v e r s aus Südlohn b) 12. 2. 1839 Südlohn c) Joan Bern. Herm. Sievers u. Johanna M. Bömers p) Amerika
10157 a) Gerad Henr. S ö b b i n g aus Südlohn b) 3. 12. 1809 Südlohn c) Joan Söbbing u. A. M. Lensing p) Amerika

10158 a) Henr. Joseph T e m m i n g aus Südlohn b) 31. 1. 1826 Südlohn c) Joseph Temming u. Johanna Elis. M. Christ. Tenbuß d) Johanna Adelheid B r ü g g e m a n n aus Osterkappeln p) Amerika t) Die Eheleute heirateten im September 1854 in Stadtlohn

10159 a) M. Elis. W e l p e r aus Südlohn b) 5. 12. 1818 Südlohn c) Bern. Henr. Welper u. M. Christ. Gertrud Meenker p) Amerika

10160 a) M. Cath. W e l p e r aus Südlohn b) 22. 9. 1821 Südlohn c) Bern. Henr. Welper u. M. Christ. Gertrud Meenker p) Amerika

Auskunft von Frau Schwenz

10161 a) Bern. Wilh. S c h l a t t m a n n b) 2. 1. 1865 Stadtlohn s) Gestorben am 1. 5. 1947 in St. Cloud

Auskunft von Verwandten

10162 a) Ferdinand Leopold Joseph W e d e w e r aus Coesfeld b) ~ 5. 9. 1783 Coesfeld, St. Lamberti c) Joan Henr. Wedewer (Wedwer, Weddewer) u. Maria Elisabeth Francisca (Maria Francisca) Abbenhaus (Abbenhuess, Abbenhauss) p) Amsterdam t) Er starb am 25. 3. 1835 in Amsterdam. Er heiratete am 20. 2. 1814 in Amsterdam M. Timmer (~ 29. 3. 1789 Amsterdam, + 18. 5. 1830 ebd., Eltern:Jan Timmer u. Beatrix Koster)

10163 a) Henr. *Anton* S t r ö i n g (Ströinck) aus Epe b) 17. 5. 1820 Epe c) Henr. Ströinck, Wöhner der .... , u. A. Klüter gt. Lindkotte, Epe, ... im Kloster d) Gertrud .... B e n k h o f f * .... um 1817 (Eltern: Johan Benkhoff, Wöhner, u. .... , Epe, Brinkerhook) e) Herm. .... 7. 8. 1852 Epe, Adelheid .... Epe p) Amerika t) Die Eheleute hatten am 15. 11. 1848 in Epe geheiratet

10164 a) Gertrud R ö r i n g aus Wessum b) 16. 9. 1860 Wessum p) Amerika s) Wandert mit den Eltern aus

10165 a) Heinr. S c h e r p i n g aus Epe b) 25. 12. 1827 Epe c) .... d) Gertrud W i l k e s .... (Eltern: ....) e) .... 16. 5. 1868 Epe

Vestischer Kalender, 1989, S. 176-178

10166 a) Joh. K l u t e aus Westerholt, stud. theol. b) 17. 10. 1847 Westerholt c) Heinr. Klute gt. Trappenjans o) 1870 p) Nordamerika

PfA St. Matthews Lutheran Church in Charleston SC, Kirchenbücher[2]

10167 a) Joseph B r ü n i n g aus Ahaus b) Um 1827 t) Er heiratet am 19. 2. 1860 Helene Meyer aus Dorum (* um 1840)

10168 a) Joh. Bernh. H o l l e n s e t t aus Warendorf b) Um 1827 t) Er heiratet am 9. 9. 1860 Sophie Wendelken aus Harrendorf (* um 1826)

10169 a) Franziska Th. Angeline K o c h aus Münster b) Um 1833 t) Sie heiratet am 18. 1. 1855 Joh. Heinr. Ernst M a k e r aus Braunschweig (* um 1824)

10170 a) Herm. E b e r t aus Münster b) Um 1830 t) Er starb am 8. 12. 1852 an Auszehrung

10171 a) Gerh. D i e r k s e n aus Steinfurt b) Um 1819 t) Er starb am 14. 10. 1849 an gelbem Fieber

StadtA Steinfurt, C 1633

10172 a) Arnold Georg Bernh. K e t t e r aus Burgsteinfurt, Saffiangerber b) 11. 7. 1787 c) Wilh. Carl Mauritz Ketter (+), Gerichtschreiber u. Schenkwirt, u. Hendrina Palthen (+) o) Herbst 1825 p) Kgr. Hannover – Gildehaus

10173 a) Bernh. W e s s e l i n g aus Amsterdam b) 6. 5. 1802 Veltrup s) Wohnt schon seit zwei Jahren in Amsterdam. Auswanderung wird wegen Militärpflicht abgelehnt t) Schreiben vom 23. 3. 1826

10174 a) Melchior K ö n i n g aus Amsterdam, Bäcker b) 26. 4. 1801 Veltrup s) Er machte eine Bäckerlehre in Amsterdam, wo er schon vier Jahre wohnt. Auswanderung wird wegen Militärpflicht abgelehnt t) Schreiben vom 23. 3. 1826

---

[2] Freundlicher Hinweis von Carl Kornahrens, Drangstedt.

10175 a) Rudolph A r n i n g aus Bentheim, Ackerknecht b) Steinfurt Ksp. s) Er dient bereits neun Jahre bei der Wehrfesterin Witwe Schütte in Bentheim und will sich dort niederlassen t) Schreiben vom 26. 2. 1828

10176 a) Alex L i b a u aus Stade [?] b) Burgsteinfurt s) Hat sich schon als Knabe herumgetrieben und schon viele Jahre vorher Burgsteinfurt verlassen t) Schreiben vom 8. 2. 1830

10177 a) Rolf L e u g e r i n g aus Ohne b) 35 J., Hollich s) Wohnt schon zwölf Jahre in Ohne und will sich dort verheiraten t) Schreiben vom 23. 3. 1830

10178 a) Beate Christine B a u m a n n aus Lich (Ghzgtm. Hessen) c) Lehrer Baumann s) Hält sich seit 1831 in Lich auf und will sich dort verheiraten t) Schreiben vom 23. 11. 1835

10179 a) Herm. B i e s t e r aus Uelsen (Kgr. Hannover), Zimmermann s) Verzichtet auf den beantragten Konsens t) Schreiben vom 27. 9. 1836

10180 a) Martin P l a g g e aus Burgsteinfurt, Dr. med. b) 17. 4. 1793 Aurich d) Theodora S c h n e i d o 6. 7. 1801 Neuenhaus e) Theodorich 19. 11. 1823, Dieterich Carl Friederich 19. 10. 1824, Wilh. Friederich 5. 8. 1826, Gerh. Henr. 19. 7. 1829, Martin Wilh. Scipio 3. 7. 1832, alle in Steinfurt geboren p) Gießen s) Auswanderungsgesuch vom 3. 2. 1837. Plagge war seit 1822 fürstlich bentheimischer Leibarzt und Brunnenarzt, früher zu Anholt mehrere Jahre als praktischer Arzt tätig

10181 a) Bernh. Wilh. W e i ß e l aus Tilburg, Wachtmeister b) 5. 6. 1791 Burgsteinfurt p) Tilburg s) Konsens am 25. 5. 1837 erteilt, aber im Juli 1837 zurückgegeben

10182 a) Cath. S p i e l m e y e r aus Schüttorf, Magd b) Burgsteinfurt c) Philipp Spielmeyer, Ölmüller p) Schüttorf s) Heimatschein auf drei Jahre vom 14. 1. 1840

10183 a) Franz S i m o n e t t i aus Bentheim, Geschäftsführer b) 29. 1. 1808 Burgsteinfurt p) Bentheim s) Heimatschein auf drei Jahre vom 7. 3. 1842

10184 a) Nicolaus F l i n t e r m a n n aus Steinfurt Stadt, Weber b) 10. 2. 1802 Steinfurt p) Bentheim s) Auswanderungskonsens vom 20. 1. 1834

10185 a) Joh. Heinr. T e i g e l m e i s t e r aus Steinfurt Stadt b) 13. 5. 1797 Steinfurt p) Bentheim s) Auswanderungskonsens vom 9. 5. 1834

10186 a) Joh. Heinr. R ü s s e aus Steinfurt Stadt, Schuster b) 1. 8. 1805 Steinfurt p) Enschede s) Auswanderungskonsens vom 16. 6. 1834

10187 a) Heinr. R i e t b r o k aus Steinfurt Stadt, Goldarbeiter b) 32 J., Lengerich o) 1834 p) Amerika – Baltimore s) Er kehrte zurück und wanderte im März 1837 zum zweiten Mal, diesmal mit Frau und Kindern, ohne Konsens aus

10188 a) Catharine T i m m e r s aus Steinfurt Stadt, Näherin o) März 1837 p) Amerika – Baltimore s) „Durch Bekanntschaft mit der Frau Rietbrok [siehe vorigen Eintrag] und um diese zu begleiten, dazu überredet; da dieselbe hier nirgens Auskommen hatte" ohne Konsens ausgewandert

10189 a) Georg K ü h n e aus Steinfurt Stadt, Schneider b) Münster o) 1835 p) Amerika – Neuorleans s) Ohne Konsens ausgewandert. Frau und Kinder folgten 1836 nach

10190 a) Gerh. M e i n k m a n gt. D r e c k m a n aus Steinfurt Ksp. b) Steinfurt o) 1834 p) Amerika s) Ohne Konsens ausgewandert. Frau und Kinder sind zu Lasten der Bauerschaft Hollich zurückgeblieben

10191 a) Wilh. S c h w a r z aus Steinfurt Stadt b) Bielefeld d) Ehefrau e) Zwei Kinder o) 1832 p) Ghzgtm. Hessen – Echzell s) Nach Lich im Ghzgtm. Hessen

10192 a) Carl S c h w a r z aus Steinfurt Stadt b) Bielefeld d) Ehefrau e) Ein Kind o) 1832 p) Ghzgtm. Hessen – Echzell s) Nach Lich im Ghzgtm. Hessen. – An anderer Stelle: a) Carl Ferdinand Schwarz, Färber b) 3. 9. 1811 Steinhagen d) Bernardine B a u m a n n e) Emanuel Dietrich Ferdinand s) Auswanderungskonsens vom 24. 6. 1841

10193 a) Herman C r u m p a n i t z k y (Crupanitzky) aus Steinfurt, Kammachergesell b) 13. 11. 1815 Steinfurt o) 1836 p) Amerika – Baltimore s) Ohne Konsens ausgewandert, „ist schlecht angekommen u. konnte keine Arbeit erhalten". An anderer Stelle: „Da der Crumpanitzky zu klein war und wahrscheinlich die erforderliche Größe nicht erreichen würde; so scheint die Auswanderung nicht aus Abneigung gegen den Militairdienst her zu rühren."

10194 a) *Adolf* Joseph P l a t e aus Steinfurt, Müllerknecht b) 29. 5. 1818 Borghorst o) März 1837 p) Neujork s) Ohne Konsens ausgewandert. „Ein älterer Bruder Franz Heinr Plate ex 1815, war früher (1832) ausgewandert. Es ist wahrscheinlich daß die jüngeren Brüder gefolgt sind, um sich der Militairpflicht zu entziehen." t) Siehe Teil 1, Nr. 4645

10195 a) Franz Alex P l a t e aus Steinfurt, Goldarbeiter b) 5. 10. [.............. An anderer Stelle 2.] 1820 Borghorst o) März 1837 p) Neujork t) Bemerkung wie im vorigen Eintrag

10196 a) Herman K n ö p k e r aus Steinfurt, Zimmermann b) 14. 4. 1805 Steinfurt, Hollich o) März 1837 p) Virginia r) Frau u. ein Kind s) „Ohne Paß der abgeschlagen ist"

10197 a) Herman S t e i n b e r g aus Steinfurt, Schlösser b) Steinfurt o) März 1837 s) Ohne Konsens. „Militairpflichtig, ? ist zurück geblieben"

10198 a) H i r s c h R a p h a e l aus Steinfurt, Glaser b) Steinfurt o) März 1837 s) Ohne Konsens. „Militairuntauglich, ? ist zurück geblieben"

10199 a) Bernh. H o l l m a n aus Steinfurt, Schneider b) 37 J., Freckenhorst d) Frau e) Zwei Kinder f) Max u. Alex S c h w a r z o) März 1837 p) Baltimore s) „hat sich besonnen. Ist nicht ausgewandert"

10200 a) Elis. S t e i n w e g Ehefrau Gerh. Hinnau aus Steinfurt b) 7. 7. 1807 Steinfurt e) Zwei Kinder o) April 1837 p) Baltimore s) Ohne Konsens ausgewandert, „ihrem Manne zu folgen" t) Siehe auch Teil 1, Nr. 4284

10201 a) Friedrike S t e i n w e g aus Steinfurt b) 22 J., Steinfurt o) April 1837 p) Baltimore s) Ohne Konsens mit ihrer Schwester ausgewandert

10202 a) Bernh. K e r k h o f f aus Steinfurt, Hollich, Ackerknecht b) 16. 1. 1815 Steinfurt o) 1835 p) Amerika s) Wollte heimlich auswandern. Wurde in Bremen angehalten und zurückgebracht

10203 a) Heinr. Wermeling gt. R o t t r ä k e r aus Steinfurt, Hollich, Ackerknecht b) 1818 Steinfurt o) 1835 p) Amerika s) Wollte heimlich auswandern. Wurde in Bremen angehalten und zurückgebracht

10204 a) L i n d s t r o t aus Steinfurt, Hollich, Ackerknecht o) 1835 p) Amerika s) Heimlich ausgewandert

10205 a) S t e i n w e g aus Steinfurt Stadt, Schmiedegesell o) 1835 p) Amerika s) „War noch unter dem militairpflichtigen Alter u ist nachdem er seine Lehrjahre, die er auf Kosten der Armenkasse bestand, zuruckgelegt hatte, heimlich von Bremen aus, wo er eine Tante hatte", ausgewandert

10206 a) Bernd Anton H a l l a u aus Steinfurt, SchneiderGesell b) 16. 7. 1813 Steinfurt c) Mutter: Wilhelmine Hallau, Stiefvater: Böhmer p) Kgr. der Niederlande – Enschede s) „Da es mir nun wohl bekannt ist, daß der Böhmer eine Abneigung gegen diesen unehelichen Vorsohn seiner Frau hat, und stets Uneinigkeit zwischen beiden herrschte, so daß selbst polizeiliche Dazwischenkunft nöthig war, so ist auf keinen Fall dahin zu wirken, daß der Stiefsohn zu den Eltern zurückkehre." (Schreiben des Bürgermeisters Terberger vom 20. 3. 1837). Auswanderungskonsens vom 7. 4. 1837

10207 a) Johan Matthias L a u g e m a n aus Amsterdam, Bäcker b) 10. 3. 1807 Burgsteinfurt p) Kgr. der Niederlande s) Hat Gelegenheit, sich vorteilhaft zu verheiraten und ein für ihn passendes Geschäft zu übernehmen. Der Auswanderungskonsens vom 11. 5. 1838 wurde am 20. 5. 1838 dem Bruder Kolon Laugeman ausgehändigt

10208 a) Moritz B e r g f e l d aus Burgsteinfurt, Goldarbeiter b) 19. 9. 1809 Steinfurt p) Bremen s) Will zu seinem älteren Bruder, weil es in Steinfurt „an aller Aussicht zum Fortkommen und zur Beschäftigung fehlt". Auswanderungskonsens vom 29. 7. 1838

10209 a) Ludwig B u v e (Buwe) aus Goor (Kgr. der Niederlande), Lohgerber b) 2. 11. 1809 Greven p) Kgr. der Niederlande – Goor s) Der Auswanderungskonsens vom 13. 1. 1839 wurde dem Schwager Sönker, bei dem Buve früher in der Lehre war, am 24. 1. 1839 ausgehändigt

10210 a) Johan R ü s s e aus Enschede, Weber b) 23. 10. 1815 Burgsteinfurt p) Enschede s) Wohnt schon seit einigen Jahren dort. Will sich verheiraten. Auswanderungskonsens vom 7. 8. 1839

10211 a) Joh. Heinr. D r u n k e m ö l l e aus Schüttorf b) 6. 4. 1809 Burgsteinfurt p) Schüttorf s) Hält sich seit einem Jahr dort auf. Wurde schon seit seiner frühesten Kindheit von seinen Verwandten in Brandlecht, Grafschaft Bentheim, erzogen. Der Auswanderungskonsens vom 17. 10. 1839 wurde am 28. 10. 1839 dem Anton Busch zur Besorgung ausgehändigt

10212 a) Herm. S c h e i p e r s aus Bentheim, Taglöhner b) 2. 1. 1803 Hollich p) Bentheim s) Hält sich schon einige Jahre dort auf. Will sich verheiraten. Auswanderungsattest vom 2. 10. 1839

10213 a) Carl B u c k aus Morra (Grieteny Oost-Dongeradeel/........dal?, Prov. Friesland, Kgr. der Niederlande), Weber b) 8. 4. 1806 Burgsteinfurt c) Andreas Buck (+) u. Anna Berning (+) p) Morra s) Hat dort schon mehrere Jahre als Geselle gearbeitet. Will sich verheiraten. Auswanderungsgesuch vom 19. 10. 1840 durch seinen Vetter L. Elfers, Krämer in Burgsteinfurt

10214 a) C. *Herm.* W o e s t m a n n aus Amsterdam, Bäckergesell b) 15. 8. 1811 Steinfurt s) Befindet sich schon seit zwei Jahren in Amsterdam. Der Konsens ist dem Krämer Naber am 22. Mai 1841 zur Besorgung übergeben worden

10215 a) Heinr. W. B r ü g g e n k a m p aus Burgsteinfurt, Bäcker p) Schüttorf s) Auswanderungskonsens vom 15. 5. 1841 .... Unter Woestmann wird ein Franz Brüggenkamp erwähnt

10216 a) Heinr. L a h u s (Lauhus) aus Steinfurt, Kupferschmied s) „Seit einigen Tagen ist der hiesige Kupferschmidt Heinr Lahus von hier nach Lengerich zu seinem frühern Lehrherrn dem Kupferschmidt Kortlüke daselbst gegangen, und über die Zeit aus geblieben, ohne bis jetzt zurück gekehrt zu sein. Seine Frau ist hierüber in der größten Unruhe" (Schreiben des Bürgermeisters Terberger vom 4. 5. 1841 an den Lengericher Bürgermeister Richter). Richter antwortet am 8. 5. 1841, daß Lahus nicht in Lengerich gewesen sei. Undatierter Vermerk Terbergers: „Ist nach spätern Nachrichten nach Holland gegangen und soll heimlich nach Amerika ausgewandert sein."

10217 a) Franz Carl Bernhard S c h ü t t e aus .... b) 9. 1. 1814 Burgsteinfurt p) Amsterdam s) Auswanderungskonsens vom 18. 7. 1841

10218 a) Joh. B o h l e aus Amsterdam, Bäckergesell b) 10. 7. 1814 Steinfurt c) Kötter Bohle, Hollich p) Amsterdam s) Auswanderungsgesuch vom 16. 8. 1841

10219 a) Ludwig Friedr. M ü l l e r aus Bremen, Lehrer b) 16. 8. 1800 p) Bremen s) Ist schon vor einigen Jahren mit Frau und Mutter nach Bremen verzogen. Der Auswanderungskonsens vom 21. 1. 1842 ist Pastor Daniel zur Besorgung übergeben

10220 a) Fridrich P r i g g e aus Steinfurt, Schustergesell b) 18. 10. 1813 Tecklenburg p) Bentheim s) Seit 9½ Jahren in Steinfurt wohnhaft. Will sich mit der Witwe Haselbrok verheiraten. Der Auswanderungskonsens vom 29. 6. 1842 ist am 14. 7. 1842 insinuiert

10221 a) Alex Friedr. B a i e n b e r g aus Steinfurt, Gold- u. Silberarbeiter b) 31. 12. 1818 Steinfurt p) Hzgtm. Nassau – Wiesbaden s) Auswanderungskonsens vom 21. 7. 1842

10222 a) Joh. Mathias B r u n s aus .... b) 8. 1. 1804 Burgsteinfurt p) Amsterdam s) Auswanderungskonsens vom 23. 3. 1843

10223 a) Herm. Anton H ü s k e n aus .... b) 6. 8. ....?1830 Burgsteinfurt p) Enschede s) Auswanderungskonsens vom 31. 5. 1843

10224 a) W. B e r k e m e i e r aus .... , Bäckergesell p) Amsterdam s) Auswanderungskonsens vom 19. 8. 1843

10225 a) Rudolf P a l s t r i n g aus .... , Bäckerknecht b) Hollich p) Amsterdam s) Auswanderungskonsens vom 2. 10. 1844

10226 a) Joh. W a c k e r aus .... b) 13. 5. 1803 Burgsteinfurt p) Niederlande s) Auswanderungskonsens vom 16. 7. 1845

10227 a) Wilhelmine B r ü n i n g aus Burgsteinfurt p) Niederlande s) Auswanderungskonsens vom 22. 8. 1845

10228 a) Rudolf B e c k m a n n aus Veltrup, Bäckerknecht p) Amsterdam s) Auswanderungskonsens vom 11. 2. 1846

GA Westerkappeln, A 3

10229 a) Joh. Heinr. H a c k m a n n aus Seeste, beim Schacksel b) 10. 2. 1798 o) 12. 8. 1832 s) Konsens u. Reisepass erhalten

10230 a) Joh. Heinr. S t a l l m a n n aus Hambüren, Schürmanns Leibzucht b) 1. 11. 1803 o) 12. 8. 1832 s) Konsens u. Reisepass erhalten

10231 a) M. Elsabein S t a l l m a n n aus Hambüren, Schürmanns Leibzucht b) 7. 4. 1801 o) 5. 7. 1832 s) Ohne Konsens ausgewandert

10232 a) Jorgen Henr. M e n e b r ö c k e r aus Metten, auf dem Schafberg, Neubauer b) 12. 11. 1788 d) Cath. Marg. H e l m i g e) Christine Bernhardine Wilhelmine E l s t r o d t 12. 10. 1820 (angenommenes Kind) o) 14. 9. 1832 s) Mit Konsens ausgewandert

10233 a) Joh. Diedrich S t u m p e aus Metten, Schneider b) 25. 2. 1804 o) 5. 7. 1832 s) Ohne Konsens ausgewandert

10234 a) Joh. Heinr. A h l e m e y e r aus Düte, Tischler b) 16. 9. 1803 o) 9. 9. 1832 s) Wandert mit der Familie seines Bruders aus t) Siehe Teil 1, Nr. 37

10235 a) Margarethe Elisabeth R a h m e i e r aus Cappeln, Sonnefeld, Magd b) 20. 12. 1816 o) 10. 8. 1833 s) Ohne Konsens ausgewandert

10236 a) Johan Friedr. H a c k m a n n aus Seeste (Steers Leibzucht) b) 7. 3. 1813 o) August 1833 p) Amerika s) Heimlich ausgewandert
10237 a) Steffen Heinr. W e r r e m e i e r aus Seeste (Feldmanns Leibzucht) b) 30. 7. 1809 o) August 1833 p) Amerika s) Heimlich ausgewandert
10238 a) Cath. M. L a n d w e h r aus Seeste (bei Schemme), Magd b) 2. 2. 1807 o) Jacobi 1833 p) Amerika s) Wandert heimlich mit ihrem Bruder aus t) Siehe Teil 1, Nr. 4487
10239 a) Steffen Heinr. B ü n e m a n n aus Seeste (Bünemeiers Leibzucht) b) 5. 10. 1810 o) 13. 7. 1833 p) Amerika s) Heimlich ausgewandert
10240 a) Steffen Heinr. B o c k h o l t aus Seeste b) 10. 4. 1805 o) 10. 9. 1833 p) Amerika s) Heimlich ausgewandert
10241 a) Johan Heinr. S e n d m e i e r aus Westerbeck (Sendmeiers Leibzucht) b) 24. 7. 1811 o) 20. 3. 1833 p) Amerika s) Heimlich ausgewandert. Hat einen Pass von der landrätlichen Behörde zu Tecklenburg vom 28. 2. 1833 nach Holland
10242 a) Johan Heinr. B l ö m e r aus Osterbeck b) 24. 3. 1807 o) 29. 8. 1833 p) Amerika s) Wandert heimlich mit seinem Bruder aus t) Siehe Teil 1, Nr. 4118
10243 a) Johan Friedr. S c h r o e r aus Sennlich b) .... o) 10. 8. 1833 p) Amerika s) Wandert heimlich mit seinem Bruder aus t) Siehe Teil 1, Nr. 5499
10244 a) Herman Heinr. S c h r a h m e i e r aus Metten, gewesener Knecht bei Klingemeyer in Seeste b) 19. 2. 1812 o) 24. 6. 1833 p) Amerika s) Heimlich ausgewandert
10245 a) A. M. N i e m e i e r aus Sennlich, Magd b) 10. 10. 1801 o) 1834 p) Amerika
10246 a) Cath. Elsabein B e i m d i e k aus Kappeln b) 17. 12. 1797 o) 14. 4. 1834 p) Amerika s) Heimlich ausgewandert
10247 a) Cath. Elsabein W a h l b r i n k aus Kappeln, Magd b) 3. 5. 1808 Ibbenbüren t) Zu Teil 1, Nr. 108
10248 a) Georg Heinr. W a h l b r i n k aus Kappeln b) 28. 7. 1816 Ibbenbüren t) Zu Teil 1, Nr. 108
10249 a) Gerh. Wilh. D r i e m e i e r aus Wersen, Schneider b) 2. 5. 1808 Kappeln d) Ehefrau e) Kind o) 4. 4. 1834 p) Amerika s) Heimlich ausgewandert
10250 a) Joh. Herm. A l t e m ü l l e r aus Metten b) 14. 3. 1807 d) Cath. Agnesa E n g e l 4. 2. 1806 o) 4. 4. 1834 p) Amerika s) Reisen mit Pass
10251 a) Joh. Friedr. D r e k m a n n aus Seeste, Heuermann b) 15. 8. 1798 d) A. M. B ä c k e r 20. 11. 1798 e) Herm. Heinr. 28. 9. 1817, Steffen Heinr. 24. 2. 1821, Cath. Elsabein 2. 9. 1824, Cath. Margarethe 26. 8. 1828, Herm. Heinr. 24. 5. 1833 p) Amerika s) Entlassungsurkunde vom 27. 3. 1834. Sind nicht abgereist
10252 a) Cath. Margarethe S t i e g e m e i e r aus Seeste b) 3. 2. 1806 o) 27. 2. 1834 p) Amerika s) Heimlich ausgewandert mit ihrem Bräutigam Heinr. Adolph Determann t) Siehe Teil 1, Nr. 4122
10253 a) Herm. Heinr. D e t e r m a n n aus Seeste b) 10. 4. 1813 o) 27. 2. 1834 p) Amerika s) Heimlich mit seinem Bruder Heinr. Adolph Determann ausgewandert t) Siehe Teil 1, Nr. 4122
10254 a) Bernh. Wilh. S c h e m m e aus Sennlich, Heuermann b) 2. 9. 1805 h) M. Elis. S c h e m m e 20. 10. 1807 o) 4. 4. 1834 p) Amerika s) Heimlich ausgewandert
10255 a) Joh. Wilh. O e l g e k l a u s aus Metten, Arbeiter b) 15. 5. 1805 d) Cath. Elsabein W i t t e n h e e r 3. 9. 1810 o) 26. 8. 1834 p) Amerika s) Ohne Konsens ausgewandert
10256 a) Joh. Heinr. B e i m d i e k aus Westerbeck, Heuermann b) 24. 6. 1793 d) A. Margarethe H o l t g r ä v e 20. 3. 1802 e) Joh. Heinr. 6. 1. 1830, Herm. Heinr. 7. 8. 1833 o) 26. 8. 1834 p) Amerika s) Ohne Konsens ausgewandert
10257 a) Jorgen Heinr. W e l l e m e i e r aus Westerbeck, Colon b) 20. 12. 1791 d) A. Cath. W e l l e m e i e r 3. 9. 1785 o) 26. 8. 1834 p) Amerika s) Ohne Konsens
10258 a) Cath. Elsabein H a c k m a n n aus Seeste, Magd b) 3. 8. 1808 o) 26. 8. 1834 p) Amerika s) Ohne Konsens t) Reist mit Wellemeier (siehe vorigen Eintrag)
10259 a) Joh. Heinr. W e s t e r m e i e r aus Seeste b) 27. 7. 1805 d) A. Margarethe Elsabein W a l l e n b r o c k 14. 4. 1802 Seeste o) 26. 3. 1835 p) Amerika s) Konsens vom 29. 1. 1835
10260 a) Steffen Heinr. T a s s e m e i e r aus Sennlich b) 15. 11. 1807 h) Joh. Bernh. Fridrich 12. 2. 1812 o) Mai 1832 p) Amerika s) Von Holland aus ausgewandert
10261 a) Friedr. Philipp N i e m e y e r aus Kappeln, Heuermann b) 18. 5. 1806 d) Cath. Elsabein E v e r s m e i e r 30. 10. 1804 o) 5. 12. 1836 p) Amerika

10262 a) Herm. Heinr. Adolph B l ö m e r aus Westerbeck Nr. 24 b) 26. 1. 1804 p) Amerika s) Reisepass vom 24. 8. 1837

10263 a) Caroline Wilhelmine B a y e r, Frau des Müllers S c h a f f, aus Kappeln b) 25. 3. 1802 e) Wilhelmina 28. 11. 1825, Margarethe Wilhelmina Louise 10. 7. 1827, Franz Heinr. 23. 1. 1830, A. Cath. 15. 12. 1831, Louise Christine Elisabeth 11. 6. 1834 o) 4. 9. 1837 p) Amerika s) Reisepass vom 31. 8. 1837 t) Siehe auch Teil 1, Nr. 4138

10264 a) Lucianne Elis. K n u p p e aus Kappeln, Magd bei Stratemeyer b) 26. 4. 1806 o) 4. 9. 1837 p) Amerika s) Reisepass vom 21. 8. 1837

10265 a) Cath. Margarethe Elis. H a c k m a n n aus Kappeln, Magd o) 18. 10. 1837 p) Amerika

10266 a) Steffen Heinr. S a b b e l s aus Westerbeck b) 22. 1. 1812 o) 5. 4. 1838 p) Amerika s) Konsens vom 20. 3. 1838

10267 a) Joh. Heinr. M e n e b r ö c k e r aus Hambüren b) 14. 2. 1806 o) 5. 4. 1838 p) Amerika s) Konsens vom 20. 3. 1838

10268 a) Herm. Heinr. B ö w e r aus Sennlich, Arbeiter b) 2. 7. 1804 d) Eva Elis. G e r d e m a n n 20. 7. 1807 e) Friedr. Wilh. 18. 5. 1835 o) 5. 4. 1838 p) Amerika s) Konsens vom 26. 10. 1837

10269 a) A. Cath. S c h e m m e aus Sennlich Nr. 15a, Magd b) 5. 8. 1812 o) 5. 4. 1838 p) Amerika s) Konsens vom 26. 10. 1837

10270 a) Cath. Elis. P i e p e r aus Sennlich Nr. 10a, Magd b) 13. 2. 1811 h) Cath. Magdalene P i e p e r 23. 11. 1815, Magd o) 6. 4. 1838 p) Amerika

10271 a) Joh. Gerh. Heinr. O e l g e k l a u s aus Metten, Ackerknecht b) 12. 10. 1807 d) M. Elis. B l ö m k e r 13. 5. 1812 p) Amerika s) Konsens vom 24. 4. 1838. Sind nicht fortgekommen

10272 a) A. Margarethe B ä c k e r aus Seeste Nr. 19a, Magd b) 28. 7. 1808 o) 5. 4. 1838 p) Amerika

10273 a) Bernh. Heinr. B e i m d i e c k aus Westerbeck (Sabbels Heuer) b) 20. 6. 1816 o) 5. 4. 1838 p) Amerika s) Heimlich ausgewandert

10274 a) Joh. Herm. B ü n e m a n n aus Seeste (Leischulten Leibzucht) b) 11. 3. 1817 o) Frühjahr 1837 p) Amerika s) Heimlich ausgewandert

10275 a) Jorgen Heinr. H e l m i g aus Sennlich Nr. 26, Knecht b) 28. 2. 1810 o) 12. 10. 1838 p) Amerika s) Pass vom 18. 9. 1838

10276 a) Cath. Margarethe G r u m k e aus Seeste Nr. 39a b) 3. 7. 1814 m) Cath. Margarethe G r u m k e m 13. 9. 1810 o) 11. 10. 1838 p) Amerika s) Heimlich ausgewandert

10277 a) Friedr. Wilh. H a c k m a n n aus Seeste Nr. 3a b) 23. 8. 1813 o) Herbst 1837 p) Amerika s) Heimlich ausgewandert

10278 a) Herm. Heinr. T ü p k e r aus Seeste Nr. 37a b) 12. 6. 1816 o) 25. 10. 1838 p) Amerika s) Heimlich ausgewandert, Deserteur

10279 a) Joh. Heinr. B u r r i c h t e r aus Metten b) 10. 4. 1812 o) 1838 p) Amerika s) Mit Pass nach Holland, von dort heimlich nach Amerika

10280 a) Joh. Heinr. W e s t e r m a n n aus Hambüren b) 29. 6. 1814 o) 2. 5. 1839 p) Amerika s) Mit Konsens vom 16. 4. 1839

10281 a) M. Elis. H i s c h e m ö l l e r aus Düte b) 17. 5. 1819 Wersen o) 29. 5. 1839 p) Amerika

10282 a) M. Elis. M e y e r aus Westerbeck Nr. 15b, Magd b) 23. 12. 1818 o) 15. 9. 1839 p) Amerika s) Heimlich ausgewandert

10283 a) A. Cath. K n ü p p e aus Westerbeck Nr. 8c, Näherin b) 20. 12. 1805 o) September 1840 p) Amerika s) Reist mit Pass

10284 a) Bernh. Heinr. G a u s m a n n aus Westerbeck Nr. 24a, Arbeiter b) 21. 4. 1815 o) September 1840 p) Amerika s) Reist mit Pass

10285 a) Joh. Heinr. K n ü p p e aus Westerbeck Nr. 8c, Schneider b) 28. 8. 1821 o) September 1840 p) Amerika s) Reist mit Pass

10286 a) Joh. Heinr. S c h r a m e i e r aus Metten, Heuermann, Arbeiter b) 7. 11. 1774 o) September 1841 p) Amerika s) Ohne Konsens

10287 a) Cath. Margarethe M e r t e n aus Seeste Nr. 33, Magd b) 8. 3. 1813 o) September 1841 p) Amerika s) Ohne Konsens

10288 a) Joh. Friedr. R o d e r t aus Seeste Nr. 13b, Knecht b) 12. 11. 1814 o) September 1841 p) Amerika s) Ohne Konsens

10289 a) Friedr. Wilh. N i e m e i e r aus Sennlich, Knecht b) 1814 o) September 1841 p) Amerika s) Heimlich ausgewandert
10290 a) Herm. Heinr. E i d e r m a n n aus Westerbeck b) 27. 2. 1809 p) Amerika s) „seit früher her in Holland und daselbst jetzt ansäßig". Auswanderungskonsens ausgestellt am 5. 3. 1842
10291 a) Joh. Heinr. B e r l e k a m p aus Osterbeck Nr. 10a b) 6. 10. 1818 o) April 1842 p) Amerika s) Auswanderungskonsens ausgestellt am 13. 5. 1842
10292 a) Cath. Elsabein W a l l e n b r o c k aus Seeste, Magd b) 22. 5. 1817 o) 3. 9. 1842 p) Amerika s) Reist mit Pass
10293 a) A. Cath. S t r o t e b e c k aus Sennlich, Magd b) 3. 2. 1804 o) 3. 9. 1842 p) Amerika s) Reist mit Pass
10294 a) Cath. Margarethe M e r s c h aus Sennlich, Magd b) 12. 12. 1817 s) Bleibt
10295 a) Cath. Margarethe S c h r o e r aus Seeste, Magd b) 31. 1. 1824 o) 3. 9. 1842 p) Amerika s) Heimlich ausgewandert
10296 a) Carl Heinr. O s t e n d o r f aus Kappeln b) 3. 2. 1808 p) Amerika s) Konsens vom 22. 8. 1842. Befindet sich in den Niederlanden. Der Sohn Herm. Heinr., * 6. 9. 1834, folgt dem Vater am 19. 10. 1842 t) An anderer Stelle: Jorgen Heinr. Carl Ostendorf, Arbeiter, reist mit Konsens vom 30. 8. 1842 am 30. 8. 1842 nach Amsterdam
10297 a) Cath. Margarethe S c h ä p e r s Witwe D e t e r m a n n aus Seeste Nr. 3a b) 30. 7. 1782 o) 3. 9. 1842 p) Amerika s) „Diese ist heimlich mit fortgegangen"
10298 a) Joh. Heinr. D e t e r m a n n aus Kappeln b) 4. 6. 1818 o) 3. 9. 1842 p) Amerika s) Mit Konsens t) Reist mit der Familie seiner Schwester. Siehe Teil 1, Nr. 1014
10299 a) Joh. Friedr. K u r r e l m e y e r aus Sennlich Nr. 29, Knecht b) 26. 2. 1818 o) 26. 9. 1842 p) Amerika s) Reist mit Pass
10300 a) Joh. Bernh. M e t t e aus Osterbeck, Knecht b) 25. 5. 1818 o) 26. 9. 1842 p) Amerika s) Reist mit Pass
10301 a) Bernh. Heinr. W u l f e m e y e r aus Metten Nr. 22a, Knecht b) 30. 5. 1816 o) 26. 9. 1842 p) Amerika s) Reist mit Pass
10302 a) Steffen Heinr. W a l l e n b r o c k aus Seeste Nr. 5b, Knecht b) 26. 2. 1821 o) 30. 9. 1842 p) Amerika s) Heimlich ausgewandert
10303 a) Herm. Heinr. H a c k m a n n aus Seeste Nr. 2c, Knecht b) 29. 3. 1810 o) 30. 9. 1842 p) Amerika s) Heimlich ausgewandert
10304 a) Herm. Heinr. S e n d m e y e r aus Westerbeck Nr. 5a, Knecht b) 6. 10. 1820 o) Mai 1842 p) Amerika s) Heimlich ausgewandert
10305 a) Bernh. Heinr. K a r t e aus Sennlich, Ackerknecht b) 4. 7. 1814 o) 4. 1. 1843 p) Amerika s) Konsens vom 11. 12. 1842
10306 a) Herm. Heinr. L a g e m a n n aus Hambüren b) 9. 10. 1818 o) Februar 1843 p) Amerika s) Konsens vom 9. 2. 1843
10307 a) Herm. Friedr. F r e e s e aus Sennlich Nr. 13b, Arbeiter b) 15. 6. 1815 o) Februar 1843 p) Amerika s) Konsens von 9. 2. 1843
10308 a) Cath. Bernhardine W i t t e n h e e r aus Westerbeck, Näherin b) 3. 2. 1813 o) 15. 9. 1843 p) Amerika s) Pass vom 31. 8. 1843
10309 a) Cath. Margarethe L a n d w e h r aus Kappeln, Magd b) 19. 4. 1819 o) 15. 9. 1843 p) Amerika s) Pass vom 13. 8. 1843
10310 a) A. Cath. Margarethe B ö w e r aus Kappeln, Magd b) 25. 9. 1806 o) 15. 9. 1843 p) Amerika s) Reist mit Pass
10311 a) M. Elsabein S c h e m m e geb. Erfmann aus Westerbeck Nr. 65, Arbeiterin b) 30. 12. 1820 e) Cath. Wilhelmine 13. 11. 1841 o) 15. 9. 1843 p) Amerika s) Pass vom 11. 9. 1843
10312 a) Caroline Wilhelmine O s t h o f f aus Kappeln b) 24. 8. 1811 o) Februar 1844 p) Holland s) Konsens vom 20. 2. 1844
10313 a) M. Elsabein C o r s w e r t h aus Düte, Magd b) 3. 5. 1811 o) April 1844 p) Amerika s) Auf unterm 9. 4. 1844 nachgesuchten Pass
10314 a) Georg Friedr. Wilh. S c h r a m e y e r aus Kappeln Nr. 69, Arbeiter b) 7. 11. 1809 o) 27. 10. 1844 p) Kgr. Hannover s) Konsens vom 11. 10. 1844

10315 a) Herm. Heinr. K u h l m a n n aus Osterbeck Nr. 17a, Tischlergesell b) 29. 9. 1819 o) 15. 9. 1844 p) Amerika s) Reist mit Pass

10316 a) Joh. Friedr. H a c k m a n n aus Seeste (Sieverts Heuer), Knecht b) 9. 2. 1818 o) 15. 9. 1844 p) Amerika s) Hat Pass nachgesucht, aber nicht erhalten und ist so fortgegangen

10317 a) Cath. M. Elis. W i e l i g m a n n aus Sennlich Nr. 32 b) 7. 8. 1823 o) 15. 9. 1844 p) Amerika s) Braut von Joh. Friedr. Hackmann (siehe vorigen Eintrag)

10318 a) Heinr. Arnold D e t e r m a n n aus Seeste, Knecht b) 13. 2. 1825 o) 11. 10. 1844 p) Amerika s) Heimlich ausgewandert

10319 a) Cath. Wilhelmine M e r s c h Ehefrau Bergesch aus Sennlich Nr. 12b, Magd b) 7. 4. 1823 o) 31. 3. 1844 p) Amerika s) Reist mit Pass t) Siehe Nr. 10321

10320 a) A. Cath. R o d e r t aus Seeste (Meyers Heuer), Magd b) 3. 2. 1816 h) Cath. Elis. Rodert 29. 9. 1821, Magd. A. Elsabein Rodert 3. 9. 1824, Magd, Cath. Margarethe Rodert 31. 5. 1828, Magd o) 11. 7. 1845 p) Amerika s) Reist mit Pass. Die Geschwister reisen ohne Pass

10321 a) Herm. Heinr. B e r g e s c h aus Westerbeck, Knecht b) 14. 2. 1820 o) 31. 3. 1845 p) Amerika s) Reist mit Pass t) Siehe Nr. 10319

10322 a) Andreas Herm. Wilh. G e n t r u p aus Metten, Bergmann b) 2. 12. 1822 o) 8. 6. 1845 p) Amerika s) Reist mit Pass

10323 a) Cath. Wilhelmine G e n t r u p aus Metten b) 26. 10. 1819 o) 8. 6. 1845 p) Amerika s) Reist mit Pass

10324 a) Steffen Heinr. D i e c k m a n n aus Westerbeck Nr. 56, SchmiedeGesell b) 10. 4. 1823 o) 12. 6. 1845 p) Amerika s) Reist mit Pass

10325 a) Steffen Heinr. H a c k m a n n aus Seeste (Wulfs Heuer), Knecht b) 19. 4. 1816 o) 22. 7. 1845 p) Amerika s) Reist mit Pass

10326 a) A. Cath. K o r s w i r t h aus Düte, Magd b) 4. 7. 1813 e) Herm. Heinr. Korswirth 15. 8. 1839 o) 14. 8. 1845 p) Amerika s) Reist mit Pass

10327 a) A. Margarethe G o s e j o h a n n aus Seeste, Magd b) 20. 10. 1822 o) 25. 9. 1845 p) Amerika s) Heimlich ausgewandert

10328 a) M. Elsabein M e r s c h aus Westerbeck, Magd b) 3. 5. 1817 o) 4. 10. 1845 p) Amerika s) Heimlich ausgewandert

10329 a) A. Cath. Hermine D e e p e aus Düte, Magd b) 7. 6. 1822 o) 4. 10. 1845 p) Amerika s) Heimlich ausgewandert

10330 a) Heinr. Adolf B e c k e m e y e r aus Düte Nr. 16, Ackerknecht b) 21. 4. 1821 o) 4. 10. 1845 p) Amerika s) Heimlich ausgewandert

10331 a) Cath. Elis. M e y e r aus Osterbeck Nr. 15c, Magd b) 9. 5. 1814 o) 4. 10. 1845 p) Amerika s) Heimlich ausgewandert

10332 a) Bern. Heinr. O s t h o f f aus Seeste Nr. 25, Ackerknecht b) 2. 12. 1815 o) 4. 10. 1845 p) Amerika s) Heimlich ausgewandert t) Reist mit seinem Bruder. Siehe Teil 1, Nr. 1839

10333 a) Cath. M. D ü r r e m e y e r aus Kappeln Nr. 51, Magd b) 30. 9. 1816 o) 4. 10. 1845 p) Amerika s) Heimlich ausgewandert t) Reist mit der Familie ihres Bruders. Siehe Teil 1, Nr. 1773

10334 a) Cath. Wilhelmine L a n g e aus Kappeln Nr. 36, Magd b) 1. 3. 1824 o) 30. 9. 1845 p) Amerika s) Ohne Pass

10335 a) Joh. Herm. Wilh. K r ä m e r aus Metten Nr. 1a, Schneider b) 13. 4. 1824 o) 14. 10. 1845 p) Amerika s) Heimlich entwichen

10336 a) Friedr. Wilh. F e l d m a n n aus Metten Nr. 13a, Schneider b) 9. 2. 1820 o) 11. 10. 1845 p) Amerika s) Heimlich entwichen. Hatte Wanderpass nach Osnabrück

10337 a) Cath. Bernhardine M i n d r u p aus Westerbeck Nr. 68a, Magd b) 21. 10. 1820 o) 4. 10. 1845 p) Amerika s) Ohne Pass

10338 a) Joh. Adolf E c h e l m e y e r aus Metten Nr. 2d, Schneidergesell b) 25. 1. 1819 o) 11. 3. 1846 p) Amerika s) Reist mit Pass

10339 a) A. Cath. D e t e r m a n n Ehefrau Echelmeyer aus Seeste Nr. 12c, Magd b) 20. 10. 1820 o) 11. 3. 1846 p) Amerika s) Reist mit Pass t) Siehe vorigen Eintrag

10340 a) Cath. Elis. G r o t h a u s aus Westerbeck Nr. 19b, Magd b) 25. 10. 1817 o) 10. 3. 1846 p) Amerika s) Heimlich ausgewandert

10341 a) A. Cath. Elis. W i n k e l m a n n aus Düte Nr. 6c, Magd b) 12. 9. 1822 o) 10. 3. 1846 p) Amerika s) Heimlich ausgewandert
10342 a) Cath. Marg. S p e l b r i n g aus Osterbeck Nr. 82, Magd b) 20. 11. 1825 o) 10. 3. 1846 p) Amerika s) Heimlich ausgewandert
10343 a) Joh. Bernh. L a n g e aus Westerbeck Nr. 60, Ackerknecht b) 27. 11. 1821 o) 10. 3. 1846 p) Amerika s) Reist mit Pass
10344 a) Cath. S c h o w e aus Düte Nr. 3a, Magd b) 2. 12. 1824 o) 11. 3. 1846 p) Amerika s) Heimlich ausgewandert
10345 a) Joh. Heinr. S a n d aus Osterbeck Nr. 10e, Heuermann b) 28. 8. 1814 o) 11. 3. 1846 p) Amerika s) Heimlich ausgewandert
10346 a) Cath. Elsabein M e n n e w i s c h aus Düte Nr. 6b, Magd b) 28. 12. 1823 o) 11. 3. 1846 p) Amerika s) Heimlich ausgewandert
10347 a) Cath. Louise L a n g e aus Westerbeck Nr. 60, Magd b) 13. 4. 1825 o) 11. 3. 1846 p) Amerika s) Heimlich ausgewandert
10348 a) Joh. Christian Adolf S t ö h n e r aus Kappeln Stadt, Knecht b) 16. 12. 1823 o) 11. 3. 1846 p) Amerika s) Heimlich ausgewandert
10349 a) Cath. M. C u r r e l m e y e r aus Sennlich Nr. 29, Magd b) 2. 4. 1826 o) 31. 3. 1846 p) Amerika s) Heimlich ausgewandert
10350 a) Cath. Elis. K a m p m e y e r aus Düte Nr. 20, Magd b) 8. 2. 1822 o) 31. 3. 1846 p) Amerika s) Heimlich ausgewandert
10351 a) Cath. M. Elis. G a u s m a n n aus Hambüren Nr. 3b, Magd b) 12. 1. 1818 o) 31. 3. 1846 p) Amerika s) Heimlich ausgewandert
10352 a) Cath. Margarethe K n ü p p e aus Westerbeck Nr. 8c, Magd b) 14. 9. 1818 o) 14. 3. 1846 p) Amerika s) Heimlich ausgewandert
10353 a) Joh. Friedr. M e n n e w i s c h aus Sennlich Nr. 3a, Knecht b) 5. 3. 1821 o) 3. 8. 1846 p) Amerika s) Heimlich ausgewandert
10354 a) Cath. Elsabein L a n g e aus Seeste Nr. 46, Magd b) 4. 12. 1827 o) 4. 8. 1846 p) Amerika s) Reist mit Pass
10355 a) A. Cath. G o s e j o h a n n aus Seeste, Magd b) 25. 7. 1818 o) 10. 9. 1846 p) Amerika s) Heimlich ausgewandert
10356 a) Cath. Elis. P i l z aus Westerbeck Nr. 48, Magd b) 29. 9. 1823 o) 5. 8. 1846 p) Amerika s) Heimlich ausgewandert
10357 a) Gerh. Heinr. M e y e r aus Kappeln Nr. 80a, Schneider b) 4. 3. 1824 o) 11. 8. 1846 p) Amerika s) Reist mit Pass
10358 a) Joh. Heinr. H a c k m a n n aus Kappeln, Knecht b) 8. 5. 1817 o) 26. 3. 1846 p) Amerika s) Reist mit Pass
10359 a) Joh. Heinr. Wilh. W u l f e k a m m e r aus Hambüren, Tischlergesell b) 18. 10. 1824 o) 26. 2. 1846 p) Amerika s) Reist mit Pass
10360 a) Herm. Heinr. B u d k e aus Sennlich Nr. 45, Ackerknecht b) 20. 1. 1821 o) 17. 5. 1846 p) Amerika s) Konsens vom 24. 4. 1846
10361 a) Cath. Wilhelmine W e r r e m e y e r aus Westerbeck Nr. 78, Magd b) 15. 1. 1827 o) 3. 9. 1846 o) Amerika s) Ohne Pass
10362 a) Cath. Elsabein S c h e m m e aus Seeste Nr. 14a, Magd b) 5. 9. 1816 o) 22. 9. 1846 p) Amerika s) Ohne Pass
10363 a) A. Cath. Lucia Henriette H i l l e b r a n d aus Kappeln Nr. 46a, Magd b) 16. 5. 1827 o) 22. 9. 1846 p) Amerika s) Ohne Pass von Wersen aus
10364 a) Friederike Arnoldine L a n g e aus Kappeln Nr. 36, Magd b) 29. 9. 1826 o) 13 11. 1846 p) Amerika s) Ohne Pass
10365 a) Steffen Heinr. D i e c k m a n n aus Westerbeck Nr. 2a, Knecht b) 5.9. 1824 d) Cath. Elis. S c h r o e r 20. 9. 1818 e) Joh. Heinr. 7. 2. 1844 o) April 1846 p) Amerika s) Ohne Pass
10366 a) Cath. Agnese H o l k e aus Osterbeck Nr. 47, Magd b) 28. 6. 1822 o) 7. 10. 1846 p) Amerika s) Ohne Pass
10367 a) Steffen Heinr. S c h r o e r aus Westerbeck Nr. 85, Knecht b) 9. 3. 1827 h) Joh. Friedr. Heinr. 22. 5. 1823, Knecht o) 18. 10. 1846 p) Amerika s) Ohne Pass

10368 a) Herm. Adolf K o n e r m a n n aus Metten Nr. 3a b) 18. 9. 1823 o) August 1846 p) Amerika s) Heimlich fortgegangen

10369 a) Steffen Heinr. H a c k m a n n aus Westerbeck Nr. 3b, Schneider b) 30. 4. 1822 o) 22. 8. 1846 p) Amerika s) Reist mit Pass

10370 a) Steffen Heinr. M e y e r aus Seeste Nr. 29a (Kopadts Heuer) o) 22. 2. 1847 p) Amerika s) Mit Pass

10371 a) Herm. Heinr. B e r g e s c h aus Seeste Nr. 2c (Steers Heuer) b)12. 8. 1825 o) 25. 3. 1847 p) Amerika s) Konsens vom 4. 3. 1847

10372 a) Joh. Adolf N i e m e y e r aus Sennlich Nr. 9 b) 12. 2. 1803 o) 3. 4. 1847 p) Amerika s) Konsens vom 4. 3. 1847

10373 a) Louise Agnesa Elis. B e r g e s c h aus Westerbeck, Näherin b) 16. 7. 1825 o) 6. 4. 1847 p) Amerika s) Konsens vom 4. 3. 1847

10374 a) Marie Elis. G a u s m a n n aus Hambüren Nr. 3b, Magd b) 12. 1. 1818 o) 31. 3. 1847 p) Amerika s) Ohne Pass

10375 a) Steffen Heinr. Wilh. R e h m e y e r aus Metten, Knecht b) 15. 10. 1808 o) 31. 3. 1847 p) Amerika s) Ohne Pass

10376 a) Cath. Margarethe M e e s e aus Hambüren Nr. 8a, Magd b) 2. 11. 1819 o) 31. 3. 1847 p) Amerika s) Ohne Pass

10377 a) Heinr. B ö h m e r aus Atter im Osnabrückschen, Knecht b) 4. 8. 1818 o) 31. 3. 1847 p) Amerika s) Ohne Pass

10378 a) Cath. Wilhelmine S c h o n h o r s t aus Sennlich Nr. 46, Magd b) 21. 7. 1813 o) 31. 3. 1847 p) Amerika s) Ohne Pass

10379 a) Rudolf Eberhard N i g g e m e y e r aus Lengerich, Knecht b) 19. 3. 1825 o) 31. 3. 1847 p) Amerika s) Ohne Pass

10380 a) Louise S c h a d e aus Mettingen, Magd b) 7. 7. 1827 o) 20. 3. 1847 p) Amerika s) Ohne Pass

10381 a) Joh. Heinr. L ü d i n g h a u s aus Sennlich Nr. 14a, WagenmacherGesell b) 6. 5. 1826 o) 17. 9. 1847 p) Amerika s) Ohne Pass

10382 a) Joh. Gerh. Wilh. H a v e r k a m p gt. S c h u l t e aus Metten b) 17. 2. 1829 o) 1847 p) Amerika s) Ohne Pass

10383 a) Friederike K a e s e k a m p aus Lotte, Magd b) 10. 4. 1830 o) 12. 10. 1847 p) Amerika s) Ohne Pass u. Konsens

10384 a) Cath. Margarethe L a m p i n g aus Lotte, Magd b) 13. 2. 1828 o) 12. 10. 1847 p) Amerika s) Ohne Pass u. Konsens

10385 a) Cath. Wilhelmine K n i p p e n b e r g aus Metten Nr. 37, Magd o) 12. 10. 1847 p) Amerika s) Ohne Pass u. Konsens

10386 a) Joh. Heinr. M e y e r aus Metten Nr. 12c, Knecht b) 26. 1. 1823 o) 2. 10. 1847 p) Amerika

10387 a) Wilh. W e s t e r m e y e r aus Wersen, Knecht b) 2. 10. 1822 o) 12. 11. 1847 p) Afrika

10388 a) Friedr. Wilh. K ö n i g k r ä m e r aus Westerbeck Nr. 68, Arbeiter b) 31. 1. 1793 d) Elis. S c h e m m e ... 5. 1806, 2. Ehefrau e) Eberhard Friedr. Conrad 9. 9. 1821, ohne Konsens, Herm. Wilh. 9. 9. 1826, ohne Konsens, Sophie Bernhardine 13. 2. 1831, Sophie Elis. 10. 12. 1833, Friedr. Wilh. 15. 8. 1847, Sohn 2. Ehe o) 12. 11. 1847 p) Afrika s) Mit älterem Konsens

10389 a) Friedr. Wilh. F r e e s e aus Westerbeck Nr. 68, Arbeiter b) 22. 8. 1813 d) Sophie Lisette K ö n i g k r ä m e r 16. 7. 1819 e) Joh. Wilh. 12. 12. 1842, M. Johanne Franziska Lisette 12. 12. 1842, M. Sophie 27. 2. 1844, Wilhelmine Elis. 21. 7. 1847 h) Jorgen Heinr. Freese, Seeste Nr. 30a, Knecht (siehe Teil 1, Nr. 5545), Cath. Elsabein Freese 11. 12. 1828, Seeste Nr. 30a, Magd o) 12. 11. 1847 p) Afrika s) Ohne Pass u. Konsens

10390 a) Jorgen Heinr. S c h a l l e n b e r g aus Seeste Nr. 30a, Heuermann b) 3. 10. 1793 d) A. Cath. F r e e s e Witwe Freese 27. 9. 1799 e) Steffen Heinr. Adolph 5. 4. 1834, Cath. M. 26. 6. 1836, Cath. Elis. 17. 2. 1839 o) 12. 11. 1847 p) Afrika s) Ohne Pass u. Konsens

10391 a) Friedr. Adolf R ö t t g e r aus Wersen, Knecht b) 3. 3. 1822 o) 25. 8. 1847 p) Amerika s) Ohne Pass

10392 a) Cath. Sophie K r ä m e r aus Kappeln Nr. 20, Magd b) 14. 11. 1828 o) 12. 10. 1847 p) Amerika s) Ohne Pass

10393 a) Herm. Heinr. L a a t z aus Kappeln Nr. 41, Schuster b) 7. 6. 1801 d) Cath. Margarethe L a d b e r g 25. 12. 1803 e) Christine Margarethe 6. 2. 1827, Joh. Friedr. 29. 11. 1830, Herm. Heinr. 3. 4. 1835,

August Friedr. Wilh. 24. 6. 1842, Herm. Friedr. Rudolph 6. 6. 1845   o) 12. 11. 1847   p) Afrika   s) Ohne Konsens u. Pass

10394 a) Friedr. Wilh. B i e r b a u m aus Kappeln Nr. 40, Zimmermann   b) 7. 2. 1803   d) Cath. Margarethe B a r l a g 3. 9. 1801   e) Adolf Heinr. Wilh. 9. 5. 1837   o) 12. 11. 1847   p) Afrika   s) Ohne Konsens u. Pass

10395 a) Friedr. Wilh. H i l l m e r aus Kappeln Nr. 59, Arbeiter   b) 7. 8. 1820   d) Louise Dorothea F r a n k e 11. 3. 1818   e) Joh. Gerh. Adolf 4. 4. 1844   o) 12. 11. 1847   p) Afrika   s) Ohne Konsens u. Pass

10396 a) Cath. Elsabein A h m a n n aus Kappeln, Arbeiterin   b) 30. 1. 1800   e) Cath. Margarethe Henriette Ahmann 6. 4. 1827, Magd   o) 12. 11. 1847   p) Afrika   s) Ohne Pass u. Konsens

10397 a) M. W ö h r m a n n aus Ibbenbüren, Magd   b) 1824   o) 12. 11. 1847   p) Afrika   s) Ohne Pass u. Konsens

10398 a) Lina H a n t e l m a n n aus Kappeln   b) 26. 2. 1829   o) 12. 11. 1847   p) Afrika   s) Ohne Pass u. Konsens

10399 a) A. M. Elis. W i n k e l m a n n aus Düte Nr. 6c, Magd   b) 3. 9. 1820   o) 12. 11. 1847   s) Ohne Pass

10400 a) Joh. Heinr. F r e e s e aus Seeste Nr. 45, Knecht   b) 22. 1. 1825   o) 21. 3. 1848   p) Amerika   s) Reist mit Pass   t) Zu Teil 1, Nr. 3223

10401 a) Cath. Elsabein E c h e l m e y e r Ehefrau Kaefrig aus Metten Nr. 2d   e) Joh. Herm. 22. 5. 1838, Cath. Wilhelmine 29. 9. 1843   o) 12. 4. 1848   p) Amerika   s) Ohne Pass

10402 a) Cath. Elsabein H e l m i g aus Seeste Nr. 15b, Magd   b) 15. 9. 1810   o) 16. 4. 1848   p) Amerika   s) Ohne Pass u. Konsens

10403 a) Herm. Heinr. S c h o n h o r s t aus Sennlich Nr. 46, Knecht   b) 2. 2. 1824   o) 2. 7. 1848   p) Amerika   s) Ohne Pass u. Konsens

10404 a) Cath. Elsabein P r o b s t aus Seeste Nr. 20, Magd   b) 25. 12. 1823   o) 17. 7. 1848   p) Amerika   s) Ohne Pass

10405 a) Joh. Friedr. B e r l e k a m p aus Osterbeck Nr. 10, Ackersmann   b) 3. 4. 1824   o) 2. 7. 1848   p) Amerika   s) Ohne Pass

10406 a) Jörgen Heinr. L ü d i n g h a u s aus Sennlich Nr. 14a, Wagenmachergesell   b) 11. 3. 1823   o) 2. 7. 1848   p) Amerika   s) Ohne Pass

10407 a) Joh. Friedr. H e c k m a n n aus Sennlich Nr. 22   b) 16. 3. 1830   o) 2. 7. 1848   p) Amerika   s) Ohne Pass

10408 a) Joh. Friedr. Bernh. B e r l e k a m p aus Sennlich Nr. 17   b) 26. 1. 1815   o) 2. 7. 1848   p) Amerika   s) Ohne Pass

10409 a) Gerh. Wilh. P o s e r aus Kappeln Nr. 74, Schmiedegesell   b) 12. 9. 1823   o) 2. 7. 1848   p) Amerika   s) Ohne Pass

10410 a) Cath. Marg. F r e e s e Ehefrau S a n d aus Seeste Nr. 22b   b) 15. 3. 1820   e) Herm. Heinr. 23. 11. 1846   o) 29. 7. 1848   p) Amerika   s) Ohne Pass

10411 a) Jörgen Heinr. S p a r e n b e r g aus Seeste Nr. 14b, Arbeiter   b) 30. 7. 1819   28. 7. 1848   p) Holland

10412 a) Joh. Friedr. Adolf N i e m e y e r aus Kappeln Nr. 66, Knecht   b) 27. 10. 1821   o) 8. 8. 1848   p) Amerika   s) Reist mit Pass

10413 a) A. Cath. F r e e s e aus Seeste Nr. 30a, Magd   b) 7. 10. 1824   o) 8. 8. 1848   p) Amerika   s) Ohne Pass

10414 a) Steffen Heinr. W u l f e m e y e r aus Metten Nr. 22, Ackersmann   b) 19. 3. 1819   o) 25. 8. 1848   p) Amerika   s) Heimlich ausgesandert

10415 a) Friedr. Philipp B ü n e m a n n aus Sennlich Nr. 9   b) 18. 12. 1819   d) A. Helena M. M e y e r 17. 4. 1819   e) Wilhelmine Lisette 18. 10. 1841, Christine Wilhelmine Elis. 26. 12. 1845   o) 15. 8. 1848   p) Amerika   s) Ohne Konsens

10416 a) Friedr. Wilh. A h l e m e y e r aus Sennlich Nr. 11, Tierarzt   b) 9. 7. 1799 Düte   o) 14. 9. 1848   p) Amerika   s) Ohne Konsens, jedoch mit Pass

10417 a) Helene Elis. L ü d i n g h a u s aus Sennlich Nr. 14a, Magd   b) 11. 2. 1821   o) 14. 9. 1848   p) Amerika   s) Ohne Pass

10418 a) Joh. Heinr. W a l l e n b r o c k aus Seeste Nr. 5b, Ackersmann   b) 26. 7. 1824   o) 30. 9. 1848   p) Amerika   s) Ohne Pass u. Konsens

10419 a) Herm. Heinr. M e n n e w i s c h aus Düte Nr. 6c, Knecht   b) 26. 9. 1824   d) Cath. M. L i e n e m a n n aus Sennlich Nr. 34 17. 12. 1823   o) 1. 8. 1848   p) Amerika   s) Ohne Pass u. Konsens

10420 a) Charlotte Elis. P r i g g e m e y e r Ehefrau K o n e r m a n n aus Metten Nr. 4c b) 13. 3. 1825 e) Cath. Wilhelmine Priggemeyer 17. 3. 184........., uneheliche Tochter o) 30. 9. 1848 p) Amerika s) Ohne Konsens u. Pass

10421 a) Heinr. Friedr. Wilh. L a m p i n g aus Lotte b) 24. 11. 1834 o) 30. 9. 1848 p) Amerika

10422 a) Cath. Elis. M e t t e aus Osterbeck Nr. 10a, Magd b) 17. 10. 1827 o) 30. 9. 1848 p) Amerika s) Ohne Pass

10423 a) Joh. Heinr. A l f i n g aus Sennlich Nr. 48 b) 20. 8. 1830 o) 10. 11. 1848 p) Amerika s) Heimlich entwichen

10424 a) Cath. Elsabein B e r l e k a m p Ehefrau Sand aus Osterbeck Nr. 10b 1. 6. 1821 e) Stephan Heinr. 20. 7. 1843 o) 8. 8. 1848 p) Amerika s) Ohne Konsens

10425 a) Cath. Elis. B e r g e s c h aus Seeste Nr. 2e, Magd b) 12. 9. 1829 o) 26. 2. 1849 p) Amerika s) Ohne Pass

10426 a) Regina Henrica W e r r e m e y e r aus Westerbeck Nr. 78, Magd b) 10. 8. 1829 o) 28. 2. 1849 p) Amerika s) Ohne Pass

10427 a) Joh. Wilh. S c h r o e r aus Wersen, Knecht b) 19. 2. 1828 o) 28. 2. 1849 p) Amerika s) Ohne Pass

10428 a) Herm. Heinr. S c h e m m e aus Osterbeck Nr. 4a, Ackersmann b) 7. 12. 1825 o) 20. 3. 1849 p) Amerika s) Ohne Pass u. Konsens

10429 a) Regina O t t e aus Westerbeck Nr. 5, Magd b) 6. 1. 1824 o) 28. 2. 1849 p) Amerika s) Ohne Pass u. Konsens

10430 a) Cath. Margarethe S c h ü r m a n n aus Seeste Nr. 4a, Magd b) 3. 12. 1828 o) 20. 4. 1849 p) Amerika s) Ohne Pass u. Konsens

10431 a) Herm. Rudolph B e r g e s c h aus Westerbeck Nr. 25a, Knecht b) 11. 8. 1822 o) 27. 6. 1849 s) Reist mit Pass

10432 a) Herm. Heinr. H a c k m a n n aus Seeste Nr. 7b, Knecht b) 7. 5. 1822 h) Joh. Friedr. Hackmann 2. 1. 1828, Knecht o) 31. 8. 1849 p) Amerika s) Ohne Pass u. Konsens

10433 a) A. Cath. S c h ü r m a n n aus Seeste Nr. 4a, Magd b) 21. 2. 1823 o) 12. 9. 1849 p) Amerika s) Ohne Pass u. Konsens

10434 a) A. Cath. M. B r o e r m a n n aus Wersen, Magd b) 12. 3. 1819 o) 10. 9. 1849 p) Amerika s) Ohne Pass u. Konsens

10435 a) Joh. Heinr. D r i e h a u s aus Westerbeck Nr. 18 b) 30. 1. 1822 o) 1849 p) Amerika s) Ohne Pass

10436 a) Jörgen Heinr. B u r l a n d aus Westerbeck Nr. 26 b) .... o) 4. 3. 1850 p) Amerika s) Ohne Pass

10437 a) Caroline P e l l e aus Metten Nr. 34, Magd b) 1. 1. 1830 o) 31. 3. 1850 p) Amerika s) Ohne Pass

10438 a) Jörgen Heinr. B e r g e s c h aus Seeste Nr. 2a, Knecht b) 3. 10. 1831 o) 31. 3. 1850 p) Amerika s) Ohne Pass

10439 a) Cath. Elsabein D r i e h a u s geb. Hackmann aus Westerbeck Nr. 18c, Arbeiterin b) 1. 5. 1824 e) Marie Wilhelmine 29. 8. 1843, ... ? Marie Wilhelmine 22. 8. 1847 o) 31. 3. 1850 p) Amerika s) Ohne Pass

10440 a) Cath. Elis. H a c k m a n n aus Westerbeck Nr. 3b, Magd b) 8. 10. 1826 o) 31. 3. 1850 p) Amerika s) Ohne Pass

10441 a) Herm. Heinr. W u l f f aus Seeste Nr. 7 b) 25. 10. 1818 o) 31. 3. 1850 p) Amerika s) Mit Pass

10442 a) Joh. Heinr. F r e e s m a n n aus Seeste Nr. 16 b) 22. 8. 1825 h) Steffen Heinr. Freesmann 1. 11. 1822 o) 31. 3. 1850 p) Amerika s) Ohne Pass

10443 a) Gerh. Heinr. O s t h o f f aus Westerbeck Nr. 36 b) 17. 8. 1825 o) 1. 4. 1850 p) Amerika s) Ohne Pass

10444 a) Joh. Heinr. B ü n e m a n n aus Seeste Nr. 5a, Ackersmann b) 24. 3. 1825 o) 31. 3. 1850 p) Amerika s) Ohne Pass

10445 a) Herm. Heinr. Rudolph M e y e r aus Sennlich Nr. 27, Ackerknecht b) 18. 2. 1821 o) 10. 8. 1850 p) Amerika s) Reist mit Pass

10446 a) Margarethe Elis M e y e r aus Osterbeck Nr. 14b b) 25. 6. 1823 o) 10. 8. 1850 p) Amerika s) Ohne Pass

10447 a) M. Elis. D o e l e m e y e r aus Düte Nr. 15 b) 8. 3. 1826 Lotte o) 13. 8. 1850 p) Amerika s) Ohne Pass

10448 a) Steffen Heinr. S c h e m m e aus Osterbeck Nr. 4b b) 18. 2. 1821 o) 21. 8. 1850 p) Amerika s) Reist mit Pass

10449 a) Joh. Heinr. S c h r o e r aus Seeste Nr. 22 b) 1. 5. 1830 o) 15. 8. 1850 p) Amerika s) Ohne Pass

10450 a) Joh. Rudolf B e i m d i e c k aus Osterbeck b) 2. 1. 1825 d) Cath. Margarethe T e l g e m e y e r aus Seeste Nr. 12b 12. 12. 1824 e) A. Cath. 14. 12. 1847 o) 25. 8. 1850 p) Amerika s) Ohne Pass

10451 a) Joh. Friedr. H e l m i c h aus Seeste Nr. 10c, Knecht b) 17. 4. 1831 o) 25. 8. 1850 p) Amerika s) Ohne Pass

10452 a) Herm. Heinr. S c h e m m e aus Sennlich Nr. 23a, Knecht b) 5. 3. 1823 d) Cath. Elis. H i l l e m e y e r aus Sennlich Nr. 12c 24. 12. 1817 e) Heinr. Wilh. 22. 9. 1849 o) 15. 9. 1850 p) Amerika s) Ohne Pass

10453 a) Cath. M. S c h u l t e aus Sennlich Nr. 31, Magd b) 4. 2. 1821 o) 15. 9. 1850 p) Amerika s) Ohne Pass

10454 a) Cath. M. S p a r e n b e r g aus Seeste Nr. 14a, Magd b) 20. 7. 1817 o) 30. 9. 1850 p) Amerika s) Ohne Pass

10455 a) Jörgen Heinr. R i e s k a m p aus Düte Nr. 1a, Knecht b) 30. 8. 1823 o) 30. 9. 1850 p) Amerika s) Reist mit Pass

10456 a) Friedr. Wilh. H o c k a m p gt. S c h u m a n n aus Kappeln Nr. 1, Tischlergesell b) 27. 2. 1827 o) 14. 9. 1850 p) Amerika s) Mit Pass

10457 a) Herm. Heinr. E c h e l m e y e r aus Metten Nr. 2d, Schneidergesell b) 22. 1. 1832 o) 16. 9. 1850 p) Amerika s) Ohne Pass

10458 a) Herm. Heinr. S c h e m m e aus Sennlich Nr. 23a, Ackerknecht b) 10. 1. 1830 o) 28. 9. 1850 p) Amerika s) Ohne Pass

10459 a) Herm. Heinr. S c h e m m e aus Westerbeck Nr. 33a, Schneider o) 30. 9. 1850 p) Amerika s) Ohne Pass

10460 a) Cath. Elis K l u t e aus Sennlich (bei Gerdemann), Magd b) 21. 1. 1829 Lotte o) 30. 9. 1850 p) Amerika s) Ohne Pass

10461 a) M. Elis. M e y e r aus Sennlich Nr. 22a (bei Sehlmann), Magd o) 30. 9. 1850 p) Amerika s) Ohne Pass

10462 a) Christine Agnesa H e l m i g aus Seeste Nr. 10a (bei Bremer) h) Cath. Regina Helmig 5. 6. 1834 o) 30. 9. 1850 p) Amerika s) Ohne Pass

10463 a) Cath. Margarethe K o p a d t aus Seeste Nr. 24b, Magd b) 11. 11. 1821 o) 30. 9. 1850 p) Amerika s) Ohne Pass

10464 a) Cath. Wilhelmine S c h o w e aus Düte Nr. 3a, Magd b) 5. 10. 1831 o) 30. 9. 1850 p) Amerika s) Ohne Pass

10465 a) Bernhardine D o e l e m e y e r aus Kappeln, Arbeiterin b) 25. 6. 1810 Lotte e) Cath. Wilhelmine Doelemeyer 5. 2. 18............. o) 30. 9. 1850 p) Amerika s) Ohne Pass

10466 a) Cath. M u t e r t Witwe L a n g e aus Westerbeck Nr. 60, Neubäuerin b) 10. 10. 1790 o) 1. 4. 1851 p) Amerika s) Ohne Pass

10467 a) Gerh. Heinr. W i l s m a n n aus Lada Nr. 7, Knecht b) 19. 12. 1820 o) 1. 4. 1851 p) Amerika s) Ohne Pass

10468 a) A. Cath. E i s m a n n aus Osterbeck (bei Colon Borgmann), Magd b) 25. 3. 1827 Lada Nr. 5b o) 2. 4. 1851 p) Amerika s) Ohne Pass

10469 a) Joh. Heinr. H a c k m a n n aus Osterbeck Nr. 17a, Knecht b) 27. 7. 1830 o) 28. 7. 1851 p) Amerika s) Ohne Pass

10470 a) Joh. Friedr. H e l m i c h aus Sennlich Nr. 14, Ackersmann b) 16. 11. 1827 o) 19. 9. 1851 p) Amerika s) Ohne Pass

10471 a) Steffen Heinr. L ü d i n g h a u s aus Sennlich Nr. 14a, Heuermann, Wagenmacher b) 1. 11. 1793 d) Cath. Margarethe V o s s 12. 1. 1799 e) Cath. Friederica 29. 10. 1833, Joh. Friedr. 27. 4. 1836, Herm. Heinr. 9. 10. 1839 o) 23. 9. 1851 p) Amerika s) Konsens vom 3. 7. 1851

10472 a) Jörgen Heinr. S c h e m m e aus Sennlich Nr. 15a, Heuermann, Holzschuhmacher b) 2. 1. 1793 d) Cath. Margarethe E c h e l m e y e r 27. 12. 1796 e) M. Elis. 7. 12. 1829, Heinr. Wilh. 26. 8. 1832, Ernst Heinr. 2. 2. 1837, Gerh. Heinr. 23. 11. 1840 o) 10. 7. 1851 p) Amerika s) Konsens vom 10. 7. 1851

10473 a) Herm. Heinr. B e r l e k a m p aus Metten Nr. 9a, Knecht b) 21. 8. 1822 d) Christine Wilhelmine C o r s w e r t h 2. 2. 1820 aus Düte Nr. 21a, Magd o) 23. 9. 1851 p) Amerika s) Ohne Pass

10474 a) Jörgen Heinr. M e i e r aus Seeste Nr. 29a, Knecht b) 11. 4. 1829 o) 27. 9. 1851 p) Amerika s) Ohne Pass

10475 a) Joh. Wilh. K o l k m e y e r aus Osterbeck Nr. 18a, Knecht b) 28. 8. 1829 o) 28. 8. 1851 p) Amerika s) Aus dem Militär entwichen

10476 a) Jörgen Heinr. B u r l a n d aus Westerbeck Nr. 26, Ackersmann b) 2. 1. 1822 o) 26. 9. 1851 p) Amerika s) Heimlich entwichen

10477 a) Cath. Margarethe Henrica H i l l e m e y e r aus Sennlich Nr. 12a, Magd b) 3. 5. 1823 o) 3. 5. 1851 p) Amerika s) Ohne Pass

10478 a) Joh. K o n i g aus Seeste Nr. 19, Schneider b) 9. 8. 1818 Rotterdam o) 14. 8. 1851 p) Amerika s) Kostgänger bei Colon König

10479 a) Herm. Heinr E c h e l m e y e r aus Lada Nr. 1a, Knecht b) 1. 5. 1832 o) 15. 9. 1851 p) Amerika s) Ohne Pass

10480 a) Cath. Margarethe Elis. L i e n e m a n n aus Sennlich Nr. 39, Magd b) 21. 11. 1829 o) 15. 9. 1851 p) Amerika s) Ohne Pass

10481 a) Herm. Heinr. S c h e m m e aus Seeste Nr. 14a, Heuermann, Holzschuhmacher b) 24. 8. 1805 o) 25. 9. 1851 p) Amerika s) Ohne Pass

10482 a) Cath. Wilhelmine D u n k m a n n aus Hambüren Nr. 11c, Magd b) 24. 3. 1827 o) 1. 10. 1851 p) Amerika s) Ohne Pass

10483 a) Herm. Heinr. H a c k m a n n aus Seeste Nr. 19a, Heuermann, Wagenmacher d) Cath. Elsabein B e i m d i e c k Witwe H u r d e l b r i n k 29. 7. 1816, 2. Ehefrau f) Christine Wilhelmine Hurdelbrink 24. 8. 1839 o) 1. 10. 1851 p) Amerika s) Mit Entlassungsurkunde

10484 a) Steffen Heinr. B e i m d i e c k aus Seeste Nr. 1a, Heuermann b) 13. 3. 1805 d) A. Marg. B ü s c h e r 3. 5. 1802 e) Joh. Heinr. 22. 5. 1842, Cath. Elis. 6. 9. 1844 o) 15. 9. 1851 p) Amerika s) Konsens vom 11. 8. 1851

10485 a) Joh. Heinr. B e r l e k a m p aus Seeste Nr. 49, Heuermann b) 2. 5. 1816 d) M. Elis. B e i m d i e c k 20. 12. 1815 e) Cath. M. 11. 1. 1843, Christine Wilhelmine 18. 12. 1847 o) 15. 9. 1851 p) Amerika s) Mit Entlassungsurkunde

10486 a) Anton H i l l e b r a n d aus Kappeln Nr. 68, Jäger b) 20. 5. 1784 d) Regina Margaretha M e y e r 2. 8. 1786 e) Joh. Heinr. 8. 10. 1824 mit Ehefrau M. Elis. K l i n k e 3. 5. 1822 u. Sohn Joh. Heinr. 29. 11. 1850 i) Dorothea Wilhelmine Hillebrand, uneheliche Tochter von M. Wilhelmine Franzisca Hillebrand, die mit Kipp in Ledde verheiratet ist, heimlich mitgenommen o) 14. 7. 1851 p) Amerika s) Mit Entlassungsurkunde

10487 a) Joh. Heinr. H a c k m a n n aus Osterbeck Nr. 17a (Gudes Heuer), Knecht b) 10. 3. 1826 o) 1. 10. 1851 p) Amerika s) Ohne Pass

10488 a) Joh. Heinr. O s t h o f f aus Westerbeck Nr. 36, Ackersmann b) 22. 2. 1832 o) 1. 10. 1851 p) Amerika s) Ohne Pass

10489 a) M. Elis. W e l l e m e y e r aus Westerbeck Nr. 41, Magd b) 3. 6. 1827 o) 1. 10. 1851 p) Amerika s) Ohne Pass

10490 a) M. Elis. D r i e h a u s aus Westerbeck Nr. 68a, Magd b) 18. 8. 1829 o) 1. 10. 1851 p) Amerika s) Ohne Pass

10491 a) Cath. Wilhelmine P i e p e r aus Sennlich Nr. 23, Magd b) 5. 10. 1827 o) 1. 10. 1851 p) Amerika s) Ohne Pass

10492 a) Jörgen Heinr. L a g e m a n n aus Hambüren Nr. 9, Ackersmann b) 17. 2. 1822 o) Dezember 1851 p) Loxen (bei Lingen) s) Mit Entlassungsurkunde

10493 a) Friedr. Wilh. B e r g e s c h aus Seeste Nr. 2d, Knecht b) 27. 12. 1835 o) 30. 9. 1852 p) Amerika s) Heimlich entwichen

10494 a) A. Cath. B e r g m a n n aus Hambüren Nr. 32a, Näherin b) 10. 2. 1807 o) 30. 9. 1852 p) Amerika s) Ohne Pass

10495 a) M. Elis. W e r r e m e y e r aus Kappeln, Magd b) 12. 12. 1831 o) 1. 10. 1852 p) Amerika s) Ohne Pass

10496 a) Joh. Friedr. B r ü g g e m a n n aus Metten Nr. 1b, Tischler b) 21. 12. 1816 d) Cath. Margarethe Elis. H e l m i c h 13. 9. 1818 e) Joh. Friedr. Wilh. 28. 1. 1843, Cath. Wilhelmine Elis. 20. 2. 1845, Georg Herm. Heinr. 9. 2. 1847, Herm. Heinr. 12. 4. 1849, Friedr. August 4. 7. 1851 o) 30. 9. 1852 p) Amerika s) Ohne Konsens

10497 a) Joh. Heinr. A l d e n d o r f aus Kappeln Nr. 69, früher Westerbeck Nr. 65, Knecht g) Joh. Friedr. Aldendorf 6. 1. 1790, Arbeiter, u. Cath. Margarethe Schrameyer h) Joh. Herm. Aldendorf 11. 11. 1823, heimlich ausgewandert, läßt Frau u. Kind zurück o) 1. 4. 1853 p) Amerika s) Konsens vom 21. 3. 1853

10498 a) A. M. B e r l e k a m p aus Seeste Nr. 7b, Magd b) 15. 5. 1836 o) 1. 6. 1853 p) Amerika s) Ohne Pass

10499 a) Jörgen Heinr. F a r t m a n n aus Sennlich, Knecht b) 24. 12. 1825 o) 20. 6. 1853 p) Amerika s) Heimlich ausgewandert

10500 a) A. Cath. T e l g e m e y e r aus Seeste (Niehaus Heuer), Magd b) 17. 7. 1822 o) 13. 6. 1853 p) Amerika s) Ohne Pass

10501 a) Joh. Heinr. D i e c k m e y e r aus Seeste, Heuermann b) 29. 11. 1805 d) Cath. Margarethe D e t e r m a n n 14. 3. 1810 e) Stephan Heinr. 24. 3. 1839, Herm. Heinr. 29. 9. 1841 o) 29. 8. 1853 p) Amerika s) Konsens vom 25. 7. 1853

10502 a) Joh. Rudolph D r e y e r aus Kappeln Nr. 8, Arbeiter b) 27. 9. 1807 d) M. Charlotte M a r t e n s 1. 6. 1809 e) M. Christine Wilhelmine Charlotte 18. 10. 1836, M. Dorothea Friederice 18. 10. 1836, Joh. Friedr. Rudolph 17. 10. 1843, Rudolph Heinr. Wilh. 18. 5. 1847 k) M. Elis. M a r t e n s geb. K i p k e r 6. 9. 1784, ohne Konsens o) 29. 8. 1853 p) Amerika s) Konsens vom 8. 8. 1853

10503 a) Steffen Heinr. K u h l m a n n aus Seeste Nr. 6a, Heuermann b) 18. 1. 1790 d) Cath. Elsabein G a u s m a n n 3. 3. 1784 o) 29. 8. 1853 p) Amerika s) Mit Konsens vom 8. 8. 1853

10504 a) Joh. Heinr. P o h l m a n n aus Seeste Nr. 6a b) 27. 9. 1820 d) A. Cath. K u h l m a n n 16. 12. 1824 (Eltern: Siehe vorigen Eintrag) e) Cath. Wilhelmina 30. 11. 1846, Heinr. Friedr. August 16. 5. 1849, Friedr. Wilh. 9. 10. 1851 o) 29. 8. 1853 p) Amerika s) Mit Konsens vom 8. 8. 1853

10505 a) Joh. Jörgen S c h r o e r aus Seeste Nr. 8c, Heuermann b) 9. 4. 1812 d) M. Elis. H a c k m a n n 9. 4. 1825 e) Friedr. Stephan 8. 8. 1838, Herm. Heinr. 7. 1. 1841, Regine Wilhelmine 23. 3. 1843, Friedr. Wilh. 8. 6. 1846 o) 29. 8. 1853 p) Amerika s) Konsens vom 9. 8. 1853

10506 a) Cath. M. B r e m e r geb. B ü n e m a n n (S t u m p e) aus Metten Nr. 21, Arbeitersfrau b) 15. 9. 1830 m) Sophia Elise B r e m e r 5. 11. 1832, Jörgen Heinr. Bünemann 3. 6. 1834 o) 15. 6. 1853 p) Amerika s) Ohne Pass

10507 a) Heinr. T w e n t e aus Ledde, Schneider b) 19. 9. 1824 o) 4. 8. 1853 p) Amerika s) Mit Pass

10508 a) Cath. M. Elis. W i t t e aus Metten Nr. 2c, Magd b) 12. 11. 1829 o) 29. 8. 1853 p) Amerika s) Mit Pass

10509 a) Steffen Heinr. M e r t e n aus Seeste Nr. 33, Ackersmann b) 20. 1. 1823 o) 29. 8. 1853 p) Amerika s) Mit Pass

10510 a) Jörgen Heinr. P i e p e r aus Sennlich Nr. 23, Knecht b) 28. 5. 1822 o) 29. 8. 1853 p) Amerika s) Mit Pass t) Ehefrau siehe unten Nr. 10521

10511 a) Joh. Rudolph I b o r g aus Kappeln Nr. 64/82, Knecht b) 10. 3. 1823 o) 29. 8. 1853 p) Amerika s) Mit Bataillonsurlaub t) Die Ehefrau siehe unten Nr. 10522

10512 a) Cath. Wilhelmine S c h o p p m e y e r aus Metten Nr. 30, Magd b) 27. 12. 1833 o) 29. 8. 1853 p) Amerika s) Ohne Pass

10513 a) M. Elsabein S c h r o e r Witwe Friedr. H u c k r i e d e, Heuermann, aus Metten Nr. 1a b) 9. 3. 1793 Herm. Heinr. 6. 4. 1825, M. Elis. 4. 11. 1833 o) 29. 8. 1853 p) Amerika s) Mit Konsens vom 26. 8. 1853

10514 a) Heinr. Rudolph K l i n g e m e y e r aus Metten Nr. 5a, Heuermann b) 18. 1. 1822 o) 29. 8. 1853 p) Amerika s) Witwer. Mit Pass

10515 a) .... T ü p k e r aus Seeste Nr. 1a (Hermelings Heuer), Knecht b) 8. 4. 1829 o) 29. 8. 1853 p) Amerika s) Mit Pass

10516 a) Friedr. Heinr. M e n n e w i s c h aus Sennlich Nr. 13c, Knecht b) 11. 7. 1827 o) 29. 8. 1853 p) Amerika s) Mit Pass

10517 a) Cath. M. Elis. R ä u v e r aus .... b) 11. 7. 1827 o) 29. 8. 1853 p) Amerika s) Mit Pass

10518 a) Friedr. Herm. W a h l b r i n k aus Sennlich Nr. 36, Knecht, Postillon b) 21. 10. 1822 o) 29. 8. 1853 p) Amerika s) Mit Bataillonsurlaub t) Die Ehefrau siehe unten Nr. 10528

10519 a) M. Sophia H o s t o h geb. H ü r l ä n d e r aus Westerbeck Nr. 8c, Heuermannswitwe b) 2. 2. 1806 e) Ernst Wilh. 2. 2. 1835, Friedr. Wilh. 30. 3. 1837, Herm. Heinr. 13. 10. 1839, Cath. Elis. 27. 9. 1841,

Cath. Margarethe 22. 10. 1843, Joh. Friedr. 22. 9. 1847 o) 29. 8. 1853 p) Amerika s) Konsens vom 26. 8. 1853

10520 a) Cath. Margarethe W i t t e aus Metten Nr. 2c, Magd b) 31. 12. 1824 o) 29. 8. 1853 p) Amerika s) Ohne Pass

10521 a) Cath. Elsabein R a h m e y e r Ehefrau P i e p e r aus Westerbeck Nr. 68c, Magd b) 20. 5. 1823 o) 29. 8. 1853 p) Amerika s) Ohne Pass t) Den Ehemann siehe oben Nr. 10510

10522 a) .... H a c k m a n n Ehefrau I b o r g aus Kappeln b) 11. 11. 1821 o) 29. 8. 1853 p) Amerika s) Ohne Pass t) Den Ehemann siehe oben Nr. 10511

10523 a) Rudolph Heinr. M ö l l e n k a m p aus Hambüren Nr. 2b, Schmiedegesell b) 20. 12. 1823 o) 14. 9. 1853 p) Amerika s) Mit Pass

10524 a) Gerh. Wilh. W u l f e m e y e r aus Metten Nr. 22, Knecht b) 14. 6. 1829 o) 29. 8. 1853 p) Amerika s) Heimlich fortgegangen

10525 a) Cath. Friederike K u c k aus Ledde, Magd b) 13. 11. 1828 o) 29. 8. 1853 p) Amerika s) Ohne Pass

10526 a) Heinr. Wilh. J o h a n n i n g aus Sennlich, Knecht b) 8. 10. 1834 o) 29. 8. 1853 p) Amerika s) Heimlich fortgegangen

10527 a) Joh. Heinr. W i t t e aus Metten Nr. 2c, Knecht b) 7. 3. 1836 o) 29. 8. 1853 p) Amerika s) Heimlich fortgegangen

10528 a) Cath. Sophie Henriette B ü n e m a n n Ehefrau W a h l b r i n k aus Kappeln Nr. 4, Arbeiterin b) 11. 1. 1828 o) 29. 8. 1853 p) Amerika s) Ohne Pass t) Den Ehemann siehe oben Nr. 10518

10529 a) Cath. Wilhelmine G e r l e m a n n aus Kappeln Nr. 85, Magd b) 4. 4. 1821 o) 29. 8. 1853 p) Amerika s) Ohne Pass von Lengerich an der Wallage aus

10530 a) M. Juliane G e r l e m a n n aus Kappeln Nr. 85, Magd b) 7. 8. 1825 o) 29. 8. 1853 p) Amerika s) Ohne Pass von Freren aus

10531 a) Joh. Heinr. O e l r i c h aus Ledde, Knecht b) 6. 4. 1834 o) 29. 8. 1853 p) Amerika s) Ohne Pass

10532 a) Cath. Wilhelmine G a u s m a n n aus Seeste Nr. 36, Magd b) 12. 4. 1830 o) 29. 8. 1853 p) Amerika s) Ohne Pass

10533 a) Ernst Wilh. M i n d r u p aus Westerbeck Nr. 68a, Knecht b) 26. 8. 1834 o) 14. 9. 1853 p) Amerika s) Ohne Pass von Mettingen aus

10534 a) M. Elis. W a h l b r i n k aus Metten Nr. 33a, Magd b) 6. 3. 1824 o) 14. 9. 1853 p) Amerika s) Ohne Pass

10535 a) Cath. M. Elis. H i l l e m e y e r aus Sennlich Nr. 12c, Magd b) 28. 11. 1820 o) 14. 9. 1853 p) Amerika s) Ohne Pass

10536 a) Cath. Margarethe B e i m d i e c k aus Seeste Nr. 25a, Magd b) 30. 11. 1828 o) 14. 9. 1853 p) Amerika s) Ohne Pass

10537 a) Cath. Wilhelmine B o r g m a n n aus Osterbeck Nr. 14c, Magd b) 2. 6. 1829 o) 14. 9. 1853 p) Amerika s) Ohne Pass

10538 a) M. Elis. S p i e c k e r aus Sennlich Nr. 45, Magd b) 22. 8. 1826 o) 14. 9. 1853 p) Amerika s) Ohne Pass

10539 a) Cath. Elsabein S o m m e r m e y e r aus Handarpe Nr. 30, Näherin b) 12. 9. 1828 o) 15. 5. 1853 p) Amerika s) Ohne Pass

10540 a) Joh. Friedr. Mauritz W e s s e l m a n n aus Handarpe Nr. 13a, Knecht b) 29. 12. 1822 o) 30. 9. 1853 p) Amerika s) Mit Pass

10541 a) Henriette Elis. B e c k e m e y e r aus Düte Nr. 26 b) 28. 9. 1824 o) 29. 8. 1853 p) Amerika s) Ohne Pass

10542 a) Cath. Margarethe F r e e s e aus Seeste Nr. 22c, Magd b) 13. 3. 1823 o) 29. 8. 1853 p) Amerika s) Ohne Pass

10543 a) Joh. Friedr. L i e n e m a n n aus Sennlich Nr. 34, Knecht b) 14. 5. 1835 o) 14. 9. 1853 p) Amerika s) Ohne Pass

10544 a) Cath. Friederike E c h e l m e y e r aus Hambüren Nr. 32a, Magd b) 27. 7. 1835 o) 14. 9. 1853 p) Amerika s) Ohne Pass

10545 a) A. Cath. B e r g m a n n aus Hambüren Nr. 32a, Näherin b) 19. 9. 1807 o) 14. 9. 1853 p) Amerika s) Ohne Pass

10546 a) Friedr. Adolph S t u t e aus Metten Nr. 54, Böttcher b) 3. 8. 1823 o) 30. 9. 1853 p) Amerika s) Mit Pass, Bataillonsurlaub auf zwei Jahre

10547 a) Cath. Regina B e r g e s c h aus Seeste Nr. 2b, Näherin b) 23. 7. 1833 o) 30. 9. 1853 p) Amerika s) Ohne Pass
10548 a) Regina Elsabein S c h a b e r g aus Seeste Nr. 11a, Magd b) 20. 3. 1826 o) 30. 9. 1853 p) Amerika s) Ohne Pass
10549 a) Cath. Margarethe S c h a b e r g aus Seeste Nr. 11a, Magd b) 25. 12. 1830 e) M. Elis. 16. 5. 1850, unehelich o) 30. 9. 1853 p) Bramsche s) Ohne Pass
10550 a) Herm. Heinr. B e c k e m e y e r aus Düte Nr. 16, Ackerknecht b) 11. 7. 1829 o) 12. 2. 1854 p) Amerika s) Mit Pass auf zwei Jahre
10551 a) M. Wilhelmine B r u n e aus Mettingen, Magd b) 4. 9. 1833 o) 19. 3. 1854 p) Amerika s) Ohne Pass
10552 a) M. Elis. M e n n e w i s c h aus Düte Nr. 6b, Magd b) 30. 10. 1833 o) 12. 3. 1854 p) Amerika s) Ohne Pass
10553 a) Heinr. Adolph S p e l b r i n k aus Osterbeck Nr. 22 b) 18. 2. 1804 d) Cath. Elis. Meyer 26. 10. 1800 e) Cath. Agnese 4. 9. 1837 o) 12. 3. 1854 p) Amerika s) Konsens vom 4. 3. 1854
10554 a) Georg Heinr. S p i e c k e r aus Sennlich Nr. 45, Ackerknecht b) 8. 1. 1830 o) 19. 3. 1854 p) Amerika s) Konsens vom 4. 3. 1854
10555 a) Heinr. Christian W i e m e r aus Handarpe Nr. 14, Ackerknecht b) 15. 2. 1830 o) 12. 3. 1854 p) Amerika s) Heimlich von Ibbenbüren aus
10556 a) Heinr. N e y e r aus Ledde, Schustergesell b) 4. 1. 1827 o) 30. 3. 1854 p) Amerika s) Ohne Pass u. Konsens
10557 a) Heinr. Wilh. L a m p i n g aus Westerbeck Nr. 18a, Heuermann b) 6. 2. 1827 o) 12. 3. 1854 p) Amerika s) Heimlich entwichen
10558 a) Jörgen Heinr. Adolph B e i m d i e c k aus Westerbeck Nr. 1, Heuermann b) 24. 4. 1808 d) A. Cath. H o l t g r ä v e 25. 11. 1804 e) Joh. Heinr. 26. 11. 1833 o) 9. 8. 1854 p) Amerika s) Konsens vom 26. 6. 1854
10559 a) Joh. Heinr. H o l t g r ä v e aus Seeste Nr. 3, Ackersmann b) 16. 2. 1798 e) Joh. Heinr. 4. 8. 1825 o) 10. 9. 1854 p) Amerika s) Konsens vom 15. 7. 1854
10560 a) Jörgen Heinr. D i e c k b e r n d aus Seeste Nr. 22a, Heuermann b) 5. 9. 1822 d) Cath. Elis. E r f m a n n 10. 12. 1815 e) M. Elise 28. 12. 1849, A. M. 28. 11. 1851, Cath. Wilhelmine 28. 11. 1851 o) 11. 9. 1854 p) Amerika s) Konsens vom 19. 7. 1854
10561 a) Joh. Heinr. H i n n a h aus Hambüren Nr. 8a, Heuermann b) 11. 2. 1802 d) Margarethe Elis. S t a l l m a n n 20. 2. 1799 e) Cath. Elis. 24. 2. 1830, Georg Wilh. 17. 12. 1842 o) 12. 9. 1854 p) Amerika s) Konsens vom 15. 7. 1854
10562 a) Eberhard Wilh. S c h n a r r e aus Hambüren Nr. 19a, Heuermann b) 23. 7. 1808 d) M. Elis. Schnarre 28. 10. 1806 e) Friederica Wilhelmine 24. 8. 1835, Adolph Heinr. 24. 3. 1838, Christ. Friederica Elis. 25. 2. 1843, Johanne Wilhelmine Lisette 13. 2. 1845, Gerh. Wilh. 2. 1. 1847, Christine Bernhardine Sophia 14. 1. 1852 o) 11. 9. 1854 p) Amerika s) Konsens vom 19. 7. 1854
10563 a) Joh. Adolf B l ö m e r aus Westerbeck Nr. 66, Maurer b) 14. 8. 1810 d) Cath. Wilhelmine B e i m d i e c k 14. 8. 1807 e) Heinr. Wilh. 9. 3. 1845, M. Elis. 16. 7. 1848, Johanne Wilhelmine Lisette 14. 9. 1853 o) 10. 8. 1854 p) Amerika s) Konsens vom 27. 7. 1854
10564 a) Adolf R i c h t e r aus Osterbeck Nr. 11a, Heuermann b) 4. 3. 1802 e) Herm. Heinr. u. Ehefrau Cath. Elis. W o r t h m a n n o) .... 12. 8. 1854! p) Amerika s) Konsens vom .... 15. 8. 1854!
10565 a) Joh. Heinr. Friedr. K o c k aus Seeste Nr. 12a, Heuermann b) 4. 1. 1818 d) Cath. Elis. D e t e r m a n n 7. 11. 1823 e) Cath. Wilhelmine 2. 2. 1847, Herm. Heinr. 16. 1. 1849, Joh. Heinr. 2. 4. 1851, Joh. Friedr. 18. 10. 1853 k) A. M. Meinershagen Witwe Determann 26. 8. 1787 Wersen o) 12. 8. 1854 p) Amerika s) Konsens vom 2. 8. 1854
10566 a) Friedr. Heinr. S c h r o e r aus Seeste Nr. 22a, Heuermann b) 30. 9. 1827 d) Cath. Elsabein F r e e s e 23. 7. 1820 [Mutter siehe nächsten Eintrag] e) Johanne Lisette 9. 8. 1846 o) 12. 9. 1854 p) Amerika s) Konsens vom 28. 8. 1854
10567 a) Cath. Margarethe F r e e s e geb. S c h ä p e r aus Seeste Nr. 22a b) 18. 8. 1797 e) Herm. Heinr. 15. 2. 1828, Joh. Friedr. 2. 11. 1830, Cath. M. 5. 6. 1833 o) 12. 9. 1854 p) Amerika s) Konsens vom 28. 8. 1854
10568 a) Joh. Heinr. M e r s c h aus Kappeln, Ackerknecht b) 10. 4. 1826 o) 21. 8. 1854 p) Amerika s) Konsens vom 14. 8. 1854

10569 a) Joh. Friedr. S c h a b e r g aus Seeste (Steers Heuer), Schneider b) 24. 10. 1829 o) 1. 9. 1854 p) Amerika s) Pass vom 3. 8. 1854

10570 a) Joh. Heinr. F r e e s e aus Seeste Nr. 31a (Freeses Heuer), Ackersmann b) 17. 11. 1827 o) 1. 9. 1854 p) Amerika s) Pass vom 3. 8. 1854

10571 a) Joh. Friedr. S c h ü r m a n n aus Handarpe Nr. 8, Ackersmann b) 10. 11. 1821 o) 1. 9. 1854 p) Amerika s) Pass vom 3. 8. 1854

10572 a) Joh. Diedrich P i e p e r aus Sennlich Nr. 23a, Heuermann b) 17. 9. 1813 e) Herm. Heinr. 29. 1. 1842, Joh. Friedr. 24. 6. 1845, Jörgen Heinr. 26. 8. 1849 o) 12. 9. 1854 p) Amerika s) Konsens vom 9. 8. 1854

10573 a) Andreas Friedr. Christoph T a a k e aus Handarpe Nr. 25, Postillon, Ackerknecht b) 23. 7. 1831 Ledde o) 12. 8. 1854 p) Amerika s) Pass

10574 a) Cath. M. K a s s l i n g aus Velpe, Magd b) 1829 Atter o) 30. 6. 1854 p) Amerika s) Ohne Pass

10575 a) Cath. Elsabein B e c k e m e y e r Witwe B e i m d i e c k aus Osterbeck Nr. 12c, Arbeiterin b) 3. 3. 1783 o) 10 8. 1854 p) Amerika t) Zu Nr. 10563 oben bei Joh. Adolf Blömer

10576 a) Cath. Margarethe H a c k m a n n aus Mettingen, Magd b) 14. 9. 1827 o) 1. 9. 1854 p) Amerika s) Ohne Pass

10577 a) Cath. Elis. W i n d m a n n aus Metten Nr. 34a (Windmanns Leibzucht), Magd b) 24. 5. 1834 o) 13. 9. 1854 p) Amerika s) Ohne Pass

10578 a) Heinr. Wilh. W i t t e aus Metten Nr. 2c (Wittes Heuer), Knecht b) 22. 6. 1832 o) 13. 9. 1854 p) Amerika s) Ohne Pass

10579 a) Cath. Margarethe W i t t e aus Metten Nr. 2c, Magd b) 12. 11. 1829 o) 13. 9. 1854 p) Amerika s) Ohne Pass

10580 a) Cath. Elis. L ü d i n g h a u s aus Westerbeck Nr. 9a (Wesslings Heuer), Magd b) 28. 2. 1829 o) 13. 9. 1854 p) Amerika s) Ohne Pass

10581 a) Regina Elis. Wilhelmine S c h e m m e aus Westerbeck Nr. 65, Magd b) 13. 5. 1833 o) 13. 9. 1854 p) Amerika s) Ohne Pass

10582 a) Heinr. Friedr. K a r t e aus Sennlich Nr. 28, Knecht b) 12. 7. 1825 o) 26. 8. 1854 p) Amerika s) Konsens vom 15. 8. 1854. Wohnte mit Heimatschein im Osnabrückschen

10583 a) Cath. M. S c h ü r m a n n aus Handarpe Nr. 8 b) 17. 12. 1817 o) 15. 8. 1854 p) Amerika s) Ohne Pass

10584 a) Herm. Heinr. W i t t e aus Metten Nr. 51 b) 16. 8. 1828 o) 13. 9. 1854 p) Amerika s) Ohne Pass

10585 a) Christine Wilhelmine O s t h o f f aus Westerbeck Nr. 36, Magd b) 25. 7. 1829 o) 12. 9. 1854 p) Amerika s) Ohne Pass

10586 a) M. N i e t i e d t aus Kappeln, Magd b) 24. 1. 1834 Ledde o) 12. 9. 1854 p) Amerika s) Ohne Pass

10587 a) M. Christine Charlotte S c h e m m e aus Westerbeck Nr. 65, Magd b) 7. 8. 1829 o) 12. 9. 1854 p) Amerika s) Ohne Pass

10588 a) Joh. Heinr. D e t e r m a n n aus Seeste Nr. 21a, Knecht b) 27. 12. 1834 o) 12. 9. 1854 p) Amerika s) Ohne Pass u. Konsens

10589 a) Herm. Heinr. H a c k m a n n aus Osterbeck Nr. 4a, Knecht b) 5. 4. 1833 o) 12. 9. 1854 p) Amerika s) Ohne Pass u. Konsens

10590 a) M. Elis. D r i e h a u s aus Westerbeck Nr. 68b, Magd b) 18. 8. 1829 o) 12. 9. 1854 p) Amerika s) Ohne Pass

10591 a) Cath. M. H i s c h e m ö l l e r aus Kappeln, Magd b) 1823 Lotte o) 12. 9. 1854 p) Amerika s) Ohne Pass

10592 a) Heinr. Wilh. P ö t t e r aus Düte Nr. 4b, Knecht b) 20. 10. 1835 o) 12. 9. 1854 p) Amerika s) Ohne Pass

10593 a) Joh. Heinr. W u l f e m e y e r aus Westerbeck Nr. 76, Knecht b) 1. 11. 1832 Ibbenbüren h) Friedr. Wilh. Wulfemeyer aus Westerbeck Nr. 65 15. 12. 1835, Schneidergesell o) 30. 9. 1854 p) Amerika s) Ohne Pass u. Konsens

10594 a) Cath. M. F r e e s e Witwe B e i m d i e c k aus Seeste Nr. 25a, Mieterin b) 30. 2. 1806 [!] e) Heinr. Wilh. 2. 9. 1835, Stephan Heinr. 4. 11. 1843, M. Elis. 25. 2. 1841 o) 12. 9. 1854 p) Amerika s) Ohne Pass u. Konsens t) Siehe auch Teil 1, Nr. 6098

10595 a) Cath. Elis. A l d e n d o r f geb. F r e e s e aus Westerbeck Nr. 65, Mieterin b) 28. 9. 1825 Sennlich Nr. 13a e) Cath. Wilhelmine 16. 12. 1851 o) 1. 4. 1853 p) Amerika s) Ohne Pass u. Konsens

10596 a) M. Agnesa F r e e s e geb. S o n n e f e l d aus Westerbeck Nr. 65 b) 9. 5. 1787 Sennlich Nr. 13a e) Cath. Elsabein 9. 5. 1821 Sennlich Nr. 13a o) 1. 4. 1853 p) Amerika s) Ohne Pass u. Konsens

10597 a) Herm. Heinr. S t r a t e m e y e r aus Sennlich Nr. 19 b) 27. 1. 1837 o) 30. 9. 1853 s) Pass auf der Reise nach Köln

10598 a) Joh. Heinr. B i e r b a u m aus Metten Nr. 24a, Knecht b) 6. 11. 1836 o) 14. 5. 1855 p) Amerika s) Heimlich ausgewandert

10599 a) Regina Wilhelmine B ä c k e r aus Kappeln, Magd b) 19. 4. 1839 o) 30. 8. 1855 p) Amerika s) Heimlich ausgewandert

10600 a) Cath. Wilhelmine W e n n e r aus Kappeln, Magd b) 9. 9. 1830 o) 30. 8. 1855 p) Amerika s) Heimlich ausgewandert

10601 a) Heinr. Wilh. E c h e l m e y e r aus Kappeln, Knecht b) 22. 4. 1834 o) 26. 7. 1855 p) Amerika s) Heimlich ausgewandert

10602 a) Joh. Eberhard H o s t o h aus Kappeln, Schulamtspräparand b) 14. 12. 1833 o) 12. 9. 1855 p) Amerika s) Heimlich ausgewandert

10603 a) Gerh. Heinr. F e l d m a n n aus Metten Nr. 11a, Heuermann b) 23. 11. 1822 d) M. Elis. Mersch Witwe E l s t r o d t 13. 4. 1808 f) Cath. Wilhelmine Elstrodt 7. 6. 1844, Herm. Heinr. Elstrodt 28. 8. 1847, Adolf Wilh. Elstrodt 26. 7. 1851 o) 28. 9. 1855 p) Amerika s) Heimlich ausgewandert

10604 a) A. Cath. E i d e r m a n n aus Seeste Nr. 19 b) 27. 1. 1825 o) 30. 9. 1855 p) Amerika s) Heimlich ausgewandert

10605 a) Cath. Agnes Sophia O s t h o f f aus Westerbeck Nr. 36 b) 15. 4. 1835 o) 30. 9. 1855 p) Amerika s) Heimlich ausgewandert

10606 a) Joh. Friedr. Wilh. B r ü g g e m a n n aus Metten Nr. 1 b) 28. 1. 1843 h) Cath. M. Elis. Brüggemann 20. 2. 1845 o) 30. 9. 1855 p) Amerika s) Heimlich ausgewandert

10607 a) Joh. Friedr. Wilh. P i e p e r aus Sennlich Nr. 23, Knecht b) 28. 5. 1824 o) 30. 9. 1855 p) Amerika s) Heimlich ausgewandert

10608 a) Cath. Elis. S c h r o e r Ehefrau D i e c k m a n n aus Westerbeck Nr. 2a b) 20. 9. 1818 e) Joh. Heinr. 7. 2. 1844 o) 30. 9. 1855 p) Amerika s) Heimlich ausgewandert

10609 a) Cath. M. C o r d aus Düte Nr. 2b, Magd b) 23. 11. 1833 o) 30. 10. 1855 p) Amerika s) Heimlich ausgewandert

10610 a) Joh. Heinr. W i l s m a n n aus Lada Nr. 7d, Knecht b) 10. 9. 1834 o) 14. 10. 1855 p) Amerika s) Heimlich ausgewandert

10611 a) Herm. Heinr. H o l t g r ä v e aus Osterbeck Nr. 21a b) 10. 10. 1833 o) Herbst 1855 p) Amerika s) Heimlich ausgewandert

10612 a) Bernh. Heinr. H a c k m a n n aus Osterbeck Nr. 17a b) 1. 1. 1834 o) Herbst 1855 p) Amerika s) Heimlich ausgewandert

10613 a) Joh. Heinr. E n g e l aus Sennlich Nr. 3a, Heuermann b) 18. 2. 1821 d) Cath. Elis. E l s t r o d t 16. 6. 1816 e) A. Cath. Elis. 19. 11. 1850 o) 15. 8. 1856 p) Amerika s) Konsens vom 30. 7. 1856

10614 a) Steffen Heinr. W u l f e m e y e r aus Westerbeck Nr. 76, Neubauer b) 29. 5. 1811 d) A. Cath. M. O s t e r b u r g 11. 3. 1803 e) Cath. Wilhelmine 7. 1. 1839 o) 15. 8. 1856 p) Amerika

10615 a) Jörgen Heinr. T a c k e n b e r g aus Metten Nr. 8a, Heuermann b) 28. 9. 1803 d) Cath. Elis. Stute 6. 12. 1800 e) Cath. Bernhardine 14. 12. 1828, M. Elis. 20. 6. 1833, Jörgen Heinr. 17. 4. 1838 o) 15. 8. 1856 p) Amerika s) Konsens vom 2. 8. 1856

10616 a) Gerh. Wilh. M e n n e w i s c h aus Sennlich Nr. 3b, Heuermann b) 8. 7. 1797 e) Cath. Charlotte 2. 7. 1825, Cath. Wilhelmine Elis. o) 15. 8. 1856 p) Amerika s) Konsens vom 25. 7. 1856

10617 a) Joh. Heinr. L o o s e m a n n aus Hambüren Nr. 41a, Heuermann b) 30. 10. 1817 d) Cath. Elis. K n ü p p e 29. 9. 1811 e) M. Elis. 31. 3. 1839, Cath. M. Elis. 7. 6. 1844, Cath. Wilhelmine 13. 8. 1846, Elise Wilhelmine 12. 7. 1848, Joh. Wilh. 30. 6. 1850, Joh. Heinr. Wilh. 1. 9. 1851, Elise Johanna 25. 11. 1853 o) 2. 10. 1856 p) Amerika s) Konsens vom 3. 9. 1856

10618 a) Cath. Elis. W a l l e n b r o e k aus Westerbeck Nr. 7a, Magd b) 31. 12. 1836 h) Cath. Wilhelmine Wallenbroek 24. 8. 1840 o) 26. 2. 1857 p) Amerika s) Heimlich ausgewandert

10619 a) Joh. Friedr. L a g e m a n n aus Hambüren Nr. 9, Knecht b) 16. 12. 1825 o) 26. 3. 1857 p) Amerika s) Mit Pass

10620 a) Christine Elis. D r i e h a u s aus Westerbeck Nr. 68, Magd b) 28. 9. 1833 o) 14. 3. 1857 p) Amerika s) Heimlich ausgewandert

10621 a) Cath. Louise Charlotte K l i n g e m e y e r aus Hambüren Nr. 14b, Magd b) 9. 12. 1836 o) 14. 3. 1857 p) Amerika s) Heimlich ausgewandert

10622 a) Herm. Heinr. S t e i n r i e d e aus Hambüren Nr. 9, Knecht b) 23. 1. 1832 d) Cath. M. S o m m e r m e y e r 12. 9. 1832, aus Hambüren Nr. 16b o) 26. 3. 1857 p) Amerika s) Mit Pass

10623 a) Georg Heinr. W e n n e r aus Kappeln Nr. 87, Knecht b) 19. 5. 1833 d) Cath. Margarethe F r e e s e 23. 10. 1828, aus Seeste e) Wilhelmine Sophia 19. 5. 1855, aus Seeste Nr. 14b o) 14. 3. 1857 p) Amerika s) Konsens vom 27. 3. 1857, zunächst als heimlich ausgewandert eingetragen

10624 a) Joh. Heinr. H e l m i g aus Seeste Nr. 10b, Knecht b) 16. 11. 1836 o) 24. 3. 1857 p) Amerika s) Heimlich ausgewandert

10625 a) M. H i n n a h aus Seeste Nr. 10b, Magd b) 10. 5. 1830 o) 26. 3. 1857 p) Amerika s) Heimlich ausgewandert

10626 a) Herm. Heinr. B e r g m a n n aus Hambüren, Knecht b) 27. 6. 1836 o) 2. 4. 1857 p) Amerika s) Heimlich ausgewandert

10627 a) Cath. M. K e l l e r m e y e r aus Sennlich, Magd b) 15. 6. 1832 o) 31. 3. 1857 p) Amerika s) Heimlich ausgewandert

10628 a) Anton S c h ä f e r aus Osnabrück, Müller o) 2. 4. 1857 p) Amerika s) Heimlich ausgewandert t) Eintrag gestrichen

10629 a) Gerh. Heinr. L u t t e r b e y aus Kappeln, Knecht b) 18. 8. 1826 o) 31. 3. 1857 p) Amerika s) Heimlich ausgewandert

10630 a) Friederike Wilhelmine Cath. M e l o aus Kappeln, Magd b) 7. 10. 1834 o) 31. 3. 1857 p) Amerika s) Heimlich ausgewandert

10631 a) Joh. Heinr. R ä u w e r aus Kappeln, Arbeiter b) 18. 12. 1833 o) 31. 3. 1857 p) Amerika s) Heimlich ausgewandert

10632 a) Cath. M. C o o r d aus Düte Nr. 9a, Magd b) 27. 12. 1837 o) 26. 5. 1857 p) Amerika s) Heimlich ausgewandert

10633 a) Cath. M. G a u s m a n n aus Westerbeck Nr. 16a, Magd b) 11. 12. 1832 h) Cath. Wilhelmine Gausmann 2. 12. 1839, Magd o) 2. 8. 1857 p) Amerika s) Heimlich ausgewandert

10634 a) Christine Wilhelmine E n g e l aus Metten Nr. 11a, Magd b) 5. 3. 1831 o) 2. 8. 1857 p) Amerika s) Heimlich ausgewandert

10635 a) Cath. M. S p a r e n b e r g aus Seeste Nr. 14b, Magd b) 15. 3. 1837 o) 2. 8. 1857 p) Amerika s) Heimlich ausgewandert

10636 a) Joh. Heinr. E n g e l aus Seeste Nr. 14b, Heuermann b) 3. 12. 1823 d) Cath. Margarethe S p a r e n b e r g 7. 4. 1828 e) Christine Charlotte 26. 3. 1851, Herm. Wilh. 2. 10. 1852, Joh. Heinr. 16. 3. 1854, Joh. Friedr. 20. 8. 1856 o) 2. 8. 1857 p) Amerika s) Konsens vom 8. 7. 1857

10637 a) Cath. M. Elis. K a e f r i g aus Westerbeck Nr. 20a, Magd b) 4. 10. 1834 o) 15. 8. 1857 p) Amerika s) Heimlich ausgewandert

10638 a) Cath. I b o r g aus Kappeln Nr. 64, Magd b) 10. 3. 1836 o) 15. 8. 1857 p) Amerika s) Heimlich ausgewandert t) ? .... = Nr. 6085

10639 a) Cath. Wilhelmine S p i e c k e r aus Sennlich Nr. 45, Magd b) 20. 10. 1833 o) 15. 8. 1857 p) Amerika s) Heimlich ausgewandert

10640 a) Cath. M. D i e c k b e r n d aus Westerbeck Nr. 27a, Magd b) 15. 2. 1833 h) Cath. Elis. Dieckbernd 23. 2. 1835, Magd o) 15. 8. 1857 p) Amerika s) Heimlich ausgewandert

10641 a) Cath. Margarethe T e b b e aus Seeste Nr. 32a, Magd b) 4. 6. 1839 o) 15. 8. 1857 p) Amerika s) Heimlich ausgewandert

10642 a) Cath. Wilhelmine B e r g e s c h aus Westerbeck Nr. 83, Magd b) 8. 12. 1832 o) 15. 8. 1857 p) Amerika s) Heimlich ausgewandert

10643 a) Bernh. Heinr. G a u s aus Westerbeck Nr. 2a, Heuermann b) 4. 1. 1820 d) Cath. Elsabein D i e c k b e r n d 18. 2. 1829 e) Heinr. Wilh. 4. 2. 1851 o) 15. 8. 1857 p) Amerika s) Konsens vom 16. 7. 1857

10644 a) Carl D a n k m e y e r aus Tecklenburg, Schulamtspräparand b) 1836 o) 2. 4. 1857 p) Amerika s) Heimlich ausgewandert

10645 a) Cath. Wilhelmine O t t e aus Westerbeck Nr. 50, Magd b) 13. 6. 1832 o) 15. 8. 1857 p) Amerika s) Heimlich ausgewandert

10646 a) Regina Cath. D i e c k b e r n d aus Westerbeck, Magd b) 24. 9. 1822 o) 15. 8. 1857 p) Amerika s) Heimlich ausgewandert

10647 a) Friedr. Adolph S t u t e v o s s aus Metten Nr. 54, Arbeiter b) 3. 8. 1823 d) Cath. Margarethe V o s s 11. 12. 1825 o) 26. 8. 1857 p) Amerika s) Konsens vom 30. 7. 1857

10648 a) Cath. Wilhelmine S c h e m m e aus Sennlich Nr. 13b, Magd b) 21. 11. 1832 o) 31. 8. 1857 p) Amerika s) Heimlich ausgewandert

10649 a) Cath. Wilhelmine B ü s c h e r aus Seeste Nr. 18a, Magd b) 5. 3. 1835 o) 1. 9. 1857 p) Amerika s) Heimlich ausgewandert

10650 a) Gerh. Heinr. F e l d m a n n aus Metten Nr. 13a, Heuermann b) 15. 3. 1814 o) 28. 8. 1857 p) Amerika s) Konsens vom 19. 8. 1857

10651 a) Cath. Margarethe Wilhelmine N i e m e y e r aus Sennlich Nr. 11a b) 29. 1. 1827 o) 29. 8. 1857 p) Amerika s) Heimlich ausgewandert

10652 a) Cath. Wilhelmine S c h ö p p e r aus Seeste Nr. 16a, Magd b) 14. 1. 1835 o) 29. 8. 1857 p) Amerika s) Heimlich ausgewandert

10653 a) Friedr. B r u n e aus Ledde, Knecht b) 29. 10. 1833 o) 25. 8. 1857 p) Amerika s) Heimlich ausgewandert

10654 a) Herm. Friedr. Wilh. W a h l b r i n k aus Metten Nr. 35a, Knecht b) 26. 8. 1840 o) 5. 9. 1857 p) Amerika s) Heimlich ausgewandert

10655 a) Herm. Heinr. W u l f e m e y e r aus Metten Nr. 22, Knecht b) 1. 9. 1840 o) 5. 9. 1857 p) Amerika s) Heimlich ausgewandert

10656 a) Friedr. Philipp L i e n e m a n n aus Kappeln, Knecht b) 4. 8. 1830 o) 5. 9. 1857 p) Amerika s) Heimlich ausgewandert

10657 a) Cath. Elis. G a u s m a n n aus Kappeln, Magd b) 8. 3. 1836 o) 2. 10. 1857 p) Amerika s) Heimlich ausgewandert

10658 a) Herm. Heinr. B r i n k m a n n aus Kappeln, Knecht b) 26. 6. 1832 o) 2. 10. 1857 p) Amerika s) Mit Pass

10659 a) Sophie S c h u l t e aus Mettingen, Magd b) 1830 o) 15. 9. 1857 p) Amerika s) Heimlich ausgewandert

10660 a) Herm. Heinr. B o r g m a n n aus Osterbeck Nr. 14a, Knecht b) 8. 10. 1834 o) 2. 10. 1857 p) Amerika s) Heimlich ausgewandert

10661 a) Cath. Agnese O s t e n d o r f aus Osterbeck Nr. 14b, Magd b) 10. 9. 1841 o) 8. 10. 1857 p) Amerika s) Heimlich ausgewandert

10662 a) Herm. Heinr. K ö n i g aus Metten Nr. 48, Schmiedegesell b) 26. 5. 1833 o) 8. 10. 1857 p) Amerika s) Mit Pass

10663 a) Friedr. Wilh. S c h ä c h t e r aus Hambüren Nr. 9a, Knecht b) 3. 7. 1840 o) 2. 10. 1857 p) Amerika s) Heimlich ausgewandert

10664 a) Heinr. Wilh. V o s s aus Metten Nr. 6, Ackersmann b) 3. 8. 1825 o) 13. 10. 1857 p) Amerika s) Mit Pass

10665 a) Wilhelmine K i p p aus Leeden, Magd b) 17. 12. 1838 o) 25. 9. 1857 p) Amerika s) Mit Pass

10666 a) Heinr. Wilh. K l u t e aus Kappeln, Arbeiter b) 22. 8. 1819 o) 25. 9. 1857 p) Amerika s) Konsens vom 23. 5. 1857

10667 a) Joh. Friedr. W i n d m ö l l e r aus Lengerich, Tischlergesell b) 12. 9. 1826 d) M. [... Cornelia? Conradine?] Friederike O v e r b e c k 22. 10. 1826 e) Philippine Charlotte 14. 9. 1855 o) 3. 10. 1857 p) Amerika s) Konsens vom 10. 10. 1857

10668 a) Joh. Heinr. N i e m e y e r aus Kappeln, Arbeiter b) 28. 10. 1830 o) 31. 3. 1858 p) Amerika s) Konsens vom 23. 3. 1858

10669 a) Herm. Heinr. B e c k e m e y e r aus Kappeln, Arbeiter b) 29. 4. 1829 o) 31. 3. 1858 p) Amerika s) Heimlich ausgewandert

10670 a) Friederike Wilhelmine M e l o aus Kappeln, Magd b) 25. 7. 1840 o) 15. 9. 1858 p) Amerika s) Heimlich ausgewandert

10671 a) Steffen Heinr. S c h ä p e r aus Kappeln, Knecht b) 8. 10. 1834 o) 1. 9. 1858 p) Amerika s) Mit Pass

10672 a) Carl Ludwig W e s t e r m a n n aus Lada Nr. 12, Heuermann b) 27. 2. 1820 d) Cath. Wilhelmine J o h a n n i n g 14. 2. 1828 e) Joh. Wilh. 15. 1. 1854, Joh. Heinr. 26. 4. 1856 g) Cath. W e s t e r m a n n g e b. S c h ä c h t e r 2. 6. 1787 o) 30. 8. 1858 p) Amerika s) Konsens vom 10. 8. 1858

10673 a) Herm. Heinr. E c h e l m e y e r aus Düte Nr. 1a, Heuermann b) 24. 11. 1802 d) Cath. Margarethe W i e m e r 30. 1. 1801 e) Friedr. Wilh. 15. 12. 1835, Herm. Heinr. 20. 6. 1838, Cath. Wilhelmine 9. 11. 1840, Cath. M. 1. 1. 1844 o) 27. 8. 1858 p) Amerika s) Konsens vom 4. 8. 1858. Die Söhne wandern heimlich aus

10674 a) A. Cath. D e t e r m a n n aus Kappeln, Magd b) 7. 11. 1836 o) 15. 9. 1858 p) Amerika s) Mit Pass

10675 a) Jörgen Heinr. W a h l b r i n k aus Sennlich Nr. 8, Heuermann b) 27. 2. 1825 d) Cath. Bernhardine H i l l e m e y e r 22. 6. 1825 e) Georg Wilh. 13. 3. 1857 o) 27. 8. 1858 p) Amerika s) Konsens vom 3. 8. 1858

10676 a) Cath. Wilhelmine B ü s c h e r aus Seeste Nr. 18a, Magd b) 14. 11. 1832 o) 27. 8. 1858 p) Amerika s) Mit Pass

10677 a) Georg Bernh. Heinr. H i l l e m e y e r aus Sennlich Nr. 12a, Knecht b) 28. 6. 1829 o) 10. 9. 1858 p) Amerika s) Mit Pass

10678 a) Cath. Margarethe K u h l m a n n aus Westerbeck Nr. 12a, Magd b) 2. 9. 1831 o) 10. 9. 1858 p) Amerika s) Mit Pass

10679 a) Heinr. Arnold S i e v e r t aus Sennlich Nr. 43, Knecht b) 5. 10. 1822 o) 15. 9. 1858 p) Amerika s) Mit Pass

10680 a) Christ. Wilhelmine W a l l e n b r o c k aus Seeste Nr. 5b, Magd b) 7. 10. 1835 o) 15. 9. 1858 p) Amerika s) Mit Pass

10681 a) Heinr. Wilh. G e r l e m a n n aus Lada Nr. 11a, Knecht b) 1. 7. 1832 o) 14. 9. 1858 p) Amerika s) Mit Pass

10682 a) Cath. R ö w e r aus Wersen, Magd b) 1831 o) 7. 9. 1858 p) Amerika s) Heimlich ausgewandert

10683 a) Joh. Wilh. T e e p e aus Hambüren Nr. 17a, Knecht b) 6. 10. 1834 o) 2. 10. 1858 p) Amerika s) Mit Pass

10684 a) Cath. M. Elis. S c h ö p p e r aus Seeste Nr. 16a, Magd b) 7. 9. 1836 o) 27. 8. 1858 p) Amerika s) Mit Pass

10685 a) Louise Elis. R i c h t e r aus Osterbeck Nr. 14b, Magd b) 7. 3. 1836 o) 2. 10. 1858 p) Amerika s) Mit Pass

10686 a) Heinr. Wilh. S c h ä p e r aus Metten Nr. 27, Bäckerknecht b) 11. 1. 1833 o) 30. 9. 1858 p) Amerika s) Heimlich ausgewandert

10687 a) Cath. M e r s c h w e r t h aus Lotte, Magd b) 22 J. o) 30. 9. 1858 p) Amerika s) Heimlich ausgewandert

10688 a) Joh. Heinr. M e r s c h w e r t h aus Lada Nr. 11a, Knecht b) 2. 1. 1830 d) Cath. Elis. B r e m e r aus Seeste Nr. 10a 9. 2. 1834 o) 27. 3. 1859 p) Amerika s) Konsens vom 14. 3. 1859

10689 a) Philipp C o o r d aus Düte Nr. 35, Knecht b) 23. 10. 1832 d) Cath. Wilhelmine E c h e l m e y e r aus Seeste Nr. 62 22. 10. 1842 e) Joh. Friedr. 25. 6. 1858 o) 31. 3. 1859 p) Amerika s) Konsens vom 15. 3. 1859

10690 a) Bernh. Heinr. D i e c k b e r n d aus Westerbeck Nr. 27a, Heuermann b) 22. 11. 1797 d) Sophie Elis. S c h a b e r g 18. 7. 1802 e) Herm. Heinr. 5. 11. 1836, Cath. M. Elis. 21. 3. 1839, Cath. Agnese 7. 12. 1841 o) 30. 8. 1859 p) Amerika s) Konsens vom 9. 8. 1859

10691 a) Cath. Wilhelmine B e r l e k a m p aus Westerbeck Nr. 1b, Magd b) 9. 11. 1834 o) 29. 8. 1859 p) Amerika s) Mit Pass

10692 a) M. Elis. S c h e m m e aus Westerbeck Nr. 33a, Magd b) 26. 1. 1839 o) 27. 8. 1859 p) Amerika s) Heimlich ausgewandert

10693 a) Herm. Friedr. K u h l m a n n aus Westerbeck Nr. 8c, Knecht b) 20. 4. 1831 o) 15. 9. 1859 p) Amerika s) Heimlich ausgewandert

10694 a) Herm. Heinr. K u h l m a n n aus Westerbeck Nr. 8c, Knecht b) 19. 9. 1834 o) 15. 9. 1859 p) Amerika s) Konsens vom 1. 9. 1859

10695 a) Cath. Elis. W a l l e n b r o c k aus Seeste Nr. 5a, Magd b) 24. 2. 1841 o) 30. 9. 1859 p) Amerika s) Heimlich ausgewandert

10696 a) Cath. Margarethe B r i n k m a n n aus Seeste Nr. 55, Magd b) 24. 3. 1837 o) 30. 9. 1859 p) Amerika s) Heimlich ausgewandert

10697 a) Cath. Wilhelmine T i m m e r m a n n aus Kappeln, Magd b) 3. 11. 1838 o) 30. 9. 1859 p) Amerika s) Heimlich ausgewandert
10698 a) Heinr. Wilh. S c h e m m e aus Westerbeck Nr. 33a, Knecht b) 18. 9. 1841 o) 30. 9. 1859 p) Amerika s) Heimlich ausgewandert
10699 a) Friedr. Wilh. G o s e j o h a n n aus Westerbeck Nr. 34, Knecht b) 6. 1. 1839 o) 30. 9. 1859 p) Amerika s) Heimlich ausgewandert
10700 a) Cath. Margarethe S c h e m m e aus Kappeln, Magd b) 10. 6. 1833 o) 30. 9. 1859 p) Amerika s) Heimlich ausgewandert
10701 a) Herm. Heinr. H i n n a h aus Lada Nr. 14, Ackersmann b) 8. 11. 1795 e) Cath. Wilhelmine 18. 4. 1830, Heinr. Wilh. 5. 10. 1833 o) 30. 9. 1859 p) Amerika s) Konsens vom 30. 8. 1859
10702 a) Joh. Wilh. Adolph K u h l e n b e c k aus Hambüren Nr. 6a, Knecht b) 1. 2. 1827 o) 10. 9. 1859 p) Amerika s) Konsens vom 1. 9. 1859
10703 a) Marie R i c h t e r aus Wersen, Magd b) 18 J. o) 10. 9. 1859 p) Amerika s) Heimlich ausgewandert
10704 a) Jörgen Heinr. L i e n e m a n n aus Sennlich Nr. 12, Colon b) 6. 1. 1818 d) M. Cath. Lienemann e) Marie Regine Elis. 16. 3. 1838, Christine Wilhelmine Amalie 8. 1. 1841, Herm. Heinr. 25. 5. 1843, Wilhelmine Friederike 11. 11. 1852, Christine Louise 9. 3. 1855 o) 30. 9. 1859 p) Amerika s) Konsens vom 26. 10. 1859
10705 a) Joh. Bernh. S t i e g e m e y e r aus Westerbeck Nr. 79, Neubauer b) 19. 4. 1814 d) Marie Elis. Wolff 20. 3. 1811 e) Joh. Heinr. 11. 11. 1840, Friedr. Wilh. 17. 9. 1843, Joh. Heinr. 24. 6. 1846, Cath. Elis. 16. 3. 1849, Herm. Heinr. 1. 3. 1854, Joh. Friedr. 16. 10. 1857 o) 30. 8. 1859 p) Amerika s) Konsens vom 5. 8. 1859
10706 a) Herm. Heinr. H a c k m a n n aus Westerbeck Nr. 68a, Heuermann b) 5. 5. 1820 d) Cath. Agnese T w i e h a u s e) Cath. Wilhelmine 2. 6. 1846, Cath. Louise 13. 1. 1854, Herm. Friedr. 28. 6. 1858 o) 30. 8. 1859 p) Amerika s) Konsens vom 19. 8. 1859
10707 a) Friedr. Wilh. D ü i n g aus Leeden, Ackerknecht b) 1. 4. 1830 o) 29. 7. 1860 p) Amerika s) Konsens vom 11. 5. 1860
10708 a) Herm. Heinr. W e s t e r m a n n aus Kappeln, Arbeiter b) 15. 5. 1833 o) 4. 7. 1860 p) Amerika s) Konsens vom 25. 6. 1860
10709 a) Carl Heinr. B r e y e r aus Lengerich, Zimmermann b) 1. 9. 1828 d) A. Cath. Margarethe S t a l l m a n n 25. 4. 1813 o) 16. 7. 1860 p) Amerika s) Konsens vom 5. 4. 1860
10710 a) Joh. Friedr. M ö l l e n k a m p aus Atter, Heuermann b) 11. 8. 1815 d) Cath. Marie B r ü g g e m a n n e) Joh. Heinr. 6. 9. 1845, Ernst Heinr. 12. 9. 1852 o) 1. 9. 1860 p) Amerika s) Konsens vom 10. 8. 1860
10711 a) Cath. Margarethe F r e e s e aus Seeste Nr. 31a, Magd b) 27. 9. 1835 o) 1. 9. 1860 p) Amerika s) Mit Pass
10712 a) Joh. Heinr. O s t e n d o r f aus Westerbeck Nr. 14, Heuermann b) 5. 7. 1813 d) Cath. Agnese M e y e r 18. 2. 1808 e) Heinr. Wilh. 12. 2. 1849 o) 1. 9. 1860 p) Amerika s) Konsens vom 21. 8. 1860
10713 a) Joh. Wilh. S c h ö p p e r aus Seeste Nr. 16 b) 12. 9. 1807 d) Cath. M. S p e l l m e y e r 4. 5. 1810 e) Cath. Marie Elis. 4. 12. 1838, Cath. Agnese 5. 3. 1841, Christine Wilhelmine Agnese 23. 10. 1851 o) 1. 9. 1860 p) Amerika s) Konsens vom 21. 8. 1860
10714 a) Cath. Margarethe H a c k m a n n geb. S t a l l m a n n aus Westerbeck Nr. 26a, Taglöhnerin b) 12. 3. 1795 e) Herm. Friedr. 4. 11. 1840 o) 14. 9. 1860 p) Amerika s) Konsens vom 25. 8. 1860
10715 a) Cath. Elis V o s s aus Kappeln, Taglöhnerin b) 21. 7. 1808 e) Gerh. Heinr. V o s s gt. B e c k e r i n g 5. 11. 1836, unehelich o) 4. 9. 1860 p) Amerika
10716 a) Albertus W e b b i n k aus Kappeln, Heuermann b) 34 J. Borne (im Holländischen) e) Cath. Marie Elis. H a c k m a n n 7. 1. 1837, August Heinr. 1. 1. 1860 o) 14. 9. 1860 p) Amerika
10717 a) Marie Elis. V o s s aus Handarpe Nr. 20 b) 19. 8. 1838 o) 12. 9. 1860 p) Amerika s) Mit Pass
10718 a) Gerh. Rudolf W i e m e r aus Handarpe Nr. 12, Knecht b) 1. 8. 1825 o) 10. 6. 1860 p) Amerika s) Mit Pass
10719 a) Herm. Heinr. Adolf L a u m e y e r aus Seeste Nr. 12a, Knecht b) 25. 9. 1841 o) 16. 4. 1860 p) Amerika s) Heimlich augewandert
10720 a) Margarethe Wilhelmine A l d e n d o r f aus Kappeln Nr. 65, Magd b) 17. 1. 1835 h) Cath. Elis. Aldendorf 12. 6. 1840, Magd o) 30. 8. 1860 p) Amerika s) Heimlich ausgewandert

10721 a) Herm. Heinr. T r e n n e p o h l aus Seeste Nr. 41, Schneiderlehrling b) 2. 5. 1842 o) 28. 9. 1860 p) Amerika s) Heimlich ausgewandert

10722 a) Friedr. Wilh. S t i e g e m e y e r aus Westerbeck Nr. 79 b) 17. 9. 1843 o) 12. 9. 1860 p) Amerika s) Heimlich ausgewandert

10723 a) Joh. Heinr. L a n g e aus Seeste Nr. 46 b) 29. 9. 1845 h) Bernh. Heinr. Lange 24. 6. 1849 o) 22. 9. 1860 p) Amerika s) Heimlich ausgewandert

10724 a) Joh. Heinr. E l s t r o d t aus Metten Nr. 12a, Knecht b) 9. 12. 1840 o) 2. 10. 1860 p) Amerika s) Heimlich ausgewandert

10725 a) Herm. Heinr. K n i p p e n b e r g aus Metten Nr. 37a, Knecht b) 25. 11. 1832 o) 4. 10. 1860 p) Amerika s) Heimlich ausgewandert

10726 a) Herm. Friedr. S c h u l t e aus Hambüren Nr. 11c, Knecht b) 28. 3. 1839 o) 4. 10. 1860 p) Amerika s) Heimlich ausgewandert

10727 a) Georg Franz S p a r e n b e r g aus Hambüren Nr. 10a, Tischler b) 28. 6. 1835 o) 4. 10. 1860 p) Amerika s) Heimlich ausgewandert

10728 a) Joh. Friedr. S t e i n r i e d e aus Hambüren Nr. 16a, Knecht b) 10. 2. 1841 o) 4. 10. 1860 p) Amerika s) Heimlich ausgewandert

10729 a) Bernh. Heinr. L i e n e m a n n aus Sennlich Nr. 12, Knecht b) 28. 11. 1834 o) 1860 p) Amerika s) Konsens vom 30. 11. 1860

10730 a) Cath. Elis. P r i g g e m e y e r aus Kappeln Nr. 239, Magd b) 8. 10. 1838 o) 22. 7. 1861 p) Amerika s) Mit Pass

10731 a) A. Cath. M. O s t h o f f aus Westerbeck Nr. 36, Magd b) 3. 11. 1839 o) 14. 4. 1861 p) Amerika s) Mit Pass

10732 a) Cath. M. B ö w e r aus Westerbeck Nr. 39, Magd b) 10. 5. 1842 o) 1. 10. 1861 p) Amerika s) Mit Pass

10733 a) Wilhelmine M e l o Witwe B ü n e m a n n aus Kappeln Nr. 41, Arbeiterin b) 2. 2. 1820 e) Joh. Heinr. Friedr. 17. 11. 1857 o) 31. 10. 1861 p) Amerika s) Mit Pass

10734 a) Marie Elis. H e l m i g aus Seeste Nr. 8a, Magd b) 28. 8. 1830 e) Lisette Helmig aus Seeste Nr. 39 1853 o) 14. 4. 1862 p) Amerika s) Mit Pass

10735 a) Cath. Elis. K l i n g e m e y e r aus Hambüren Nr. 14a, Magd b) 24. 3. 1839 o) 14. 4. 1862 p) Amerika s) Mit Pass

10736 a) Georg Friedr. N u b b e m e y e r aus Hambüren Nr. 51, Pferdehändler b) 15. 4. 1842 o) 1. 10. 1862 p) Amerika s) Heimlich ausgewandert

10737 a) Jacob G o l d b e r g aus Kappeln Nr. 9, Handelsmann, Jude b) 28. 3. 1842 o) 9. 6. 1862 p) Amerika s) Heimlich ausgewandert

10738 a) Joh. Heinr. E i s m a n n aus Westerbeck Nr. 6 b) 16. 12. 1833 o) 14. 4. 1862 p) Amerika s) Heimlich ausgewandert. Nachtrag: Konsens vom 21. 1. 1863

10739 a) A. Cath. M. S t i e g e m e y e r aus Seeste Nr. 11a, Magd b) 11. 12. 1826 o) 1. 10. 1862 p) Amerika s) Heimlich ausgewandert

10740 a) M. Sophie J o h a n n i n g aus Düte Nr. 8a, Magd b) 26. 4. 1837 o) 28. 7. 1862 p) Amerika s) Heimlich ausgewandert

10741 a) Herm. Friedr. S e n n l i c h aus Sennlich Nr. 11c, Arbeiter b) 24. 8. 1838 o) 1. 9. 1863 p) Amerika s) Mit Pass

10742 a) Christine Wilhelmine Marie S c h r o e r aus Kappeln Nr. 80, Dienstmagd b) 15. 3. 1834 o) 1. 9. 1863 p) Amerika s) Mit Pass

10743 a) Herm. Friedr. E v e r s m e y e r aus Sennlich Nr. 21, Arbeiter b) 4. 1. 1836 o) 1. 9. 1863 p) Amerika s) Mit Pass

10744 a) Christine Wilhelmine R e d e c k e r aus Sennlich Nr. 32, Dienstmagd b) 28. 1. 1844 o) 1. 9. 1863 p) Amerika s) Heimlich ausgewandert

10745 a) Marie Elis. P o s e r aus Kappeln Nr. 75, Näherin b) 15. 4. 1838 o) 1. 9. 1863 p) Amerika s) Mit Pass

10746 a) Herm. Heinr. H i s c h e m ö l l e r aus Düte Nr. 13a, Arbeiter b) 3. 6. 1835 d) Marie Wilhelmine S c h e m m e aus Düte Nr. 30 6. 1. 1842 e) Marie Wilhelmine 29. 1. 1862 o) 1. 9. 1863 p) Amerika s) Konsens vom 28. 8. 1863

10747 a) Friedr. Wilh. T a c k e aus Sennlich Nr. 48 b) 20. 2. 1798 d) Friederike Sophia C h r i s t o f f e r 2. 10. 1823 e) Friedr. August 20. 1. 1840, Ernst Friedr. 27. 11. 1842, Ludwig Wilh. 7. 3. 1845, M. Charlotte Elis. 4. 12. 1849, Elis. Lisette 14. 2. 1856, Bernhardine Wilhelmine 11. 8. 1858, Cath. Louise 12. 1. 1862 o) 1. 9. 1863 p) Amerika s) Konsens vom 28. 4. 1863

10748 a) Johanna Arnoldine Elsabein B i e r b a u m aus Metten Nr. 24, Magd b) 7. 6. 1839 h) Cath. Wilhelmine Elsabein Bierbaum 21. 9. 1841, Magd o) 1. 10. 1863 p) Amerika s) Mit Pass

10749 a) Heinr. Adolph S p e l l m e y e r aus Lada Nr. 28a, Arbeiter b) 22. 12. 1833 o) 15. 10. 1863 p) Amerika s) Mit Konsens

10750 a) Cath. M. Elsabein P ö t t e r aus Lada Nr. 4a, Magd b) 9. 3. 1839 o) 15. 10. 1863 p) Amerika s) Mit Pass

10751 a) A. Cath. Friederike T o m e t t e n Ehefrau N u b b e m e y e r aus Hambüren Nr. 51 b) 28. 4. 1800 e) Cath. Friederike M. 15. 4. 1842 o) 28. 8. 1863 p) Amerika s) Mit Pass

10752 a) Heinr. Adolph P u n d m a n n aus Kappeln, Arbeiter b) 30. 1. 1830 p) Amerika s) Konsens vom 7. 1. 1863

10753 a) Friedr. Wilh. P u n d m a n n aus Kappeln Nr. 71, Arbeiter b) 1. 6. 1823 d) Marie Elis. R i e s k a m p 29. 1. 1819 e) Friedr. Wilh. 6. 10. 1846 o) 7. 4. 1864 p) Amerika s) Konsens vom 27. 2. 1862

10754 a) Herm. Heinr. G a u s m a n n aus Kappeln, Heuermann b) 4. 3. 1808 d) Cath. Margarethe D i e c k m e y e r 3. 5. 1815 e) Herm. Heinr. 30. 9. 1844, Joh. Friedr. 17. 8. 1847, M. Sophia 20. 6. 1853, Wilhelmine Sophia 5. 3. 1856, Friedr. Wilh. 12. 2. 1864, Cath. M. 19. 8. 1842 o) 25. 8. 1864 p) Amerika s) Konsens vom 29. 7. 1864

10755 a) Heinr. Adolph S c h ä p e r aus Kappeln, Heuermann b) 1. 6. 1821 d) Cath. M. D e t e r m a n n 4. 10. 1820 e) Joh. Heinr. 20. 9. 1844, Ernst August 22. 4. 1858 o) 25. 8. 1864 p) Amerika s) Konsens vom 28. 7. 1864

10756 a) Herm. Heinr. H e l m i g aus Kappeln, Heuermann b) 23. 7. 1805 e) Christine Elis. 12. 9. 1844, Joh. Heinr. 1. 8. 1855 o) 29. 8. 1864 p) Amerika s) Konsens vom 12. 8. 1864

10757 a) Herm. N i e m e y e r aus Kappeln, Heuermann b) 21. 2. 1840 o) 29. 8. 1864 p) Amerika s) Konsens vom 11. 8. 1864

10758 a) M. Elis. L i e n e m a n n aus Kappeln, Magd b) 16. 11. 1838 o) 29. 8. 1864 p) Amerika s) Konsens vom 19. 8. 1864

10759 a) M. Elis. H a c k m a n n aus Kappeln, Magd b) 26. 6. 1838 o) 29. 8. 1864 p) Amerika s) Konsens vom 12. 8. 1864

10760 a) Cath. Elis. B r ö g g e l m e y e r aus Kappeln, Magd b) 15. 9. 1834 o) 29. 8. 1864 p) Amerika s) Konsens vom 27. 8. 1864

10761 a) Wilhelmine K a t t m a n n aus Kappeln, Magd b) 12. 2. 1844 o) 12. 9. 1864 p) Amerika s) Konsens vom 3. 9. 1864

10762 a) Steffen Heinr. H o l k e aus Kappeln, Kötter b) 10. 9. 1810 d) Cath. M. P i e p m e y e r 9. 7. 1823 e) M. Elise 7. 10. 1852, Sophie Elise 30. 10. 1861 o) 12. 9. 1864 p) Amerika s) Konsens vom 12. 9. 1864

10763 a) Eberhard Adolf H a s e m a n n aus Kappeln, Arbeiter b) 20. 12. 1832 o) 10. 11. 1864 p) Amerika s) Konsens vom 27. 10. 1864

10764 a) Herm. Heinr. H o l k e aus Kappeln b) 1. 2. 1843 [c) Steffen Heinr. Holke u. Cath. M. Piepmeyer] o) 19. 11. 1864 p) Amerika s) Konsens vom 26. 8. 1864

10765 a) Joh. Heinr. M e y e r aus Kappeln, Ackersmann b) 28. 2. 1835 o) 6. 4. 1865 p) Amerika s) Konsens vom 29. 3. 1865

10766 a) Herm. Heinr. T i m m e r m a n n aus Kappeln, Ackersmann b) 6. 8. 1837 o) 6. 4. 1865 p) Amerika s) Konsens vom 29. 3. 1865

10767 a) Joh. Heinr. B r i n k m a n n aus Kappeln, Ackerknecht b) 1. 6. 1824 o) 6. 5. 1865 p) Amerika s) Konsens vom 29. 3. 1865

10768 a) A. Kath. P l a g g e v o e t Ehefrau M e y e r aus Kappeln, Magd b) 12. 4. 1836 o) 6. 4. 1865 p) Amerika s) Mit Pass

10769 a) Kath. Wilhelmine Christine N i e m e y e r Ehefrau T i m m e r m a n n aus Kappeln, Magd b) 22. 12. 1841 o) 6. 4. 1865 p) Amerika s) Mit Pass

10770 a) Cath. M. E n g e l Ehefrau B r i n k m a n n , Magd b) 26. 5. 1840 o) 6. 4. 1865 p) Amerika s) Mit Pass

10771 a) Friedr. Adolph E r k o aus Kappeln, Knecht b) 6. 2. 1834 o) 30. 4. 1865 p) Amerika s) Konsens vom 21. 4. 1865

10772 a) Friedr. Wilh. S e n n l i c h aus Kappeln, Jnecht b) 16. 6. 1833 o) 30. 4. 1865 p) Amerika s) Konsens vom 21. 4. 1865

10773 a) Heinr. Friedr. L u t t e r b e i aus Kappeln, Schuhmachergesell b) 30. 11. 1828 o) 12. 4. 1865 p) Amerika s) Konsens vom 6. 4. 1865

10774 a) Gerh. Friedr. W a h l b r i n k aus Kappeln, Ackerknecht b) 10. 5. 1825 o) 15. 6. 1865 p) Amerika s) Konsens vom 9. 6. 1865

10775 a) Herm. Heinr. D i e c k b e r n d aus Westerbeck Nr. 1, Heuermann b) 5. 7. 1833 d) Marie Cath. F r e e s e 13. 3. 1836 Marie Sophie 3. 9. 1863 o) 15. 7. 1865 p) Amerika s) Konsens vom 8. 7. 1865

10776 a) Heinr. Wilh. F r e e s e aus Westerbeck Nr. 1, Heuermann b) 20. 3. 1809 d) Cath. Margarethe D i e c k m e i e r 10. 5. 1810 e) Steffen Heinr. 18. 8. 1838 o) 15. 8. 1865 p) Amerika s) Konsens vom 28. 7. 1865

10777 a) Johanne Christine Charlotte B ü n e m a n n aus Kappeln, Stadtbezirk, Dienstmagd b) 18. 2. 1839 o) 15. 8. 1865 p) Amerika s) Mit Pass

10778 a) Jürgen Heinr. S c h ä c h t e r aus Hambüren Nr. 9 (Lagemanns Heuer), Kleinknecht b) 1. 3. 1849 o) 15. 8. 1865 p) Amerika s) Konsens vom 8. 7. 1865

10779 a) Joh. Heinr. S c h e m m e aus Osterbeck, Heuermann b) 10. 7. 1828 d) Cath. Wilhelmine E c h e l m e i e r 1. 7. 1829 e) Herm. Heinr. 21. 3. 1857, Cath. Elise 14. 12. 1858, Marie Lisette 20. 11. 1861, Joh. Heinr. 25. 3. 1865 g) Marie Elis. H o l t g r ä v e 24. 6. 1788 o) 15. 8. 1865 p) Amerika s) Konsens vom 14. 7. 1865

10780 a) Friedr. Wilh. H a g e n b e r g aus Seeste, Ackerknecht b) 2. 3. 1836 o) 1865 p) Amerika s) Konsens vom 28. 7. 1865

10781 a) Heinr. Wilh. W e s s e l aus Seeste, Ackerknecht b) 8. 10. 1829 o) 15. 8. 1865 p) Amerika s) Konsens vom 28. 7. 1865

10782 a) Christine Wilhelmine S c h e m m e aus Westerbeck Nr. 33a, Magd b) 26 J. o) 15. 8. 1865 p) Amerika s) Reisepass vom 26. 7. 1865

10783 a) Cath. Wilhelmine W i l k e aus Seeste (in Wulffs Heuer), Magd b) 27¾ J. o) 15. 8. 1865 p) Amerika s) Reisepass vom 26. 7. 1865

10784 a) Cath. Margarethe D i e k m a n n aus Seeste Nr. 29 (in Kopadts Heuer), Magd b) 28 J. o) 15. 8. 1865 p) Amerika s) Reisepass vom 26. 7. 1865

10785 a) Marie Elis. O t t e aus Westerbeck Nr. 50, Magd b) 26 J. o) 15. 8. 1865 p) Amerika s) Reisepass vom 26. 7. 1865

10786 a) Marie Elis. T e b b e aus Seeste (Klingemeiers Heuer), Magd b) 22. 11. 1843 o) 15. 8. 1865 p) Amerika s) Reisepass vom 5. 8. 1865

10787 a) Cath. Elis. H a c k m a n n aus Sennlich, Magd b) 19 J. o) 15. 8. 1865 p) Amerika s) Reisepass vom 5. 8. 1865

10788 a) Cath. Marie Elis. K u h l m a n n aus Westerbeck Nr. 8, Näherin b) 4. 10. 1839 o) 5. 8. 1865 p) Amerika s) Reisepass vom 5. 8. 1865

10789 a) Cath. M. K u h l m a n n aus Westerbeck Nr. 8, Magd b) 4. 5. 1842 o) 5. 8. 1865 p) Amerika s) Reisepass vom 5. 8. 1865

10790 a) Cath. Wilhelmine K u h l m a n n aus Westerbeck Nr. 8, Magd b) 18. 3. 1847 o) 5. 8. 1865 p) Amerika s) Reisepass vom 5. 8. 1865

10791 a) Jörgen Heinr. S p i e c k e r aus Sennlich, Zimmermann b) 13. 9. 1801 o) 15. 8. 1865 p) Amerika s) Reisepass vom 15. 8. 1865

10792 a) Cath. M. W e r r e m e y e r aus Kappeln, Dienstmagd b) 11. 2. 1842 o) 1. 9. 1865 p) Amerika s) Reisepass vom 19. 8. 1865

10793 a) Herm. Friedr. H o l l e n b e r g aus Kappeln, Schneidergesell b) 15. 10. 1824 o) 1. 9. 1865 p) Amerika s) Konsens vom 10. 8. 1865

10794 a) Joh. Friedr. Moritz H o l l e n b e r g aus Westerbeck Nr. 3 (bei Twiehaus), Heuermann b) 23. 3. 1821 d) Christine Wilhelmine E l s t r o d t 12. 8. 1836 e) Kath. Wilhelmine 16. 12. 1846, Stephan Heinr. 24. 12. 1848, Herm. Heinr. 17. 1. 1855 o) 1. 9. 1865 p) Amerika s) Konsens vom 17. 8. 1865

10795 a) Joh. Bernh. Heinr. D i e k m e i e r aus Westerbeck Nr. 28, Colon b) 28. 5. 1813 d) Kath. Marie Elis. B e c k e m e y e r 5. 12. 1818 e) Friedr. Wilh. 6. 10. 1845, Heinr. Wilh. 23. 2. 1848, Kath. Wilhelmine

22. 8. 1850, Herm. Heinr. 5. 3. 1853, Gerh. Heinr. 11. 4. 1856, Heinr. August 23. 11. 1858, Steffen Heinr. 28. 2. 1861, Gustav Adolph 6. 1. 1864 o) 31. 8. 1865 p) Amerika s) Konsens vom 11. 8. 1865

10796 a) Gerh. Wilh. S p a r e n b e r g aus Kappeln, Taglöhner b) 17. 11. 1840 o) 1. 10. 1865 p) Amerika s) Reisepass vom 7. 9. 1865

10797 a) Herm. Theodor S p a r e n b e r g aus Kappeln, Taglöhner b) 5. 8. 1839 o) 1. 10. 1865 p) Amerika s) Reisepass vom 29. 9. 1865

10798 a) Jörgen Heinr. K r ö n e r aus Kappeln, Knecht b) 17. 6. 1839 o) 15. 10. 1865 p) Amerika s) Reisepass vom 30. 9. 1865

10799 a) Z e i g e r aus Kappeln, Magd o) 15. 10. 1865 p) Amerika s) Ohne Pass u. Konsens

10800 a) H a d e r f e l d aus Kappeln, Knecht o) Herbst 1865 p) Amerika s) Heimlich weggegangen. Militärpflichtig

10801 a) I b u r g aus Kappeln, Knecht o) Herbst 1865 p) Amerika s) Heimlich weggegangen. Militärpflichtig

10802 a) Friedr. K r ö n e r aus Kappeln, Bäcker o) Sommer 1865 p) Amerika s) Heimlich weggegangen

10803 a) M ü l l e r aus Kappeln, Oekonom o) 1865 p) Amerika s) Mit Pass

10804 a) Wilh. H a c k m a n n aus Kappeln, Knecht o) Herbst 1865 p) Amerika s) Heimlich ausgewandert

10805 a) Georg Heinr. T ü p k e r aus Kappeln, Knecht o) September 1865 p) Amerika s) Heimlich ausgewandert

10806 a) Herm. Heinr. W i l k e aus Kappeln, Knecht o) September 1865 p) Amerika s) Heimlich ausgewandert

10807 a) Cath. S c h e m m e aus Kappeln, Magd o) September 1865 p) Amerika s) Heimlich ausgewandert

10808 a) Gerh. Wilh. F e l d m a n n aus Kappeln, Taglöhner, Bergmann b) 5. 6. 1836 d) Cath. Friederike B r ö n s t r u p 10. 3. 1833 e) Moritz Rudolph Heinr. 4. 10. 1859, Friederike A. 29. 7. 1863 p) Amerika s) Konsens vom 24. 2. 1866

10809 a) Joh. Heinr. R i e h e m a n n aus Kappeln, Ackersmann b) 31. 10. 1832 d) Hermine Cath. H e m m e 7. 9. 1839 o) 19. 4. 1866 p) Amerika s) Mit Konsens, Ehefrau mit Pass

10810 a) Lisette Elise D r i e h a u s aus Kappeln b) März 1843 o) 19. 4. 1866 p) Amerika s) Ohne Pass u. Konsens

10811 a) Gerh. Heinr. S c h r e c k aus Kappeln, Schlachtergesell b) 19. 10. 1839 o) März 1866 p) Amerika s) Heimlich ausgewandert

10812 a) Friedr. Ludwig B r u n e aus Kappeln, Knecht b) 18. 8. 1840 o) März 1866 p) Amerika s) Heimlich ausgewandert

10813 a) Joh. Adolph S t r a t e m e y e r aus Kappeln, Buchbindergesell b) 21. 7. 1840 o) März 1866 p) Amerika s) Heimlich ausgewandert

10814 a) Heinr. Wilh. M ö l l e n k a m p aus Kappeln b) 1. 12. 1842 o) Mai 1866 p) Amerika

10815 a) August Friedr. S t a l l f o r t aus Kappeln, Bergmann b) 17. 11. 1841 o) März 1866 p) Amerika s) Mit Konsens

10816 a) Heinr. Julius S t a l l f o r t aus Kappeln, Kappenmacher b) 20. 1. 1844 o) März 1866 p) Amerika

10817 a) Joh. Friedr. T e e p e aus Kappeln, Knecht b) 27. 3. 1843 o) Juni 1866 p) Amerika

10818 a) Stephan Heinr. S t i e g e m e y e r aus Kappeln, Heuermann b) 2. 2. 1812 d) Cath. Elis. B ü s c h e r 3. 10. 1818 e) Cath. Margarethe 2. 9. 1843, Cath. Wilhelmine 27. 11. 1848, Herm. Heinr. 19. 12. 1850, Friedr. Wilh. 12. 4. 1855, Friederike Lisette 5. 11. 1857, Christine Sophia 22. 2. 1860 o) 15. 8. 1866 p) Nordamerika s) Konsens vom 2. 8. 1866

10819 a) Heinr. Wilh. D ü i n g aus Kappeln, Heuermann b) 2. 10. 1824 d) Cath. Christine Bernhardine W o r t m a n n 23. 10. 1827 e) Heinr. Ludwig 27. 7. 1855, Wilhelma Amalie 24. 5. 1858, Johanne Louise 18. 1. 1861 o) 15. 8. 1866 p) Amerika s) Konsens vom 1. 8. 1866

10820 a) Cath. Wilhelmine W e s t e r m e y e r aus Kappeln b) 11. 5. 1836 o) 22. 8. 1866 p) Amerika s) Mit Pass

10821 a) Cath. Margarethe M i e m e y e r aus Kappeln b) 12. 2. 1840 o) 22. 8. 1866 p) Amerika s) Mit Pass

10822 a) Cath. M. B o r g m a n n aus Kappeln, Magd bei Boje b) 15. 3. 1840 o) 2. 8. 1866 p) Amerika s) Mit Pass

10823 a) W a h l b r i n k aus Metten o) 2. 8. 1866 p) Amerika s) Mit Pass. Tochter des Heuermanns Wahlbrink

10824 a) Agnese Elis. L a u m e y e r aus Kappeln, Magd b) 22. 7. 1836 o) 15. 8. 1866 p) Amerika s) Mit Pass
10825 a) Cath. H e c k m a n n aus Kappeln, Magd b) 20. 2. 1838 o) August 1866 p) Amerika s) Mit Pass
10826 a) a. M. S c h o p p m e y e r aus Kappeln, Dienstmagd b) 18. 1. 1839 o) 1. 9. 1866 p) Amerika s) Konsens vom 24. 8. 1866
10827 a) Marie Elis. S t u t e aus Kappeln b) 3. 12. 1840 o) 1866 p) Amerika s) Konsens vom 18. 8. 1866
10828 a) Conrad B r ü g g e n j o h a n n aus Kappeln, Holzschuhmacher b) 13. 12. 1811 d) Cath. Elis. K o l l m a n n 30. 7. 1817 e) M. Frieda Lisette 11. 12. 1848, M. Cath. 22. 11. 1851, Heinr. Wilh. 28. 4. 1855 o) 1. 9. 1866 p) Amerika s) Konsens vom 22. 8. 1866
10829 a) Philipp C o p p e l aus Kappeln, Kaufmann b) 27. 7. 1842 o) 1867 p) Niederlande – Amsterdam s) Konsens vom 29. 1. 1867
10830 a) Herm. Heinr. D i e k m a n n aus Kappeln, Ackerknecht b) 13. 9. 1837 o) April 1867 p) Amerika s) Konsens vom 7. 2. 1867
10831 a) Johanna D i e k m a n n aus Kappeln, Magd b) 20. 7. 1867 o) April 1867 p) Amerika s) Konsens vom 2. 3. 1867
10832 a) Joh. Heinr. M e r t e n aus Kappeln, Ackerknecht b) 20. 12. 1833 d) Cath. Elsabein M u n s b e r g 13. 8. 1839 o) 1. 4. 1867 p) Amerika s) Konsens vom 11. 3. 1867
10833 a) Joh. Heinr. S c h ä p e r aus Kappeln, Knecht b) 27. 4. 1838 o) 1. 4. 1867 p) Amerika s) Konsens vom 11. 3. 1867
10834 a) Cath. Elsabein M e r t e n aus Kappeln, Magd b) 20. 10. 1840 o) April 1867 p) Amerika s) Mit Pass
10835 a) Wilhelmine Elise K i p k e r aus Kappeln, Dienstmagd b) 2. 7. 1849 o) 1. 4. 1867 p) Amerika s) Mit Pass
10836 a) Cath. Sophie M e y e r aus Kappeln, Magd b) 19. 1. 1844 o) 1. 4. 1867 p) Amerika s) Mit Pass
10837 a) Herm. Heinr. K u r r e l m e i e r aus Kappeln, Heuermann b) 11. 4. 1833 d) Cath. Elsabein M ö l l e n k a m p 4. 4. 1832 e) Joh. Heinr. 4. 10. 1858, Wilhelmine Elis. 5. 12. 1860, Heinr. Wilh. 5. 9. 1863, Agnese Lisette 15. 7. 1866 o) 1. 5. 1867 p) Amerika s) Konsens vom 20. 4. 1867
10838 a) Joh. Heinr. M ö l l e n k a m p aus Kappeln, Ackersmann b) 18. 10. 1838 o) 27. 5. 1867 p) Amerika s) Mit Pass
10839 a) N.N. M ö l l e n k a m p aus Kappeln, Magd b) 8. 10. 18.. o) 27. 5. 1867 p) Amerika s) Mit Pass
10840 a) Herm. Heinr. K e l l e r m e i e r aus Kappeln b) 15. 4. 1842 o) 1867 p) Amerika s) Mit Pass
10841 a) A. Cath. L a u m e i e r aus Kappeln, Magd b) 25. 9. 1844 o) 15. 8. 1867 p) Amerika s) Mit Pass
10842 a) Cath. M. B ö w e r aus Kappeln, Magd b) 10. 1. 1845 o) Mitte August 1867 p) Amerika s) Pass vom 30. 7. 1867
10843 a) Joh. Herm. K u h l m a n n aus Kappeln, Heuermann b) 12. 3. 1800 d) Cath. Margarethe B e i m d i e k 13. 5. 1805 e) Cath. Margarethe 11. 4. 1837 mit Ehemann Joh. Heinr. K n ü p p e 10. 7. 1837 und den Kindern M. Sophie Elise 8. 5. 1863, Georg August 29. 4. 1867, Herm. Friedr. Wilh. 23. 5. 1851 o) Mitte August 1867 p) Amerika s) Konsens vom 21. 7. 1867
10844 a) Stephan Heinr. W i l k e aus Seeste Nr. 7a, Heuermann b) 7. 4. 1829 d) Cath. Elis. K u h l m a n n 28. 5. 1828 e) Marie Sophie 18. 8. 1859, Johanne Franzisca Elise 1. 2. 1867 o) Mitte August 1867 p) Amerika s) Konsens vom 27. 7. 1867
10845 a) Christine Johanne B ü n e m a n n aus Kappeln, Magd b) 5. 12. 1845 o) 1867 p) Amerika s) Mit Pass
10846 a) Marie Wilhelmine D i l l y aus Kappeln, Magd b) 27. 9. 1844 o) 1867 p) Amerika s) Mit Pass
10847 a) Cath. Elis. A l t e m ö l l e r aus Kappeln, Dienstmagd b) 12. 7. 1841 o) Mitte September 1867 p) Amerika s) Mit Pass
10848 a) Marie Elise L ü d i n g h a u s aus Kappeln, Dienstmagd b) 30. 6. 1848 o) Mitte September 1867 p) Amerika s) Mit Pass
10849 a) Herm. Heinr. H e l m i c h aus Kappeln, Ackerknecht b) 15. 10. 1841 o) Mitte September 1867 p) Amerika s) Mit Pass
10850 a) Cath. M. K ö n i g aus Kappeln, Dienstmagd b) 14. 6. 1847 o) Mitte September 1867 p) Amerika s) Mit Pass
10851 a) Steffen Heinr. W i l s m a n n aus Kappeln, Knecht b) 29. 4. 1838 o) 20. 11. 1867 p) Amerika s) Konsens vom 11. 11. 1867

10852 a) Joh. Rudolf Wilh. S c h o n h o r s t aus Kappeln b) 4. 4. 1826 d) Elis. K ö s t e r 3. 3. 1825 e) Joh. Rudolf Herm. 3. 2. 1856, Christine Wilhelmine 3. 3. 1853, Friedr. Wilh. 12. 11. 1859, Joh. Heinr. 26. 6. 1866 o) 1868 p) Amerika s) Konsens vom 27. 3. 1868

10853 a) Herm. Heinr. S c h r ö e r aus Kappeln b) 23. 3. 1852 o) 15. 9. 1868 p) Amerika s) Konsens vom 14. 5. 1868

10854 a) Arnold Diedrich S a l j e aus Kappeln, Fabrikarbeiter b) 10. 4. 1841 d) Bertha Wachtmann 2. 2. 1837 e) August 26. 4. 1865, Bernh. 27. 11. 1866 p) Hzgtm. Braunschweig – Helmstedt s) Konsens vom 16. 4. 1868

10855 a) Eberhard Friedr. Wilh. H u n s c h e aus Düte, Neubauer b) 25. 8. 1836 d) Cath. Elis. R i c h t e r Witwe L o o s e m a n n 4. 6. 1818 f) Cath. Wilhelmine Loosemann 8. 6. 1848, Jörgen Heinr. Loosemann 7. 11. 1853, Gerh. Heinr. Loosemann 3. 1. 1854, Marie Elis. Looesemann 25. 1. 1858 o) 20. 4. 1868 p) Amerika s) Konsens vom 15. 4. 1868

10856 a) Heinr. I b o r g aus Kappeln, Knecht b) .... ?3. 3. 1842 o) 22. 7. 1868 p) Amerika s) Mit Pass

10857 a) Elise S c h r e c k aus Kappeln, Dienstmagd b) .... ?3. 3. 1842 o) 22. 7. 1868 p) Amerika s) Mit Pass

10858 a) Johanne Friederike S t a l l j o h a n n aus Kappeln, Dienstmagd b) 21½ J. o) 8. 8. 1868 p) Amerika s) Mit Pass

10859 a) Wilh. M e r s c h w i r t h aus Kappeln, Knecht b) 38 J. o) 8. 8. 1868 p) Amerika s) Mit Pass

10860 a) Josephine S c h r e c k aus Kappeln, Dienstmagd b) 18 J. o) 22. 7. 1868 p) Amerika

10861 a) Cath. Wilhelmine M u n s b e r g aus Kappeln, Dienstmagd b) 24½ J. o) 15. 8. 1868 p) Amerika s) Mit Pass

10862 a) Cath. Wilhelmine B e r g m a n n aus Kappeln, Dienstmagd b) 26½ J. o) 15. 8. 1868 p) Amerika s) Mit Pass

10863 a) Christine Wilhelmine O s t h o f f aus Kappeln, Dienstmagd b) 14. 2. 1845 o) September 1868 p) Amerika s) Mit Pass

10864 a) Cath. Wilhelmine W e t z e l e r aus Kappeln, Dienstmagd b) 25. 4. 1840 o) September 1868 p) Amerika s) Mit Pass

10865 a) Steffen Heinr. B ö w e r aus Kappeln, Knecht b) 4. 5. 1843 o) September 1868 p) Amerika s) Mit Pass

10866 a) Herm. Gerh. M u n s b e r g aus Kappeln, Arbeiter b) 3. 8. 1842 d) Cath. Christine N i e m ö l l e r 21. 10. 1840 e) M. 5. 4. 1868 o) September 1868 p) Amerika s) Konsens vom 17. 8. 1868

10867 a) Gerh. Heinr. H i n d e r s m a n n aus Kappeln, Heuermann b) 19. 10. 1841 d) Cath. Elis. P ö t t e r 31. 5. 1841 e) Eberhard Wilh. 12. 12. 1866 o) Mitte September 1868 p) Amerika s) Konsens vom 19. 8. 1868

10868 a) Heinr. Wilh. L ü d i n g h a u s aus Kappeln, Zimmerergesell b) 9. 3. 1838 o) Mitte September 1868 p) Amerika s) Mit Pass. Kann nicht wegkommen, daher gestrichen

10869 a) Joh. Heinr. S e n d m e i e r aus Kappeln, Ackerknecht b) 25. 6. 1842 o) Mitte September 1868 p) Amerika s) Mit Pass

10870 a) Christine Wilhelmine S p i e k e r aus Kappeln, Dienstmagd b) 26. 7. 1851 o) Mitte September 1868 p) Amerika s) Mit Pass

10871 a) Herm. Heinr. O s t h o f f aus Kappeln, Ackerknecht b) 15. 1. 1840 o) Mitte September 1868 p) Amerika s) Konsens vom 24. 8. 1868

10872 a) Gerh. Heinr. S p e l l m e i e r aus Kappeln, Heuerling b) 15. 12. 1824 d) Cath. Wilhelmine Elis. B o r g m a n n 8. 2. 1833 e) Friedr. Wilh. 5. 5. 1852, Joh. Heinr. 19. 8. 1857, Lisette Wilhelmine 13. 4. 1861, Herm. Heinr. 20. 2. 1865 o) Mitte September 1868 p) Amerika s) Konsens vom 12. 8. 1868

10873 a) Steffen Heinr. B ü s c h e r aus Kappeln, Eidermanns Heuer, Ackerknecht b) 5. 12. 184.. o) Mitte September 1868 p) Amerika s) Konsens vom 29. 8. 1868

10874 a) N.N. H a c h m a n n aus Kappeln, Ackerknecht b) 14. 4. 1839 o) Mitte September 1868 p) Amerika s) Konsens vom 29. 8. 1868

10875 a) Cath. Christine T w i e h a u s aus Kappeln, Dienstmagd b) 26½ J. o) Mitte September 1868 p) Amerika s) Mit Pass

10876 a) N.N. M e n n e w i s c h aus Kappeln, Knabe b) 15. 6. 1858 o) Mitte September 1868 p) Amerika s) Mit Pass

10877 a) Cath. Margarethe Elis. E i s m a n n Witwe S t a l l f o r t Witwe K r ö n e r aus Kappeln   b) 14. 8. 1820   e) Georg Friedr. Arnold Stallfort 19. 2. 1848, Georg Wilh. Stallfort 23. 9. 1852, Elise Agnese Kröner 9. 6. 1854, Dorothea Wilhelmine Kröner 24. 12. 1855, Christine Friederike Kröner 29. 1. 1858, Friedr. Wilh. Kröner 7. 2. 1860   o) Mitte September 1868   p) Amerika   s) Konsens vom 4. 9. 1868

10878 a) Wilh. N i e n d i c k e r aus Kappeln, Heuerling   b) 5. 7. 1829   d) N.N. Niendicker Witwe P ö t t e r   f) Cath. Elis. Pötter 31. 5. 1841, Christine Marie Elis. Pötter 17. 9. 1843, Cath. Elis. Pötter 3. 5. 1848, Friedr. Adolf Pötter 15. 9. 1849, Herm. Heinr Pötter 25. 10. 1851   o) Mitte September 1868   p) Amerika   s) Konsens vom 2. 8. 1868

10879 a) Christine Wilhelmine K r e i m e i e r aus Kappeln   b) 10. 12. 1844   o) 15. 9. 1868   p) Amerika   s) Mit Pass

10880 a) Joh. Heinr. M ö l l e n k a m p aus Hambüren, Hollenberg, Ex-Heuermann   b) 54 J.   o) 15. 9. 1868   p) Amerika   s) Mit Pass

10881 a) Cath. M. Elis. D r i e h a u s aus Kappeln, Magd   b) 21 J.   o) 15. 9. 1868   p) Amerika   s) Mit Pass

10882 a) Gerh. Heinr. S p e l b r i n k aus Kappeln, Ackerknecht   b) 22. 1. 1844   o) 1868   p) Amerika   s) Konsens vom 9. 11. 1868

10883 a) Lisette H a c k m a n n aus Kappeln   b) 10. 4. 1859   o) 1868   p) Amerika   s) Mit Pass

10884 a) Heinr. D e c k e r aus Kappeln, Böttcher   b) 17. 9. 1832   o) 21. 11. 1868   p) Amerika   s) Mit Pass

10885 a) Joh. Heinr. S e n n l i c h aus Kappeln, Heuerling   b) 3. 9. 1843   d) Cath. Elis. L e h m k ü h l e r 6. 2. 1842   h) Wilhelmine Elis. Sennlich 6. 2. 1851, Dienstmagd, Christine Elis. Sennlich 22. 7. 1853   o) 17. 3. 1869   p) Amerika   s) Mit Pass

10886 a) Marie Elis. H e m m e r aus Metten, Dienstmagd   b) 11. 2. 1849   o) 1869   p) Amerika   s) Mit Pass

10887 a) Joh. Heinr. M ö l l e n k a m p aus Kappeln, Böttcher   b) 31 J. Tecklenburg?   o) 1869   p) Amerika   s) Pass vom 8. 7. 1859

10888 a) Cath. Wilhelmine H o l l m a n n aus Kappeln, Dienstmagd   b) 4. 5. 1843   o) 1869   p) Amerika   s) Mit Pass

10889 a) N.N. H e c k m a n n aus Hambüren Nr. 31, Magd   b) 21 J.   o) 1869   p) Amerika

10890 a) M. Elis. T w i e h a u s aus Kappeln, Dienstmagd   b) 18. 11. 1836   o) 1869   p) Amerika   s) Mit Pass

10891 a) Joh. Gerh. R u t h e n s c h r ö e r aus Kappeln, Schreinergesell   b) 25. 1. 1839 Recke [?]   o) 1870   p) Amerika   s) 10. 2. 1870

10892 a) Georg Heinr. A s s e l m e i e r aus Kappeln, Schmiedegesell   b) 29. 10. 1844   o) 1870   p) Amerika   s) Konsens vom 11. 2. 1870

10893 a) Wilhelmine Friederike Johanne M ö l l m a n n aus Kappeln, Dienstmagd   b) 20. 3. 1851   o) 1870   p) Amerika   s) Mit Pass

10894 a) Marie Henriette Wilhelmine P ö t t e r aus Kappeln, Dienstmagd   b) 9. 3. 1851   o) 1870   p) Amerika   s) Mit Pass

10895 a) N.N. S c h e m m e aus Düte Nr. 30, Dienstmagd   o) 1870   p) Amerika   s) Mit Pass

10896 a) Gerh. Friedr. H i l l e m e i e r aus Kappeln   b) 19. 1. 1855   o) 1870   p) Amerika   s) Mit Pass

10897 a) Joh. Friedr. K ö k aus Seeste, Heuermann   b) 14. 12. 1809   d) Kath. Elis. S p i e k e r 25. 11. 1818   e) Christine Wilhelmine 27. 2. 1846, Herm. Heinr. 12. 2. 1849, Kath. M. 1. 2. 1851, Bernh. Heinr. 14. 12. 1853, Joh. Friedr. Wilh. 15. 10. 1856   o) 1870   p) Amerika   s) Konsens vom 27. 6. 1870

10898 a) Franz S t a g g e m e i e r aus Kappeln, Heuerling   b) 17. 5. 1831   d) Cath. Wilhelmine H a c k m a n n 16. 8. 1834   e) Christian Wilh. 20. 11. 1856, Sofie Christine 25. 7. 1860, Lisette Sofie 25. 2. 1862, Joh. Heinr. 26. 10. 1863, Joh. Friedr. 17. 12. 1866, Herm. Heinr. 1. 9. 1869   k) Hackmann, Witwer 3. 12. 1803   o) 1870   p) Amerika   s) Konsens vom 4. 7. 1870

10899 a) Friedr. S c h o p p m e i e r aus Kappeln, Heuerling   b) 10. 1. 1841   d) M. Elis. H a s e l r o t h 21. 4. 1843   e) Herm. Heinr. 5. 3. 1863, Friedr. Wilh. 10. 1. 1866, Heinr. August 5. 7. 1868   o) Konsens vom 1. 7. 1870   s) Nicht ausgewandert

10900 a) Joh. Friedr. W e r r e m e i e r aus Kappeln, Heuerling   b) 21. 8. 1834   d) Cath. M. K e l l e r m e i e r 24. 5. 1824   e) Herm. Heinr. 6. 1. 1857, Friedr. Wilh. 24. 1. 1860, Friedr. August 26. 3. 1862, Friedr. Wilh. 17. 1. 1864, Joh. Ernst 13. 1. 1867, Elise Wilhelmine 29. 8. 1869   s) Konsens vom 1. 7. 1870   s) Nicht ausgewandert

10901 a) Gerh. Heinr. B r a c k m a n n aus Seeste Nr. 13a, Heuerling   b) 15. 3. 1839   d) Cath. Margarethe H i n n a h 1. 5. 1841   e) Heinr. Friedr. Wilh. 16. 8. 1860, Herm. Heinr. 3. 2. 1862, Ernst Friedr. August

2. 7. 1866, Ernst Friedr. Wilh. 2. 8. 1869 f) Herm. Friedr. Böwer 15. 8. 1852 k) Wilh. Hinnah 18. 12. 1797 p) Amerika s) Konsens vom 9. 7. 1870

10902 a) Joh. Heinr. N e u h a u s aus Seeste Nr. 17a, Heuerling b) 14. 1. 1826 d) Cath. Margarethe T a c k e n b e r g 4. 4. 1830 e) Friedr. August 14. 12. 1851, Friederike Lisette 11. 9. 1853, M. Sophia 27. 11. 1857, Joh. Heinr. 29. 7. 1860, Herm. Heinr. 28. 6. 1862, Wilhelmine Bernhardine 27. 2. 1865, Heinr. August 22. 1. 1867 (Bemerkung: vor der Auswanderung hier gestorben), Gustav 3. 7. 1869 g) N.N. [................] Hackmann Witwe Neuhaus 3. 3. 1802 p) Amerika s) Konsens vom 6. 7. 1870

10903 a) Wilh. M ö l l m a n n aus Kappeln, Eigentümer b) 11. 4. 1818 d) Cath. E i s m a n n 16. 5. 1822 e) Friedr. 19. 5. 1848 .... h?) Gerh. Heinr. Wilh. Möllmann 11. 8. 1835 p) Amerika s) Konsens vom 30. 3. 1871

10904 a) Philipp Wilh. A l f i n g aus Düte, Mieter b) 3. 12. 1846 d) M. Auguste Cath. D i e r s m a n n 4. 7. 1843 e) M. Elise 18. 7. 1869 p) Amerika s) Konsens vom 29. 3. 1871

10905 a) Herm. Heinr. S t e h m a n n aus Westerbeck, Knecht b) 11. 11. 1848 p) Amerika s) Pass vom 29. 6. 1871

10906 a) Christine H a c k m a n n aus Seeste, Magd b) 4. 3. 1848 p) Amerika s) Konsens vom 6. 7. 1871

10907 a) Henriette Johanna Elise S t a l l j o h a n n   b) 4. 9. 1855 ....

10908 a) Cath. M. Spieker aus M e t t e n (Bünemeyers Heuer), zuletzt Wersen, Magd b) 15. 5. 1848 p) Amerika s) Pass vom 27. 7. 1871

10909 a) Joh. Friedr. D e t e r m a n n aus Seeste (Siefert), Knecht b) 6. 11. 1843 o) 15. 9. 1871 p) Amerika s) Konsens vom 17. 8. 1871

10910 a) Christine Wilhelmine S c h a b e r g aus Westerbeck (Wieligmann) Magd b) 13. 1. 1846 o) 15. 9. 1871 p) Amerika s) Pass vom 24. 8. 1871

10911 a) A. Wilhelmine B e r l e k a m p aus Kappeln (Hemanns Heuer) b) 23. 1. 1851 o) 13. 9. 1871 p) Amerika s) Pass vom 21. 8. 1871

10912 a) Bernh. Heinr. K ö n i g aus Seeste, Colons Sohn b) 4. 2. 1840 o) 13. 9. 1871 p) Amerika s) Pass vom 21. 8. 1871

10913 a) Herm. Heinr. L a u m e y e r aus Seeste (Niehaus Heuer), Knecht b) 15. 6. 1848 o) 15. 9. 1871 p) Amerika s) Pass vom 24. 8. 1871

10914 a) Regina Sofia W e r r e m e y e r aus Seeste, Außenbürger, Magd b) 23 J. o) 15. 9. 1871 p) Amerika s) Pass vom 29. 8. 1871

10915 a) Kath. Wilhelmine K ä l l e r m e y e r aus Sennlich, Magd b) 23. 11. 1848 o) 27. 10. 1871 p) Amerika s) Pass vom 27. 10. 1871

10916 a) Friedr. Wilh. O s t h o f f aus Westerbeck Nr. 2a, Ackerknecht b) 19. 12. 1845 o) 30. 4. 1872 p) Amerika s) Konsens vom 2. 3. 1872

10917 a) Marie Elis. W a h l b r i n k aus Osterbeck Nr. 31a, Magd p) Amerika s) Pass vom 9. 4. 1872

10918 a) Herm. Heinr. B u d d e m e y e r aus Seeste Nr. 27a, Knecht b) 23. 9. 1855 d) Auguste Lisette B ü n e m a n n 6. 4. 1849 h) Kath. Wilhelmine Sofie O s t h o f f 10. 9. 1850, Magd o) 30. 4. 1872 p) Amerika s) Konsens vom 4. 4. 1872, für die weiblichen Personen Pässe vom 27. 4. 1872

10919 a) Friedr. Wilh. T e c k e m e y e r aus Hambüren Nr. 10a, Arbeiter b) 24. 9. 1843 p) Amerika s) Konsens vom 10. 5. 1872

10920 a) Joh. Friedr. S i e f e r t aus Redeker, Bergmann b) 21. 8. 1840 o) 5. 8. 1871 p) Amerika s) Heimlich ausgewandert

10921 a) M. Cath. S p e l l m e y e r Ehefrau S i e f e r t aus Kappeln b) 5. 4. 1842 e) Herm. Friedr. 26. 8. 1866, Elise Wilhelmine 31. 12. 1871 p) Amerika s) Pass vom 9. 7. 1872 dem Ehemann nachgefolgt

10922 a) Gerh. Wilh. E i s m a n n aus Westerbeck Nr. 11 (auf Haus Cappeln), Kutscher b) 11. 5. 1845 p) Amerika s) Konsens vom 11. 9. 1872

10923 a) Georg Heinr. T e e p e aus Metten Nr. 42, Stellmacher b) 11. 11. 1847 p) Amerika s) Konsens vom 25. 9. 1872

10924 a) H. B. M u n s b e r g aus Westerbeck Nr. 30, Colon b) 19. 2. 1818 e) Cath. Wilhelmine 8. 3. 1849 p) Amerika s) Konsens vom 20. 8. 1872

10925 a) Alexander W e i t z e l aus Kappeln, entlassener Postgehülfe b) 23. 5. 1850 o) 1873 p) Amerika s) Konsens vom 22. 5. 1872 [..............?1873]

10926 a) Cath. Elsabein H o l l m a n [geb. ....] aus Kappeln, Heuerfrau b) 24. 4. 1815 e) Friedr. Wilh. 29. 4. 1848, Cath. Wilhelmine 22. 7. 1849, Herm. Heinr. 3. 8. 1851 p) Amerika s) Konsens vom 1. 7. 1873

10927 a) Joh. Heinr. O s t h o f f aus Kappeln b) 4. 2. 1805 p) Amerika s) Reisepass vom 9. 7. 1873

10928 a) Salomon B l u m e n t h a l aus Kappeln, Buchbinder b) 15. 6. 1818 e) Abraham 26. 7. 1850 (mit Pass vom 10. 7. 1873), Sofie 15. 12. 1853 (mit Pass vom 10. 7. 1873), Markus 29. 11. 1847 (mit Pass vom 26. 7. 1873) p) Amerika s) Mit Pass vom 24. 7. 1873

10929 a) Joh. Friedr. V o s s aus Kappeln, Ackersmann b) 1. 10. 1843 p) Amerika s) Konsens vom 20. 8. 1873

10930 a) Cath. Elise S c h e m m e Ehefrau W i l s m a n n aus Kappeln b) 20. 8. 1847 e) Gerh. Friedr. 28. 1. 1873 o) 28. 5. 1874 p) Amerika s) Pass vom 27. 5. 1874

10931 a) Friedr. Wilh. S t a g g e m e y e r aus Seeste ad 1, Schneider b) 2. 5. 1844 d) N.N. [......................] H e l m i c h 3. 5. 1848 e) Herm. Heinr. 30. 3. 1874 o) 1. 8. 1874 p) Amerika s) Konsens vom 22. 7. 1874

10932 a) Friedr. Wilh. L o o s e aus Kappeln, Heuermann b) 25. 10. 1848 d) M. Elise B r a c k m a n n 26. 3. 1848 e) Heinr. Friedr. 7. 2. 1874 o) 30. 8. 1874 p) Amerika s) Konsens vom 22. 7. 1874

10933 a) Herm. Friedr. W i l s m a n n aus Kappeln, Heurmann b) 3. 3. 1825 d) Cath. Elise M e e s e 14. 4. 1817 e) Herm. Friedr. 14. 7. 1855, Heinr. Friedr. 12. 7. 1857 o) 1. 9. 1874 p) Amerika s) Konsens vom 3. 8. 1874

10934 a) Friedr. Wilh. S p i e k e r aus Kappeln, Heuermann b) 14. 10. 1840 d) Marie Wilhelmine S e n n l i c h 15. 4. 1841 e) Wilhelmine Lisette 28. 5. 1868, Wilhelmine Bernhardine Friederike 3. 4. 1870 o) 13. 8. 1874 p) Amerika s) Pass vom 8. 8. 1874

10935 a) A. Cath. B ü n e m a n n Witwe H e l m i c h aus Kappeln b) 2. 2. 1814 e) Heinr. Wilh. 15. 8. 1847, Friedr. Heinr. 18. 10. 1850 o) 13. 8. 1874 p) Amerika s) Konsens vom 1. 8. 1874

10936 a) Heinr. Gustav Adolph W e r r e m e i e r aus Kappeln, Schneider lehrling b) 3. 10. 1857 o) 13. 8. 1874 p) Amerika s) Konsens vom 1. 8. 1874

10937 a) Christine Wilhelmine H a f e r k a m p Witwe E c h e l m e y e r aus Kappeln b) 19. 1. 1826 e) Georg Heinr. 5. 12. 1857, Christine Louise 22. 1. 1862 o) 13. 8. 1874 p) Amerika s) Konsens vom 19. 6. 1874

10938 a) Joh. Wilh. W i l s m a n n aus Kappeln, Schmied b) 28. 2. 1851 h) Joh. Heinr. Wilsmann 9. 7. 1853, Schmied o) 1. 9. 1874 p) Amerika s) Konsens vom 26. 8. 1874. „Nachständig nicht ausgewandert, sondern in Oelde etablirt"

10939 a) Cath. Elis. .... Witwe S c h a b e r g aus Kappeln b) 29. 7. 1811 e) Bernh. Heinr. 23. 4. 1854 o) 12. 8. 1875 p) Amerika s) Konsens vom 21. 7. 1875

10940 a) Herm. Wilh. S p e l l m e y e r aus Lotte, Knecht b) 19. 10. 1850 o) 12. 8. 1875 p) Amerika s) Konsens vom 28. 7. 1875

10941 a) Herm. Heinr. K o p a d t aus Kappeln, Heuermann b) 23. 6. 1823 d) Cath. Margarethe O t t e 12. 4. 1828 e) M. Wilhelmine 4. 2. 1854, Herm. Heinr. 4. 1. 1856, Friedr. Heinr. 2. 1. 1859, Wilhelmine Sophie 2. 3. 1862, Friedr. August 5. 3. 1866, Herm. Friedr. 25. 10. 1869 o) 10. 8. 1875 p) Amerika s) Konsens vom 28. 7. 1875

10942 a) Joh. Heinr. Rudolf S p e l l m e y e r aus Kappeln, Knecht b) 13. 10. 1853 o) 29. 8. 1877 p) Amerika s) Pass vom 26. 8. 1877

10943 a) Eberh. B e i n e k e aus Kappeln, Neubauer b) 26. 5. 1835 d) Kath. M. Christine H a c k m a n n 13. 4. 1834 e) Christine Wilhelmine 4. 1. 1864, Heinr. Wilh. 20. 10. 1869 o) 2. 8. 1878 p) Amerika s) Konsens vom 16. 7. 1878

10944 a) Cath. Wilhelmine Elis. O v e r b e c k Witwe B ü n e m a n n aus Kappeln Nr. 67 o) 2. 8. 1878 p) Amerika s) Mit Pass

10945 a) Friedr. Rudolf F r e e s e aus Sennlich Nr. 11 b) 6. 10. 1850 h) Joh. Heinr. Freese 22. 10. 1854 o) 25. 4. 1879 p) Amerika s) Konsens vom 26. 2. 1879

10946 a) Christine Friederike H a c k m a n n aus Seeste Nr. 36a, Magd b) 13. 2. 1855 o) 7. 8. 1879 p) Amerika s) Pass vom 2. 8. 1879

10947 a) Friedr. F r e h m e y e r aus Metten Nr. 2, Knecht b) Mettingen o) September 1879 p) Amerika s) Mit Pass

10948 a) N.N. B ü n e m a n n aus Sennlich Nr. 33 o) April 1879 p) Amerika s) Mit Pass

10949 a) Friedr. Gustav G u d e aus Osterbeck Nr. 17 b) 1. 12. 1865 o) 30. 4. 1880 p) Amerika s) Konsens vom 12. 4. 1880

10950 a) Joh. Friedr. L i e n e m a n n aus Sennlich Nr. 34, Arbeiter b) 4. 3. 1853 o) 30. 4. 1880 p) Amerika s) Pass vom 26. 4. 1880

10951 a) Heinr. Wilh. S c h ä c h t e r aus Hambüren Nr. 9a, Knecht b) 17. 8. 1855 o) 30. 4. 1880 p) Amerika s) Pass vom 26. 4. 1880

10952 a) Kath. Wilhelmine S c h ä c h t e r aus Hambüren Nr. 9a, Magd b) 28. 1. 1851 o) 30. 4. 1880 p) Amerika s) Pass vom 26. 4. 1880

10953 a) Georg Wilh. E i s m a n n aus Osterbeck Nr. 15, Arbeiter b) 13. 3. 1860 o) 12. 7. 1880 p) Amerika s) Pass vom 23. 6. 1880

10954 a) Wilh. Friedr. D e c k e r aus Handarpe Nr. 8a, Heuermann b) 2. 2. 1835 Ledde d) Louise Elis. C o r d 11. 2. 1843 e) Wilhelmine 4. 11. 1865, Heinr. 16. 9. 1868, Lisette 16. 4. 1871, Herm. 19. 7. 1876 m) Heinr. N i e t i e d t 16. 9. 1863, Neffe von Friedr. Wilh. Decker o) 17. 7. 1880 p) Amerika s) Konsens vom 1. 7. 1880

10955 a) Herm. Heinr. V ö l l e r aus Handarpe Nr. 4b, Heuerling b) 19. 8. 1845 d) Friederike Elis. D e c k e r 2. 3. 1838 e) Elise 18. 7. 1868, Herm. 10. 1. 1872, Johanne 18. 11. 1873 g) Kath. Elis. H e m m e r Witwe V ö l l e r 22. 12. 1802 o) 17. 7. 1880 p) Amerika s) Konsens vom 1. 7. 1880

10956 a) Heinr. Wilh. S p e l l m e i e r aus Kappeln, Knecht b) 16. 1. 1857 o) 20. 8. 1880 p) Amerika s) Pass vom 6. 8. 1880

10957 a) Heinr. Adolf S p a r e n b e r g aus Hambüren Nr. 10a, Tischler b) 15. 1. 1853 o) 20. 8. 1880 p) Amerika s) Pass vom 6. 8. 1880

10958 a) Georg Heinr. Wilh. H o l l e n b e r g aus Hambüren Nr. 2, Ackerer b) 27. 7. 1864 o) 20. 8. 1880 p) Amerika s) Pass vom 13. 8. 1880

10959 a) M. Sofie M e e s e aus Handarpe, Magd b) 2. 11. 1863 o) 20. 8. 1880 p) Amerika s) Konsens vom 6. 8. 1880

10960 a) Friedr. Wilh. H ü n t e m e i e r aus Düte Nr. 15, Knecht b) 25. 3. 1856 o) 20. 8. 1880 p) Amerika s) Pass vom 13. 8. 1880

10961 a) Gerh. Wilh. H ü n t e m e i e r aus Düte Nr. 15, Knecht b) 16. 10. 1854 o) 20. 8. 1880 p) Amerika s) Pass vom 13. 8. 1880

10962 a) Friedr. Wilh. M e e s e aus Handarpe, Knecht b) 22. 5. 1861 o) 20. 8. 1880 p) Amerika s) Pass vom 14. 8. 1880

10963 a) Heinr. Wilh. L i e n e m a n n aus Sennlich, Arbeiter b) 11. 5. 1852 o) 28. 8. 1880 p) Amerika s) Ohne Pass

10964 a) Joh. Friedr. B e r g m a n n aus Hambüren, Maurer b) 11. 2. 1804 o) 22. 10. 1880 p) Amerika s) Pass vom 16. 10. 1880

10965 a) Wilhelmine D i e c k m a n n aus Seeste, Magd b) 18. 11. 1863 o) 6. 4. 1881 p) Amerika s) Pass vom 5. 4. 1881

10966 a) Heinr. Wilh. S t u t e aus Sennlich Nr. 4, Schneiderlehrling b) 26. 11. 1863 o) 10. 4. 1881 p) Amerika s) Pass vom 9. 4. 1881

10967 a) Joh. Herm. E c h e l m e i e r aus Hambüren, Schneider b) 9. 11. 1854 o) 18. 4. 1881 p) Amerika s) Pass vom 5. 4. 1881

10968 a) Friedr. Wilh. S t ö h n e r aus Seeste, Schneider b) 23. 7. 1857 o) 1. 5. 1881 p) Amerika s) Pass vom 5. 4. 1881

10969 a) Herm. Heinr. T a s s e m e i e r aus Sennlich Nr. 18, Ackerknecht b) 29. 5. 1850 o) 1. 5. 1881 p) Amerika s) Pass vom 5. 4. 1881

10970 a) Heinr. Wilh. N i e m e i e r aus Sennlich Nr. 9, Ackerknecht b) 12. 4. 1860 o) 18. 4. 1881 p) Amerika s) Pass vom 5. 4. 1881

10971 a) Herm. Heinr. P i e p e r aus Düte Nr. 1, Ackerknecht b) 23. 9. 1856 s) Pass vom 5. 4. 1881. Nicht ausgewandert

10972 a) Heinr. Fritz Moritz H a n i g b r i n k aus Hambüren Nr. 39, Arbeiter b) 26. 6. 1852 o) 1. 5. 1881 p) Amerika s) Pass vom 5. 4. 1881

10973 a) Wilhelmine B r i n k m a n n aus Seeste, Magd b) 20. 1. 1858 o) 18. 4. 1881 p) Amerika s) Pass vom 8. 4. 1881

10974 a) Herm. Heinr. F r e e s e aus Seeste, Knecht b) 30. 12. 1851 o) 18. 4. 1881 p) Amerika s) Pass vom 8. 4. 1881

10975 a) Friedr. Wilh. F r e e s e aus Sennlich Nr. 11, Ackerer b) 19. 5. 1852 o) 18. 4. 1881 p) Amerika s) Konsens vom 5. 4. 1881

10976 a) August B ü n e m a n n aus Sennlich Nr. 33, Wirts Sohn b) 25. 4. 1866 o) 18. 4. 1881 p) Amerika s) Konsens vom 5. 4. 1881

10977 a) Wilh. C o r d t aus Osterbeck Nr. 31, Eigentümer b) 2. 4. 1845 d) M. Elis. T e e p e 19. 8. 1845 e) Wilhelmine 29. 1. 1871, Louise 26. 4. 1874, Sofie 23. 2. 1876, Christine 3. 12. 1877, Wilh. 14. 3. 1880 o) 18. 4. 1881 p) Amerika s) Konsens vom 5. 4. 1881

10978 a) Sofie B ü n e m a n n aus Kappeln, Magd b) 23. 3. 1862 o) 21. 4. 1881 p) Amerika s) Pass vom 16. 4. 1881

10979 a) Herm. Heinr. H e l m i c h aus Kappeln, Schneider b) 2. 1. 1854 d) Sofie H a d e r f e l d 12. 12. 1853 e) Elise 26. 3. 1877, Wilh. 4. 10. 1880 o) 21. 4. 1881 p) Amerika s) Pass vom 14. 4. 1881

10980 a) Friedr. Wilh. H e l m i c h aus Westerbeck, Arbeiter b) 13. 12. 1856 d) Elise N o t t e k ä m p e r 2. 3. 1854 e) Herm. 31. 3. 1880 o) 21. 4. 1881 p) Amerika s) Pass vom 14. 4. 1881

10981 a) Georg Heinr. T a s s e m e y e r aus Kappeln, Ackerknecht b) 7. 11. 1854 o) 1. 5. 1881 p) Amerika s) Konsens vom 11. 4. 1881

10982 a) Herm. Wilh. W i e t h ö l t e r aus Kappeln, Heuermann b) 11. 3. 1852 d) Friederike H e m m e r 19. 9. 1852 e) Herm. 21. 1. 1879 o) 1. 5. 1881 p) Amerika s) Konsens vom 13. 4. 1881

10983 a) Christine Elis. S c h u l t e aus Kappeln, Magd b) 20. 1. 1854 o) 1. 5. 1881 p) Amerika s) Pass vom 26. 4. 1881

10984 a) Wilhelmine Sofie K ö n i g aus Osterbeck Nr. 24, Magd b) 16. 11. 1859 o) 1. 5. 1881 p) Amerika s) Pass vom 27. 4. 1881

10985 a) Herm. Wilh. B ü n e m a n n aus Sennlich, Schneidergesell b) 7. 2. 1857 o) 18. 4. 1881 p) Amerika s) Konsens vom 11. 4. 1881

10986 a) Heinr. Friedr. August N i e n k a m p aus Osterbeck Nr. 52, Ackerer b) 19. 5. 1856 o) 30. 5. 1881 p) Amerika s) Konsens vom 12. 5. 1881

10987 a) Joh. Heinr. P i e p e r aus Sennlich Nr. 23, Ackerer b) 17. 11. 1854 o) 30. 5. 1881 p) Amerika s) Konsens vom 12. 5. 1881

10988 a) Heinr. G u d e aus Osterbeck Nr. 17 b) 8. 6. 1855 o) 6. 6. 1881 p) Amerika s) Konsens vom 1. 6. 1881

10989 a) Jörgen Heinr. W e r r e m e y e r aus Kappeln Nr. 100, Tischler b) 13. 5. 1809 o) 20. 6. 1881 p) Amerika s) Pass vom 13. 6. 1881

10990 a) Joh. Heinr. W e r r e m e y e r aus Westerbeck Nr. 78, Arbeiter b) 4. 5. 1804 o) 20. 6. 1881 p) Amerika s) Pass vom 13. 6. 1881

10991 a) Herm. Friedr. August S t ö h n e r aus Kappeln, Zimmerergesell b) 27. 10. 1854 o) 20. 7. 1881 p) Amerika s) Konsens vom 1. 7. 1881

10992 a) Herm. Friedr. August [................ Vornamen wie vorher?] H o l t g r ä v e aus Kappeln, Ackerer b) 2. 2. 1852 o) 20. 7. 1881 p) Amerika s) Konsens vom 1. 7. 1881

10993 a) Elise S c h r e c k aus Kappeln Nr. 15 b) 22. 10. 1862 o) 12. 2. 1881 p) Amerika s) Ohne Pass

10994 a) Auguste P o s e r aus Kappeln Nr. 74, Schmieds Tochter b) 4. 12. 1858 o) 12. 7. 1881 p) Amerika s) Ohne Konsens

10995 a) Friedr. K ä m p e r aus Sennlich, Köttersohn b) 2. 5. 1859 o) 30. 5. 1881 p) Amerika s) Heimlich ausgewandert

10996 a) Herm. Heinr. E c h e l m e i e r aus Kappeln, Heuermann b) 26. 1. 1856 d) Sophie Christine R a h m e i e r 25. 1. 1851 e) Sophie Sophie 10. 9. 1880 o) 12. 7. 1881 p) Amerika s) Konsens vom 1. 7. 1881

10997 a) Christine Elise W a h l b r i n k aus Osterbeck, Magd b) 17. 2. 1855 o) 20. 7. 1881 p) Amerika s) Pass vom 27. 6. 1881

10998 a) Christine Sophie W a h l b r i n k aus Osterbeck, Magd b) 15. 8. 1861 o) 12. 7. 1881 p) Amerika s) Pass vom 6. 7. 1881

10999 a) Wilhelmine K ä m p e r aus Sennlich, Magd b) 13. 5. 1861 o) 12. 7. 1881 p) Amerika s) Pass vom 6. 7. 1881

11000 a) Friederike Lisette F r e e s e aus Seeste, Magd b) 13. 12. 1861 o) 20. 7. 1881 p) Amerika s) Pass vom 27. 6. 1881

11001 a) Christine V ö l l e r aus Kappeln, Magd b) 14. 7. 1859 o) 21. 7. 1881 p) Amerika s) Pass vom 9. 7. 1881

11002 a) Herm. Friedr. August B ü n e m a n n aus Seeste Nr. 19a, Heuermann b) 26. 2. 1850 d) Elis. S t o c k m e i e r 19. 12. 1846 e) Friederike 7. 1. 1873, Heinr. 11. 7. 1875, Friedr. 24. 10. 1877, Bernhardine 28. 10. 1879 g) Kath. H o l t g r ä v e Witwe B ü n e m a n n 5. 4. 1820 o) 20. 7. 1881 p) Amerika s) Konsens vom 9. 7. 1881

11003 a) Herm. Heinr. S t ö h n e r aus Seeste Nr. 16a, Heuermann b) 9. 5. 1848 d) Wilhelmine B ü n e m a n n 3. 12. 1846 e) Auguste 16. 12. 1873, Friedr. 9. 2. 1875, August 24. 2. 1878, Bernhardine 24. 2. 1880 g) Heinr. Stöhner 10. 1. 1819 o) 20. 7. 1881 p) Amerika s) Konsens vom 9. 7. 1881

11004 a) Friederike E d e r m a n n aus Westerbeck, Magd b) 22. 3. 1860 p) Amerika s) Pass vom 14. 7. 1881

11005 a) M. Elise W e l p aus Hambüren, Magd b) 15. 4. 1856 o) 27. 7. 1881 p) Amerika s) Pass vom 14. 7. 1881

11006 a) Julius S u n d e r m a n n aus Lada Nr. 2, Heuermann b) 13. 11. 1851 Leeden d) Friederike W e s s e l m a n n 1. 1. 1853 Ledde e) Wilhelmine 19. 12. 1875, Elise 9. 5. 1879 m) Karoline Niendieker 25. 3. 1860 Ledde, Magd, Cousine o) 27. 7. 1881 p) Amerika s) Konsens vom 13. 7. 1881

11007 a) Heinr. Wilh. H a n d i e c k aus Ledde, Knecht b) 26. 3. 1854 o) 27. 7. 1881 p) Amerika s) Konsens vom 15. 7. 1881

11008 a) Adolf Wilh. H a c k m a n n aus Kappeln, Arbeiter b) 15. 2. 1856 o) 27. 7. 1881 p) Amerika s) Konsens vom 13. 7. 1881

11009 a) Heinr. W e t z e l e r aus Düte Nr. 1, Heuermann b) 7. 10. 1840 d) Wilhelmine Lisette G e r l e m a n n 10. 2. 1843 e) Wilhelmine 10. 9. 1866, Sophie 7. 6. 1868, Wilh. 7. 8. 1870, Juliane 20. 5. 1874, Lisette 30. 7. 1877, Elise 3. 9. 1880 g) Heinr. Wetzeler 3. 7. 1814 o) 27. 7. 1881 p) Amerika

11010 a) Ernst G e r l e m a n n aus Handarpe Nr. 4, Heuerling b) 24. 10. 1837 d) Wilhelmine W e s t e r m a n n 30. 4. 1835 e) Wilhelmine 22. 2. 1863, Julius 2. 2. 1867, Lisette 12. 3. 1870, Ernst 15. 3. 1873, Elise 1. 6. 1876, Rudolf 2. 4. 1878, Lina 20. 5. 1880 o) 27. 7. 1881 p) Amerika s) Konsens vom 13. 7. 1881

11011 a) Herm. Heinr. E n g e l aus Düte Nr. 5, Heuermann b) 16. 8. 1852 d) Wilhelmine I n d e r w i s c h 13. 11. 1858 e) Heinr. 3. 7. 1878, Christine 24. 10. 1880 o) 27. 7. 1881 p) Amerika s) Konsens vom 16. 7. 1881

11012 a) Gerh. Heinr. G e r l e m a n n aus Düte Nr. 1, Heuermann b) 3. 5. 1842 d) Bernhardine W e s s e l m a n n 15. 8. 1844 e) Gerh. Heinr. 4. 10. 1862, Herm. 10. 9. 1865, Wilhelmine 22. 3. 1869, Friedr. 27. 2. 1871, Sophie 23. 5. 1876, Elise 20. 9. 1878, Wilh. August 6. 10. 1880 o) 27. 7. 1881 p) Amerika s) Konsens vom 2. 7. 1881

11013 a) Joh. Heinr. S p e l l m e i e r aus Osterbeck Nr. 11a, Heuermann b) 5. 6. 1821 d) M. Elis. W e t z e l e r 4. 7. 1822 e) Joh. Heinr. 19. 9. 1848 mit Ehefrau Friederike Wilhelmine L o t t e m e i e r 12. 3. 1851 und den Kindern Herm. 20. 6. 1876, August 25. 12. 1877, Sophie 13. 6. 1880 o) 27. 7. 1881 p) Amerika s) Konsens vom 26. 7. 1881

11014 a) Julius P l e g g e aus Kappeln, Heuermann b) 8. 1. 1846 d) Wilhelmine R e d e k e r 23. 6. 1846 e) Ernst Heinr. 9. 4. 1874, Herm. 8. 2. 1880 g) Rudolf Wilh. Plegge 16. 10. 1815 o) 27. 7. 1881 p) Amerika s) Konsens vom 25. 7. 1881

11015 a) Herm. Heinr. H a d d e r f e l d aus Seeste Nr. 6b, Schneidergeselle b) 1. 12. 1856 p) Amerika s) Pass vom 8. 8. 1881

11016 a) Herm. Heinr. S p e l l m e i e r aus Osterbeck 11a b) 12. 3. 1859 o) 27. 7. 1881 p) Amerika s) Heimlich ausgewandert

11017 a) Herm. Heinr. H a d d e r f e l d aus Seeste Nr. 6e, Heuerling b) 3. 12. 1846 d) Christine Wilhelmine E i d e r m a n n 21. 8. 1855 e) Wilh. 9. 2. 1877, Friedr. 30. 6. 1879, August 5. 2. 1881 o) 15. 8. 1881 p) Amerika s) Konsens vom 8. 8. 1881

11018 a) Stephan Heinr. W u l f e m e y e r aus Osterbeck Nr. 4b, Heuerling b) 26. 5. 1848 d) Sophie Elis. E i d e r m a n n 28. 7. 1845 e) Sophie Elise 30. 1. 1877, Wilhelmine 24. 7. 1878, Lisette Johanne 13. 3. 1880 h) Kath. 22. 4. 1856, Friedr. Wilh. 9. 6. 1862, Kath. Sofie 21. 2. 1865, Friedr. August 4. 9. 1867 o) 15. 8. 1881 p) Amerika s) Konsens vom 8. 8. 1881

11019 a) Friedr. Wilh. E l s t r o d t aus Sennlich, Arbeiter b) 12. 11. 1851 d) Sophie B ü n e m a n n 19. 9. 1854 e) Herm. 4. 2. 1871, Friedr. Wilh. 3. 2. 1876, Gustav 1. 4. 1880 o) 15. 8. 1881 p) Amerika s) Konsens vom 23. 8. 1881

11020 a) Joh. Heinr. August N u b b e m e y e r aus Kappeln Nr. 107, Neubauer b) 8. 7. 1852 d) Friederike E l s t r o d t 8. 4. 1849 e) August 5. 9. 1878, Auguste 24. 3. 1880 o) 15. 8. 1881 p) Amerika s) Konsens vom 31. 8. 1881

11021 a) Traugott B a u m aus Westerbeck Nr. 87, Neubauer b) 7. 12. 1822 d) Wilhelmine B e r g e s c h 21. 9. 1820 f) Friedr. Adolf N u b b e m e i e r 18. 5. 1858, Sophie Nubbemeier 17. 3. 1864 o) 15. 8. 1881 p) Amerika s) Konsens vom 7. 9. 1881

11022 a) Heinr. Friedr. Wilh. W e r m e y e r aus Lengerich, Schmied b) 1. 2. 1848 d) Bernhardine K ö b b e Witwe N u b b e m e i e r 5. 9. 1840 e) Auguste 3. 10. 1880 f) Friedr. Nubbemeier 10. 6. 1867 o) 15. 8. 1881 p) Amerika s) Konsens vom 14. 9. 1881

11023 a) Friederike B e r g m a n n Witwe W e s t e r m a n n , Heuerlingswitwe b) 13. 2. 1834 e) Wilhelmine 26. 10. 1860, Herm. Friedr. 8. 10. 1862, Heinr. August 11. 8. 1864, Louise 18. 4. 1866, Lisette 17. 1. 1878 s) Konsens vom 7. 3. 1882. Schon im Oktober 1881 ausgewandert

11024 a) Wilh. W a h l b r i n k aus Hambüren Nr. 2, Heuerlingssohn b) 25. 4. 1865 Ibbenbüren o) Februar 1882 p) Amerika s) Heimlich ausgewandert

11025 a) Heinr. Wilh. M e r s c h aus Seeste Nr. 29, Knecht b) 2. 12. 1858 o) 24. 4. 1882 p) Amerika s) Pass vom 19. 4. 1882

11026 a) Friedr. Wilh. W a h l b r i n k aus Osterbeck Nr. 17, Heuerlingssohn b) 10. 11. 1866 o) 15. 5. 1882 p) Amerika s) Konsens vom 11. 5. 1882

11027 a) Georg Heinr. O s t h o f f aus Seeste Nr. 29, Heuerling b) 19. 7. 1857 d) Sofie M e r s c h 24. 8. 1857 e) Friedr. 28. 6. 1879, Wilh. 26. 5. 1881, Heinr. 26. 5. 1881 o) 12. 6. 1882 p) Amerika s) Konsens vom 1. 6. 1882

11028 a) Cath. Louise Lisette M e r s c h aus Seeste Nr. 29, Magd o) 12. 6. 1882 p) Nordamerika s) Ohne Pass

11029 a) Friedr. F e l d m a n n aus Westerbeck Nr. 23, Pächter b) 21. 4. 1844 d) Lisette Auguste B ü n e m a n n 30. 11. 1855 e) Auguste Bernhardine 12. 5. 1878, A. Sophie 5. 1. 1881 o) 17. 7. 1882 p) Amerika s) Konsens vom 21. 6. 1882

11030 a) Heinr. Joh. B ü s c h e r aus Seeste Nr. 18, Heuerling b) 23. 1. 1828 d) Kath. Elis. E i d e r m a n n 19. 2. 1828 e) Christine Wilhelmine 18. 5. 1858, Joh. Friedr. Wilh. 27. 4. 1866, Wilhelmine Bernhardine 21. 4. 1869 o) 17. 7. 1882 p) Amerika s) Konsens vom 28. 6. 1882

11031 a) Friedr. Wilh. D i e c k m a n n aus Kappeln, Heuermann b) 5. 9. 1846 d) Christine Sophie T ü p k e r 4. 3. 1851 e) Friederike 18. 2. 1876, Friedr. 26. 10. 1878, Bernhardine 29. 7. 1880, Elise 7. 3. 1882 o) 17. 7. 1882 p) Amerika s) Konsens vom 30. 6. 1882

11032 a) Herm. Heinr. M e r s c h aus Seeste Nr. 26, Heuermann b) 12. 3. 1843 d) Kath. Margarethe S c h ä p e r 24. 2. 1833 e) M. Sophie 17. 2. 1867, Herm. Heinr. 21. 7. 1869, Joh. Heinr. 5. 10. 1872 o) 17. 7. 1882 p) Amerika s) Konsens vom 28. 6. 1882

11033 a) Ernst Heinr. S t ö h n e r aus Seeste Nr. 24, Heuerling b) 23. 2. 1857 d) Friederike Lisette T ü p k e r 27. 5. 1859 e) Herm. 10. 10. 1878, August 19. 7. 1880 o) 17. 7. 1882 p) Amerika s) Konsens vom 5. 7. 1882

11034 a) Herm. Heinr. S c h ü r m a n n aus Kappeln, Arbeiter b) 4. 8. 1854 o) 17. 7. 1882 p) Amerika s) Pass vom 11. 7. 1882

11035 a) Gerh. Heinr. S c h o w e aus Düte, Heuermann b) 8. 12. 1838 d) Kath. S t r ü b b e 17. 10. 1842 e) Heinr. 11. 9. 1865, Wilhelmine 12. 1. 1867, Lisette 18. 9. 1868, Elise 25. 7. 1872, Bernhardine 16. 2. 1876, Wilh. 4. 8. 1878 o) 17. 7. 1882 p) Amerika s) Konsens vom 22. 7. 1882

11036 a) Herm. Wilh. M u n s b e r g aus Kappeln, Tischler b) 12. 5. 1851 d) Cath. Friederike N i e h a u s 8. 10. 1857 o) 20. 8. 1882 p) Amerika s) 30. 8. 1882

11037 a) Joh. Heinr. B ü s c h e r aus Kappeln, Maurer b) 1. 10. 1859 o) 13. 10. 1882 p) Amerika s) Konsens vom 11. 10. 1882

11038 a) Wilh. G u d e aus Kappeln, Kaufmann b) 14. 12. 1859 o) 13. 11. 1882 p) Amerika s) Konsens vom 25. 10. 1882

11039 a) Lisette W e s s e l m a n n aus Handarpe Nr. 4, Heuerlingstochter b) 13. 10. 1862 o) 4. 5. 1883 p) Pittsburg s) Ohne Konsens

11040 a) Gerh. Heinr. L i e n e m a n n aus Sennlich Nr. 34, Arbeiter b) 25. 11. 1855 o) 1. 7. 1883 p) Amerika s) Konsens vom 19. 6. 1883
11041 a) Joh. Friedr. H i l l e m e i e r aus Handarpe Nr. 20a, Heuerling b) 9. 10. 1845 d) M. Wilhelmine K i e w i d t 1. 1. 1842 e) M. Elise 4. 8. 1869, Joh. Friedr. 2. 8. 1871, Wilh. 3. 3. 1876, A. 29. 12. 1878, Wilhelmine 15. 10. 1881 o) 22. 7. 1883 p) Amerika s) Konsens vom 16. 6. 1883
11042 a) Gerh. S c h u l t e aus Hambüren, Heuermann b) 7. 12. 1845 Bentheim d) Elise Christine H a c k m a n n 4. 4. 1844 Westerkappeln e) Friedr. Bernh. Heinr. 10. 12. 1871 Ibbenbüren, Joh. Friedr. Theodor 1. 1. 1874 Ibbenbüren, Wilh. 7. 10. 1878 Westerkappeln, Elise 20. 4. 1878 Westerkappeln o) 27. 8. 1883 p) Amerika s) Konsens vom 20. 8. 1883
11043 a) Adolf Heinr. E i s m a n n gt. N u b b e m e i e r aus Kappeln, Knecht b) 26. 8. 1860 o) 15. 2. 1884 p) Amerika s) Konsens vom 22. 10. 1883
11044 a) Stephan Heinr. D i e k m a n n aus Kappeln, Heuerling b) 10. 4. 1837 d) M. Kath. S t r o t e b e c k 16. 12. 1830 e) M. Sophie 31. 3. 1862, M. Lisette 1. 7. 1865, M. Elisa 17. 7. 1867, Johanna Friederike 28. 1. 1870, Friederike 20. 8. 1872, Heinr. 31. 10. 1876 p) Amerika s) Konsens vom 3. 6. 1884
11045 a) Heinr. Andreas Carl B ü n e m a n n aus Kappeln, Arbeiter b) 23. 10. 1867 o) 28. 5. 1884 p) Amerika s) Konsens vom 3. 6. 1884
11046 a) Heinr. Herm. S c h r e c k aus Kappeln, Knecht b) 11. 1. 1863 o) 10. 7. 1884 p) Amerika s) Konsens vom 2. 7. 1884
11047 a) Bernhardine Wilhelmine R e d e c k e r aus Kappeln b) 25. 9. 1861 o) 27. 4. 1885 p) Amerika s) Konsens vom 6. 4. 1885
11048 a) Wilhelmine Elise K ä m p e r aus Kappeln b) 5. 7. 1863 o) 27. 4. 1885 p) Amerika s) Konsens vom 13. 4. 1885
11049 a) Heinr. Wilh. Gustav B ü n e m a n n aus Kappeln, Schneidergeselle b) 11. 9. 1869 o) 28. 3. 1887 p) Nordamerika – Pittsburg s) Reisepass auf ein Jahr vom 18. 3. 1887
11050 a) Lina B ü n e m a n n aus Kappeln, Näherin b) 19. 6. 1871 o) 28. 3. 1887 p) Nordamerika – Pittsburg s) Ohne Pass
11051 a) Georg Wilh. W e s t e r m a n n aus Kappeln, Schreiner b) 14. 5. 1858 d) M. Sophie H e l m i c h 16. 1. 1860 e) Sophie Bernardine 11. 7. 1884, Sophie Lisette A. 16. 1. 1887 o) 29. 5. 1889 p) Nordamerika s) Konsens vom 2. 5. 1889
11052 a) Friedr. Wilh. E c h e l m e y e r aus Kappeln b) 23. 3. 1848 d) Elisabeth E r k e 2. 3. 1847 e) Wilhelmine 4. 5. 1877, Friedr. 10. 5. 1880, A., 1. 6. 1884, Wilh. Heinr. 19. 12. 1886 o) 23. 6. 1889 p) Amerika s) Reisepass vom 23. 6. 1889
11053 a) Heinr. August H a r t e aus Kappeln, Schneiderlehrling b) 9. 4. 1873 o) 10. 7. 1889 p) Amerika s) Reisepass vom 2. 7. 1889
11054 a) Christine Wilhelmine K l u t e aus Kappeln, Dienstmagd b) 2. 8. 1867 o) 18. 9. 1889 p) Amerika s) Reisepass vom 30. 8. 1889

StadtA Lüdinghausen

11055 a) Philipp H ö r s t r u p aus Lüdinghausen, Geselle b) 14. 5. 1818 o) 1846 p) Amerika
11056 a) Bern. B ü c k e r aus Lüdinghausen, Schneider b) 8. 1. .... ?1807 o) 1846 p) Amerika
11057 a) Anton Carl E l s t e r m e y e r aus Lüdinghausen b) 14. 7. 1838 o) 1854 p) Amerika
11058 a) Georg Heinr. B e h l e r aus Lüdinghausen b) 18. 5. 1830 o) 1857 p) Amerika
11059 a) A. I n k m a n n aus Lüdinghausen, Magd o) 1857 p) Amerika
11060 a) Christoph B e h l e r aus Lüdinghausen b) 5. 12. 1825 o) 1845 p) Amerika s) Mit Konsens
11061 a) Arnold V o s s aus Lüdinghausen, Schneidergeselle b) 12. 10. 1847 o) 1867 p) Nordamerika
11062 a) Franz S c h ä p e r aus Lüdinghausen, Schuster b) 21. 4. 1853 o) 1886 p) Amerika
11063 a) Friedr. Wilh. S c h n i e d e r aus Lüdinghausen b) 3. 6. 1854 o) 1877 p) Österreich
11064 a) Friedr. H o m a n n aus Lüdinghausen, Ackerknecht b) 28. 6. 1862 o) 1879 p) Amerika – New York s) Mit Entlassungsurkunde
11065 a) Heinr. K ö h l e r aus Lüdinghausen, Kupferschmied o) 1881 p) Amerika s) Wandert mit der Familie aus
11066 a) S c h n i e d e r aus Lüdinghausen, Studiosus o) 1877 p) Amerika?

11067 a) Heinr. H ü l k aus Lüdinghausen, Bergarbeiter o) 1877 p) Amerika?
11068 a) Heinr. N i e s aus Lüdinghausen, Schuster o) 1846 p) Amerika
11069 a) Z u m h o l z aus Lüdinghausen o) 1846 p) Amsterdam
11070 a) Karl S c h u r z aus Lüdinghausen o) 1846? p) New York
11071 a) Heinr. R a d e m a n n aus Lüdinghausen, Kaufmann o) 1881 p) Amerika s) Mit Entlassungsurkunde
11072 a) Carl Franz C r ä m e r aus Lüdinghausen o) 1881 p) Amerika s) Mit Entlassungsurkunde
11073 a) Wilh. T i m p t e aus Lüdinghausen Ksp. b) 28. 1. 1837 o) 1882 p) Amerika s) Mit Entlassungsurkunde
11074 a) Bern. Joseph V o s s aus Lüdinghausen, Tischlermeister b) 25. 1. 1838 o) 1885 p) Nordamerika s) Mit Entlassungsurkunde
11075 a) August V o s s aus Lüdinghausen o) 1886 p) Nordamerika s) Mit Entlassungsurkunde
11076 a) August S c h ä p e r aus Lüdinghausen, Kellner b) 18. 12. 1859 o) 1886/87 p) Niederlande
11077 a) Bern. D e c k e n aus Lüdinghausen b) 1. 5. 1861 o) 1887 p) Amerika s) Mit Entlassungsurkunde
11078 a) L a p p e aus Lüdinghausen b) 20 J. o) 1888 p) Amerika
11079 a) S c h m i t t i n g aus Beckum b) 24. 6. 1866 o) 1891?
11080 a) Wilh. F e e k e aus Lüdinghausen o) 1886? p) Frankreich
11081 a) Wilh. H a g e n h u e s aus Lüdinghausen, Tischlermeister b) 16. 2. 1875 p) Italien – Rom
11082 a) August B l o m e n k e m p e r aus Lüdinghausen o) 1886? p) Amerika s) Mit Entlassungsurkunde
11083 a) Bern. Heinr. N i e m a n n aus Lüdinghausen b) 18. 3. 1846 o) 1876 p) Amerika s) Der Vater ist schon 1856 ausgewandert
11084 a) Anton V o s s aus Lüdinghausen Ksp. b) 26. 9. 1830 o) 1882 p) Amerika s) Mit Entlassungsurkunde
11085 a) Bernh. G r o t h u e s aus Lüdinghausen, Tagelöhner o) 1882 p) Amerika s) Wandert mit der Familie aus

Personenregister

Das Personenregister enthält die Familiennamen der Antragsteller, die der mitauswandernden Angehörigen mit abweichendem Zunamen (die in den Listen unter den Buchstaben f, i — n aufgeführten Personen) und die Geburtsnamen der Ehefrauen. Die Zahlen verweisen auf die laufenden Nummern der Auswandererlisten. Die in Klammern gesetzten Zahlen geben das Jahr der Auswanderung an (z. B. 35 = 1835, vierstellig ab 1900 oder vor 1800), welches nur bei den Antragstellern und den heimlichen Auswanderern hinzugesetzt worden ist. Bei Doppelnamen sind die zweiten Namen ebenfalls in das Register aufgenommen worden.

?Backing gt. Delsing · 9180 (53)
?Delsing, Backing gt. · 9180 (53)
?G?H?osmann · 7633 (91)
?König · 10003 (45)
?Lüthues · 9378 (95)
?Q?uella · 7625
Aalbers · 9609 (68)
Abel · 7510 (81), 7521 (83)
Achternkamp · 8000 (68)
Ackeren, van · 7740 (82)
Adick · 8098 (48)
Adiek · 8099
Aelker · 9846 (87)
Ahaus · 8001 (48), 8002 (49), 8003 (53), 8004 (72), 8037 (50), 8064 (49), 8100 (67), 8325 (72)
Ahe, van der · 8499 (67)
Ahlemeyer · 10234 (32), 10416 (48)
Ahmann · 7505 (80), 9730 (69), 10396 (47)
Ahrens · 7565 (80), 8270 (34), 8326 (71)
Ahrensmeyer · 8101
Albers · 9586 (63)
Albersmann · 9736 (66)
Albert · 7554 (68)
Alberti · 9020 (72), 9033 (73)
Aldendorf · 10497 (53), 10595 (53), 10720 (60)
Alfermann · 9489 (81)
Alfing · 10423 (48), 10904 (71)
Altemöller · 8327 (81), 8328 (82), 10847 (67)
Altemüller · 10250 (34)
Altenah · 7196 (49)
Althaus · 7589 (80)
Althaus, Küdde gt. · 7589 (80)
Althoff · 7870 (81), 8997 (70), 9124 (54), 9494 (92)
Althuesmann · 9819 (50)
Amerika · 10926 (73)

Amshoff · 7775 (64), 7776 (65), 7897 (85)
Angelkotte gt. Rothkötter · 9901 (1911)
Annegarn · 8864 (54)
Anxel · 9820 (36)
Ark? · 8812 (51)
Arkenoe · 8844 (53), 8914 (60)
Arndts? Arnots? · 8938 (64)
Arning · 10175 (28)
Arntzen · 9537 (56)
Artkötter · 9266, 9267
Artmann · 10090
Asbrock · 7777 (71)
Aschoff · 9774 (1903)
Asselmeier · 10892 (70)
Assing · 7689 (62), 9533 (88), 9652 (82)
Athmer · 8329 (84)
Attermeyer · 8102 (66)
Aufderhaar · 8749 (42), 8751 (45), 8752, 8753 (65), 8754 (72), 8755 (41), 8756, 8757 (70), 8758 (47), 8759 (46)
Auferhaar · 8750 (45)
Auffahrt · 9292
Augustin · 8947 (65)
Aull · 7509 (81)
Aulmann · 9081 (81)
Austermann · 7201 (50), 7202 (50)
Austrup, Lütke · 8949 (65)
Autermann · 7566 (56)
Averbeck · 8811 (51), 9355 (48), 9371 (66), 9757 (71)
Averdiek · 9382 (86)
Averkamp · 7522 (83)
Bäcker · 9776 (82), 10251 (34), 10272 (38), 10599 (55)
Backmann · 8840 (53), 8875 (56), 8996 (70)
Badke · 10131 (41)
Baienberg · 10221 (42)

Balker · 7778 (53)
Ballering · 8940 (65), 8971 (67)
Ballmann · 8330 (69), 8331 (70)
Bange · 8005 (49), 8006 (50), 8007 (53), 8008 (57), 8009 (58)
Bankemper · 7598 (68), 7602 (65), 8905 (58)
Banken · 9526
Banning · 10132
Bardelmeier · 8773 (52)
Barendung · 7533 (86)
Barlag · 10394 (47)
Bartz · 8930 (63)
Baum · 11021 (81)
Baumann · 8332 (50), 8333 (52), 8334 (53), 8424 (53), 10178 (35), 10192 (41)
Baumeister · 7567 (81), 9921 (47)
Baumeister, Küper gt. · 7497
Bäumer · 8103 (35), 8104 (53)
Baumhöver · 7212 (50)
Bautz · 8888 (57)
Bayer · 10263 (37)
Bechtlufft · 9773 (58)
Beckemeyer · 10330 (45), 10541 (53), 10550 (54), 10575 (54), 10669 (58), 10795 (65)
Beckemper · 9308
Becker · 7366 (77), 7442 (46), 7443 (46), 7444 (48), 7624 (87), 7627 (89), 7650 (57), 7653 (60), 7659 (66), 7673 (95), 8105 (67), 8886 (56), 8900 (57), 8947 (65), 8955 (66), 8965 (66), 9018 (72), 9775 (54)
Beckering, Voss gt. · 10715 (60)
Beckhelling · 7779 (51), 7780 (66)
Beckmann · 7367 (48), 7720 (56), 8010 (81), 8106 (33), 8107 (38), 8226, 9556 (58), 10228 (46)

Beckord · 8986 (67)
Beckum Ksp. · 9818
Beer · 7199 (49)
Beermann · 7742 (81)
Beesten · 9204, 9205, 9206
Behler · 11058 (57), 11060 (45)
Behnen · 9563 (59)
Beiering · 7368 (44), 9716 (90), 9922 (87)
Beiker · 9112 (93)
Beikers · 7690 (74)
Beimdieck · 10273 (38), 10450 (50), 10483 (51), 10484 (51), 10485 (51), 10536 (53), 10558 (54), 10563 (54), 10575 (54), 10594 (54)
Beimdiek · 10246 (34), 10256 (34), 10843 (67)
Beineke · 10943 (78)
Beiring · 9923
Beisenberg · 8967 (67)
Beiting · 9309, 9310 (86), 9311 (69)
Bekelmann · 9924 (86), 9925 (86), 9926 (60), 9927 (86)
Bellendorf · 7527 (84), 7540 (89)
Belshoff · 9576 (60)
Benermann · 9023 (73)
Bengfort · 7272 (67)
Benker gt. Heskemann · 7741 (87)
Benkhoff · 7907 (45), 10163
Benneker · 7336 (98), 7337 (1902)
Bennemann · 9572 (59), 9821 (82)
Benning · 9530 (68), 9571 (59), 9613 (70)
Benning gt. Griese · 8970 (67)
Bensmann · 8181 (66)
Benter · 7214 (47)
Benthues · 9427 (52)
Berge, Schulte ten · 7710 (51)
Bergesch · 10319 (44), 10321 (45), 10371 (47), 10373 (47), 10425 (49), 10431 (49), 10438 (50), 10493 (52), 10547 (53), 10642 (57), 11021 (81)
Bergfeld · 10208 (38)
Berghaus · 8108 (63), 8110 (84), 8307 (84), 8335 (54), 8336 (55), 9928
Berghues · 8109 (67)
Bergmann · 8639 (53), 10494 (52), 10545 (53), 10626 (57),

10862 (68), 10964 (80), 11023 (81)
Bergmeyer · 9293, 9294
Berkemeier · 8337 (65), 8338 (79), 8719 (61), 9365 (66), 10224 (43)
Berkemeier, Veltrup gt. · 9101 (82)
Berkemeyer · 8111 (72), 8112 (74), 8113 (81), 8484 (70)
Berlage · 8114 (64)
Berlekamp · 10291 (42), 10405 (48), 10408 (48), 10424 (48), 10473 (51), 10485 (51), 10498 (53), 10691 (59), 10911 (71)
Berndsen · 9314
Berner · 9065 (80)
Berning · 8761 (67), 9228, 9229, 9230, 9551 (56)
Bernsmann · 7744 (76)
Bertels · 9295, 9296, 9297
Bertelsbeck · 7557 (83)
Bertling · 8888 (57)
Besseling · 7338 (56)
Bessler · 7284 (71)
Bessling · 7229 (50), 7308 (86)
Bessling gt. Eckenstadt · 7369 (44)
Bettermann · 9777 (85)
Bettignies, de · 9929 (67)
Beulker · 9747 (62)
Beuner · 7915 (59)
Beuting · 7558 (88)
Bevering · 7339 (56)
Bevers · 7679 (45), 7680 (48)
Beving · 9930 (59)
Bexte · 9847 (55)
Beyer · 9087 (82)
Beyning gt. Kohlenbücker · 8826 (52)
Bickmann · 9241
Bickmann gt. Danzenbörger · 9104 (83)
Biederlack · 7668 (82), 9046 (75)
Bierbaum · 8339 (67), 10394 (47), 10598 (55), 10748 (63)
Biergans · 9931 (78)
Biesjot · 8115 (98)
Biester · 10179 (36)
Bietenkötter · 7655 (65)
Biethmann · 9437 (52)
Bisping · 9725 (63)
Bitting · 8833 (53)
Blaschke · 7630 (89)
Bläsing · 10152 (1907)
Blenkers · 9511 (65)

Bleska · 7535 (88)
Blomenkemper · 11082 (86)
Blömer · 9414, 10242 (33), 10262 (37), 10563 (54)
Blömers · 7691 (62), 7692 (60)
Blömker · 10271 (38)
Blumenkemper · 9405
Blumenthal · 10928 (73)
Bochert · 9321
Bockenfeld · 9932 (66)
Böckenforde · 7453 (48)
Böcker · 9142 (48), 9461 (55), 9629 (76), 9664 (65)
Böckers · 7782 (73)
Bockholt · 7249, 7781 (82), 8116 (81), 9902, 10240 (33)
Bockmann · 9903 (82)
Böckmann · 7568 (75)
Bödder · 9679 (70)
Bode · 7637 (89)
Boecker, Senghove gt. Bücker sive · 9043 (75)
Boes · 9933 (47)
Böger · 7340 (62)
Bohle · 7397 (62), 10218 (41)
Böhmer · 7742 (81), 7783 (65), 10377 (47)
Bohmkamp · 9643 (80)
Bohnen · 7693 (60)
Böhner · 8982 (67)
Bohr · 7501 (66)
Böhrs · 9539 (56)
Boing · 7694 (65), 7695 (62), 7696 (62), 7916 (59)
Böing · 7370 (46), 9389, 9413, 9593 (67), 9614 (71)
Boink gt. Böger · 7340 (62)
Bolle · 8788 (29), 8828 (53)
Bollrath · 9474 (70)
Bolte · 8796 (34)
Bolwerk · 7398 (1904)
Bömer · 7784 (66), 7784 (66)
Bomkamp · 7235 (51), 7269 (67), 7274 (67), 9654 (82), 9709 (84)
Bomkamp, Orthaus sive · 7242 (54)
Bone · 7371 (43), 9936 (43)
Bonekamp · 7399 (82)
Bonenkamp · 8789 (31)
Bönewater · 8913 (59)
Bonhoff · 7400 (62)
Bonneke · 8396 (52)
Bontrup · 7574 (92)
Boom · 7321 (89)
Boomkamp · 7245 (55), 7288 (73)

Booms · 7342 (69), 7401 (70), 7402 (70), 7403 (71)
Borbeck · 9708 (84), 9937 (45)
Borcharding · 9298
Borchert · 9315, 9316, 9317, 9318, 9319, 9320
Borcherts · 9459 (54)
Borgers · 7785 (68), 7786 (70), 7787 (63), 7788 (54), 7789 (65), 7939 (64)
Borgert · 7743 (80), 7790 (53), 8011 (68), 9071 (81), 9436 (52)
Borghoff · 8992 (68)
Borghorst · 9938 (74)
Borgmann · 10537 (53), 10660 (57), 10822 (66), 10872 (68)
Borgmann gt. Otte · 9778 (45)
Börste · 7613 (84)
Börsting · 8825 (52)
Bös · 9934 (67)
Böse gt. Menke · 7722 (68)
Bösing · 7341 (54), 9568 (59), 9935 (53)
Bosse · 8340 (68)
Bothemeier · 8763 (52)
Böver · 8117
Böving · 9535 (55), 9661 (62)
Böving gt. Feddermann · 8815 (52)
Böwer · 8118(82), 10268 (38), 10310 (43), 10732 (61), 10842 (67), 10865 (68)
Böwing gt. Feddermann · 7648 (52)
Braak, ten · 7434 (1904)
Brachtesende · 7216 (48/54)
Brackmann · 10901 (70), 10932 (74)
Brambrink · 7569 (80)
Brand · 7729 (43), 9779 (68)
Brandenburg · 8341 (67)
Bredstegge · 7791 (53)
Breemhauer · 7792 (45), 7908 (45)
Bremer · 10506 (53), 10688 (59)
Bremer geb. Bünemann (Stumpe) · 10506 (53)
Brester · 9904 (81)
Breuer gt. Dülmer · 9585 (63)
Breul · 8897 (57)
Breyer · 10709 (60)
Brillert · 9712 (85)
Brincker · 9207
Brinckmann · 7674 (96)
Brink · 7892 (80), 8342 (50), 8343 (51), 8344 (52), 8345

(52), 8346 (54), 8347 (56), 8463 (65), 9299, 9300, 9301
Brink, Rensing gt. · 7224
Brinker · 8348 (53), 10133
Brinkhaus · 7343 (77), 8896 (57), 9739 (78), 9753 (69)
Brinkhus · 8119
Brinkmann · 7205 (50), 7209 (50), 7486 (79), 7744 (76), 7745 (78), 7746 (83), 7793 (72), 7890 (80), 7988 (79), 9620 (71), 9822 (83), 9823 (84), 10658 (57), 10696 (59), 10767 (65), 10770 (65), 10973 (81)
Brinks · 9939 (66), 9940 (67), 9941 (68), 9942 (71)
Brinkschulte · 8964 (66)
Brinkschulte, Holling gt. · 8964 (66)
Brinksmeyer · 8924 (61)
Brocka · 9022 (72)
Brockbrötger · 7723 (32)
Bröcker · 7795 (70), 7796 (71)
Bröckerhoff · 7498
Bröckers · 7231 (51), 7975 (82)
Brockhagen · 7747 (79), 7748 (81), 7749 (82)
Brockhaus · 7940 (64), 9943 (67), 9944, 9945
Brockhaus gt. Hellekemper · 7794 (73)
Brockheerde · 9515 (65)
Brockhoff · 7344 (51), 7345 (51)
Brockmann · 8772 (52), 9130 (55), 9133 (56), 10134 (81)
Brockmöller · 8120 (41), 8121 (66)
Brockötter · 7667 (81)
Broermann · 10434 (49)
Bröggelmeyer · 10760 (64)
Bröker · 8349 (61)
Bromberg · 9853
Brömmeling · 7405 (70)
Brömmelkamp · 8331 (70), 8350, 8351 (53), 8352 (54), 8353 (54), 8354 (54), 8355 (57), 8356 (57), 8357 (60), 8358 (60), 8359 (68), 8423 (52), 8724 (75)
Brönstrup · 10808 (66)
Bröring · 9601 (68)
Bröring, Lewers gt. · 9674 (69)
Brosterhaus · 9946
Brügge · 8122 (92)

Brüggemann · 7999 (67), 8012 (64), 8013 (70), 8123 (31), 8124 (67), 8464 (49), 8972 (67), 9905, 10158, 10496 (52), 10606 (55), 10710 (60)
Brüggemann gt. Hessmann · 9019 (72)
Brüggemeier · 8014 (66)
Brüggemeyer · 8125 (31), 8234
Brüggenjohann · 10828 (66)
Brüggenkamp · 10215 (41)
Brügging · 9724 (1901)
Brune · 10551 (54), 10653 (57), 10812 (66)
Brüning · 7797 (57), 8804 (51), 8835 (53), 8870 (55), 9248, 9487 (81), 9520 (66), 9906 (93), 10167, 10227 (45)
Brüning, Vogel gt. · 7647 (51)
Brünkenhege · 9442 (53)
Brünning · 7964 (70)
Bruns · 7942 (65), 8126 (29), 8127 (48), 8128 (84), 8129 (94), 8562 (69), 9572 (59), 9638 (79), 9947 (66), 10222 (43)
Brunsmann · 7671 (82)
Brunswick · 8130
Brüse · 9125 (54), 9131 (55)
Bubert · 9948 (70)
Büchter · 8119, 8134
Buck · 10213 (40)
Bücker · 7644 (93), 8017 (54), 8862 (54), 9377 (89), 11056 (46)
Bücker gt. Schlautkötter · 9862 (74)
Bucksat · 8131 (1927)
Budde · 8132 (86), 8133 (87), 8847 (54), 9439 (53), 9848 (87), 9849 (88), 9850 (88), 9851 (88), 9852 (88)
Buddelmeyer · 8015 (66), 8016 (69)
Buddemeyer · 10918 (72)
Budke · 10360 (46)
Buhrmann · 10135
Büker · 8135
Bullenhaar, Hessmann gt. · 7192 (50)
Bülte · 8136 (66)
Bülten · 9949 (69)
Bünemann · 10239 (33), 10274 (37), 10415 (48), 10444 (50), 10506 (53), 10528 (53), 10733 (61), 10777 (65), 10845 (67),

10918 (72), 10935 (74), 10944 (78), 10948 (79), 10976 (81), 10978 (81), 10985 (81), 11002 (81), 11003 (81), 11019 (81), 11029 (82), 11045 (84), 11049 (87), 11050 (87)
Büngeler · 9450 (53)
Bungers · 9667 (67)
Büngler · 9440 (53)
Büning · 7322 (77), 7323 (81), 7346 (60), 7372 (80), 9701 (81), 9950 (42)
Bünker · 8360 (51)
Buns · 8628 (64)
Burgsteinfurt Ksp. Veltrup · 10174
Burhannes · 7551 (58)
Burhoff · 7439 (49), 7440, 7441 (61)
Burland · 10436 (50), 10476 (51)
Burrichter · 10279 (38)
Burscheid · 8920 (61)
Bürse · 9766 (73)
Busche · 7798 (53), 8901 (57)
Büscher · 7750 (76), 7751 (79), 9569 (59), 9625 (72), 10484 (51), 10649 (57), 10676 (58), 10818 (66), 10873 (68), 11030 (82), 11037 (82)
Büscherfeld · 7335 (91)
Buschmann · 9484 (86), 9815 (46)
Busen · 9628 (74)
Busmann · 9446 (53)
Buss · 7275 (67), 7279 (68)
Bussmann · 9780 (74)
Bußmann gt. Untiedt · 7670 (82)
Bussweller · 7799 (65)
Büttner · 9099 (82)
Buve · 10209 (39)
Buwe · 10209 (39)
Calsing · 7541 (89)
Cappert · 7373 (44)
Christant · 7236 (51), 7278 (68)
Christoffer · 10747 (63)
Classen · 9558 (58)
Claus · 8361 (54)
Clinge · 8362 (48), 8363 (53), 8364 (54), 8365 (61), 8366 (65)
Cochenheim, von · 9168 (44)
Coord · 10632 (57), 10689 (59)
Coppel · 10829 (67)
Cord · 10609 (55), 10954 (80)
Cordt · 10977 (81)
Cornelius · 9951 (70)

Corswerth · 10313 (44), 10473 (51)
Crämer · 11072 (81)
Crasse · 9192 (57)
Crumpanitzky (Crupanitzky) · 10193 (36)
Cruse · 10091
Currelmeyer · 10349 (46)
Daams · 9567 (59), 9573 (60)
Dagehues, Hemshorn gt. · 9910 (90)
Dahlhaus · 9952 (81)
Dahlkamp · 9426 (52), 9429 (52)
Dahmen · 9907 (89)
Dalbram · 7375 (47)
Daldrup · 8983 (67)
Dalhoff, Ostbrock gt. · 7193 (49)
Dallhoff · 9354 (46)
Daniel · 8936 (64)
Dankbar · 9386
Dankmeyer · 10644 (57)
Danzenbörger, Bickmann gt. · 9104 (83)
Danzenbörger, Höckenkamp gt. · 9104 (83)
David · 7347, 7400 (62), 7570 (82)
Debbelt · 9908 (93)
Decken · 11077 (87)
Decker · 10884 (68), 10954 (80), 10955 (80)
Deepe · 10329 (45)
Degerich · 9500 (51)
Dehning · 9693 (71)
Deitering · 9062 (79)
Deiters · 7727 (38), 8980 (67), 9322, 9323, 9324, 9347
Deitmer · 7867 (67)
Deitmers · 7752 (76), 7753 (81), 7800 (74), 7898 (74), 7899 (89), 7927 (60), 7935 (63)
Dellbrügge · 10136
Dellekamp · 9540 (56)
Demming · 9619 (72), 9682 (71)
Depenbrock · 7801 (64)
Deppen · 8137 (64), 8138 (88)
Determann · 8139 (52), 8325 (72), 10253 (34), 10297 (42), 10298 (42), 10318 (44), 10339 (46), 10501 (53), 10565 (54), 10588 (54), 10674 (58), 10755 (64), 10909 (71)
Deters · 8367 (51), 8368 (61), 8369 (64), 8370 (64), 8371 (64), 8372 (66), 8505 (53), 8555 (54), 8610 (68)

Detten · 8823 (52)
Deupmann · 9242
Deutmeyer · 9183 (54), 9197 (60)
Dickhoff · 7547 (44)
Dieckbernd · 10560 (54), 10640 (57), 10643 (57), 10646 (57), 10690 (59), 10775 (65)
Dieckhoff · 8797 (36)
Dieckmann · 9058 (78), 10324 (45), 10365 (46), 10608 (55), 10965 (81), 11031 (82)
Dieckmeier · 10776 (65)
Dieckmeyer · 10501 (53), 10754 (64)
Diecks · 7497
Diekämper, Hünck gt. · 7586 (74)
Diekmann · 10784 (65), 10830 (67), 10831 (67), 11044 (84)
Diekmeier · 10795 (65)
Diepken · 7512 (82)
Dierksen · 10171
Diersmann · 10904 (71)
Diesbanning · 10110
Dietrichs · 8018 (48)
Dillmann · 9143 (48), 9144 (48), 9145 (48)
Dilly · 10846 (67)
Dingbaum · 8741 (86)
Dinsing · 7509 (81)
Dirkmann · 8738 (71)
Dirks · 8140, 8816 (52)
Dirksing · 7896 (68)
Dittmann · 9853 (83)
Dodt · 7802 (65), 7803 (70)
Doelemeyer · 10447 (50), 10465 (50)
Doetling · 7697 (58)
Dohe · 8373 (70)
Döhling · 7487 (45)
Döing · 7507 (80), 7511 (81), 7525 (84)
Dolle · 9110 (84)
Dönnebrink · 7315 (1927)
Donnerberg · 8141 (48)
Donselmann · 7879 (69)
Dorenbusch · 7222
Dörning · 7681 (48)
Dorsel · 8855 (54)
Dreckman, Meinkman gt. · 10190 (34)
Drees · 8822 (52)
Dreier · 9095 (82)
Drekmann · 10251 (34)
Dresselhaus · 8374 (50), 8375 (51), 8376 (55), 8377 (66), 8378 (69), 8635 (54)

Dreyer · 10502 (53)
Driehaus · 10435 (49), 10439 (50), 10490 (51), 10590 (54), 10620 (57), 10810 (66), 10881 (68)
Drieling · 8792 (33)
Driemeier · 10249 (34)
Driessen · 9529 (68)
Drochtert · 7348 (54)
Dropmann · 10118
Dropp · 7248 (57)
Droste · 7374 (880), 8142 (80), 8287 (80)
Druffel · 9854 (84), 9855 (86), 9856 (1901)
Drunkemölle · 10211 (39)
Dücker · 9499 (50)
Düing · 10707 (60), 10819 (66)
Dülmen, van · 9208
Dülmer · 9953 (54), 9954 (84)
Dülmer, Breuer gt. · 9585 (63)
Dümmer · 8379 (57), 8380 (76)
Dunker · 7349 (54), 9561 (60)
Dunkmann · 10482 (51)
Dünnhorst · 9955
Dünninghaus · 9781 (57)
Düpmann · 7721 (60)
Dupont · 7516 (62), 7518 (83)
Duram · 8883 (56)
Dürremeyer · 10333 (45)
Düsing · 8019 (66)
Dütsch · 9375 (84)
Duvengoor · 7269 (67)
Ebbeler · 9956 (50), 9957 (93)
Ebbers · 7611 (81)
Ebbing · 9396, 9579 (60), 9640 (80), 9958 (49), 9959 (83)
Ebbing gen. Heidemann · 9960
Ebert · 10170
Echelmeier · 10779 (65), 10967 (81), 10996 (81)
Echelmeyer · 10338 (46), 10339 (46), 10401 (48), 10457 (50), 10472 (51), 10479 (51), 10544 (53), 10601 (55), 10673 (58), 10689 (59), 10937 (74), 11052 (89)
Eckelhoff · 9645 (80)
Eckenstadt, Bessling gt. · 7369 (44)
Edelbrock gt. Kortgödde · 7571 (80)
Edermann · 11004 (81)
Effsing gt. Harrier · 9699 (80)
Efkemann · 7225 (48)
Egging · 9591 (66)

Ehling · 9632 (76), 9633 (76)
Eichenwald · 8733 (60), 8734 (60)
Eickelmann · 8381 (65), 8382 (77)
Eickhoff · 9824 (69)
Eickholt · 7572 (80), 7587 (81), 9782 (49)
Eidermann · 10290 (42), 10604 (55), 11017 (81), 11018 (81), 11030 (82)
Eiinck · 9093 (82)
Eikelmann · 8383 (89)
Eilers · 9325 (51)
Eilers, Hinricher gt. · 7454 (72)
Eing · 9523 (67), 9961
Eining · 7605 (81), 8109 (67)
Eisendrath · 7503 (80)
Eising · 7993 (53)
Eismann · 10468 (51), 10738 (62), 10877 (68), 10903 (71), 10922 (72), 10953 (80)
Eismann gt. Nubbemeier · 11043 (83)
Eitermann · 8552 (67)
Elberfeld · 9455 (53)
Elfering · 9506 (58)
Elfring · 8326 (71), 8384 (51), 8385 (54), 8386 (64), 8387 (65), 8388 (68), 8389 (69), 8390 (71), 8391 (71), 8392 (82), 8393 (83), 8394 (95), 8402 (54), 8586 (64)
Eling · 9399
Elker · 9858 (87)
Ellebracht · 7215 (50)
Ellerbrock · 9783 (56)
Ellering · 7698 (68)
Ellers · 9548 (56)
Elling · 10119 (81)
Elmenhorst · 9909 (84)
Elpers · 7319 (63)
Elsbecker gt. Hartmann · 7573 (92)
Elsbernd · 9408, 10150 (83)
Elshoff · 7656 (65), 7657 (65), 7699 (64), 9758 (71), 9767 (73)
Elshorst · 9527 (68)
Elstermeyer · 11057 (54)
Elstrodt · 10232 (32), 10603 (55), 10613 (56), 10724 (60), 10794 (65), 11019 (81), 11020 (81)
Elte · 9254
Elvermann gt. Kerkmann · 7552 (59)
Emming · 9962 (51)

Endejan · 9963 (80)
Engberding · 9027 (73)
Engel · 10250 (34), 10613 (56), 10634 (57), 10636 (57), 10770 (65), 11011 (81)
Engelen · 9302
Engelkamp · 9418
Engering · 7406 (71)
Epke · 7575 (93)
Epping · 7407 (70), 7804 (54), 7805 (59), 7806 (66), 9544 (56)
Erdhütter · 7732 (49)
Erding · 9178 (53)
Erdmann · 9088 (82)
Erdmann, Lütke · 8863 (54)
Erfmann · 10311 (43), 10560 (54)
Erke · 11052 (98)
Erko · 10771 (65)
Ernstnathe · 7738 (89)
Esch · 8143 (98), 8395 (49), 8396 (52), 8397 (57), 8398 (65), 8399 (70), 8400 (81), 8497 (65), 8584 (82), 8619 (60)
Esmeier · 8770 (52)
Espeter gt. Hesseling · 7576 (87)
Esser · 7639 (90), 8933 (64)
Essing · 7408 (90), 7409 (90)
Eßmann · 9189 (57)
Everding · 9555 (57)
Evers · 8144 (80), 8145 (84), 9606 (68)
Eversmeier · 10261 (36)
Eversmeyer · 10743 (63)
Ewers · 9589 (65), 9594 (67)
Exeler · 9254, 9268, 9269, 9270
Eynck · 9397
Fahrenbrink · 9581 (61)
Falbrede · 9784 (54)
Fange, van der · 8680 (73)
Fange, vor dem · 8401 (54)
Fartmann · 10499 (53)
Fastring · 9964 (72)
Fechtel · 9859 (84), 9860 (87)
Feddermann, Böving gt. · 8815 (52)
Feddermann, Böwing gt. · 7648 (52)
Feeke · 11080 (86)
Fehmer · 7583 (61), 7614 (1903)
Fehmer, Herber gt. · 7582 (84)
Feistmann · 9288 (81)
Felden, van der · 7247 (56)
Feldhaus · 7237 (52), 8852 (54), 8990 (68)
Feldhaus, Lütke · 8976 (67), 8977 (67)

Feldkamp · 7325, 8402(54), 8403 (55), 8404 (61), 8405 (65), 8406 (68), 8407 (68), 8408 (73), 8409 (82), 10137
Feldmann · 8020 (47), 8021 (48), 8022 (49), 10336 (45), 10603 (55), 10650 (57), 10808 (66), 11029 (82)
Feldthorn · 8874 (56)
Ferlemann · 9492 (89)
Fieke · 9098 (82), 9104 (83)
Figgema · 9861 (87)
Finke · 7410 (64), 7548 (58), 8401 (54), 8410 (48), 8411 (50), 8412 (50), 8413 (53), 8414 (53), 8415 (54), 8416 (61), 8417 (70), 8418 (71), 8535 (65), 8539 (84)
Finke, Theissing gt. · 8686 (76)
Fischediek · 7370 (46)
Fisse · 8146
Fitting · 7528 (84), 7529 (84), 7543 (93), 7544 (93), 7545 (93), 7546 (93)
Flaskamp, Hoeper gt. · 7217
Fleige · 7903 (42)
Flintermann · 10184 (34)
Fliss · 9088 (82)
Florack · 7303 (85)
Flück · 7754 (81), 7755 (83), 9402
Flügemann · 9100 (82)
Focke · 9001 (71)
Fockenbrock · 8892 (57)
Föcking · 9582 (62), 9647 (81), 9657 (82), 9705 (83), 9713
Fohrmann · 9050 (78)
Föller, Lütke · 7204 (50)
Fondermann/Kondermann · 7548 (58)
Fork · 7376 (91)
Forstmann · 9231, 9271
Forstmann, Post gt. · 9279
Fortkamp · 9648 (81)
Fracke · 7577 (80)
Fragemann · 7512 (82)
Franke · 7298 (81), 9476 (75), 9479 (82), 10395 (47)
Frantzen · 8419 (52), 8420 (53)
Frederich · 8901 (57)
Freese · 10307 (43), 10389 (47), 10390 (47), 10400 (48), 10410 (48), 10413 (48), 10542 (53), 10566 (54), 10567 (54), 10570 (54), 10594 (54), 10595 (53), 10596 (53), 10623 (57), 10711

(60), 10775 (65), 10776 (65), 10945 (79), 10974 (81), 10975 (81), 11000 (81)
Freesmann · 10442 (50)
Frehmeyer · 10947 (79)
Freie · 8421 (56), 8422 (48), 8669 (58), 8724 (75)
Frekers · 8147 (45), 8148, 8149 (60), 8150 (54)
Frenk · 8969 (67), 9186 (56)
Frensmeier · 9356 (48)
Freye · 8423 (52), 8424 (53), 8425 (55), 8426 (75), 8427 (64)
Freye gt. Klaas · 8373 (70)
Frie · 8871 (55)
Frie, Große · 9785 (54)
Friedhoff · 8866 (54), 8992 (68)
Frieler · 7682 (51), 7911 (57), 7969 (73)
Friese · 9021 (72)
Frintrup · 9621 (71)
Frohoff, Schulte · 10111, 10112
Frye · 9069 (80), 9085 (82)
Fuchs · 10092
Funke · 7411 (62), 9037 (74), 9622 (71), 9663 (63)
Gaalmann · 9965 (44)
Gaare · 8571 (82)
Gaffron · 9164 (44)
Gallmeier · 9559 (59)
Galmann · 7377 (44)
Garmann · 8023 (82)
Garmer · 9542 (56)
Garnjost · 7517 (82)
Garthaus · 9711 (85)
Garthues · 9702 (81)
Gärtner · 9453 (54)
Gaus · 10643 (57)
Gausepohl · 7195 (49)
Gausling · 7807 (53)
Gausmann · 10284 (40), 10351 (46), 10374 (47), 10503 (53), 10532 (53), 10633 (57), 10657 (57), 10754 (64)
Gausselmann · 9736 (66)
Gebbing · 9966 (58)
Geerdes · 8024
Gehling · 7291 (75), 7294 (75), 9255, 9393
Gehling gt. Hyink · 9626 (73)
Gehring · 7310 (88), 9106 (83), 9280
Geilhorn · 7621 (86)
Geisenkötter · 7641 (91)
Geiß? · 7700 (56)
Gelking · 7756 (83)

Gellenbeck · 8829 (53)
Gellermann, Große · 7555 (69)
Gentrup · 10322 (45), 10323 (45)
Gerbermann · 8807 (51)
Gerdemann · 8937 (64), 10268 (37)
Gerdes · 8934 (64), 8950 (65), 9011 (71)
Gerding · 7286 (71)
Gerick · 7334
Gerink · 7972 (76)
Gerlemann · 8428 (53), 10529 (53), 10530 (53), 10681 (58), 11009 (81), 11010 (81), 11012 (81)
Gerlich · 8429 (63)
Gerling · 8430 (51), 8431 (51), 8432 (55), 8433 (56), 8434 (56), 8435 (64), 8436 (81)
Gerstekamp · 9082 (81)
Gerstenkemper · 8814 (52)
Gerstner · 7456 (55)
Gervens · 7701 (75)
Gerver · 7285 (71)
Gerwing · 7943 (65)
Gesing, Haselhoff gt. · 7414 (70)
Geutkes · 9165 (44)
Gieske · 8377 (66), 8437 (48), 8438 (52), 8439 (53), 8440 (54), 8441 (55), 8442 (55), 8443 (55), 8444(57), 8445 (59), 8446 (59), 8609 (59), 8611
Gilles · 9044 (75)
Gillmann · 10093 (41), 10094 (54)
Ginsberg · 8151 (80)
Glanemann · 7213 (50)
Glasmeier · 7504 (80), 7520 (83)
Glasmeyer · 8152 (58)
Glosemeier · 7524 (84)
Glowsky · 9481 (83)
Göcke · 8025 (67), 8026 (80)
Göcking · 9209, 9210
Göddecke · 8447 (56)
Göding · 9524 (67)
Goedecke · 9025 (73)
Goeke · 8027 (59), 8028 (61)
Goewert · 9755 (69)
Goldberg · 10737 (62)
Gollenberg · 7281 (68)
Göllman · 7578 (87)
Goosen · 9555 (57), 9562 (59)
Goosens · 9655 (82), 9967 (44)
Gorgemann, Lütke · 8948 (65)
Gosejohann · 10327 (45), 10355 (46), 10699 (59)
Gosen · 9968

Gössling, Lampe- · 9425
Gravemann · 7297 (80), 7305 (85)
Grawinkel · 7665
Greffen · 8935 (64)
Greiling · 7651 (57), 8153 (68)
Greive · 8154
Greiwe · 8836 (53)
Greß · 8156 (83)
Greuping · 9717 (90)
Greve · 8029 (48), 8030 (54), 9969 (44)
Greveler · 9013 (72)
Greven · 9047 (76)
Grewe · 8155 (60)
Grewing · 7949 (66)
Griese, Benning gt. · 8970 (67)
Grobbink · 7616 (85)
Groepink · 9714 (87)
Groll · 9007 (71), 9008 (71), 9084 (81)
Grolle · 8039 (54)
Grönning · 8448 (52)
Große Frie · 9785 (54)
Große Gellermann · 7555 (69)
Große Langenhoff · 9200 (61)
Große Lengerich · 8931 (63)
Große Osterholt · 9765 (72)
Große Sondrup · 7645 (93)
Große Wiedemann · 9028 (73)
Große Wissing · 7864 (53)
Grote · 8031 (49), 8032 (54), 9095 (82)
Grothaus · 10340 (46)
Grothmann · 8449 (52), 8450 (61), 8451 (65), 8452 (67), 8453 (67)
Grothues · 8963 (66), 8978 (67), 11085 (82)
Gröting · 9596 (67)
Grove · 8444 (57)
Growe · 7210 (50)
Grumke · 10276 (38)
Grumkem · 10276 (38)
Grütering · 7549 (58)
Guddorf · 9256
Gude · 9211, 9272, 9273, 9326, 9327, 9328, 9329, 9330, 10949 (80), 10988 (81), 11038 (82)
Güldenhövel · 9498 (51)
Gunnigmann, Leiermann gt. · 8984 (67)
Haar · 8454 (50), 8455 (50), 8456 (52), 8459 (61)
Haarmann · 8817 (52), 8818 (52)
Hachmann · 10874 (68)

Hackel · 7412 (1913)
Hackmann · 10229 (32), 10236 (33), 10258 (34), 10265 (37), 10277 (37), 10303 (42), 10316 (44), 10325 (45), 10358 (46), 10369 (46), 10432 (49), 10439 (50), 10440 (50), 10469 (51), 10483 (51), 10487 (51), 10505 (53), 10522 (53), 10576 (54), 10589 (54), 10612 (55), 10706 (59), 10714 (60), 10716 (60), 10759 (64), 10787 (65), 10804 (65), 10883 (68), 10898 (70), 10906 (71), 10943 (78), 10946 (79), 11008 (81), 11042 (83)
Hadder · 7413 (88)
Hadderfeld · 11015 (81), 11017 (81)
Haderfeld · 10800 (65), 10979 (81)
Haferkamp · 10937 (74)
Hage · 8764 (52)
Hagelschur · 9070 (81)
Hagelstein · 10095 (63)
Hagemann · 7871 (92), 8781 (22), 9017 (72), 9363 (65)
Hagen · 8457 (64), 8458 (57), 8595 (63), 8630 (58), 8709 (65)
Hagenberg · 10780 (65)
Hagenhues · 11081
Haget · 7808 (79)
Hahnenkamp · 9970 (44)
Halbach · 9864 (68)
Halfmann · 7579 (80)
Halinde · 8951 (66)
Hall · 9971 (52)
Hallau · 10206 (37)
Halm · 9047 (76)
Häming · 9715 (90)
Handieck · 11007 (81)
Hanebrink · 9865 (80)
Hanigbrink · 10972 (81)
Hannasch, Schulze · 9103 (83)
Hannöver · 7477 (56), 7478 (56), 7479 (56)
Hante · 9533 (88)
Hantelmann · 10398 (47)
Hapke, Niemer gt. · 9290
Harbaum · 9080 (81)
Harbers · 8033 (48)
Hardewig · 8800 (50)
Haring · 7757 (78)
Hark · 7378 (44)
Harks · 9603 (68)
Harrier, Effsing gt. · 9699 (80)

Hartbecke · 8420 (53), 8459 (61), 8469 (54), 8501 (71)
Harte · 11053 (89)
Hartke · 8460 (70), 8607 (54)
Hartken · 8157 (60)
Hartmann · 7580 (57), 7581 (56), 8158 (93), 9048 (77), 9102 (83), 9379 (90)
Hartmann gt. Stoffersmann · 8941 (65), 8942 (65)
Hartmann, Elsbecker gt. · 7573 (92)
Haselhoff gt. Gesing · 7414 (70)
Haselroth · 10899 (70)
Hasemann · 10763 (64)
Haspers · 9303
Hassing · 7896 (68), 8034 (49), 8035 (55), 9520 (66), 9719 (91)
Hater · 9580 (62), 9587 (64)
Hatke · 8946 (65)
Hatzfeld, von · 8993 (70)
Haugenkamp · 9188 (56)
Hauling · 9092 (82), 9096 (82)
Haverbeck · 8816 (52)
Haverkamp · 7733 (49), 9748 (43)
Haverkamp gt. Schulte · 10382 (47)
Haverkämper gt. Winkelhenrich · 10120 (71)
Haverkate · 7917 (59)
Haverott gt. Nienhaus · 9660 (62)
Havestadt · 7186 (88)
Havixbeck · 8808 (51)
Hayart · 7812 (72)
Hayck · 9615 (71), 9616 (71)
Heckmann · 10407 (48), 10825 (66), 10889 (69)
Heege · 8043 (82)
Heeger · 8036 (49), 8037 (50), 8038 (54), 8039 (54)
Heeke · 9331 (52), 9332 (55), 9333, 9334 (81)
Heemann · 7604 (80)
Heembrock · 8159, 8160 (54), 8161 (68), 8162 (85)
Hefti · 9047 (76)
Hegemann · 10096
Hegener · 8768 (52)
Hegge · 8040 (51), 8041 (65), 8042 (65), 8043 (82)
Heidemann · 7373 (44)
Heidemann, Ebbing gen. · 9960
Heiden · 9866 (80)
Heiing · 9409
Heim · 9398, 9743

Heimann · 9121 (53)
Heimbrock · 8016 (69), 8044 (49), 8045 (66), 8046 (69)
Heinrichs · 7379 (1900)
Heitkönig · 8047 (81)
Heitmann · 7669 (82), 8975 (67)
Hellekemper, Brockhaus gt. · 7794 (73)
Helling gt. Ruhkamp · 7813 (67)
Hellmann · 7415 (62), 9972 (51), 9973 (56)
Helmer · 8827 (53), 8895 (57), 9335
Helmert · 7758 (89)
Helmich · 10451 (50), 10470 (51), 10496 (52), 10849 (67), 10931 (74), 10935 (74), 10979 (81), 10980 (81), 11051 (89)
Helmig · 8163, 10232 (32), 10275 (38), 10402 (48), 10462 (50), 10624 (57), 10734 (62), 10756 (64)
Helming · 8164 (60)
Helmken · 9867 (1902)
Hemelt · 9281
Heming · 7350 (58), 7998 (72), 9395, 9974 (70)
Hemker · 7553 (60)
Hemme · 10809 (66)
Hemmer · 10886 (69), 10955 (80), 10982 (81)
Hemshorn gt. Dagehues · 9910 (90)
Hemsing · 7480 (49), 9642 (80)
Henri · 9584 (63)
Henrichmann · 8869 (55)
Hensel · 9558 (58)
Herber gt. Fehmer · 7582 (84)
Herbermann · 8802 (50), 9359 (50)
Herbert gt. Heuger · 8865 (54)
Herbrügger · 7735 (65)
Herdt · 8744 (63), 9726 (66)
Hericks · 7583 (61)
Herkentrup · 9032 (73)
Hermeling · 8461 (57)
Hermes · 8165, 9243, 9244
Hertker · 9232
Herweg · 9825 (80)
Heskemann · 7880 (46), 7881 (58), 7950 (66)
Heskemann, Benker gt. · 7741 (87)
Hespeling · 8166

Hesselbrock · 8048 (47), 8049 (49), 8050 (50), 8462 (64), 8463 (65)
Hesseling, Espeter gt. · 7576 (87)
Hesselmann · 8729
Hessing · 9653 (82)
Hessling · 7324 (76), 9975 (54)
Hessmann · 9760 (71)
Hessmann gt. Bullenhaar · 7192 (50)
Hessmann gt. Werland · 8847 (54)
Hessmann, Brüggemann gt. · 9019 (72)
Hetters · 9550 (57)
Hetzler · 9411
Heuckmann · 9826 (61), 9827 (83)
Heuer · 7485, 7814 (66)
Heuering · 8882 (56)
Heufers · 9786 (1907)
Heuger, Herbert gt. · 8865 (54)
Heuker · 9401
Heumann · 7464 (65), 8904 (58)
Heuser · 9470 (57)
Heutmann · 7416 (64)
Heyard · 7810 (64)
Heyart · 7809 (64), 7811 (65), 10097
Heyden · 9868 (69)
Heying · 7816 (83)
Heymann · 8943 (65)
Heymann gt. Teutemacher · 9141 (93)
Heynck · 7295 (78)
Heyng · 7815 (62), 7817 (62)
Hiegger · 10121, 10122 (89)
Hilbers · 9772 (54)
Hilbolt · 9384 (89)
Hilgenbrink · 8923 (61)
Hillebrand · 7457 (61), 10363 (46), 10486 (51)
Hillemeier · 10896 (70), 11041 (83)
Hillemeyer · 10452 (50), 10477 (51), 10535 (53), 10675 (58), 10677 (58)
Hillen · 9257
Hillmer · 10395 (47)
Hillmoth · 9090 (82)
Hiltermann · 8917 (60)
Himmelberg · 9199 (60)
Hindersmann · 10867 (68)
Hinken · 8464 (49)
Hinnah · 10561 (54), 10625 (57), 10701 (59), 10901 (70)

Hinnau · 10200 (37)
Hinricher gt. Eilers · 7454 (72)
Hinsmann · 8857 (54)
Hirsch Raphael · 10198 (37)
Hischemöller · 10281 (39), 10591 (54), 10746 (63)
Hissmann · 9731 (69)
Hiynk, Gehling gt. · 9626 (73)
Hobbold · 7607 (80)
Hockamp gt. Schumann · 10456 (50)
Höckenkamp gt. Danzenbörger · 9104 (83)
Hoeper · 9658 (62), 9659 (62)
Hoeper · 7218 (62), 7219 (62), 7220 (25)
Hoeper gt. Flaskamp · 7217
Höfener · 8465 (60)
Hoffmann · 8466 (81), 8746 (64), 9012 (72), 9649 (81), 9687 (80)
Hoffstädte · 7312 (68)
Hoffstedde · 9407
Hofschlag · 9476 (75)
Hohmeier · 8169 (58)
Hohnerbohm · 9976 (60), 9977 (61)
Hohnrotte · 9366 (66)
Höing · 7381, 7417 (87), 7445 (46), 7446, 8737 (67), 9550 (57), 9612 (69), 9978 (72)
Höinks · 9499 (50)
Holke · 10366 (46), 10762 (64), 10764 (64)
Hölker · 7203 (50), 7475 (79)
Holle · 8051 (55)
Holle gt. Kamp · 8170 (65)
Hollekamp · 7226 (48), 7960 (68)
Hollenberg · 10793 (65), 10794 (65), 10958 (80)
Hollensett · 10168
Hollinde · 8894 (57)
Holling gt. Brinkschulte · 8964 (66)
Hollman · 10199 (37)
Hollmann · 10888 (69)
Hölscher · 7619, 8879 (56), 8890 (57), 9787 (1906)
Holstiege · 8852 (54), 8990 (68)
Holt · 8467 (48), 8468 (53), 8469 (54), 8470 (58), 8471 (58), 8472 (58), 8473 (74)
Holtel · 8171 (53)
Holtermann · 9979 (58), 9980 (81)
Holtfrerick · 9761 (71)

Holtgräve · 10256 (34), 10558 (54), 10559 (54), 10611 (55), 10779 (65), 10992 (81), 11002 (81)
Holthaus · 8928 (63)
Holthues · 9828
Hölting · 8321
Holtkamp · 7820 (65), 7882 (48), 7967 (72), 8172 (60), 9697 (78), 9869 (87)
Holtkamp, Weddeling gt. · 7393 (50)
Holtmann · 9788 (54)
Holtmeier · 8867 (55)
Holtmeyer · 9009 (71)
Holtstegge · 9581 (61), 9605 (68), 9607 (68), 9675 (69), 9676 (70)
Holtwick · 9981 (92)
Homann · 7526 (84), 7584 (56), 7683 (51), 9134 (56), 9391, 11064 (79)
Homann, Uhlenbrock gt. · 9477 (82)
Honerlagengrete · 8848 (54), 8849 (54)
Honermann · 7999 (67)
Hopster · 9212
Hörbelt · 9509 (60)
Horst · 9691 (69), 9692 (70)
Hörst · 7818 (65), 7912 (57), 7977 (64)
Horst, ter · 7715 (73)
Hörsten · 8167 (60)
Horstmann · 8805 (51), 9074 (81), 9082 (81), 9348, 9829 (83), 9870 (86), 9871 (87), 9872 (87)
Hörstrup · 11055 (46)
Hösing · 9595 (67), 9600 (67), 9618 (71), 9627, 9669 (67)
Hössten · 8168
Hostoh · 10602 (55)
Hostoh geb. Hürländer · 10519 (53)
Höting · 7819 (56)
Hövelbrings · 9982 (54), 9983, 9984, 9985, 9986, 9987, 9988, 9989, 9990, 9991, 9992
Hövelbrings, Stölle gt. · 10066 (54)
Hövels · 9191 (57), 9193 (57)
Hovestadt · 8981 (67), 9911 (64)
Höyng · 7380 (66)
Huckenbeck · 7661 (66), 8966 (66)

Huckriede · 10513 (53)
Huerländer · 8944 (64)
Huesmann · 8487 (48), 9049 (78)
Huesmann, Rohlmann gt. · 9049 (78)
Hühl · 8474 (50), 8475 (50), 8476 (51), 8477 (52), 8478 (52), 8479 (68), 8480, 8481 (64), 8482 (66), 8483 (67), 8484 (70), 8485 (70), 8514 (67)
Hühlmeyer · 8173 (49)
Huismann · 9171 (51)
Hülk · 11067 (77)
Hüls · 9585 (63)
Hülsbusch · 7585 (68)
Hülse · 9750 (63)
Hülskamp · 7351 (61), 7495 (47), 9993 (84), 9994
Hülskramer · 8174
Hülsmann · 8486 (54), 8839 (53), 9100 (82), 9107 (84), 9120 (53), 9771 (54)
Hünck gt. Diekämper · 7586 (74)
Hunecke · 8766 (52)
Hunhoff · 9556 (58), 9560 (59)
Hunkemöller · 9014 (72)
Hunkenkuhl · 8790 (31)
Hunsche · 10855 (68)
Hunsel · 9789 (85)
Hünteler · 8878 (56)
Hüntemeier · 10960 (80), 10961 (80)
Hurdelbrink · 10483 (51)
Hürländer · 10519 (53)
Hüsing · 9089 (82), 9094 (82)
Hüsken · 10223 (43)
Hyinck · 9392
Ibershorst · 10138 (52)
Iborg · 10511 (53), 10522 (53), 10638 (57), 10856 (68)
Iburg · 10801 (65)
Idecke · 8488 (54)
Imloh · 9790 (85)
Inderwisch · 11011 (81)
Inkmann · 11059 (57)
Isfort · 9111 (90)
Isforth · 9995 (69)
Isselborg · 7533 (86)
Jäger · 8489 (67)
Jägering · 7418 (90)
Jäkle · 7376 (91)
Jannemann, Löbbermann gt. · 8784 (24)
Jansen · 7419 (70), 8052 (54), 9113 (93)
Janzen · 9146 (60)

Jasper · 9079 (81), 9510 (60), 9830 (29)
Jeiler · 8979 (67)
Jellich · 7460 (85)
Jessing · 7941 (64)
Jochmann · 9094 (82)
Johannemann · 8175 (52)
Johanning · 8176 (70), 10526 (53), 10672 (58), 10740 (62)
Jordan · 9061 (79)
Juckenbeck · 8958 (66)
Julkenbeck · 8880 (56)
Jungkamp · 9996 (59)
Jürkenbeck · 7660 (66)
Kablitz · 9116 (52), 9120 (53)
Kaefrig · 10401 (48), 10637 (57)
Kaesekamp · 10383 (47)
Kallenbeck · 7821 (70)
Källermeyer · 10915 (71)
Kalthoff · 9912 (54)
Kämner · 8490 (60)
Kamp · 9147 (55)
Kamp, Holle gt. · 8170 (65)
Kämper · 10995 (81), 10999 (81), 11048 (85)
Kampert · 8804 (51), 9564 (58)
Kamphues · 9791 (43), 10098
Kampmeyer · 10350 (46)
Kamps · 9502 (54)
Kappeln Ksp.
 Metten · 10908 (71)
 Sennlich · 10741 (63), 10772 (65), 10885 (68), 10934 (74)
Kappenhagen · 9185 (54)
Kappert · 9997 (70)
Karnebeck · 9381 (90)
Karte · 10305 (43), 10582 (54)
Kassling · 10574 (54)
Katkämper · 7510 (81)
Kattmann · 10761 (64)
Kauling · 9312 (79)
Kayser · 8177
Keiser · 7868 (64)
Keitlinghaus · 9873 (83), 9874 (84)
Kekkevoet · 10099 (52), 10100 (64)
Keller · 7559 (53), 7560 (53)
Kellermann · 8873 (55)
Kellermeier · 10840 (67), 10900 (70)
Kellermeyer · 10627 (57)
Kellers · 9114 (92)
Kemner · 8491 (60)
Kemper · 7351 (61), 7634 (88), 9542 (56), 9570 (59), 9998 (86)

Kempers · 8625 (73)
Kempker · 9038 (74)
Kentrup · 8978 (67)
Kerkhoff · 7603 (67), 7759 (83), 7883 (48), 8794 (33), 9999 (70), 10000 (70), 10202 (35)
Kerkmann · 9792
Kerkmann, Elvermann gt. · 7552 (59)
Kernebeck · 7232 (51), 7239 (54), 7240 (54), 7249 (58)
Kernekamp · 8495 (63), 8664 (74)
Kerstiens · 7653 (60)
Kersting · 7587 (81), 9740 (83)
Kertelge gt. Lonnemann · 9467 (56)
Kestermann · 7862 (65), 7986 (65), 7987 (65)
Ketteler · 8902 (57)
Ketter · 10172
Kettrup · 8786 (27)
Keve, Poggemann gt. · 8205 (78)
Kiepe · 7250 (59)
Kiewidt · 11041 (83)
Kimina · 8820 (52)
Kinkel · 9796 (56)
Kipker · 10502 (53), 10835 (67)
Kipp · 7588 (72), 10665 (57)
Klaas, Freye gt. · 8373 (70)
Klapsing · 9169 (44)
Klaus · 8492 (82)
Kleimann · 7571 (80)
Klein Mensink · 7420
Kleinberg · 8178
Kleinschmidt · 8380 (76), 8493 (43), 8494 (63), 8495 (63), 8496 (64), 8497 (65), 8498 (65), 8499 (67), 8500 (67), 8501 (71), 8546 (54), 8563 (70), 8675 (70), 8704 (68)
Klesper · 9213, 9214
Kleyhege · 9475 (73)
Kleymann · 8988 (68)
Kliewing · 7702 (56)
Klinge · 8502 (65)
Klingemeyer · 10514 (53), 10621 (57), 10735 (62)
Klinke · 10486 (51)
Klöcker · 7421 (77)
Klosterkämper · 9016 (72)
Klostermann · 7382 (46)
Klümper · 7243 (54), 7251 (59), 7996
Klumpjan · 10001, 10002 (88)

Klute · 10166 (70), 10460 (50), 10666 (57), 11054 (89)
Knief · 7554 (68)
Knippenberg · 10385 (47), 10725 (60)
Knoch · 9172 (53)
Knöpker · 10196 (37)
Knöpper · 10101, 10102 (47)
Knuppe · 10264 (37)
Knüppe · 10283 (40), 10285 (40), 10352 (46), 10617 (56), 10843 (67)
Kobbe · 9745 (80)
Köbbe · 8503 (50), 11022 (81)
Köbbemann · 8487 (48), 8504 (48), 8505 (53), 8506 (54), 8507 (65), 8508 (69), 8509 (69), 8510 (73), 8511 (82), 8555 (54), 8680 (73)
Köbbermann · 8512 (69)
Köbbing · 9445 (54), 9452 (53)
Koch · 10169
Kock · 7197 (49), 7489, 10565 (54)
Koekmann · 9432 (52)
Koggstein · 7918 (59)
Kohle · 8893 (57)
Kohlenbücker, Beyning gt. · 8826 (52)
Köhler · 11065 (81)
Köhne · 9634 (76)
Kohues · 7198 (50)
Kök · 10897 (70)
Kölker · 9148 (46)
Kolkmeyer · 10475 (51)
Kollmann · 10828 (66)
Konermann · 8180 (98), 10368 (46), 10420 (48)
Konert · 7463 (83)
Konig · 10478 (51)
König · 8179 (74), 9756 (71), 10662 (57), 10850 (67), 10912 (71), 10984 (81)
König, Vennemann gt. · 9736 (66)
Königkrämer · 8774 (52), 10388 (47), 10389 (47)
Köning · 10103 (54), 10174
Konnemann · 8501 (71)
Könning · 9394
Kooh · 8856 (54)
Koordt · 9762 (71)
Kopadt · 10463 (50), 10941 (75)
Kopp · 9135 (56), 9457 (48)
Koppenrath · 9167 (44)
Koppernagel · 8953 (65)

Koppers · 9704 (83)
Koppers, Schily- · 7389
Körner · 9875 (1901)
Korswirth · 10326 (45)
Kortendieck · 9051 (78)
Kortgödde, Edelbrock gt. · 7571 (80)
Kortstegge · 9161 (84)
Köster · 8513 (64), 10852 (68)
Kösters · 7822 (49), 8961 (66), 9000 (70), 9170 (51), 9177(53), 9198 (60), 9201 (61), 9202 (61), 10004 (46)
Kotte · 7930 (62)
Kötte · 7928 (60)
Kottendorf · 7523(84)
Köttendorf · 9016 (72)
Kötters · 9624 (72), 9671 (68), 10005 (57), 10006 (70)
Kottmann · 7310 (88)
Koyer · 9543 (56)
Köyer · 9540 (56)
Kracht · 7561 (80)
Kracke · 9149 (48), 9150 (48), 9151 (48), 9152 (48)
Kraemer · 8795 (34)
Kralmann · 9793 (56)
Kramer · 7447 (47), 8181 (66), 8182 (80), 9876 (88)
Krämer · 10335 (45), 10392 (47)
Krampe · 9063 (79)
Kranefeld · 7531 (85)
Kranefuß · 8903 (58)
Krause · 7631 (90)
Krawinkel · 8785 (24)
Kreft · 9794
Kreienbaum · 9877 (80)
Kreilkamp · 10007 (76), 10008
Kreimeier · 10879 (68)
Kreimer · 8047 (81), 8183 (68)
Kresken · 7550 (58)
Kreuel · 7422 (62)
Kreulich · 7352 (54)
Kriege · 7188 (49)
Krieger · 9508 (59)
Kröger · 8798 (48)
Kröner · 8502 (65), 10798 (65), 10802 (65), 10877 (68)
Krösmann · 7270 (67)
Krückmann · 9434 (52), 9449 (53)
Krüger · 8393 (83), 8514 (76)
Krüger gt. Kuhl · 8515 (65)
Krumme · 10145, 10146, 10147
Krümpel · 10123 (73)

Krümpelmann · 8476 (51), 8516 (51)
Kuck · 10525 (53)
Kücking · 8517 (69), 8518 (81), 8519 (82), 8520 (82)
Küdde · 7589 (80), 7590 (87)
Küdde gt. Althaus · 7589 (80)
Kuhberch · 9878 (99)
Kuhl · 8521 (52), 8522 (54), 8523 (55), 8524 (56), 8525 (56), 8526 (56), 8527 (56), 8528 (57), 8529 (57), 8530 (61), 8531 (64), 8532 (64), 8533 (64), 8534 (64), 8535 (65), 8536 (73), 8537 (82), 8538 (82), 8539 (84)
Kuhl, Krüger gt. · 8515 (65)
Kuhlenbeck · 10702 (59)
Kühler · 9427 (52)
Kühlkamp · 7760 (82), 7823 (66), 7893 (81)
Kuhlmann · 8821 (52), 9003 (71), 10315 (44), 10503 (53), 10504 (53), 10678 (58), 10693 (59), 10694 (59), 10788 (65), 10789 (65), 10790 (65), 10843 (67), 10844 (67)
Kuhlmann? · 8863 (54)
Kühne · 10189 (35)
Kühtz · 7506 (80)
Kundmann · 7498
Künker · 10113 (56)
Kunstleben · 9126 (54)
Küper gt. Baumeister · 7497
Küpers · 7276 (68), 7703 (67)
Kurk · 8184, 8540 (65), 8541 (65), 8542 (74), 8543 (82), 8544 (82)
Kurrelmeier · 10837 (67)
Kurrelmeyer · 10299 (42)
Kuse · 7919 (59)
Laage · 8053 (65), 8054 (66)
Laatz · 10393 (47)
Lackmann · 9879 (89)
Ladberg · 10393 (47)
Ladenkötter · 9233
Lage · 8055 (66), 8187
Lagemann · 8776 (52), 10139, 10306 (43), 10492 (51), 10619 (57)
Lageschulte · 8545 (47), 8546 (54), 8547 (59), 8548 (63), 8549 (65), 8550 (65), 8551 (66), 8552 (67), 8562 (69), 8675 (70)

Lah · 8553 (45), 8554 (53), 8555 (54), 8556 (56), 8557 (56), 8558 (64), 8599 (53), 8678 (50)
Lahus (Lauhus) · 10216 (41)
Lambers · 8022 (49), 8188 (60)
Lambrock · 8877 (56)
Lammerding · 7494 (75), 8883 (56)
Lammering · 10124 (68)
Lammers · 7824 (54), 7825 (65), 7826 (52), 7827 (63), 7828 (63), 7829 (52), 7830 (65), 7831 (72), 7887 (90), 7910 (54), 7944 (65), 7968 (72), 7973 (76), 7983 (1782), 9336, 9458 (54)
Lammert · 8762 (67)
Lampe-Gössling · 9425
Lamping · 10384 (47), 10421 (48), 10557 (54)
Landgräber · 8885 (56)
Landmeier · 8422 (48), 8559 (38), 8560 (69), 8561 (69), 8562 (69), 8563 (70), 8564 (70)
Landmeyer · 8565 (61)
Landwehr · 8566 (48), 8567 (52), 8568 (65), 8569 (66), 8570 (82), 8571 (82), 8572 (82), 8703 (70), 10238 (33), 10309 (43)
Landwehr gt. Linde · 8573 (64)
Landwer · 8399 (70), 8410 (48), 8574 (48), 8575 (52), 8576 (55), 8577 (65)
Landwers · 8578 (63), 8579 (63)
Lange · 8810 (51), 10334 (45), 10343 (46), 10347 (46), 10354 (46), 10364 (46), 10466 (51), 10723 (60)
Langela · 7383 (64)
Langenbröker · 10125 (54)
Langenhoff, Große · 9200 (61)
Langenhorst · 9190 (57)
Langeschulte · 8575 (52)
Lansing · 7254, 7255 (59), 9501 (54)
Lappe · 11078 (88)
Lau · 9274
Laugeman · 10207 (38)
Laukemper · 9275
Laumann · 8740 (84), 9728 (67), 9746 (65)
Laumeier · 10841 (67)
Laumeyer · 10719 (60), 10824 (66), 10913 (71)
Lebus · 9568 (59)

Lechler · 7562 (80)
Lechtenberg · 7353 (56), 7423 (69), 9665 (66)
Leeners · 7246 (56)
Leermann · 9441 (53)
Leesting · 7499 (68)
Lefering · 7238 (54), 7256 (59), 7257 (59), 7258 (59), 9528 (68)
Lefers · 9597 (67), 9598 (67)
Lehmkühler · 10885 (68)
Lehning · 9672 (69)
Leia · 9913 (72)
Leiermann gt. Gunnigmann · 8984 (67)
Leifert · 9795 (84)
Leifheit · 9463 (55)
Leifkes · 9110 (84)
Leimann · 8842 (53)
Leissmann · 8913 (60)
Leiting · 7424 (68), 7425 (69), 10009 (53)
Lembeck · 7465 (69)
Lenfers · 7981 (96)
Lenfers, Preister gt. · 7708 (73)
Lensing · 7354 (56), 10010, 10011, 10012 (72)
Lensker · 9532 (69)
Lenter · 8849 (54)
Lenz · 9127 (54)
Leuer · 9914 (1908)
Leugering · 9337, 9338, 10177 (30)
Leugers · 9282, 9283, 9284, 9285
Leusmann · 9053 (78), 9249 (66), 9250 (67), 9251 (82)
Leusner · 9117 (52)
Leveling · 7333 (81)
Leweling · 7761 (77)
Lewers gt. Bröring · 9674 (69)
Lewin · 9483 (86)
Libau · 10176 (39)
Liebsch · 9421
Lienemann · 10419 (48), 10480 (51), 10543 (53), 10656 (57), 10704 (59), 10729 (60), 10758 (64), 10950 (80), 10963 (80), 11040 (83)
Liermann · 7728 (38)
Liesen · 7762 (82)
Liesner · 9514 (65), 9583 (62)
Lindau · 7591 (81)
Lindberts · 8538 (82), 8580 (81)
Linde · 8581 (71), 8582 (81), 8583 (82), 8584 (82), 8585 (83)
Linde, Landwehr gt. · 8573 (64)
Linde, van der · 9662 (62)

Lindebaum · 7704 (72)
Linden · 8453 (67), 8479 (68), 8586 (64), 8587 (65), 8588 (67), 8589 (70), 8590 (81), 8654 (58)
Lindstrot · 10204 (35)
Linnemann · 7832 (67), 9406, 9796 (56), 9880 (84)
Linnermann · 10130
Linsel · 9797 (56)
Lipsch · 7384 (1907)
List · 8591 (50), 8592 (53)
Löbbermann gt. Jannemann · 8784 (24)
Löbbert · 9069 (80)
Löchte · 8229 (60)
Löchtermann · 9915 (68)
Lochthove · 7623 (87)
Löckemann · 9339 (93)
Loeding · 8926 (62)
Lohaus · 9388
Lohmann · 8189, 8898 (57), 8988 (68), 9040 (74)
Lohoff · 8944 (64)
Lonnemann · 9478 (82)
Lonnemann, Kertelge gt. · 9467 (56)
Loose · 9340, 9341, 10932 (74)
Loosemann · 10617 (56), 10855 (68)
Lordemann · 9035 (73)
Los · 9740 (83)
Lösbrock · 7985 (28)
Lose · 9015 (72)
Losing · 7920 (59)
Lottemeier · 11013 (81)
Löwenberg · 8932 (63)
Löwenstein · 7385
Lübber · 7227 (48)
Lübbermann · 8190
Lübbers · 7256 (59), 7518 (83)
Luchmann · 7536 (87)
Lücke · 8748(73), 9234, 9258 (83)
Lücken gt. Schwerdt · 8185
Lüdinghaus · 10381 (47), 10406 (48), 10417 (48), 10471 (51), 10580 (54), 10848 (67), 10868 (68)
Ludorff · 7763 (77), 7833 (73)
Lüggert · 9468 (56)
Luster · 8186 (70)
Lütke Austrup · 8949 (65)
Lütke Erdmann · 8863 (54)
Lütke Feldhaus · 8976 (67), 8977 (67)

Lütke Föller · 7204 (50)
Lütke Gorgemann · 8948 (65)
Lütke Lordemann gt. Thesmann · 9035 (73)
Lütke Specker · 10114
Lütke Wissing · 7872 (92), 7938 (63)
Lütkemeyer · 8056 (55)
Lütkenhues · 7684 (50), 7834 (66)
Lutterbei · 10773 (65)
Lutterbey · 10629 (57)
Lüttmann · 8191 (83), 9352 (49)
Maas · 7461 (83)
Mähs · 8593 (68), 8594 (63)
Maker · 10169
Markers · 9602 (68)
Marschall · 8530 (61), 8599 (53), 8600 (69), 8601 (75), 8602 (81), 8603 (82), 8656 (60)
Martens · 10502 (53)
Martens geb. Kipker · 10502 (53)
Marx · 9030 (73)
Mäs · 8595 (63), 8596 (63), 8597 (63), 8598 (63)
Masmann · 7194 (49)
Mast, van · 7289 (73)
Maurer · 8192 (70), 8604 (67), 8605 (70)
Mays · 8911 (59)
Meerhinke · 9798 (54)
Meese · 10376 (47), 10933 (74), 10959 (80), 10962 (80)
Meier · 8606 (53), 8607 (54), 8608 (60), 8631 (58), 8952 (66), 10474 (51)
Meinen · 10013 (69), 10014 (45)
Meiners · 8370, 8372 (66), 8586 (64), 8609 (59), 8610 (68), 8611, 8612 (73), 8613 (74), 8614 (81), 8615 (82)
Meinker · 9404
Meinkman gt. Dreckman · 10190 (34)
Meis · 10015 (81)
Meismann · 9577 (60), 9578 (60)
Meister · 9059 (79)
Melchers · 8860 (54)
Melies · 10016 (87)
Melo · 10630 (57), 10670 (58), 10733 (61)
Menebröcker · 10232 (32), 10267 (38)
Menke, Böse gt. · 7722 (68)
Menker · 7316 (92)

Mennewisch · 10346 (46), 10353 (46), 10419 (48), 10516 (53), 10552 (54), 10616 (56), 10876 (68)
Mensing · 7705, 7764 (83), 7835 (66), 7978 (84), 9636 (77)
Mensink · 9636 (77)
Mensink, Klein · 7420
Mensmann · 7500 (35)
Menz · 8899 (57), 9663 (63)
Mers · 7836 (54), 7837 (52), 7884 (55)
Mersch · 8057 (79), 8058 (49), 8092 (49), 8616 (72), 8699 (72), 10294, 10319 (44), 10328 (45), 10568 (54), 11025 (82), 11027 (82), 11028 (82), 11032 (82)
Merschkötter · 9881 (83)
Merschwerth · 10687 (58), 10688 (59)
Merschwirth · 10859 (68)
Mersmann · 9289
Merten · 9128, 10287 (41), 10509 (53), 10832 (67), 10834 (67)
Mertenskötter · 9882 (88)
Messing · 9163 (44)
Mette · 10300 (42), 10422 (48)
Meurs · 9571 (59)
Mevenkamp · 7596 (81), 7608 (81)
Meyer · 7386 (79), 7503 (80), 8617 (53), 8618 (59), 8619 (60), 8620 (67), 8621 (68), 8622 (69), 8824 (52), 8906 (58), 8915 (60), 10282 (39), 10331 (45), 10357 (46), 10370 (47), 10386 (47), 10415 (48), 10445 (50), 10446 (50), 10461 (50), 10486 (51), 10712 (60), 10765 (65), 10768 (65), 10836 (67)
Meyknecht · 9490
Meyners · 8623, 8624 (64), 8625 (73)
Micheel · 8916 (60)
Michgehl · 9763 (72)
Middelhoff · 7765 (76), 7885 (48)
Middendorf · 7191 (49), 8626 (54), 8627 (54), 8628 (65), 8698 (65)
Mielenbrink · 8907 (58)
Miemeyer · 10821 (66)
Miethe · 9215
Millerbernd · 7675 (89)
Mindrup · 10337 (45), 10533 (53)

[164]

Mittrup, Möllenhoff gt. · 9883
Möllenhoff gt. Mittrup · 9883
Möllenkamp · 8629 (51), 8630 (58), 8631 (58), 10523 (53), 10710 (60), 10814 (66), 10837 (67), 10838 (67), 10839 (67), 10880 (68), 10887 (69)
Möller · 8193, 8194, 8632 (48), 8633 (50), 8634 (52), 9121 (53), 9129 (54)
Möllers · 7206 (49), 7448 (48), 8742 (63), 8743 (63), 9367 (66), 9508 (59), 9831 (81), 10104
Möllers, Terwey gt. · 7469 (49), 7480 (49)
Möllmann · 10017, 10893 (70), 10903 (71)
Mond, Tacke gt. · 9842 (50)
Mönking · 9495 (92), 9496 (93)
Moormann · 9727 (67), 9729 (68)
Morian · 7838 (64)
Mühlenkamp · 9916 (45)
Mühren · 8389 (69)
Müller · 8195 (77), 8241 (59), 9527 (68), 9799 (36), 10219 (42), 10803 (65)
Müninghausen · 9473 (58)
Münning · 9040 (74)
Münnink · 9746 (65)
Munsberg · 10832 (67), 10861 (68), 10866 (68), 10924 (72), 11036 (82)
Müscher · 8846 (54)
Musholt · 9534 (55), 10018 (45)
Mutert · 10466 (51)
Müthing · 9002 (71)
Naber · 7905 (44), 7909 (45)
Naber gt. Schelle · 8891 (57)
Nabers · 7264 (60), 7271 (67), 7299 (81)
Nacke · 7766 (80), 7767 (77), 7842 (67), 7984 (92), 9424
Nassmacher · 10019
Nathmann · 8983 (67)
Nattermann · 8848 (54)
Nergenau · 7998 (72)
Neuhaus · 10902 (70)
Neyer · 10556 (54)
Niebur · 7731 (41)
Niedecker · 9487 (81)
Niehaus · 8635 (54), 9622 (71), 11036 (81)
Niehoff · 7839 (63), 8736, 8745 (64), 9010 (71)

Niehues · 7951 (66), 7979 (84), 9015 (72), 9216, 9217, 9695 (75), 10020 (90)
Niehues gt. Rolf · 8963 (66)
Nieland · 8196 (81), 10022 (92), 10023 (95)
Niemann · 8809 (51), 8919 (61), 9259 (68), 11083 (76)
Niemeier · 10245 (34), 10289 (41), 10970 (81)
Niemer · 8842 (53)
Niemer gt. Hapke · 9290
Niemeyer · 8382 (77), 8510 (73), 8636 (57), 8637 (58), 8638 (23), 9153 (48), 10261 (36), 10372 (47), 10412 (48), 10651 (57), 10668 (58), 10757 (64), 10769 (65)
Niemöller · 10866 (68)
Niendicker · 10878 (68)
Nienhaus · 7270 (67), 7307 (86), 9387, 9700 (81)
Nienhaus, Haverott gt. · 9660 (62)
Nienhues · 7272 (67), 7280 (68), 10021 (67)
Nienkamp · 10986 (81)
Nies · 11068 (46)
Niestegge · 9569 (59)
Nietiedt · 10586 (54), 10954 (80)
Niewind · 9136 (56)
Niggemeyer · 10379 (47)
Nolte · 10140 (72)
Nordhues · 9884 (87), 9885 (96)
Nöttebrock · 7706 (74)
Nottekämper · 8725 (83), 10980 (81)
Noye · 8197
Nubbemeier · 11021 (81), 11022 (81)
Nubbemeier, Eismann gt. · 11043 (83)
Nubbemeyer · 10736 (62), 10751 (63), 11020 (81)
Nünningmöller · 7734 (59)
Ocker · 9456 (54)
Oelbracht · 9800 (58)
Oelgeklaus · 10255 (34), 10271 (38)
Oelrich · 10531 (53)
Oelsberg · 7931 (62)
Oenning · 10024 (52), 10025 (56), 10026 (92)
Ohmann · 10148 (54)
Olb · 9623 (72)
Oldenkott · 7355 (51), 7356 (54)

Ollicher · 7921 (59)
Orthaus · 7282 (68)
Orthaus sive Bomkamp · 7242 (54)
Oskamp · 7974 (76)
Ossendorff · 9526
Ostbrock gt. Dalhoff · 7193 (49)
Ostendorf · 8639 (53), 10296 (42), 10661 (57), 10712 (60)
Osterburg · 10614 (56)
Osterfeld · 8822 (52)
Osterfincke · 8565 (61)
Osterholt · 9604 (68), 9618 (71), 9639 (80), 9684 (70)
Osterholt, Große · 9765 (72)
Osterkamp · 9661 (62)
Ostermann · 9606
Osthoff · 10312 (44), 10332 (45), 10443 (50), 10488 (51), 10585 (54), 10605 (55), 10731 (61), 10863 (68), 10871 (68), 10916 (72), 10918 (72), 10927 (73), 11027 (82)
Osthoff, Sibbener gt.Osthoff · 9806 (67)
Ostrick · 10027 (70)
Ostrop · 7518 (83)
Otte · 8089 (49), 8219 (50), 10429 (49), 10645 (57), 10785 (65), 10941 (75)
Otte , Borgmann gt. · 9778 (45)
Otte, Thülig gt.Otte · 9810 (85)
Öttker · 8199 (54)
Otto · 8889 (57)
Overbeck · 10667 (57), 10944 (78)
Overfeldt · 8198 (78)
Overhage · 9480 (82)
Overmann · 8909 (59), 9101 (82), 9137 (56)
Overs? Ooers? · 8983 (67)
Palstring · 10225 (44)
Panhorst · 8767 (52)
Paschert · 9503 (55), 9690 (69)
Paskert · 9507, 9516 (65), 9517 (65)
Paskert, Sickmann gt. · 9517 (65)
Paßmann · 9203 (61)
Passmann, Schweers gt. · 7390 (81)
Paus · 8536 (73), 8593 (68), 8640 (54), 8641 (55), 8642 (63), 8643 (73), 8644 (82), 8645 (82)
Pegel · 7840 (65), 7913 (57)
Peitz · 9886 (86), 9887 (87), 9888 (87)

Peitzmeier · 9917 (93)
Pelle · 9055 (78), 10437 (50)
Pelster · 10105
Pennekamp · 9521 (66)
Penno · 9644 (80), 10153
Pentrop · 9444 (53), 9448 (53)
Petermann · 9918 (53)
Peters · 7189 (50), 8200, 8201 (82)
Peters gt. Schäpers · 9122 (53)
Peyrick · 7490 (42)
Picker · 9547 (56)
Piegel · 7829 (52)
Pieper · 8813 (52), 8887 (56), 10270 (38), 10270 (38), 10491 (51), 10510 (53), 10521 (53), 10572 (54), 10607 (55), 10971 (81), 10987 (81)
Piepmeyer · 10762 (64)
Pilz · 10356 (46)
Plage · 8646 (50)
Plagemann · 9357 (48)
Plagge · 10180 (37)
Plaggevoet · 10768 (65)
Plate · 9525 (67), 10194 (37), 10195 (37)
Playmann · 8202
Plegge · 11014 (81)
Pletzer · 9026 (73)
Plietker · 7956 (67)
Pogge · 8946 (65)
Poggemann · 8203 (52), 8204 (64), 9342
Poggemann gt. Keve · 8205 (78)
Poggenborg · 8861 (54)
Pöhler · 7200 (50)
Pöhling · 9919
Pohlmann · 7894 (81), 9218 (72), 10504 (53)
Polok · 9451 (53)
Pöpping, Ruck gt. · 7990 (74), 7991 (74), 7992 (74)
Poser · 10409 (48), 10745 (63), 10994 (81)
Post · 8059 (73), 8206 (56), 8207 (60), 9276, 9277, 9278
Post gt. Forstmann · 9279
Pötter · 10592 (54), 10750 (63), 10867 (68), 10878 (68), 10894 (70)
Pottgießer · 7426 (1921)
Potthoff · 10028
Pottmeyer · 8859 (54)
Povel · 8779 (20), 8782 (23)
Preckel · 7995 (62)
Preister · 7707 (64)

Preister gt. Lenfers · 7708 (73)
Prigge · 10220 (42)
Priggemeyer · 10420 (48), 10730 (61)
Prigger · 9832 (52)
Primavesi · 9005 (71)
Pritschau · 9920 (70)
Probst · 7901 (31), 7904 (42), 10404 (48)
Pröbsting · 7662 (66), 8962 (66)
Prüss · 10029 (81)
Puers · 8819 (52)
Puls · 9260, 9286 (71)
Pundmann · 10752 (63), 10753 (64)
Püning · 7587 (81)
Püttmann · 9677 (70)
Quitmann · 9610 (69), 9611 (69)
Raacke · 9415
Rabert · 9086 (82)
Radefeld · 9385
Rademann · 11071 (81)
Rading · 7685 (47)
Rahmeier · 10235 (33), 10996 (81)
Rahmeyer · 10521 (53)
Rasche · 9801 (67)
Ratert · 9068 (80)
Räuver · 10517 (53)
Räuwer · 10631 (57)
Rave · 7427 (69), 10030 (70), 10031 (69), 10032 (76)
Ravers · 7332 (82)
Reckers · 7314 (74), 10126 (68)
Redecker · 9372 (77), 10744 (63), 11047 (85)
Redeker · 11014 (81)
Reers · 7449, 7450
Reher · 9769 (53)
Reher, Wiggermann gt. · 9491 (87)
Rehmeyer · 10375 (47)
Rehorst · 8407 (68)
Rehorst gt. Wemhove · 7666
Reicks · 7597 (57), 9052 (78)
Reimering · 7428 (62)
Reinermann · 9554 (57)
Reiners · 7292 (75)
Reinhard · 9742 (1906)
Reischel · 7502 (80)
Reismann · 7458 (72), 7459, 7466 (73), 7922 (59)
Remke · 8210 (28)
Remme · 9154 (58)
Remmer · 8208 (82), 8209 (83)
Rempke · 8211 (54)

Render · 7261 (60), 7267 (66), 7293 (75), 7301 (81), 9383
Renger · 9737 (67)
Rengers · 9735 (62)
Renne · 8838 (53)
Rennebaum · 8832 (53)
Renners · 10033 (62)
Rennert · 7387 (44)
Rensing · 7252 (59), 7809 (64), 7841 (63), 7842 (67), 9718 (90)
Rensing gt. Brink · 7224
Renzel, Schulze · 9162 (89)
Reutland · 7646
Rewing · 10034 (59)
Rhebaum · 9833 (1909)
Ribbers · 7889 (89)
Richels · 10035 (71)
Richter · 7190 (50), 7719 (55), 8212, 9022 (72), 9132 (55), 9465 (56), 10564 (54), 10685 (58), 10703 (59), 10855 (68)
Richters · 7902 (31), 8731 (57)
Ricker · 7461 (83)
Rickers · 7331 (84)
Ridder · 8921 (61), 9166 (44)
Riehemann · 10809 (66)
Rieksfeld · 7980 (84)
Rieskamp · 10455 (50), 10753 (64)
Rietbrock · 7207 (50)
Rietbrok · 10187 (34)
Riethmann · 7567 (81), 7592 (53)
Rietmann · 9430 (52)
Rietschilling · 8214 (54)
Rintelen · 8973 (67)
Robbe · 8060 (69), 8061 (48)
Robers · 9565 (59), 9576 (60)
Rodenberg · 10036 (76), 10037 (85), 10038 (87)
Rodert · 10288 (41), 10320 (45)
Röer · 8945 (65)
Rohling · 8868 (55), 9060 (79), 10107 (56)
Rohlmann · 8062 (56), 8081 (48), 8214 (52), 8267 (38), 9219
Rohlmann gt. Huesmann · 9049 (78)
Rolf · 9802 (95)
Rolf, Niehues gt. · 8963 (66)
Rolfer · 7268 (67)
Rolfes · 7290 (74), 7291 (75)
Rolfs · 9804 (46)
Roling · 8806 (51)
Rolshoven · 7530 (85)
Rolwing · 9689 (69)
Römer · 10106 (66)

Ronneberg · 9045 (75), 9105 (83)
Röring · 10164
Rosenheim · 7519 (83)
Rösing · 7429 (62)
Rosker · 9698 (78)
Rößing · 9184 (54)
Rosskamp · 10040 (56)
Roters · 7844 (62), 7945 (65), 8957 (66)
Rötger · 7244 (55)
Rothkötter, Angelkotte gt. · 9901 (1911)
Rothland · 7646
Rotterdam · 7843 (66)
Röttering · 8213 (58)
Röttger · 9428 (52), 9462 (55), 9546 (56), 9651 (81), 10039, 10391 (47)
Röttgermann · 8793 (33)
Rottmann · 7952 (66), 8728 (31)
Rotträker, Wermeling gt. · 10203 (35)
Rotz · 9707 (83), 9710 (84)
Rouweler · 7321 (89)
Röwer · 10682 (58)
Rubens · 9733 (61), 9734 (61), 9768 (55)
Ruck gt. Pöpping · 7990 (74), 7991 (74), 7992 (74)
Ruhe · 9287, 9889 (89)
Ruhkamp · 9591 (66), 10041 (54)
Ruhkamp, Helling gt. · 7813 (67)
Rulle · 7768 (83)
Ruller · 7845 (54)
Rump · 8843 (53)
Rüping · 7542 (90)
Rüsch · 8837 (53)
Rusche · 9890 (95)
Rüschoff · 9803 (90)
Rüsse · 10186 (34), 10210 (39)
Ruthenschröer · 10891 (70)
Ruwe · 8063 (48), 8215 (81)
Rüweling · 9599 (67)
Ruyken · 7551 (58)
Saale · 7914 (57)
Saalmann · 7957 (67)
Sabbels · 10266 (38)
Sabey · 8987 (68)
Sachs · 7923 (59)
Sack · 9181 (53)
Salfewski · 7628 (89)
Salje · 10854 (68)
Sälker · 9118 (52)
Salm-Hoogstraeten, von · 8920 (61)
Samland · 7630 (89)

Sand · 10345 (46), 10410 (48)
Sander · 9891 (91)
Sanders · 7686 (46)
Sandkamp · 7626 (88), 9422
Sasse · 8216 (75)
Schaaf · 7629 (89)
Schabbing · 7317 (81), 7961 (68)
Schaberg · 10548 (53), 10549 (53), 10569 (54), 10690 (59), 10910 (71), 10939 (75)
Schächter · 10663 (57), 10672 (58), 10778 (65), 10951 (80), 10952 (80)
Schade · 8217 (75), 10380 (47)
Schäfer · 10628 (57)
Schaff · 10263 (37)
Schägers · 7846 (66), 7970 (73)
Schale · 8725
Schallenberg · 10390 (47)
Schamann · 9447 (53)
Schäper · 10567 (54), 10671 (58), 10686 (58), 10755 (64), 10833 (67), 11032 (82), 11062 (86), 11076 (86)
Schäpers · 9538 (56), 9551 (56), 10297 (42)
Schäpers, Peters gt. · 9122 (53)
Schapmann · 8780 (21)
Schaten · 7847 (53), 7936 (63), 7965 (70), 9390
Scheimann · 9834 (46)
Scheipers · 9349 (46), 10212 (39)
Schelle, Naber gt. · 8891 (57)
Scheltrup · 8820 (52)
Schemme · 10254 (34), 10269 (38), 10311 (43), 10362 (46), 10388 (47), 10428 (49), 10448 (50), 10452 (50), 10458 (50), 10459 (50), 10472 (51), 10481 (51), 10581 (54), 10587 (54), 10648 (57), 10692 (59), 10698 (59), 10700 (59), 10746 (63), 10779 (65), 10782 (65), 10807 (65), 10895 (70), 10930 (74)
Schemmel · 9835 (81)
Schemmink · 9617 (71)
Scheningmann · 7848 (54)
Schenke · 8647 (65), 8648 (66), 8649 (70)
Schenking · 8918 (61)
Schepers · 7357 (61), 9261 (66)
Scherping · 10165
Schewing · 8744 (63)
Schiemann · 8218, 8219 (50)
Schier · 8650 (50)
Schierenberg · 10042 (46)

Schiffer · 7563 (61)
Schilling · 7849 (67), 7850 (64), 7989 (40)
Schily · 7388
Schily-Koppers · 7389
Schippmann · 9343 (83)
Schlagheck · 7600 (60)
Schlätker · 10141 (49), 10142 (59), 10143 (61), 10144
Schlattjann · 10043
Schlattmann · 9510 (60), 9522 (66), 9703 (83), 10151 (83), 10161
Schlautkötter, Bücker gt. · 9862 (74)
Schlautmann · 8876 (56), 8939 (64)
Schlenker · 9078 (81)
Schlettert · 9519 (66), 9617 (71)
Schlicht · 8568 (65), 8651 (54), 8652 (55), 8653 (55), 8654 (58)
Schlichte · 9420
Schlichtmann gt. Suck · 7769 (80), 7770 (82), 7781 (82)
Schlick · 8769 (52)
Schlickmertens · 8064 (49)
Schloff · 7724 (32)
Schlunz · 9892 (86)
Schlüter · 7640 (90), 7932 (62), 8220 (28), 8221 (83), 8222 (83), 8223 (83), 8224 (84), 9637 (78), 9686 (80)
Schlütermann · 9466 (56)
Schmaink · 10045 (66)
Schmäink · 10044 (70)
Schmalbrock · 9836 (34)
Schmeing · 7358 (58), 7360 (57), 7368 (44), 9584 (63), 10046 (57)
Schmidt · 7430 (62), 8065 (48), 8066 (49)
Schmiemann · 7593 (70), 8831 (53), 9155
Schmit · 9156 (54)
Schmitting · 11079 (91)
Schmitz · 7620 (60), 9109 (84), 9752 (69), 10047 (50), 10048 (57), 10049 (57), 10050 (72)
Schnarre · 10562 (54)
Schnatbaum · 8655 (58)
Schnathbaum · 8472 (58), 8656 (60)
Schneider · 9464 (56)
Schneido · 10180 (37)
Schnellenberg · 8225, 8226, 8227 (56), 8228

Schnieder · 11063 (77), 11066 (77)
Schnippel · 7462 (86)
Scholtholt · 7550 (58)
Scholz · 9893 (88)
Schomberg · 7208 (50)
Schonebeck, von · 8851 (54)
Schonefeld · 9804 (46)
Schonhoff · 8346 (54)
Schonhorst · 10378 (47), 10403 (48), 10852 (68)
Schoo · 8167 (60), 8231 (64), 8657 (50), 8658 (52), 8659 (57)
Schoofs · 7340 (62)
Schoppe · 8336 (55), 8352 (54), 8660 (50), 9041 (74)
Schoppen · 7888 (89)
Schöpper · 10652 (57), 10684 (58), 10713 (60)
Schöpping · 7709 (62), 8229 (60), 8230 (66)
Schoppmeier · 10899 (70)
Schoppmeyer · 10512 (53), 10826 (66)
Schottmann · 10051
Schowe · 10344 (46), 10464 (50), 11035 (82)
Schräder · 8232
Schräer · 9220, 9252, 9253, 9262, 10127
Schrahmeier · 10244 (33)
Schrameier · 10286 (41)
Schrameyer · 10314 (44), 10497 (53)
Schreck · 10811 (66), 10857 (68), 10860 (68), 10993 (81), 11046 (84)
Schröder · 8233, 8234, 8235, 8236 (97), 8956 (66), 10108 (50)
Schroer · 9472 (67), 10052 (60), 10243 (33), 10295 (42), 10365 (46), 10367 (46), 10427 (49), 10449 (50), 10505 (53), 10513 (53), 10566 (54), 10608 (55), 10742 (63)
Schröer · 10853 (68)
Schrör · 8661 (52), 8662 (56), 8663 (57)
Schrötker · 8529(57)
Schründer · 7663 (67), 8968 (67), 9054 (78)
Schubart · 7726 (33)
Schücker · 7924 (59), 7929 (61)
Schücking · 10053 (56)
Schult · 7534 (87)

Schulte · 8024, 8239 (50), 8240 (94), 8426 (75), 9140 (92), 9304, 10453 (50), 10659 (57), 10726 (60), 10983 (81), 11042 (83)
Schulte Frohoff · 10111, 10112
Schulte ten Berge · 7710 (51)
Schulte, Haverkamp gt. · 10382 (47)
Schulte, Welp gt. · 8708 (54)
Schulten · 9557 (57), 9566 (59), 9656 (82), 9668 (67)
Schulz · 7851 (62), 9096 (82)
Schulze Hannasch · 9103 (83)
Schulze Renzel · 9162 (89)
Schumacher · 7643 (93), 7664, 7976 (82)
Schumann, Hockamp gt. · 10456 (50)
Schürmann · 7532 (84), 9350, 10430 (49), 10433 (49), 10571 (54), 10583 (54), 11034 (82)
Schurz · 11070 (46)
Schuster · 8771 (52)
Schütte · 7953 (66), 7958 (67), 8237 (53), 8238 (70), 10217 (41)
Schüttefoet · 8954 (66)
Schüttemeyer · 8664 (74)
Schütz · 7211 (50)
Schwane · 7538 (87)
Schwar · 8881 (56)
Schwarz · 10191 (32), 10192 (41), 10199 (37)
Schwarze · 9837 (47)
Schweers gt. Passmann · 7390 (81)
Schweigmann · 8241 (59), 8242 (63), 8243 (65), 8244 (73), 8245 (77), 8246 (86), 8247
Schweppenstedde · 9805 (54)
Schwering · 7359 (60), 7431 (66), 10054, 10055 (57), 10056 (60), 10057 (70), 10109, 10149
Schwering gt. Wolters · 7482 (63)
Schwierjan · 9157 (58)
Schwieter · 7856 (62)
Schwietering · 7739 (92), 7852 (65), 7853 (64), 7854 (65), 7855 (66)
Schwieters · 7937 (63), 9423
Schwietert · 7771 (83), 7895 (83)
Segbers · 7241 (54), 10097
Seggewiess · 9575 (60)
Selkmann · 8834 (53)
Selle · 10058, 10059

Selmeier · 8396 (52)
Selting · 10060 (86)
Selwische · 9706 (83)
Sendmeier · 10241 (33), 10869 (68)
Sendmeyer · 10304 (42)
Senghove gt. Bücker sive Boecker · 9043 (75)
Senken · 7677 (1909)
Sentker · 8067 (49), 8068 (51), 8069 (55), 8070 (57), 8791 (32)
Serrieskötter · 9838 (49)
Sertling · 9894 (82)
Sibbener gt. Osthoff · 9806(67)
Sibbing · 7360 (57), 9549 (56), 9588 (65), 9722 (93), 10154 (94)
Sicking · 7463 (83), 9552 (57), 9579 (60), 9674 (69), 10061, 10155 (83)
Sicking, Upgang gt. · 9631(76)
Sickmann · 7925(59)
Sickmann gt. Paskert · 9517 (65)
Siefert · 10920 (71), 10921 (72)
Siemen · 7432 (70)
Siems · 10062 (55)
Sienemus · 9895 (86)
Siering · 8248 (93), 8249 (1905)
Sietmann · 7488 (46)
Sievers · 8858 (54), 10156
Sievert · 10679 (58)
Silke · 9741 (97)
Silling · 9839
Simonetti · 10183 (42)
Smeddink · 8999 (70)
Smit · 7926 (59)
Söbbing · 10157
Sodt · 8665 (64), 8666 (65), 8667 (69)
Soestmeier · 9368 (66)
Sommermeyer · 10539 (53), 10622 (57)
Sondermann · 10063 (49)
Sondrup, Große · 7645 (93)
Sonne · 8908 (58)
Sonnefeld · 10596 (53)
Soppe · 10064 (58)
Sorge · 9195 (59)
Spahn · 8985 (67)
Sparenberg · 10411 (48), 10454 (50), 10635 (57), 10636 (57), 10727 (60), 10796 (65), 10797 (65), 10957
Spath · 9807 (83)
Specker, Lütke · 10114

Speier · 7513 (82), 7515 (82), 7539 (89)
Spekin · 9658 (62)
Spelbring · 10342 (46)
Spelbrink · 10553 (54), 10882 (68)
Speller · 8169 (58), 8492 (82), 8518, 8646 (50), 8668 (57), 8669 (58), 8670 (82), 8671 (89), 8672 (93)
Spellmeier · 10872 (68), 10956 (80), 11013 (81), 11016 (81)
Spellmeyer · 10713 (60), 10749 (63), 10921 (72), 10940 (75), 10942 (77)
Spenneberg · 9770 (53)
Spiecker · 10538 (53), 10554 (54), 10639 (57), 10791 (65)
Spiegeler · 8401 (54), 8673 (68), 8674 (70), 8675 (70), 8676 (81), 8677 (82)
Spieker · 10870 (68), 10897 (70), 10934 (74)
Spiekermann · 7550 (58), 9108 (84), 9376 (84)
Spielmann · 9403
Spielmeyer · 10182 (40)
Spöler · 10065 (44)
Spölker · 7946 (65)
Sprenker · 9808 (1902)
Staggemeier · 10898 (70)
Staggemeyer · 10931 (74)
Stalbold · 8799 (48)
Stall · 8765 (52)
Stallfort · 10815 (66), 10816 (66), 10877 (68)
Stalljohann · 10858 (68), 10907
Stallmann · 10230 (32), 10231 (32), 10561 (54), 10709 (60), 10714 (60)
Stange · 7857 (69)
Steckling · 9004 (71)
Steenkamp · 7467 (68), 7468 (56), 7491 (56), 7492 (49), 7493 (49), 7599 (58)
Steenpaß · 9187 (56)
Steens · 9077 (81)
Steffen · 8583 (82)
Steffens · 7313 (92)
Stegemann · 8250 (80), 9344, 9361 (52), 9362 (54)
Stehmann · 10905 (71)
Stein · 8071 (67)
Steinacker · 7687 (45)
Steinberg · 10197 (37)
Steingräber · 8989 (68)

Steinhoff · 9086 (82)
Steinkötter · 9809µ (60)
Steinriede · 10622 (57), 10728 (60)
Steinweg · 10200 (37), 10201 (37), 10205 (35)
Stenkamp · 9173 (53)
Stenvers · 7688 (50), 7711, 7712 (69)
Stermann · 9158 (54)
Sterneberg · 9036 (73)
Steuter · 8251 (60)
Stewing · 7508 (80)
Stiegemann · 9235
Stiegemeier · 10252 (34)
Stiegemeyer · 10705 (59), 10722 (60), 10739 (62), 10818 (66)
Stienecker · 8754 (72)
Stievermann · 7858 (72)
Stilling · 9412
Stipp · 8802 (50)
Stockert · 9196 (59)
Stockmann · 8854 (54)
Stockmeier · 11002 (81)
Stoffersmann, Hartmann gt. · 8941 (65), 8942 (65)
Stöhner · 10348 (46), 10968 (81), 10991 (81), 11003 (81), 11033 (82)
Stölle gt. Hövelbrings · 10066 (54)
Storks · 10067 (86)
Storm · 7391 (99)
Stover · 10068
Stralmann · 7632 (90)
Stratemeyer · 10597 (53), 10813 (66)
Straten · 8072, 8073 (57), 8074 (60), 8075 (60), 8076 (64), 8077 (68), 8078 (68)
Stratmann · 9345 (52), 9840 (52), 9841
Strefelt · 7253 (59), 7263 (60), 7296 (79)
Strietholt · 9012 (72)
Strietholt, Wentigmann gt. · 7582 (84)
Stroetmann · 9159 (52)
Ströing · 10163
Ströning · 10115, 10116, 10117
Strotebeck · 10293 (42), 11044 (84)
Strothoff · 8986 (67)
Strotmann · 8252 (67), 9263, 9723 (93)
Strübbe · 11035 (82)

Strüving · 9650 (81)
Stücker · 9034 (73)
Stüer · 9431 (52), 9438 (52)
Stumpe · 10233 (32)
Stümpel · 8253
Stüper · 9075 (81)
Stute · 10546 (53), 10827 (66), 10966 (81)
Stutevoss · 10647 (57)
Stüve · 8415 (54), 8550 (65), 8678 (50)
Suck · 7954 (66), 7962 (69)
Suck, Schlichtmann gt. · 7769 (80), 7770 (82), 7781 (82)
Südlohn · 9613, 10153
Sudmann · 8972 (67), 8974
Sueck · 7476 (85)
Suer · 9123 (53)
Sühling · 8727 (30)
Sunderhaus · 9564 (58)
Sunderkamp · 9139 (57), 9428 (52)
Sundermann · 11006 (81)
Synck · 7326 (76), 7327 (76), 7328 (83), 7329 (87), 7330 (88)
Taake · 10573 (54)
Tacke · 10747 (63)
Tacke gt. Mond · 9842 (50)
Tackenberg · 10615 (56), 10902 (70)
Tälker · 8217 (75), 8254 (32)
Tannebeck · 8922 (61)
Tasche · 8391 (71), 8515 (65), 8679 (54), 8680 (73), 8681, 8682 (81), 8700 (82)
Tassemeier · 10260 (32), 10969 (81)
Tassemeyer · 10981 (81)
Tastove · 7601 (64)
Tebbe · 8079 (48), 8080 (63), 10641 (57), 10786 (65)
Tebbenhoff · 8563 (70)
Teckemeyer · 10919 (72)
Teeke · 7730 (43)
Teeken · 8081 (48)
Teepe · 8082 (69), 8255 (57), 8256 (65), 8257 (85), 8258 (1905), 8683 (69), 8684 (69), 10683 (58), 10817 (66), 10923 (72), 10977 (81)
Teigel · 9313
Teigelmeister · 10185 (34)
Teipe · 8259
Tekampe · 9583 (62)
Tekippe · 9175 (53)

Telgemeyer · 10450 (50), 10500 (53)
Telkers · 7772 (78), 7859 (64)
Tellen · 10128 (71)
Telmer · 7221
Temming · 9672 (69), 9708 (84), 10158
Ten Berge, Schulte · 7710 (51)
Ten Braak · 7434 (1904)
Tenbrinck · 9522 (66)
Tenbrink · 9515 (65)
Tenbrock · 9515 (65)
Tenbrünsel · 9696 (77)
Tenbusch · 7433 (70)
Tenbuss · 9670, 9683 (72)
Tenbuß · 7361 (54)
Tenhagen · 7302 (83), 7309 (86), 9176 (53), 9182 (54)
Tenhündfeld · 7230 (50), 7304 (85), 7306 (86), 7615 (66), 7616 (85)
Tenk · 10069 (71)
Tenvenne · 7713 (61)
Ter Horst · 7715 (73)
Terbonsen · 8801 (50)
Terbrack · 7277 (68)
Terbrüggen · 9764 (72)
Terdues · 9351
Terfloth · 7649 (48), 7652 (62), 8841 (53), 8925 (61)
Terfrüchte · 9694 (72), 9695 (75)
Terhaar · 7287 (71), 7714 (71), 9374 (83)
Terhalle · 9536 (55)
Terheiden · 9305
Terheyden · 8260, 8261 (27), 8262, 8263 (53), 8264 (80), 8265 (93)
Terlau · 9771 (54)
Termathe · 7223
Terschluse · 9635 (77)
Terschuer · 10070 (51)
Terwelp · 9536 (55)
Terwey gt. Möllers · 7469 (49), 7480 (49)
Terwolbeck · 7982 (96)
Teupe · 9236 (59), 9237
Teutemacher · 9141 (93)
Thale · 8547 (59)
Thale gt. Heitkönig · 8047 (81)
Thalen · 8685 (52)
Thebing · 10071 (54)
Theile · 8266 (60)
Theissen · 8083 (72), 8084 (72), 8085 (82)
Theissing gt. Finke · 8686 (76)

Thering · 9433 (52), 9460 (54)
Thesmann, Lütke Lordemann gt. · 9035 (73)
Thiäner · 9087 (82)
Thiemann · 7451 (48), 7452 (48), 7636 (88), 9541 (56), 9590 (66), 9646 (81)
Thier · 7997 (80)
Thiesing · 9083
Thoring · 8862 (54)
Thormann · 9843 (35)
Thuer · 8927 (62)
Thülig gt. Otte · 9810 (85)
Tiemann · 8267 (38), 8268 (97), 8687 (70), 8688 (71), 8777 (52)
Tietmeyer · 8269 (57)
Tillmann · 7773 (80), 7959 (67), 9443 (53), 9471 (57)
Timmer · 9264 (64)
Timmermann · 10697 (59), 10766 (65), 10769 (65)
Timmers · 10188 (37)
Timmerwilke · 8270 (34)
Timpte · 11073 (82)
Tobias · 9811 (58)
Tombrink · 9124 (54)
Tombrock · 8997 (70)
Tometten · 10751 (63)
Tönjes · 7187 (50), 8086 (49)
Töns · 8087 (51)
Tönsen · 7362 (54)
Topp · 8405 (65), 8689 (57), 8690 (57), 8691 (61), 8692 (64), 9372 (77)
Torstrick · 8775 (52)
Trah · 7392 (92)
Trappenjans, Klute gt. · 10166 (70)
Traufeld · 8271 (42)
Treckeler · 9265 (48), 9306 (84)
Trennepohl · 10721 (60)
Tulfoet · 9812 (66)
Tumbrock · 9031 (73)
Tümmler · 9238
Tüpker · 10278 (38), 10515 (53), 10805 (65), 11031 (82), 11033 (82)
Tüttinghoff · 9813 (66)
Twente · 10507 (53)
Twickler · 9360 (50)
Twiehaus · 10706 (59), 10875 (68), 10890 (69)
Üdemann · 9364 (65)
Uedemann · 8995 (70)
Uelk · 9042 (74), 9814 (81), 9896 (83)

Uhlenbrock · 8812 (51), 9454 (53)
Uhlenbrock gt. Homann · 9477 (82)
Uhlenküken · 9373 (79)
Ulick · 10072 (86)
Unger · 9486 (81)
Ungruh · 8134
Unland · 9719 (91)
Untiedt, Bußmann gt. · 7670 (82)
Upgang gt. Sicking · 9631 (76)
Uphaus · 8272, 8693 (52), 8694 (60), 8695 (75)
Uphues · 8190, 8273, 8274
Uphus · 8002 (49), 8127 (48), 8478 (52), 8696 (55), 8697 (63), 8698 (65), 8699 (72)
Upmann · 8275
Uppenkamp · 7332 (82), 7774 (80), 7890 (80), 7891 (88)
Upping · 9545 (56)
Vagedes · 8838 (53), 9480 (82)
Vages · 9097 (82)
Vahle · 7716 (71)
Van der Ahe · 8499 (67)
Van der Fange · 8680 (73)
Van der Felden · 7247 (56)
Van der Linde · 9662 (62)
van Lohe · 8778 (17)
Vannker · 7273 (67), 7311 (90)
Vathauer · 8700 (82)
Veerkamp · 8155 (60), 8276, 8277, 8278 (29), 8279 (29), 8280(39), 8281 (50), 8282 (54), 8283
Velen · 9946, 9955, 9961, 10078 Nordvelen · 9945
Veltmann · 9221, 9222, 9223
Veltrup gt. Berkemeier · 9101 (82)
Venhaus · 9897 (77), 9898 (89)
Vennemann · 9245
Vennemann gt. König · 9736 (66)
Vennewald · 7260 (60)
Venvertlohe · 7363 (55)
Venwertloh · 9534 (55), 9535 (55), 9553 (57), 9624 (72)
Vering · 9006 (71)
Verlage · 8050 (50), 8088 (47)
Verst · 7617 (60), 7618 (60)
Verstegge · 7966 (71)
Vestering · 9498 (51)
Viefhues · 7838 (64)
Vieth · 9024 (73)
Vilain · 7737 (85)

Visse · 8284, 8285 (67), 8286 (47)
Vissing · 8739 (79)
Vogeding · 8569 (66)
Vögeding · 8701 (65), 8702 (66), 8703 (70), 8732 (59), 8735 (61)
Vogel · 8912 (59)
Vogel gt. Brüning · 7647 (51), 8803 (53), 8803 (53)
Vogelpohl · 9844 (1900)
Vogelsang · 7860 (65)
Vohrmann · 7874 (92)
Volk · 8126 (29)
Völker · 9561 (60)
Völker, Welmering gt. · 7395 (47)
Vollenkemper · 9738 (72)
Völler · 10955 (80), 10955 (80), 11001 (81)
Voots · 9410, 9592 (66), 9641 (80), 9681 (70)
vor dem Fange · 8401 (54)
Vorbrinck · 8289 (66)
Vorbrink · 8288, 8290 (66)
Vormann · 9050 (78)
Vorndieck · 8287 (80)
Vornholt · 9721 (92)
Vorspohl · 8730 (46), 9731 (69)
Vortkamp · 7933 (62), 9505 (57)
Voss · 7320, 7717 (60), 7861 (50), 9574 (59), 10471 (51), 10647 (57), 10664 (57), 10715 (60), 10717 (60), 10929 (73), 11061 (67), 11074 (85), 11075 (86), 11084 (82)
Voss gt. Beckering · 10715 (60)
Vosshake · 8291 (60), 8292 (70), 8293 (80)
Vosskühler · 7470 (68)
Wacker · 8704 (68), 8705 (73), 8706 (82), 10226 (45)
Wagener · 9899 (89)
Wahlbrink · 10247, 10248, 10518 (53), 10528 (53), 10534 (53), 10654 (57), 10675 (58), 10774 (65), 10823 (66), 10917 (72), 10997 (81), 10998 (81), 11024 (82), 11026 (82)
Waldbeller · 8960 (66)
Walfort · 7318 (81)
Walier · 9509 (60)
Wallenbrock · 10259 (35), 10292 (42), 10302 (42), 10418 (48), 10680 (58), 10695 (59)
Wallenbroek · 10618 (57)
Wallenkamp · 7556 (72)

Walter · 10073 (48)
Walterskötter · 7672 (86)
Wanning · 10074 (69), 10075 (66), 10076 (69), 10077 (69)
Warpenberg · 8089 (59)
Wassler · 7947 (65)
Webbink · 10716 (60)
Weber · 9369 (66)
Weddeling gt. Holtkamp · 7393 (50)
Weddewer · 7496
Wedding · 7394 (51)
Wedewer · 7471 (68), 7472 (71), 7473 (73), 7474 (89), 10162
Wedi · 8956 (66)
Weffeler · 8309 (61)
Wegmann · 9640 (80), 9673 (69)
Wegs · 7501 (66)
Wehning · 7396 (60)
Wehrmeyer · 8707 (1909)
Weiling · 9076 (81)
Weinborg · 9608 (68), 9609 (68)
Weißel · 10181 (37)
Weitkamp · 7266 (66)
Weitzel · 10925 (72)
Welchert · 7470 (68)
Weling · 10078
Wellemeier · 10257 (34), 10257 (34)
Wellemeyer · 10489 (51)
Wellenkötter · 9815 (46)
Wellermann · 8294 (88), 9091 (82), 9098 (82)
Wellinger · 8834 (53)
Wellkamp · 8295 (80), 8296 (83), 8297 (84)
Wellmann · 7364 (62)
Welmering gt. Völker · 7395 (47)
Welp · 7234 (51), 7262 (60), 8298 (80), 11005 (81)
Welp gt. Schulte · 8708 (54)
Welper · 9665 (66), 10159, 10160
Wemhoff · 7654 (65)
Wemhove, Rehorst gt. · 7666
Wendholt · 9518
Wening · 7350 (58)
Wenker · 7606 (81), 7609 (81), 9039 (74), 9759 (71)
Wenker gt. Böcker · 9142 (48)
Wenner · 10600 (55), 10623 (57)
Wenners · 8994 (70)
Wennie · 9630 (76)
Wennier · 7435 (68)
Wenning · 7718 (68), 7875 (92), 7876 (82), 7948 (65), 7955 (67), 9029 (73), 9072 (81),

9073 (81), 9079 (81), 9081 (81), 9083 (81), 9539 (56), 9662 (62), 9685 (73), 10079 (70)
Wenningkamp · 7365 (58)
Wentigmann gt. Strietholt · 7582 (84)
Wentker · 8090 (50), 8091 (62), 8299, 8300 (57), 8787 (28), 9358 (48)
Werland, Hessmann gt. · 8847 (54)
Wermeling · 8301 (61), 8302 (83), 8862 (54)
Wermeling gt. Rotträker · 10203 (35)
Wermert · 7877 (91)
Wermeyer · 11022 (81)
Wermlinghof · 7516 (82)
Wernery · 7228 (49)
Werning · 9370 (66)
Werremeier · 10237 (33), 10900 (70), 10936 (74)
Werremeyer · 10361 (46), 10426 (49), 10495 (52), 10792 (65), 10914 (71), 10989 (81), 10990 (81)
Wessel · 7642 (93), 8092 (49), 8709 (65), 10781 (65)
Wesseling · 10080 (72), 10173
Wesselmann · 7594 (80), 8093 (49), 8883 (56), 8884 (56), 10540 (53), 11006 (81), 11012 (81), 11039 (83)
Wessels · 7233 (51), 8303 (50), 9488 (81)
Wessendorf · 7259 (59), 7265 (62), 7300 (81)
Wessling · 9179 (53), 9416, 9417
Westbrock · 8998 (70), 9056 (78)
Westen · 8304 (37), 8305 (48)
Westerbarkey · 9816 (80)
Westermann · 10280 (39), 10672 (58), 10708 (60), 11010 (81), 11023 (81), 11051 (89)
Westermeier · 8710 (68), 10259 (35)
Westermeyer · 8711 (81), 10387 (47), 10820 (66)
Westerodt · 9845 (80)
Westerwalbesloh · 9057 (78)
Westhoff · 10081 (65)
Wetzeler · 10864 (68), 11009 (81), 11013 (81)
Weuler · 9513 (65)
Wewel · 9493 (92)
Wewels · 9688 (68)

Wewer · 9291, 9352 (49)
Wewers · 7564 (81), 9531 (68), 9688 (68)
Weytenberg · 9574 (59)
Wibbeling · 8306
Wibbert · 9064 (80)
Wichmann · 8094 (71)
Wiechers · 9246
Wiechert · 9817 (58), 9818 (58)
Wiecking · 7511 (81), 7514 (82)
Wiedemann · 8845 (54)
Wiedemann, Große · 9028 (73)
Wiegmann · 9066 (80)
Wiek · 8307 (84)
Wielens · 7283 (69)
Wieler · 7638 (89), 9882 (88)
Wielers · 7635 (88)
Wieligmann · 10317 (44)
Wiemann · 8991 (68), 9119 (52)
Wiemeler · 9732 (69)
Wiemelt · 10082 (64)
Wiemer · 10555 (54), 10673 (58), 10718 (60)
Wiemerslage · 8366 (65), 8439 (53), 8542 (74), 8712 (52), 8713 (53), 8714 (54), 8715 (54), 8716 (55), 8717 (55), 8718 (60), 8719 (61), 8720 (63), 8721 (67), 8722 (74), 8723 (74), 8724 (75), 8725 (83)
Wienkamp · 10083 (44), 10084 (56)
Wiep · 8872 (55)
Wierling · 8905 (58)
Wiese · 9863, 9900 (80)
Wieskus · 7610 (83), 7612 (84)
Wiesmann · 8308 (57), 8309 (61), 9265 (48), 9482 (86), 9485 (90)
Wietenhorst · 9452 (53)
Wiethölter · 7658 (65), 10982 (81)
Wiewel · 8964 (66)
Wiggelinghoff · 8910 (59)
Wigger · 9247, 9587 (64), 9720 (91)
Wiggeringloh · 8911 (59)
Wiggermann gt. Reher · 9491 (87)
Wiggers · 9224, 9239 (74)
Wilde · 9055 (78)
Wildemann · 8408 (73), 8853 (54)
Wildenhaus · 9674 (69)
Wilgenbusch · 10085 (67), 10086 (67)

Wilhalm · 7736 (85)
Wilke · 8553 (45), 10783 (65), 10806 (65), 10844 (67)
Wilkes · 10165
Wilking · 8959 (66)
Willach · 9744 (81)
Willenhues · 7906 (44)
Willermann · 9749 (63)
Willers · 9240
Willigmann · 8726 (82)
Wilmer · 8118 (82), 8310, 8311 (55)
Wilmerding · 8312 (50)
Wilming · 9115 (48)
Wilmsen · 9307
Wilper · 9666 (67), 9678 (70), 9679 (70), 9680 (70)
Wilsmann · 10467 (51), 10610 (55), 10851 (67), 10930 (74), 10933 (74), 10938 (74)
Windau · 7725 (32)
Windmann · 10577 (54)
Windmöller · 10667 (57)
Winkelbach · 7862 (57)
Winkelheide · 9138 (56)
Winkelhenrich, Haverkämper gt. · 10120 (71)
Winkelmann · 10341 (46), 10399 (47)
Winkels · 8830 (53), 9067 (80)
Winking · 9503 (55), 9511 (65), 9512 (65), 9516 (65)
Wintels · 9225, 9754 (69)
Winter · 9226, 9227 (67)
Wischemann · 7863 (56)
Wissing · 7900 (30), 9174(53), 10087 (69), 10088 (57)
Wissing, Große · 7864 (53)
Wissing, Lütke · 7872 (92)
Wißmann · 9194 (59)
Withake · 8115 (98), 8313 (58), 8314 (60)
Witte · 8315 (1927), 8845 (54), 8971 (67), 10508 (53), 10520 (53), 10527 (53), 10578 (54), 10579 (54), 10584 (54)
Wittebrink · 9435 (52)
Witten · 9160 (52), 10129
Wittenbernd · 10130
Wittenheer · 10255 (34), 10308 (43)
Wittkamp · 8783 (25)
Woeste · 7436 (64), 7437 (64)
Woestmann · 10214 (41)
Wöhrmann · 10397 (47)

Wolbert · 8747(64)
Wolf · 8095 (65), 8096 (67), 8097 (69), 8161 (68), 8316 (20), 8317 (20), 8318, 8319 (68)
Wölker · 7622
Wolskemann · 7865 (64)
Wolter · 7484
Woltering · 7853 (64), 7987 (65), 9380 (90), 9400
Wolters · 7481 (63), 7483, 7878 (91), 7971 (73), 8320, 9353, 9689 (69)
Wolters, Schwering gt. · 7482 (63)
Wolthaus · 10089 (71)
Wonnemann · 8916 (60)
Wörmann · 8929 (63)
Worthmann · 10564 (54)
Wortmann · 7886 (50), 10819 (66)
Wösting · 7221
Wöstmann · 9469 (57)
Woyte · 9504 (56)
Wübbels · 7866 (66)
Wulfekammer · 10359 (46)
Wulfemeyer · 10301 (42), 10414 (48), 10524 (53), 10593 (54), 10614 (56), 10655 (57), 11018 (81)
Wülfering · 7934 (62)
Wulff · 10441 (50)
Wüllen · 9389
Wüllen, van · 7873 (93)
Wullenweber · 7438 (62)
Wüller · 9346
Wullers · 9513 (65)
Wulweber · 7556 (72)
Wünnemann · 7595 (88)
Wüste · 8321
Wyink · 9419
Zeiger · 10799 (65)
Zimmermann · 7676 (1906), 7678 (1910)
Zitzen · 7537
Zumbrock · 8805 (51)
Zumbusch · 7453 (48)
Zumholz · 11069 (46)
Zumpohl · 7867 (67), 7868 (64), 7869 (64), 7963 (71)
Zurlinden · 8322, 8323, 8324
Zutelgte · 8850 (54)
Zweers · 9575 (59)

Ortsregister

A. *Herkunftsorte der Auswanderer*

Das Ortsregister ist nach Kirchspielen in alphabetischer Folge aufgegliedert. Soweit als Herkunfts- oder Geburtsort Landgemeinden, Bauerschaften oder Wohnplätze angegeben worden sind, sind diese hinter den übergeordneten Kirchspielen ausgeworfen. Die Zahlen verweisen auf die Nummern der Auswanderungslisten.

?Ramsdorf · 10009, 10033
Aachen · 8920, 9180
Ahaus · 7226, 8973, 9391, 9398, 9400, 9405, 9424, 10167
Ahlen · 9022
Albachten · 8804, 8834-8835, 8870, 8874
Albersloh · 8798, 8845, 8847, 8853, 8893, 8897, 8899, 8904, 8909-8911, 8941-8942, 8964, 9003, 9022, 9043, 9074, 9080
Almes (Kr. Brilon) · 9740
Alstätte · 7321, 7615, 7616, 7980, 9379, 9383
   Besslinghook-Gerwinghook · 7229-7230, 7244, 7252, 7271, 7284-7285, 7287, 7300, 7304, 7306, 7308
   Brink · 7223-7224, 7235-7236, 7278, 7282, 7295, 7310
   Brook 7222, 7227, 7231, 7238, 7242-7243, 7245, 7250-7251, 7256, 7258, 7273, 7276-7277, 7281, 7286, 7288, 7290-7291, 7294, 7297, 7311
   Dorf · 7228, 7246, 7248, 7260-7261, 7267-7270, 7283, 7292-7293, 7301, 7303
   Schmäinghook · 7225, 7232, 7239-7240, 7249, 7254-7255, 7272, 7305, 7307
   Schwiepinghook · 7226, 7233-7234, 7237, 7241, 7247, 7253, 7259, 7262-7266, 7274-7275, 7279-7280, 7289, 7296, 7298-7299, 7302, 7309
Alstedde · 9474

Alten (Niederlande) · 9527
Altenberg? Altenberge? · 8874
Altenberge · 8153, 8939, 9090
Altenessen · 7888
Altenrheine · 8049, 9205-9206, 9208-9210, 9212-9213, 9215-9217, 9219-9220, 9222-9223, 9225-9226
Altenroxel · 8869
Altlünen · 9430, 9469
Altschermbeck · 7548, 7549, 7550, 7551
Altwarendorf · 7204, 7215
Alverskirchen · 8781, 8799, 8807, 9001, 9006-9008, 9084
Amelsbüren · 8860, 8887, 8918, 8929, 8978, 8998, 9016, 9019, 9048, 9102
Amerika · 9222
Amsterdam · 9491, 10173, 10174, 10207, 10214, 10218
Angelmodde · 7572, 7587, 9026
Appelhülsen · 8805, 8828-8831, 8928, 8983, 9067, 9110
Arnis (Schleswig-Holstein) · 8120
Ascheberg · 8988
Atter · 10574, 10710
Atter (Kgr. Hannover) · 10377
Aurich · 10180
Avenwedde · 9816
Barenhausen · 8821
Bautzen (Kgr. Sachsen) · 9421
Beckum · 9781, 9812, 9896, 11079
Beckum Ksp. · 9782-9783, 9785, 9788, 9792-9794, 9800-9801, 9806-9811, 9813-9817
Beelen · 7200, 7209-7211, 8842, 8866, 8991-8992

Beesten · 8070
Bentfeld · 7906
Bentheim · 10175, 10183, 10212, 11042
Berge (Amt Fürstenau) · 8065, 8066
Bevergern · 7216
Bielefeld · 10191, 10192
Billerbeck · 8905, 9111
Billerbeck Ksp.
   Beerlage · 7598, 7602
Bislich · 7247
Bocholt · 7533, 8915, 8924, 8952
Borghorst · 7449-7450, 9725-9736, 9738-9746, 9748-9750, 9752-9768, 9771-9773, 10194-10195
   Dumte · 9747
   Ostendorf · 9769, 9770
   Wilmsberg · 9737
Bork · 9427-9429, 9431, 9437-9438, 9440-9443, 9451, 9454, 9458, 9463, 9465, 9471, 9479-9480, 9482-9483, 9485
   Cappenberg · 9455, 9470
   Netteberge · 9468
Borken · 7510
   Grütlohn · 7439, 7441
Borken Ksp.
   Gemen · 7392
   Marbeck · 7395
Borne · 10716
Bösensell · 8827, 8833, 8862, 8882, 8895, 8949, 8975-8977, 8983, 9487
Branderhorst · (92) 7404
Braunschweig · 10169
Bremen · 10219
Brochterbeck · 8765
Bröker · 8404

Buer · 7531, 7621-7626
Erle · 7627-7630
Burgsteinfurt · 8266, 10171-10172, 10176, 10180-10184, 10184-10189, 10191-10201, 10205-10208, 10210-10211, 10213-10218, 10220-10223, 10226-10227
Burgsteinfurt Ksp. · 10175, 10190
Hollich · 10177, 10196, 10202-10204, 10212, 10225
Veltrup · 10173, 10228
Buurse (Niederlande) · 7616
Clarholz · 8954
Coesfeld · 7442-7453, 7461-7463, 7495-7496, 7498, 7500-7501, 7599, 7612, 8838, 9068, 10162
Coesfeld Ksp.
Flamschen · 7487-7494
Gaupel · 7477-7479, 7481-7486, 7497
Harle · 7454-7460, 7474
Stockum · 7456, 7464-7468, 7470-7473, 7475-7476, 7499
Darfeld · 9035
Darup · 7583, 7597, 7598, 7600, 7602, 7613, 7614
Limbergen · 7597
Dedemsvaart (Amt Zwolle), Herkunftsort · 8024
Delden · 7321
Delden (Geburtsort) · 7321
Dingden · 9163, 9170-9171, 9173-9177, 9180-9182, 9190-9194, 9197-9203
Dinklage · 9775
Disteln (Kr. Recklinghausen) · 9915
Dornsbrüggen (Kr. Cleve) · 9782
Dorsten · 7502-7505, 7507, 7510-7520, 7522-7536, 7538-7546, 9743
Dortmund · 9415
Dortmund-Mengede · 9833
Dosenfeld (Amt Neederholm, Württemberg) · 9058
Dresden · 9864
Dülmen · 7186, 7557-7564, 7590
Dülmen Ksp. · 7565, 7570, 7587
Börnste · 7569, 7594
Daldrup · 7578, 7591, 7595
Dernekamp · 7579, 7585, 7596
Empte · 7593
Hausdülmen · 7568

Leuste · 7567, 7592
Merfeld · 7575, 7576, 7586, 7588
Mitwick · 7571
Rödder · 7566, 7580, 7581
Weddern · 7572, 7577, 7583, 7584, 7587
Welte · 7573, 7574, 7582, 7589
Eggering · 9857
Elte · 9255-9265
Ems (Kr. Wiedenbrück) · 9897
Emsdetten · 8089, 8188
Enniger · 9806, 9903, 9904, 9906, 9912, 9919
Ennigerloh · 9820, 9846, 9848-9852, 9867, 9869, 9871-9872, 9877-9878, 9882-9883, 9886-9887, 9890, 9894-9895, 9900
Hoest · 9863, 9890
Enschede · 7222, 7227, 7243, 10210
Enschede (Geburtsort) · 7251
Enschede (Wohnort) · 9047
Epe · 7257, 7617-7618, 7620, 7680-7681, 7686, 7689-7692, 7695, 7700, 7702-7703, 7705, 7707-7709, 7713-7714, 7718, 7778, 9380, 9386, 9407, 9412, 9422, 10097, 10163, 10165
Dorf · 7693, 7694, 7697, 7698, 7706
Uppermark · 7682, 7683
Erfurt · 8938
Eschlohn · 9598
Essen · 7509, 8287
Estern · 9508
Eversum · 9140
Everswinkel · 7190, 7191, 7201, 8863, 8910
Freckenhorst · 7720, 10199
Freren · 8071, 8126, 8173, 8205, 8360, 8655
Füchtorf · 7194
Fürstenau · 8343, 8434, 8514, 8551, 8674
Gahlen · 7534
Geist · 9015
Gelsenkirchen · 7607
Gemen · 7383, 7393, 7394, 7977
Gemenwirthe · 7372, 7380, 7390, 7391
Gemünd · 7530
Gievenbeck · 9057
Gimbte · 7643, 7664, 7671, 8884, 8946

Glandorf · 8802
Glane · 8974
Goor (Niederlande) · 10209
Gravenhorst (Kr. Tecklenburg) · 9005
Greffen · 7722, 7729, 7732, 7733
Greven · 7635, 7637, 7639-7642, 7644-7653, 7655, 7657-7658, 7660-7663, 7666-7670, 7673-7678, 8207, 8778-8779, 8782, 8793-8794, 8803, 8815, 8841, 8844, 8886, 8896, 8900, 8914, 8925, 8955, 8958, 8962, 8965-8966, 8968, 8984, 9018, 9020, 9033, 9046, 9054, 9058, 9082, 9091, 9098-9101, 9104, 9111, 9114, 10209
Aldrup · 7636
Bockholt · 7654
Fuestrup · 8889
Hembergen · 7656
Schmedehausen · 7646
Westerode · 7634, 7659, 7672
Greven Ksp. · 7638
Gronau · 7679, 7685, 7687-7688, 7696, 7699, 7701, 7704, 7711-7712, 7715-7717, 8936
Gütersloh · 8986
Haaren (Kgr. Hannover) · 8794
Hagen (Hannover) · 8267
Haldern (Kr. Rees) · 9529
Haltern · 7570
Halverde · 8000-8023, 8025-8052, 8054-8097, 8250, 8270, 9098
Hamburg · 9793
Handarpe · 10539-10540, 10555, 10571, 10573, 10583, 10717-10718, 10954-10955, 10959, 10962, 11010, 11039, 11041
Handorf · 8892, 8931, 8935
Harderwyck (Aufenthaltsort) · 9893
Harsewinkel · 7204, 7719, 7720, 7723, 7724, 7725, 7727, 7730, 7731, 7734, 7735, 7736
Havixbeck · 8832, 8849, 8862-8863, 8871, 8905, 8923, 8926-8927, 8933, 8939, 8969, 8979, 8981, 9002, 9029, 9031-9032, 9050, 9053, 9062-9065, 9070-9073, 9076, 9079, 9081, 9083, 9085, 9092-9093, 9095
Hohenholte · 9051
Heek · 7743, 7750-7755, 7757, 7760-7761, 7765, 7767-7769,

7771, 7776-7778, 7781-7782,
7784, 7784, 7788, 7790-7792,
7794-7796, 7798-7800, 7802-
7808, 7813-7815, 7818-7819,
7824, 7832-7834, 7839, 7843-
7848, 7851, 7857, 7863, 7865,
7873, 7880-7885, 7888-7889,
7892-7894, 7896, 7898-7899,
7901, 7903-7905, 7908-7911,
7925-7927, 7932, 7935-7936,
7954, 7957, 7968, 7974, 7979,
7981-7982, 9402, 9409
  Ahle · 7741, 7758, 7775,
    7816-7817, 7856, 7870,
    7895, 7902, 7916, 7919,
    7924, 7929, 7934, 7937,
    7943, 7945-7947, 7949-
    7952, 7960-7961, 7967,
    7970, 7972, 7975, 7977,
    7980
  Ammert · 7740
  Averbeck · 7756, 7762, 7770,
    7886, 7921, 7962, 7976
  Wext · 7742, 7780, 7823,
    7836-7837, 7864, 7872,
    7877-7878, 7912, 7917,
    7938, 7959, 7966, 7969,
    7971, 7978
  Wichum · 7797, 7871, 7874,
    7875, 7876, 7900, 7922,
    7933, 7940, 7948, 7955,
    7956
Hengeler · 9510
Hengelo · 7313
Herbern · 8778
Hervest · 7555
Herwen (Niederlande) · 9575
Hildburghausen · 9021
Hiltrup · 8813
Hoetmar · 9819-9821, 9824,
  9826-9828, 9830, 9833-9837,
  9841-9844, 9888
Hoetmar Amt · 9822, 9825, 9829,
  9831, 9832, 9838, 9839, 9840,
  9845
Holdorf (Ghzgtm. Oldenburg) ·
  9425
Holland · 7231, 8390, 9490
Hollenstede · 8344
Hollland · 10227
  Delden · 7221
Holsterhausen · 7547
Holthausen · 7631, 8975
Holtwick · 7990, 7991, 7992,
  7993, 7996, 7998, 9050
Hoorn (Niederlande) · 7793, 7988

Hopste · 8202
Hopsten · 8002, 8006, 8015-
  8016, 8020-8022, 8038-8039,
  8053, 8081, 8086-8087, 8089,
  8098-8104, 8106-8129, 8131-
  8164, 8166-8194, 8196-8197,
  8199-8201, 8203-8214, 8216-
  8232, 8234-8237, 8239-8243,
  8245-8284, 8286-8324
Hörstel · 8134, 8201, 9041
Hörsteloe · 7258
Horstmar · 7889, 8727, 8730,
  8731, 8733, 8734, 8736, 8742,
  8743, 8744
Horstmar Amt · 8745, 8746,
  8747, 8748
Hövel · 9048
Hövel (Kr. Lüdinghausen) · 8957
Hüllen (Amt Braubauerschaft bei
  Schalke) · 7611
Hüllen (Amt Schalke, Kr.
  Bochum) · 7606, 7609
Hullern · 9123
Ibbenbüren · 8041, 8093, 8403,
  8889, 10247, 10248, 10397,
  10593, 11024, 11042
Itasca (Illinois, USA),
  Herkunftsort · 8593
Kamen · 9868
Kappeln · 10235, 10246-10249,
  10261, 10263-10265, 10296,
  10298, 10309-10310, 10312,
  10314, 10333-10334, 10348,
  10357-10358, 10363-10364,
  10392-10396, 10398, 10409,
  10412, 10456, 10465, 10486,
  10495, 10497, 10502, 10511,
  10522, 10528-10530, 10568,
  10586, 10591, 10599-10602,
  10623, 10629-10631, 10638,
  10656-10658, 10666, 10668-
  10671, 10674, 10697, 10700,
  10715-10716, 10720, 10730,
  10733, 10737, 10742, 10745,
  10752-10769, 10771-10774,
  10777, 10792-10793, 10796-
  10822, 10824-10843, 10845-
  10854, 10856-10879, 10881-
  10885, 10887-10888, 10890-
  10894, 10896, 10898-10900,
  10903, 10911, 10921, 10925-
  10930, 10932-10939, 10941-
  10944, 10956, 10978-10979,
  10981-10983, 10989, 10991,
  10993-10994, 10996, 11001,
  11008, 11014, 11020, 11031,

  11034, 11036-11038, 11044-
  11054
Kappeln Ksp.
  Düte · 10234, 10281, 10313,
    10326, 10329-10330, 10341,
    10344, 10346, 10350,
    10399, 10416, 10419,
    10447, 10455, 10464,
    10473, 10541, 10550,
    10552, 10592, 10609,
    10632, 10673, 10689,
    10740, 10746, 10895,
    10904, 10960-10961, 10971,
    11009, 11011-11012, 11035
  Hambüren · 10230-10231,
    10267, 10280, 10306,
    10351, 10359, 10374,
    10376, 10482, 10492,
    10494, 10523, 10544-10545,
    10561-10562, 10617, 10619,
    10621-10622, 10626, 10663,
    10683, 10702, 10726-10728,
    10735-10736, 10751, 10778,
    10880, 10889, 10919,
    10951-10952, 10957-10958,
    10964, 10967, 10972,
    11005, 11024, 11042
  Lada · 10467, 10479, 10610,
    10672, 10681, 10688,
    10701, 10749, 10750, 11006
  Metten · 10232-10233, 10244,
    10250, 10255, 10271,
    10279, 10286, 10301,
    10322-10323, 10335-10336,
    10338, 10368, 10375,
    10382, 10385-10386, 10401,
    10414, 10420, 10437,
    10457, 10473, 10496,
    10506, 10508, 10512-10514,
    10520, 10524, 10527,
    10534, 10546, 10577-10579,
    10584, 10598, 10603,
    10606, 10615, 10634,
    10647, 10650, 10654-10655,
    10662, 10664, 10686,
    10724-10725, 10748, 10823,
    10886, 10923, 10947
  Osterbeck · 10242, 10291,
    10300, 10315, 10331,
    10342, 10345, 10366,
    10405, 10422, 10424,
    10428, 10446, 10448,
    10450, 10468-10469, 10475,
    10487, 10537, 10553,
    10564, 10575, 10589,
    10611-10612, 10660-10661,

10685, 10779, 10917, 10949, 10953, 10977, 10984, 10986, 10988, 10997-10998, 11013, 11016, 11018, 11026
Seeste · 10229, 10236-10240, 10251-10253, 10258-10259, 10272, 10274, 10276-10278, 10287-10288, 10292, 10295, 10297, 10302-10303, 10316, 10318, 10320, 10325, 10327, 10332, 10339, 10354-10355, 10362, 10370-10371, 10390, 10400, 10402, 10404, 10410-10411, 10413, 10418, 10425, 10430, 10432-10433, 10438, 10441-10442, 10444, 10449-10451, 10454, 10462-10463, 10474, 10478, 10481, 10483-10485, 10493, 10498, 10500-10501, 10503-10505, 10509, 10515, 10532, 10536, 10542, 10547-10549, 10559-10560, 10565-10567, 10569-10570, 10588, 10594, 10604, 10623-10625, 10635-10636, 10641, 10649, 10652, 10676, 10680, 10684, 10688-10689, 10695-10696, 10711, 10713, 10719, 10721, 10723, 10734, 10739, 10780-10781, 10783-10784, 10786, 10844, 10897, 10901-10902, 10906, 10909, 10912-10914, 10918, 10931, 10946, 10965, 10968, 10973-10974, 11000, 11002-11003, 11015, 11017, 11025, 11027-11028, 11030, 11032-11033
Sennlich · 10243, 10245, 10254, 10260, 10268-10270, 10275, 10289, 10293-10294, 10299, 10305, 10307, 10317, 10319, 10349, 10353, 10360, 10372, 10378, 10381, 10403, 10406-10408, 10415-10417, 10419, 10423, 10445, 10452-10453, 10458, 10460-10461, 10470-10472, 10477, 10480, 10491, 10499, 10510, 10516, 10518, 10526, 10535,
10538, 10543, 10554, 10572, 10582, 10595-10597, 10607, 10613, 10616, 10627, 10639, 10648, 10651, 10675, 10677, 10679, 10704, 10729, 10741, 10743-10744, 10747, 10787, 10791, 10915, 10945, 10948, 10950, 10963, 10966, 10969-10970, 10975-10976, 10985, 10987, 10995, 10999, 11019, 11040
Westerbeck · 10241, 10256-10257, 10262, 10266, 10273, 10282-10285, 10290, 10304, 10308, 10311, 10321, 10324, 10328, 10337, 10340, 10343, 10347, 10352, 10356, 10361, 10365, 10367, 10369, 10373, 10388-10389, 10426, 10429, 10431, 10435-10436, 10439-10440, 10443, 10459, 10466, 10476, 10488-10490, 10519, 10521, 10533, 10557-10558, 10563, 10580-10581, 10585, 10587, 10590, 10593, 10595-10596, 10605, 10608, 10614, 10618, 10620, 10633, 10637, 10640, 10642-10643, 10645-10646, 10678, 10690-10694, 10698-10699, 10705-10706, 10712, 10714, 10722, 10731-10732, 10738, 10775-10776, 10782, 10785, 10788-10790, 10794-10795, 10905, 10910, 10916, 10922, 10924, 10980, 10990, 11004, 11021, 11029
Köln · 8324, 9033, 9744
Königstedt · 7506
Krefeld · 9823
Ladbergen · 8749-8759, 8764, 8770, 8775
Laer · 8997
Lamberti · 8885, 8917, 8924, 8938, 8981, 8985, 8987, 9000, 9023, 9030, 9036, 9042, 9105
Ledde · 10507, 10525, 10531, 10556, 10573, 10586, 10653, 10954, 11007
Leeden · 10665, 10707, 11006
Leer · 8732, 8735, 8737, 8738, 8739, 8740, 8742, 8743, 8744,
Alst · 8741
Haltern · 8728
Legden · 7999, 9397, 9399, 9404, 9406, 9408, 9423, 9499, 10150
Beikelort · 8761, 8762, 9511, 9701
Leiben (Kr. Lignitz) · 8921
Leiden (Niederlande) · 8115
Lembeck · 7552
Lengerich · 8777, 10187, 10218, 10379, 10667, 10709, 11022
Lengerich an der Wallage · 8716
Lengerich Ksp Hohne · 8767
Lengerich Ksp. Hohne · 8772
Schollbruch · 8769
Lette · 7461, 7599, 7601, 7603, 7605-7607, 7609-7612, 9093
Lich (Ghzgtm. Hessen) · 10178
Lienen · 7187-7189, 7207-7208, 8763, 8766, 8768, 8771, 8773-8774, 8776
Lingen · 8448
Lippborg · 9775-9778, 9781, 9786, 9789-9790, 9798, 9802, 9810
Lotte · 10383, 10384, 10421, 10447, 10460, 10465, 10591, 10687, 10940
Lüdinghausen · 11055-11078, 11080-11083, 11085
Lüdinghausen Ksp. · 11084
Luxemburg · 7608
Marbeck · 7554
Marienfeld · 7721, 7726, 7728, 7737, 7738, 8916
Mastholte · 9796
Mauritz · 9041
Medemblik (Niederlande) · 7793
Meerhoff (Geburtsort) · 9800
Merzen · 8048, 8050
Mesum · 9292-9313
Mettingen · 8073, 8117, 9038, 10380, 10551, 10576, 10659
Mettmann · 9920
Miehr bei Kleve · 7740
Milte · 7193, 7203, 7213
Minden · 9899
Morra (Niederlande) · 10213
Mülheim an der Ruhr · 7509
München · 9828
Münster · 7535, 7559, 8837, 8885, 8945, 8956, 8959, 8980, 8985, 9012, 9015, 9030, 9036,

9105, 9418, 9836, 9918, 10169, 10170, 10189
Münster, Kr. · 7733
Neubeckum · 9875
Neuenhaus · 10180
Neuenkirchen · 8234, 8299
Nienberge · 8789, 8795, 8812, 8851, 8876, 8898, 8944, 8947, 9027-9028, 9103
Nienborg · 7739, 7744-7749, 7759, 7763-7764, 7766, 7772-7774, 7779, 7783, 7785-7787, 7789, 7793, 7801, 7809-7813, 7821-7822, 7825-7831, 7833, 7835, 7838, 7840-7842, 7849-7850, 7852-7855, 7858-7862, 7866-7869, 7887, 7890-7891, 7907, 7913-7915, 7918, 7920, 7923, 7928, 7930-7931, 7939, 7941-7942, 7944, 7953, 7958, 7963-7965, 7973, 7983-7989, 10097
  Kallenbeck · 7820
Nordvelen · 7382, 10057
Nottuln · 8806, 8808-8810, 8814, 8816, 8838-8840, 8856, 8858, 8868, 8875, 8878, 8918, 8926-8927, 8930, 8934, 8948, 8950, 8996-8997, 9011, 9035, 9052, 9055, 9060, 9066, 9068-9069, 9077, 9083, 9086-9090, 9092, 9094, 9096, 9106, 9110
  Wellstraße · 9049
Ochtrup · 7867, 7868
Oeding · 7217- 7219
Oelde · 9796, 9857, 9866, 9868, 9876, 9889
Oelde Amt · 9858, 9870, 9874, 9880, 9896-9899
Oelde Ksp. · 9855, 9859, 9860, 9861, 9862, 9873, 9884, 9885, 9892
Oesede (Kgr. Hannover) · 8883
Ohne · 10177
Oldenburg · 8812
Oldenburg, Ghzgtm. · 9775
Oldenzaal (Wohnort) · 9106
Olfen · 9115-9121, 9123-9127, 9129-9131, 9133-9139, 9141, 9457
Olfen Ksp.
  Kökelsum · 9126, 9128
  Rechede · 9122
  Sülsen · 9132
Osnabrück · 8624, 8802, 10628

Ostbevern · 7192, 7196, 7197, 7198, 7202, 7214, 8820
Ostenfelde · 7212
Osterkappeln · 10158
Osterwick · 7485, 7501, 8789
  Höven · 7990, 7991, 7992
Ottenstein · 9414
Paderborn · 8856
Papenburg · 9739
Planntlünne · 8578
Plantlünne · 8033
Quendorf (Bentheim) · 9417
Quenhorn (Kr. Wiedenbrück) · 9779
Raesfeld · 7512, 7519
Ramsdorf · 7387, 7415, 9937, 9949-9950, 9956-9957, 9962, 9965-9967, 9969, 9972-9973, 9976-9977, 9981, 9999-10000, 10007-10008, 10021, 10027, 10030-10032, 10034, 10040, 10042, 10044-10045, 10052-10053, 10055-10056, 10065, 10071, 10073, 10082
Ramsdorf Ksp. · 9923, 9929-9930, 9964, 9995, 10004, 10013, 10020, 10022-10023, 10041, 10051, 10060-10061, 10067, 10070, 10074-10077
Ramsorf Ksp. · 10087
Rass · 8309
Recke · 8008, 8024, 8042, 8047, 8052, 8180, 8215, 8223, 8233, 8241-8245, 9142-9160, 10891
Redeker · 10920
Rhade · 7553, 7554, 7556
Rhede · 9164, 9166-9169, 9172, 9178-9179, 9184, 9186-9189, 9195-9196
  Krommert · 9161, 9162, 9183
  Vardingholt · 9165, 9185
Rheine · 9042
Rheine Ksp.
  Altenrheine · 9204, 9207, 9211, 9214, 9218, 9221, 9224, 9227
  Bentlage · 9228-9240
  Catenhorn · 9241-9247
  Dutum · 9248-9253
  Eschendorf · 9266-9279
  Gellendorf · 9280-9287
  Hauenhorst · 9288-9291
  Rodde · 9314-9318, 9320-9346
  Wadelheim · 9347-9353

Riesenbeck · 8007, 8031, 8039, 8076, 8090, 8095, 8206
Rinkerode · 8906, 8912, 8940, 8970, 8971, 8988, 8989, 9044
Rorup · 7604, 7608
Rotterdam · 9907, 9916, 10478
Rotterdam (Aufenthaltsort) · 9881
Roxel · 8800, 8811, 8822, 8848, 8849, 8852, 8863, 8877, 8902, 8990
Saargemünd · 9411
Saerbeck · 8190, 8783-8784, 8786-8787, 8790, 8802, 8859, 8961, 8994-8995, 9064, 9075, 9108-9109, 9356, 9376-9377
  Dorf · 9358, 9359, 9363, 9364, 9368, 9375, 9378
  Dorfbauerschaft · 9367
  Middendorf · 9360, 9373
  Sinningen · 9357, 9369
  Westladbergen · 9354, 9355, 9361, 9362, 9365, 9366, 9370, 9371, 9372, 9374
Salzbergen · 10131
Sankt Mauritz · 7605, 8813, 8846, 8855, 8888, 8920, 8937, 8943, 8945, 8956, 8967, 8973, 8980, 8993, 8999, 9004-9005, 9013, 9017, 9024, 9037-9040, 9045, 9057
  Kemper · 9025
Schale · 8325-8457, 8459-8466, 8468-8517, 8519-8706, 8709-8724, 8726
Schapdetten · 8823, 8843, 9052, 9085, 9087
Schapen · 8027, 8029, 8053, 8102, 8127, 8130, 8195, 8467
Schermbeck · 8967
Schöppingen · 7325, 7902, 7906, 9419
  Haverbeck · 9396
Schüttorf · 10182, 10211
Schwanden (Kanton Glarus, Schweiz) · 9047
Schwaney · 9837
Schwaney bei Paderborn · 9832
Selm · 9433-9436, 9439, 9452, 9456, 9459-9460, 9464, 9466, 9472, 9476-9478, 9481, 9484
  Westerfeld · 9473
Senden · 7587, 8810, 9107, 9489-9490, 9492, 9494-9496
  Gettrup · 9493
  Holtrup · 9487

Sendenhorst · 7719, 9901, 9902, 9909, 9910, 9913, 9916, 9919, 9920
Seppenrade · 8862, 9127
Settrup · 8353, 8429, 8458, 8579, 8602, 8603
Siegburg · 9034
Siegen · 8018
Soest · 7665
Stade · 10176
Stadtlohn · 7998, 9498-9500, 9502, 9504-9508, 9510-9519, 9522-9526, 9531-9533, 10161
  Almsick · 9507, 9509, 9514, 9518, 9522, 9524-9525, 9532, 9692, 9697-9698, 9701, 9712
  Büren · 9395, 9513, 9520, 9521, 9523, 9527, 9693, 9715
  Estern · 9512, 9515, 9516, 9522, 9696, 9699, 9703, 9724
  Estern-Büren · 9498
  Hengeler · 9503, 9504, 9700, 9702, 9711
  Hengeler-Wendfeld · 9387
  Hundewick · 9501, 9505, 9519, 9528, 9529
  Wendfeld · 9506, 9528, 9533
  Wessendorf · 9502-9503, 9526, 9530-9531, 9688-9691, 9694-9695, 9723
Stadtlohn? · 7997
Steinfeld · 7509
Steinhagen · 10192
Straelen · 7537
Stromberg · 9847, 9856, 9864, 9865, 9879, 9881, 9891
Stromberg (Kr. Beckum) · 9006
Südlohn · 9393, 9420, 9501, 9521, 9546, 9553, 9557-9558, 9560-9564, 9567, 9571-9573, 9582, 9593, 9601, 9614, 9621-9622, 9644-9645, 9647-9648, 9652, 9657, 9664, 9704-9705, 9708, 9713, 9721, 10152, 10154-10160
  Eschlohn · 9534, 9536, 9538-9544, 9550-9551, 9555, 9568-9570, 9574-9576, 9584-9585, 9590-9591, 9596-9597, 9599, 9602-9603, 9610-9611, 9615-9619, 9623, 9625, 9628, 9634, 9643, 9646, 9649-9651, 9665, 9682, 9684, 9709, 9720
Nichtern · 9385, 9535, 9537, 9545, 9547-9549, 9554, 9565-9566, 9577-9581, 9583, 9586-9589, 9594-9595, 9600, 9604-9609, 9612, 9620, 9624, 9626-9627, 9629-9633, 9635, 9637-9639, 9641-9642, 9653, 9661-9662, 9666-9669, 9674-9680, 9683, 9685-9687, 9707, 9710, 9714, 9716-9719, 9722
Oeding · 9388, 9410, 9552, 9556, 9559, 9592, 9636, 9640, 9655-9656, 9658-9660, 9663, 9670-9673, 9681, 9706
Sundwig · 9023
Sünninghausen · 9787, 9791, 9796, 9797, 9799
Suttrup · 8064
Tecklenburg · 10220, 10644, 10887
Telgte · 8785, 8788, 8791, 8796, 8820-8821, 8824-8825, 8837, 8842, 8850, 8861, 8864-8866, 8872-8873, 8879-8881, 8896, 8901, 8903, 8908, 8932, 8937, 8954, 8982, 8992, 9014, 9078, 9097, 9112
Telgte Ksp. · 8890, 8891, 8894, 8951, 8960, 9112
Telgte Stadt · 8936, 9059, 9061, 9113
Thale · 8270
Thuine · 8165, 8213
Tilburg · 10181
Überwasser · 8780, 8792, 8797, 8836, 8867, 8883, 8884, 8915, 8919, 8921, 8944, 8952, 8972, 9009, 9010, 9012, 9021, 9034, 9056, 9107
Uebbenhagen (Kr. Lüdinghausen) · 9037
Uelsen (Kgr. Hannover) · 10179
Utrecht · 8268
Varensell · 9898
Vechtel · 8270
Velen · 7371, 7446, 9533, 9921, 9924-9928, 9931, 9935-9936, 9938, 9947-9948, 9951-9953, 9958, 9971, 9975, 9978-9980, 9982-9983, 9993-9994, 9998, 10003, 10010-10012, 10014, 10016-10017, 10019, 10025, 10028-10029, 10036-10039, 10043, 10046-10050, 10054, 10058-10059, 10062, 10064, 10066, 10080-10081, 10083-10084, 10088
Nordvelen · 9922, 9932-9934, 9939-9942, 9944, 9954, 9959-9960, 9997, 10005-10006, 10018, 10024, 10026, 10035, 10068-10069, 10079
Waldvelen · 9943, 9963, 9968, 9970, 9974, 9996, 10001, 10002, 10015, 10063, 10072, 10085, 10086, 10089
Vellern · 9774, 9779-9780, 9795, 9803-9805
Velpe · 10574
Verl · 8848, 8849
Vetheim (Landvogtei Lüneburg) · 9745
Visbeck · 8972
Voltlage · 8012
Vorhelm · 9907, 9908, 9914, 9917
Vorhelm Amt · 9915
Vreden · 7310, 7318, 7857, 9411
  Almsick · 9393
  Ammeloe · 9381, 9382, 9384, 9708
  Gaxel · 9392
Wadersloh · 9858
Warendorf · 7195, 7199, 7205, 7206, 8811, 8978, 9039, 9489, 10168
Wattenscheid · 10096
Wersen · 10249, 10281, 10363, 10387, 10391, 10427, 10434, 10682, 10703, 10908
Weseke · 7324, 7338-7370, 7373-7379, 7381, 7384-7386, 7388, 7397-7438, 9631, 9654, 9716
Wesel · 9025
Wessum · 7225, 7239, 7249, 7332, 7558, 7801, 7816, 9390, 9394, 9416, 10164
  Averesch · 9401, 9403
Westbevern · 8801, 8817-8819, 8826, 8857, 8907, 8913, 8916, 8922, 8953
Westerholt · 10166, 10166
Westerkappeln · 8315, 8461, 11042, 11042
Wettringen · 9738
  Bilk · 10118-10130

Dorf · 10090-10109
Dorfbauerschaft · 10110-10117
Haddorf · 10131-10144
Rothenberge · 10145-10149
Wiedenbrück · 8993, 9804
Wien · 8908
Wietmarschen · 8022

Winkelsetten (Amt Dissen) · 8903
Winterberg · 9875
Wolbeck · 7200, 8833, 8854, 8895, 8991, 9004
Wolbeck Ksp. · 8963
Worpswede · 8028

Wüllen · 9413, 9503, 9509, 9517, 9520, 9526
Barle · 7316
Dorf · 7312-7315
Ortwick · 7317-7319
Quantwick · 7320-7331
Sabstätte · 7332-7337

B. Zielorte der Auswanderer

Addison · 8373, 8383, 8447, 8450, 8508, 8559, 8680
Afrika · 8727, 10387-10390, 10393-10398
Alkmaar · 10121
Almelo · 8171, 8321
Amerika · 7186-7188, 7190-7191, 7193, 7197-7198, 7201-7203, 7206-7208, 7210, 7217, 7221-7222, 7224-7227, 7229-7230, 7232-7243, 7249-7268, 7270-7282, 7284-7286, 7289-7291, 7294-7300, 7304-7310, 7312-7320, 7322-7324, 7326-7327, 7329, 7331-7332, 7335-7337, 7344-7345, 7367-7375, 7377-7378, 7380-7382, 7384-7385, 7387, 7390, 7392, 7394-7396, 7399, 7401-7403, 7407, 7410-7411, 7416, 7421-7422, 7425-7427, 7429, 7432-7433, 7436-7439, 7442-7444, 7447-7461, 7463-7477, 7479-7480, 7485-7495, 7499, 7504, 7507-7508, 7531-7532, 7552, 7558-7560, 7562, 7565, 7567, 7573-7574, 7576, 7581, 7583-7585, 7592-7594, 7597-7598, 7602-7607, 7609, 7611-7613, 7620-7621, 7624, 7627-7628, 7646, 7651, 7674, 7681-7683, 7690, 7694, 7699, 7702-7703, 7707-7708, 7712, 7714, 7718-7722, 7728, 7735, 7738-7740, 7743, 7747-7748, 7750-7751, 7754, 7758, 7761-7763, 7765-7767, 7769, 7771, 7773, 7775-7780, 7783-7784, 7784, 7786, 7788, 7790, 7795, 7797, 7799, 7801-7804, 7807, 7809-7810, 7812, 7814, 7816-7824, 7826, 7829, 7831, 7834-7837, 7843, 7845-7846, 7848, 7855, 7857-7861, 7864, 7866, 7869, 7871-7873, 7875, 7878, 7881-7886, 7888-7889, 7893-7894, 7897, 7903-7904, 7907, 7910-7912, 7914, 7937-7944, 7946-7947, 7949-7973, 7976-7977, 7979-7980, 7984, 7995-7996, 7998, 8000-8001, 8003-8023, 8025-8034, 8036-8039, 8041-8046, 8048-8055, 8057-8059, 8061-8079, 8081-8082, 8086-8090, 8092-8096, 8100-8103, 8108-8110, 8114, 8117-8119, 8122, 8127, 8129-8134, 8137-8140, 8142-8143, 8146-8148, 8150-8157, 8159-8160, 8162-8167, 8172-8173, 8175-8176, 8178, 8182, 8184-8185, 8187-8191, 8199, 8201, 8204, 8207-8208, 8211-8216, 8219, 8221, 8224, 8226-8227, 8230, 8233-8235, 8237-8238, 8246, 8248, 8251, 8253, 8262, 8266-8267, 8272, 8275, 8284, 8286-8287, 8290-8291, 8293-8300, 8303-8306, 8311-8312, 8320, 8323-8324, 8326-8353, 8355-8357, 8359-8369, 8371-8372, 8374-8379, 8381-8382, 8385-8388, 8390-8392, 8395-8396, 8399-8404, 8406-8414, 8416-8421, 8423-8437, 8439-8449, 8451-8464, 8467-8470, 8472, 8474-8478, 8480, 8482-8488, 8490-8492, 8494-8505, 8507, 8510-8517, 8519, 8521-8550, 8552-8553, 8555-8558, 8561, 8565-8568, 8570, 8572-8594, 8596-8599, 8602-8610, 8612, 8614-8669, 8671, 8674-8678, 8681-8706, 8708-8712, 8714-8716, 8718, 8720-8726, 8730, 8736, 8740, 8749-8759, 8761-8762, 9060-9063, 9067-9068, 9104, 9107-9108, 9115-9139, 9141-9154, 9156-9160, 9163-9168, 9182, 9191-9193, 9201, 9203-9221, 9223-9231, 9233-9242, 9245, 9247-9257, 9259-9263, 9265-9280, 9282-9287, 9289-9294, 9296, 9299-9300, 9303-9311, 9313-9314, 9316-9377, 9426-9454, 9456-9460, 9463-9465, 9467, 9470-9474, 9476-9481, 9483-9485, 9492-9494, 9496, 9507-9510, 9514, 9559, 9580, 9592, 9603, 9630, 9643, 9647-9650, 9654-9657, 9715, 9734-9735, 9737-9738, 9742, 9748, 9768, 9772, 9779, 9782, 9794, 9796-9798, 9809, 9823, 9834, 9836, 9840, 9846, 9848, 9860-9861, 9867, 9869, 9871-9873, 9887, 9889-9890, 9898, 9903, 9912, 9918, 10090-10092, 10095-10102, 10105-10106, 10111-10115, 10119-10120, 10122, 10124-10126, 10129, 10132-10139, 10143-10144, 10148, 10152-10160, 10163-10164, 10190, 10202-10205, 10236-10246, 10249-10293, 10295-10311, 10313, 10315-10386, 10391-10392, 10400-10410, 10412-10430, 10432-10491, 10493-10548, 10550-10596, 10598-10817, 10819-10828, 10830-10853, 10855-10898, 10901-10906, 10908-10970, 10972-11022, 11024-11027, 11029-11038, 11040-11048, 11052-11060, 11062, 11065-11068, 11071-11073, 11077-11078, 11082-11085, 7212
Addison · 8373, 8450, 8508, 8559
Addison, Illinois · 8554, 8713
Baltimore · 10187, 10188, 10193
Cashton, Wisconsin · 7999
Cincinnati · 7194, 9081, 9819
Elkgrove · 8389, 8415, 8518, 8520, 8680
Illinois · 8672, 9080
Indiana · 7564, 7587
Iowa · 7212
Leyden · 8397, 8466, 8562, 8595
Minnesota · 9069, 9070, 9076, 9082, 9103
Missouri · 9079, 9083

Neu Münster · 7209
New York · 7749, 9077, 11064
Ohio · 8116, 9095, 9102
Philadelphia · 9078
San Francisco · 7990, 7991, 7992
Staat New York · 9088
Vicksburg · 8198
Amsterdam · 7283, 7462, 7496, 7687, 8277, 8278, 8279, 8281, 9097, 9739, 10093, 10162, 10173, 10174, 10214, 10217, 10218, 10222, 10224, 10225, 10228, 10829, 11069
Amsterdam (New York, USA) · 9105
Arkansas · 9107
Australien · 8282, 8731
  Melbourne · 7610
Baltimore · 9488, 9913, 10187, 10188, 10193, 10199, 10200, 10201
Barleduc (Frankreich) · 8310
Bayern · 9582
Belgien · 7563, 7668, 9064, 9161, 9162, 9378, 9489, 9795, 9868, 9878
Bentheim · 7723, 10175, 10183, 10184, 10185, 10212, 10220
Bleyerheide · 9787
Borghorst · 10113
Born (Niederlande) · 9498
Bosnien · 7334, 8158, 9075, 9653
Boston · 8169, 9807
Bramsche · 10549
Brasilien · 7218-7220, 7340, 7347, 7364, 7397, 7400, 7415, 7428, 7430, 7481-7482, 7689, 7691-7693, 7695-7697, 7709, 7713, 7844, 7851, 7896, 7933, 8249, 8742-8744, 9533, 9556, 9558, 9560-9563, 9565, 9567-9571, 9573-9576, 9747, 9749-9750, 9901, 9930, 10034, 10064, 10149
  St. Catharina · 9533
Bremen · 8921, 10208, 10219
Brestan · 8613
Brüssel · 9109
Burleton · 7600
Busjan (Niederlande) · 8115
Chicago · 7555, 8265, 9741
Cincinnati · 7189, 7194, 7439, 7643, 9081, 9100, 9101, 9819, 10140

Cincinnati (Ohio, USA) · 7672, 7870, 7872
Cleveland · 7330
Colorado · 8394
Crimmitschau (Kgr. Sachsen) · 9733
Dänemark · 8135, 8832
Decnium (Niederlande) · 8247
Dedemsvaart (Amt Zwolle) · 8035, 8080
Delft · 8149, 8255, 8263, 8308
Den Haag · 8258
Dubuque (Iowa, USA) (Aufenthaltsort) · 7650
Echzell (Ghzgtm. Hessen) · 10191, 10192
Elkgrove · 8354, 8389, 8415, 8518, 8520, 8680
Elkgrove (Illinois) · 8670
Emmerich · 7455 (45)
England · 7997, 9743, 9745, 9899
Enschede · 7902, 10186, 10206, 10210, 10223
Epe · 7710
Floyd Knobs, Indiana · 7617
Frankreich · 11080
  Beerleedudt (Barleduc) · 8310
Gießen · 10180
Gildehaus · 10172
Gramsbergen (Amt Hardenberg, Niederlande) · 8091
Groningen · 8259
Großbritannien · 9866
Haaksbergen · 7782, 7982
Haarlem · 7744, 7745, 7746, 7890, 7983, 7988
Hamburg · 7379
Hannover · 7727
Hannover, Kgr. · 7685, 10314
Harvelo (Niederlande) · 7981
Holland · 7211, 7216, 7228, 7245, 7248, 7269, 7287-7288, 7292-7293, 7301-7302, 7311, 7343, 7346, 7366, 7383, 7388-7389, 7391, 7393, 7398, 7404, 7408-7409, 7413, 7417-7418, 7420, 7431, 7502, 7506, 7522, 7526, 7530, 7534, 7536, 7553, 7631, 7653, 7662-7663, 7669, 7679-7680, 7686, 7688, 7700-7701, 7704-7706, 7711, 7715-7717, 7731, 7752-7753, 7760, 7774, 7782, 7785, 7792-7793, 7815, 7822, 7830, 7887, 7891-7892, 7899-7901, 7905-7906, 7908-7909, 7913, 7915-7927,

7929, 7931-7932, 7934-7935, 7945, 7948, 7974-7975, 7978, 8040, 8047, 8056, 8083-8085, 8091, 8099, 8111-8113, 8126, 8128, 8141, 8144-8145, 8179, 8193, 8195-8197, 8202, 8205-8206, 8209, 8225, 8228, 8232, 8241-8243, 8247, 8250, 8256-8257, 8264, 8273-8274, 8276, 8280, 8283, 8288, 8314, 8316-8318, 8322, 8536, 8733, 8738, 8858, 8887, 9059, 9066, 9099, 9112-9113, 9190, 9199-9200, 9243, 9246, 9258, 9264, 9295, 9297-9298, 9301-9302, 9312, 9384, 9490-9491, 9495, 9500, 9566, 9581, 9586, 9595, 9601, 9620, 9627, 9629, 9631-9638, 9651-9652, 9714, 9717-9719, 9743, 9746, 9776, 9778, 9799, 9808, 9875, 9879, 9916, 10094, 10104, 10108-10110, 10116-10117, 10121, 10127-10128, 10130-10131, 10142, 10145-10147, 10207, 10226, 10312, 10411, 11076
Almelo · 8171, 8321
Amsterdam · 7246, 7303, 9739, 10829
Bleyerheide · 9787
Born · 9498
Delden · 7244
Delft · 8149
Goor · 10209
Haarlem · 7988
Oldenzaal · 7928, 7930, 7936, 7985
Ottersum · 9811
Overeen · 10107
s' Hage · 8313
Schiedam · 9791
Steyl · 7632, 7633
Tilburg · 8174
Wierden · 9288
Holstein · 8107
Hzgtm. Braunschweig · 10854
Illinois · 8389, 8672, 9074, 9080, 9094
Indiana · 7601, 9091, 9098
Italien · 7537
  Rom · 11081
Kanada · 7626, 8315
Kappeln · 10708, 10992
Ledde · 11006
Leeuwarden · 8241

Leitmeritz an der Elbe (Böhmen) · 9786
Lengerich · 10216
Leyden (Illinois) · 8397, 8466, 8562, 8595, 8717, 8719
Louisville (Kentucky, USA) · 7618, 7649, 7652
Loxen (Kgr. Hannover) · 10492
Luxemburg · 7608, 9830, 10103
Marokko · 9830
Minnesota · 7570, 7756, 9069-9070, 9076, 9082, 9085-9087, 9093, 9103
Minnesota (USA) · 7756, 7768, 7770, 7781, 7876
Missouri · 9071, 9079, 9083
Morra (Niederlande) · 10213
Mount Sterling · 7501
Münster · 9911, 10108
Neu Münster · 7209
Neuseeland · 10071
New Orleans · 10189
New York · 7509, 7566, 7578, 7580, 7654-7657, 7667, 7677, 7749, 7764, 7862, 7986-7987, 9077, 9090, 9092, 9111, 9486, 9506, 9792, 9807, 9812-9813, 9820, 9822, 9827, 9829, 9837, 9843, 9856, 10150-10151, 10194-10195, 11070
New York (Staat) · 9089
Nordamerika · 7341, 7348, 7351, 7501, 7503, 7505, 7510-7517, 7519-7520, 7523-7525, 7527-7529, 7533, 7535, 7538-7547, 7549, 7556, 7561, 7568, 7571-7572, 7575, 7577, 7579, 7586, 7588-7591, 7595-7596, 7614, 7629, 7733, 7741-7742, 7755, 7787, 7827-7828, 7838-7839, 7841-7842, 7850, 7853, 7856, 7865, 7867-7868, 7874, 7993, 8060, 8105, 8121, 8124, 8136, 8161, 8169-8170, 8181, 8183, 8192, 8217, 8222, 8229, 8231, 8252, 8285, 8289, 8292, 8301-8302, 8309, 8319, 8325, 8358, 8370, 8380, 8393, 8405, 8422, 8471, 8473, 8479, 8489, 8493, 8509, 8551, 8560, 8563-8564, 8569, 8571, 8600, 8611, 8673, 8707, 8732, 8734-8735, 8737, 8739, 8741, 8996, 9065, 9140, 9187, 9461-9462, 9511-9513, 9515-9525, 9527-9532, 9534-9535, 9537-9555, 9557, 9577-9579, 9583-9585, 9587-9591, 9593-9594, 9596-9600, 9602, 9604-9619, 9621-9626, 9628, 9639-9642, 9644-9646, 9688-9713, 9716, 9720-9722, 9731-9732, 9752-9755, 9769-9771, 9773, 9801, 9803-9804, 9814, 9826, 9831, 9847, 9849-9852, 9855, 9858, 9865, 9870, 9876-9877, 9882-9886, 9892, 9894-9896, 9900, 9904, 9908-9910, 9917, 10166, 10818, 11028, 11051, 11061, 11074-11075
Chicago · 9741
Cincinnati · 9100, 9101
Colorado · 8394
Duelm · 7569
Illinois · 9074
Indiana · 9091, 9098
Minnesota · 9086, 9087
Missouri · 9071
New Orleans · 7500
Ohio · 9072, 9073
Pittsburg · 11049, 11050
Quincy · 7518
St. Louis · 9740, 9815
St. Louis (Staat Mississippi) · 9084
Virginia · 8240
Oelwein (Iowa, USA) · 9794
Ohio · 7321, 7328, 9072, 9073, 9095, 9102, 9487
Cincinnati · 7191, 7440, 7441
Ohio (USA) · 8116
Oldenburg, Ghzgtm. · 8812
Oldenzaal · 7985, 8180
Orsey · 8236
Österreich · 9046, 11063
Österreich-Ungarn · 8245
Ostindien · 7386, 9800, 9893
Overeen (Niederlande) · 10107
Pennsylvanien · 7557
Philadelphia · 9078
Pittsburg · 11039
Quincy · 7599
Richmond (Virginia, USA) · 7644
Rotterdam · 9881
s' Hage (Niederlande) · 8313
Saint Cloud · 10162
Saint Louis · 9815
San Francisco · 7619, 7872
Saramang (Java) · 7652
Schale · 8707
Schiedam · 9791
Schüttorf · 10182, 10211, 10215
Schweiz · 9906
Schwerin · 8120
St. Cloud · 10161
St. Louis · 9084
St. Sebastian (Ohio, USA) · 7877
Südamerika · 7630
Tegelen (bei Venlo, Niederlande) · 8729
Texas · 7582, 9110
Texas (USA) · 9724
Tilburg · 8174
Tschechoslowakei · 8728
Udem (Niederlande) · 8115
Ungarn · 8125
USA
  Cincinnati · 7615, 7616
Utrecht · 8268, 10123
Vicksburg · 8198
Virginia · 8240, 10196
Wiesbaden · 10221
Wisconsin · 7548, 7550, 7551
Woerden (Niederlande) · 7772
Wolbeck Ksp · 8986
Württemberg · 7376
Zengg (Ungarn) · 8186
Zwolle · 8168, 8203, 8239, 8269

Konkordanz

Auskunft von Frau Schwenz	10161
Auskunft von Verwandten	10162-10165
Kommunales und kirchliches Leben in vergangener Zeit. – Gronau-Epe 1992. – Epe in der Vergangenheit	7620
Die Eper Bauerschaften und ihre Höfe. – Gronau-Epe 1990	7619
Familienarchiv Burhoff, Hattingen	7439-7441
Familienarchiv Nacke	7983-7984
Familienarchiv Tenhündfeld, Epe	7615-7616
Familienarchiv Verst, Epe	7617-7618
GA Heek, An- und Abmelderegister	7975-7982
GA Heek, C 1153	7879
GA Heek, C 1180	7880-7886
GA Heek, C 3365	7887
GA Heek, C 3367	7888
GA Heek, C 3368	7889
GA Heek, C 3370	7890-7891
GA Heek, C 3377	7892-7894
GA Heek, C 3378	7895
GA Heek, C 3401	7896
GA Heek, C 3402	7897
GA Heek, C 3406	7898
GA Heek, C 3409	7899
GA Heek, C 36	7739
GA Heek, C 38	7740-7774
GA Heek, C 40	7775-7869
GA Heek, C 51	7870-7878
GA Heek, Zu- und Abgangsregister	7900-7974
GA Hopsten	7985-8097, 8098-8324
GA Legden, ...	8761
GA Legden, IV 23	8762
GA Nottuln, B 1061	8778-9114
GA Schöppingen, C 975	9379-9425
GA Senden, Bestand Senden, A 209	9486-9497
GA Westerkappeln, A 3	10229-11054
GA Wettringen, Personenstandsregister	10090-10149
Germans to America, Vol. 45	10150-10151
Hans Berlemann, Auswanderer der Gemeinde Ladbergen 1830–1930. – Ladbergen 1995	8749-8760
Honderd jaar Brinkmann de geschiedenis van de Haarlemse huiskamer. – Haarlem 1982	7988
J. H. Heilbrink, Vanderblijpark, Südafrika	7496
Josef Barnekamp Velen und Ramsdorf 1803–1918 Geschichte(n) eines langen Jahrhunderts. – Velen 1995. – S. 294–304	9921-10089
KreisA Warendorf, Amt Beckum, A 90 bis A 96	9774-9818
KreisA Warendorf, Amt Hoetmar, 170, 172, 173	9819-9845
KreisA Warendorf, Amt Oelde, B 1007 u. B 1007a	9846-9900
KreisA Warendorf, Amt Vorhelm, A 1025	9901-9920
LRA Tecklenburg 277	7216-7220
Mitteilung von Manfred Harmeling, Südlohn	10152-10160
Mitteilungen von Nachkommen	7985-7987
Ohne Quellenangabe	7497-7501, 7989
PfA Recke, Kirchenbuch Nr. 6	9142-9160
PfA St. Matthews Lutheran Church in Charleston SC, Kirchenbücher	10167-10171
PfarrA Dülmen, St. Viktor, Kirchenbuch	7596
PfarrA Holtwick, Kirchenbuch Nr. 11	7996-7999
PfarrA Holtwick, Kirchenbuch Nr. 6	7990-7992
PfarrA Holtwick, Kirchenbuch Nr. 8	7993-7995
Reg. MS M 64–2, 3	7187-7215
Reg. Mü. 1674/75	7186
Saerbeck Geschichte des Dorfes u. seiner Bauerschaften. – Saerbeck 1993. – S. 488–489	9354-9378
Schale ein Dorf stellt sich vor. – Hopsten 1991	8325-8726
StadtA Ahaus, ...	7221-7310
StadtA Ahaus, Bestand Wüllen, Meldebücher	7312-7337
StadtA Borken, Bestand Gemen, A 462	7338-7365
StadtA Borken, Bestand Gemen, A 463	7366-7396
StadtA Borken, Bestand Gemen, A 468	7397-7438
StadtA Coesfeld, XV/5.1	7442-7453
StadtA Coesfeld, XV/10.2	7454-7459
StadtA Coesfeld, XV/10.4	7460-7463
StadtA Coesfeld, XV/10.6	7464-7474
StadtA Coesfeld, XV/10.7	7475
StadtA Coesfeld, XV/10.8	7476
StadtA Coesfeld, XV/10.10	7477-7484
StadtA Coesfeld, XV/10.11	7485
StadtA Coesfeld, XV/10.12	7586
StadtA Coesfeld, XV/10.13	7487-7488
StadtA Coesfeld, XV/10.14	7489-7493
StadtA Coesfeld, XV/10.15	7494
StadtA Dorsten, B 3812	7502-7546
StadtA Dorsten, D 1257	7547-7556
StadtA Dülmen, Amt Rorup, A 610	7597-7614
StadtA Dülmen, Kirchspiel	7565-7595

StadtA Dülmen, Stadt	7557-7564	StadtA Rheine, Häuserbuch Dutum	9248-9253
StadtA Gelsenkirchen, Buer XVI/4/5	7621-7633	StadtA Rheine, Häuserbuch Elte	9254-9265
StadtA Greven, A 1518	7634-7645	StadtA Rheine, Häuserbuch Eschendorf	9266-9279
StadtA Greven, A 1582	7646-7674	StadtA Rheine, Häuserbuch Gellendorf	9280-9287
StadtA Greven, A 1583	7675-7678	StadtA Rheine, Häuserbuch Hauenhorst	9288-9291
StadtA Gronau, A 325	7679-7688	StadtA Rheine, Häuserbuch Mesum	9292-9307
StadtA Gronau, A 327	7689-7718	StadtA Rheine, Häuserbuch Mesum Kirchspiel	9308-9313
StadtA Harsewinkel, A 421	7719-7722	StadtA Rheine, Häuserbuch Rodde	9314-9346
StadtA Harsewinkel, A 1142	7723-7738	StadtA Rheine, Häuserbuch Wadelheim	9347-9353
StadtA Horstmar, A 41	8727-8729	StadtA Selm, 537–539, 559	9426-9485
StadtA Horstmar, A 319	8730-8741	StadtA Stadtlohn, B 204	9498-9533
StadtA Horstmar, A 322	8742-8748	StadtA Stadtlohn, B 697	9534-9687
StadtA Lengerich, B 374	8763-8777	StadtA Stadtlohn, B 982	9688-9724
StadtA Lüdinghausen	11055-11085	StadtA Steinfurt, Bestand Borghorst, ... B? 271	9725-9767
StadtA Olfen, A 26 u. 621	9115-9141	StadtA Steinfurt, Bestand Borghorst, ... B? 277	9768-9773
StadtA Rhede, A 618	9161-9162	StadtA Steinfurt, C 1633	10172-10228
StadtA Rhede, A 621	9163-9169	Vestischer Kalender, 1989, S. 176-178	10166
StadtA Rhede, A 622	9170-9203	Wochenblatt Coesfeld Nr. 42, 1847, S. 343	7495
StadtA Rheine, Häuserbuch Altenrheine	9204-9227		
StadtA Rheine, Häuserbuch Bentlage	9228-9240		
StadtA Rheine, Häuserbuch Catenhorn	9241-9247		